MAGHREB CONNECTION

DES MÊMES AUTEURS

Rédoine Faïd, l'évasion du siècle,
Brendan Kemmet, Plon, 2019

Les Parrains du foot,
Brendan Kemmet, Stéphane Sellami
et Mathieu Grégoire, Robert Laffont, 2018

Angelo di Marco, l'art du crime,
Brendan Kemmet, Steinkis, 2015

S.O.S. Police,
Brendan Kemmet, Le cherche midi, 2010

Antonio Ferrara, le roi de la belle,
Brendan Kemmet
et Matthieu Suc, Le cherche midi, 2008

BRENDAN KEMMET
STÉPHANE SELLAMI

MAGHREB CONNECTION

Robert
Laffont

ISBN 978-2-221-25297-0
Dépôt légal : avril 2021

Je suis fatigué de Paris et de la pègre qu'on y rencontre. Mon désir profond serait de regagner mon pays, l'Algérie, qui est un pays d'hommes, un vrai pays, rude, inoubliable.

Albert Camus
Lettre à René Char, 30 juin 1947

Avant-propos

Ils figurent peu voire pas du tout dans les « histoires » du milieu, qui leur préfèrent les frères Guérini, Tany Zampa, Jacques Mesrine, Jacky le Mat ou Tony l'Anguille.

Ils, ce sont ces Maghrébins, Algériens en tête, qui ont pourtant durablement marqué le grand banditisme en France. Ainsi, ils ont chassé de Pigalle les Corses, jusque-là maîtres incontestés des trottoirs ; pris en main les jeux clandestins et le trafic de stupéfiants, encore émergent, et participé à la liquidation du clan Zemour, cette fratrie de juifs pieds-noirs qui régnait sur le racket et la prostitution à Paris dans les années 1960-1970.

Pour autant, aucun film, aucune série n'a donné à voir, dans le détail, cette saga « occultée » de la pègre.

Dans les faits divers, ces truands, pour certains nés en France, ont bien souvent aussi subi le racisme. Déjà avant-guerre, les journaux évoquent des « crimes d'arabe », des petits larcins, des coups de couteau entre « coreligionnaires » fréquentant des bars « indigènes ». Vers 1930, un journal provençal compte même dans ses colonnes « faits divers » une sous-rubrique « Entre Arabes »… L'après 1939-1945 est à l'avenant : « Dans certains quartiers de Paris, l'Arabe est roi de la nuit », titre *L'Aurore* en 1948 ; un article au ton clairement xénophobe qui fustige « la pègre arabe qui pullule ».

Plus tard, le même Jacques Mesrine décrit dans un livre comment il a tué un « mac arabe ». Comme si c'était un passage obligé pour s'affirmer dans le milieu. Comme si, pour l'Ennemi public numéro un, le « bicot » qui exerce l'activité de « julot casse-croûte » ne méritait que la mort, que lui s'emploie à donner pour libérer un pauvre « tapin » dont il est amoureux.

En réalité, ceux qu'on n'appelait pas encore les « beurs » commencent à s'illustrer sur les coups les plus audacieux. Ils « montent » au braquage, jusqu'à signer quelques-uns des casses les plus retentissants de ces cinquante dernières années. L'émancipation des voyous originaires du Maghreb est en marche. Elle aboutira, au carrefour des années 2000, au narco-banditisme qui pèse désormais si lourd.

Notre objectif, à travers ce livre, n'est pas de glorifier ni de justifier les actes de ces bandits « stigmatisés et oubliés » par leur époque. Il n'est pas non plus de présenter une origine comme un élément qui favoriserait l'entrée dans la délinquance, vision simpliste que nous récusons totalement. Les causes de la délinquance sont avant tout sociales. Ces nouveaux venus n'ont finalement fait que prendre la place des fils de paysans bretons, corses ou auvergnats qui avant eux tenaient le pavé des grandes villes. Nous avons simplement voulu raconter une saga méconnue, resituer sur l'échiquier du grand banditisme leur rôle et leur influence au cours de ces cinquante dernières années.

1

Fric-frac sur l'île Saint-Louis

En pleine torpeur d'un été 1976 suffocant, un mois à peine après le retentissant coup de Nice des Spaggiari et consorts, la Société générale est de nouveau percée, cette fois au cœur de Paris. Plus de cent vingt coffres et une équipe qui ne s'est jamais fait pincer. Elle était dirigée par Titi Peltier, formateur en crime de toute une génération dont quelques jeunes prometteurs.

Dans le bassin olympique de Montréal, le Sud-Africain Skinner a battu l'Américain Montgomery au cent mètres nage libre (49''44). Les feux de garrigue cévenols ont connu une accalmie salutaire et le FLNC a revendiqué l'attentat commis à Corte contre la voiture du secrétaire d'État à l'industrie, un certain Jean Tiberi, de retour sur l'île de Beauté pour les vacances. En Guadeloupe, le volcan de la Soufrière s'est réveillé et, à des milliers de kilomètres de là, sur l'île Saint-Louis à Paris, la Société générale doit déminer un scandale prêt à exploser.

Avec sa « gueule de métèque », comme il disait, la silhouette reconnaissable entre mille de Georges Moustaki, barbe et cheveux longs au vent, se détache au milieu de la petite foule rassemblée devant le numéro 26 de la rue Saint-Louis-en-l'Île et la façade d'une banque. Avec nombre de ses voisins, l'artiste passe un bien mauvais moment en cette matinée d'été 1976. L'agence de la Société générale, la sienne, a reçu pendant le long week-end du 15 août la visite de petites souris travailleuses.

Elles ont fait une sacrée razzia. Le chanteur vit au-dessus de la banque, au cinquième et dernier étage, et y a, tout naturellement, pris un coffre. Comme sonné, il n'est au courant de rien et le dit au journal d'Antenne 2. « Je viens d'apprendre la nouvelle en me réveillant. J'ai pas entendu de bruit qu'on dit suspect... Je ne pense pas que ce soit une banque très riche, d'ailleurs je trouve qu'ils ont fait surtout du tort à des gens qui sont des petits commerçants. » Puis, sur TF1, Moustaki, clope au bec, s'excuse presque en précisant qu'il a fait de la musique tout le week-end, sans jamais déceler une autre mélodie qui se jouait en sous-sol. Certains de ses voisins ont tout de même perçu des bruits sourds, sans s'en inquiéter plus que cela.

Dans le « village » de l'île Saint-Louis, personne ne s'attendait à un cambriolage de ce type. Même si cet établissement bancaire semble assez légèrement protégé, voire très exposé avec sa haute et large vitrine et un simple rideau, même pas de fer, à l'intérieur. Une petite succursale de quartier, voilà à quoi il ressemble. Il faut le savoir, qu'il y a cent quatre-vingt-onze coffres de particuliers en sous-sol, auxquels on accède *via* un escalier sur la gauche en entrant. Les casseurs sont directement arrivés dans la cave, sans passer par la rue. La sécurité de la Société générale a été mise à mal. Le bras droit du PDG est sommé de s'expliquer à la télé. « Notre bureau avait une protection statique sous forme d'une enveloppe en béton armé très forte qui protégeait les six faces, c'est-à-dire les quatre murs, le plancher et le plafond, car il était de construction relativement récente et on employait à ce moment-là des techniques relativement modernes de matériaux extrêmement résistants », détaille-t-il. Il y avait aussi un « système électronique, mais sans liaison avec la police qui n'avait pas pu encore être établi ». Du coup, la banque avait pris des « dispositions » : une société de surveillance opérait des « rondes extrêmement fréquentes ». D'ailleurs, les agents ne sont-ils pas passés « plus de huit fois » pendant le week-end ? Et cette société, l'Agence centrale de services (ACDS), a bien « constaté un certain nombre d'anomalies », sous forme « de bruits, mais qu'elle a interprétés comme ne pouvant pas provenir d'un cambriolage »... Il y a certainement eu « confusion avec des bruits environnants, du voisinage », explique le dirigeant, la mine contrite. Même en ce mois d'août à Paris, connu pour sa grande quiétude ? Le samedi 14 août, vers midi, deux vigiles de l'ACDS ont signalé l'anomalie. Un de leurs supérieurs est passé un peu plus tard et devant « la persistance des coups assourdis[1] » a alerté la Société générale. Un représentant de la banque de permanence s'est rendu sur place avec un pompier du siège pour accéder aux caves. Ils ont d'ailleurs demandé une lampe torche dans un autre restaurant un peu plus loin, le Tastevin. Au sous-sol, les deux hommes ont constaté que l'extracteur de l'Orangerie, la table tenue par Jean-Claude Brialy, au 28, dans l'immeuble mitoyen de la banque, était en marche. Puis ils « sont même allés dans un appartement où l'on plantait des clous dans le mur pour accrocher des tableaux ». C'est dire leur professionnalisme. Sauf qu'ils n'ont jamais accédé à la salle des coffres et sont repartis tranquilles comme Baptiste. La police n'a pas été prévenue. Et quand les vigiles sont repassés le dimanche et le lundi, jours de fermeture hebdomadaire, les bruits avaient cessé. Il a fallu attendre le mardi 17 août au matin pour que le casse soit découvert.

Le soir, sur Antenne 2, un juvénile et offensif Patrick Poivre-d'Arvor s'autorise à brocarder la banque : « Et c'est là que l'affaire cesse de devenir vaudevillesque pour devenir quasi scandaleuse. La Société générale, celle qui disait à ses clients *Partez en vacances tranquilles*, est échaudée. Des voisins se sont rendu compte qu'il se passait quelque chose pendant le week-end. Les surveillants ont fait leur ronde. Et pourtant il y a eu fric-frac[2] ! » Comment ? Le reporter de « la Deux » sur le terrain s'emploie à retracer le périple des cambrioleurs, arrivés « vraisemblablement » par une porte située sur les quais, en

1. *Le Monde*.

2. Chaîne YouTube de l'INA, journal de 20 heures d'Antenne 2 du 17 août 1976.

contrebas immédiat du pont Louis-Philippe ; porte retrouvée fracturée le matin même du 17 août. Elle est distante d'environ cinq cents mètres de l'agence visitée. De là, ils auraient gagné un collecteur d'égout sous le quai de Bourbon, au nord de l'île, qu'ils auraient remonté vers l'est. La police investigue une bouche d'égout bien plus proche de la banque, du côté de la petite rue Poulletier. C'est ici que le matériel a semble-t-il été descendu, à l'angle du quai d'Anjou, soit à précisément cent vingt mètres de leur objectif. Arrivés à hauteur de la banque depuis l'égout, les « termitiers » se sont attaqués à un mur en moellons et ont étayé avec des vérins à vis et des madriers pour creuser un tunnel d'un peu plus de cinq mètres de long vers la chambre forte. Dans cette galerie artisanale, ils ont pris le soin de mettre en place une gaine d'aération pour évacuer les fumées provoquées par des lances thermiques, dont les longs et fins tubes caractéristiques ont été retrouvés par les enquêteurs. Des outils très spéciaux à l'usage délicat qui provoquent une chaleur infernale, plus de 4 000 degrés, et des fumées à la fois impressionnantes et toxiques. Pour éviter les risques d'asphyxie et de brûlures, une lance thermique doit être utilisée en extérieur. Inventée pour découper le métal, notamment les blindages de chars réformés dans l'immédiat après-guerre, c'est une arme redoutable adoptée par les casseurs de coffres dès les années 1960. Dans une chambre forte, une lance thermique permet de faire fondre presque instantanément le béton et l'acier qui le renforce. Mais creuser un trou assez large pour laisser passer un homme, cela prend du temps.

Après des heures d'effort, le mur cède, laissant un maigre espace pour se faufiler. Il n'y avait plus qu'à percer les coffres à coups de burin, ce que les cambrioleurs ont fait à bon rythme : ils ont ouvert pas moins de cent vingt-trois précieuses cassettes de particuliers, n'en laissant qu'une grosse cinquantaine intacte, soit par manque de temps, soit parce qu'ils étaient déjà suffisamment chargés. « Le butin fut emporté vers l'extérieur par le chemin inverse, ce qui, étant donné l'étroitesse du tunnel, dut nécessiter de nombreux voyages », détaille peu après les faits *Le Monde*, au passé simple s'il vous plaît. Ce qui fait dire à Gustave Jobard, directeur adjoint du 36, quai des Orfèvres, interviewé au JT : « Pour cheminer dans les égouts, il faut avoir une parfaite connaissance de la topographie des lieux. » Les casseurs n'en étaient pas à leur coup d'essai, à n'en pas douter.

Matelas pneumatique et maître de la Renaissance

Tout un matériel a été abandonné dans la salle des coffres et dans le tunnel : une vingtaine de bonbonnes d'oxygène et au moins deux grandes bouteilles d'acétylène destinées à nourrir les lances thermiques. Des bouteilles si lourdes qu'il faut une demi-douzaine de policiers des services techniques pour en remonter une seule de la bouche d'égout. Il y a aussi un lot de tuyaux, soit plusieurs dizaines de mètres, des masques à gaz, des sacs type militaire, un filtre à fumée, des planches, de grosses et belles lampes de cheminot de marque Wonder modèle « Tifon », un tablier de soudeur et un équipement complet de terrassier. Mais aussi des bottes, un matelas pneumatique, des vérins à vis donc, et une brouette. Car, du matériel, il en fallait pour venir à bout du mur en béton armé censé protéger la salle des coffres. Des pièces à conviction embarquées dans un Type H Citroën de la préfecture de Police. Plus inquiétant et signe que l'on n'a pas affaire à des plaisantins, sous des plaques d'égout du quai d'Anjou, la police judiciaire (PJ) met la main sur deux pistolets-mitrailleurs, probablement prévus pour couvrir une fuite précipitée.

Dans le tunnel, un tableau du XVe siècle d'Antonio Pisano dit Pisanello, prolifique peintre toscan de la Renaissance, a été finalement négligé. Comme dans la salle des coffres où « de nombreux bijoux et papiers » gisent au sol, déversés par des voleurs qui « paraissent avoir préféré l'or et l'argent liquide », remarque *Le Monde*. Mais du préjudice total, il n'est jamais question. Quel peut-il être ?

Il n'y a pas que la crinière blanche de Moustaki dans la foule. Un jovial moustachu pleure avec les autres ses économies envolées. Un grand numéro de théâtre. Qui y regarderait de plus près verrait ses yeux malicieux. Il s'appelle Guy Peltier[1], mais tout le monde l'appelle Titi. Un garçon facétieux. « Il est venu pleurer avec ses propres victimes, et en même temps il écoutait ce qui se disait… », s'amuse encore un témoin qui l'a bien connu, près d'un demi-siècle plus tard[2]. Nul ne le reconnaît, alors que « certaines personnes ont quand même attiré l'attention des riverains », dira Gustave Jobard. « Vous me permettrez d'être assez discret parce que l'enquête commence simplement », prévient encore ce grand flic. Une discrétion peut-être liée au lourd parfum de mystère qui règne sur les bords de Seine. Est-ce à cause des résidents célèbres de l'île et potentiels clients de l'agence dévastée ? Il y a en effet quelques riverains, en bonne place dans le *Who's Who*. La famille Rothschild vient de racheter l'hôtel Lambert, au bout de la rue. A-t-elle un coffre à la SG ? Et Claude Pompidou, qui vit non loin, quai de Béthune, côté sud de l'île, à l'hôtel Hesselin où son mari est mort deux ans plus tôt ? Ou Roland Dumas, avocat déjà influent mais pas encore ministre socialiste ?

« Les quais de l'île sont très privilégiés, mais, à l'intérieur, il y a des gens modestes, des retraités de la police, des grands magasins », pointe Catherine Domain qui gère aujourd'hui la librairie Ulysse, spécialisée dans les voyages, en lieu et place de l'ancienne succursale de la Société générale. Lors du fric-frac, elle habitait déjà l'île Saint-Louis, un peu plus loin. « J'ai entendu à la radio qu'il y avait eu un casse rue Saint-Louis, je n'ai pas percuté tout de suite que c'était ici, raconte-t-elle, quarante-quatre ans plus tard. J'ai ouvert mes fenêtres et, de loin, j'ai vu les télés. » La libraire loue un coffre dans l'agence et on l'invite à en vérifier le contenu. « Je suis descendue dans la salle dévastée. Dans mon coffre il restait une petite boîte. Vide… J'ai été très affectée, parce que c'était les bijoux de maman et qu'elle

1. Parfois orthographié Pelletier, bien qu'il s'agisse d'une erreur commise notamment par la PJ.
2. Témoignage recueilli par les auteurs, mars 2019.

était décédée peu de temps avant. Je les mettais au coffre quand je partais loin. Là, ça faisait quinze jours que j'étais rentrée… » Catherine Domain a bien été dédommagée, mais rien qui puisse compenser la valeur sentimentale de ces bijoux.

Qu'y avait-il d'autre dans la salle des coffres du 26, rue Saint-Louis-en-l'Île ? Mystère. Peut-être des objets appartenant à Marie-Antoinette, déposés « dans le coffre d'une actrice » et, selon d'autres rumeurs, « deux cents bâtons en billets de 500 dans celui d'un célèbre chanteur[1] » ? Et dans celui de Moustaki ? On ne le saura jamais. La banque fixe un plafond pour les valeurs dans chaque coffre. Et le client qui va au-delà ne se montre jamais très enclin à déclarer d'importantes sommes en liquide ou des lingots, même envolés, surtout s'ils sont inconnus des Finances publiques.

Les casseurs ont pris leur temps. Tout leur temps, même. « Ils ont fait bombance dans la salle des coffres, on voyait leurs restes. Ils ont mangé et bu », poursuit Catherine Domain, convaincue qu'il ne s'agissait pas d'un casse ordinaire mais « de voyous qui cherchaient des papiers, c'est sûr… Il y a des mêmes gens qui ont eu leur coffre fracturé à Nice et à Paris… ». Comme ce banquier qui y aurait loué un coffre juste après avoir été victime du casse de Spaggiari ! Toujours selon la légende.

Les mêmes qu'à Nice ?

Au 20 heures, le 17 août au soir, PPDA conclut d'ailleurs : « Ces similitudes avec l'affaire de Nice sont tellement flagrantes qu'il sera difficile de dire qu'il n'y a aucun rapport entre les deux cambriolages. » Sur la Côte d'Azur, c'était aussi un long week-end, en l'occurrence celui suivant le 14 juillet. Là-bas aussi un tunnel (de huit mètres de long) a été percé depuis les égouts et trois cent dix-sept coffres ont été dévalisés pour un

1. *Gangs de Paris*, Jérôme Pierrat, Parigramme, 2007.

12e arrondissement, qui s'est fait bêtement remonter en tentant de monnayer d'invendables bons du Trésor en octobre suivant, dans un bureau de poste de l'avenue Rapp (7e). Manque de chance pour lui, les numéros avaient été relevés et placés sur une « liste noire ». Et la brigade de répression du banditisme (BRB) l'avait repéré lors d'une précédente vente quelques jours plus tôt avec quinze premiers bons du Trésor qui lui avaient permis d'engranger 120 000 francs, soit plus de 18 000 euros. Les limiers du « 36 » s'étaient mis à le filer discrètement avec le secret espoir de découvrir qui lui avait confié ces fameux bons. En vain. Le garagiste dispose de plus d'un alibi pour le week-end du 15 août. Alibi qui a été vérifié et confirmé. Il ne donnera que de « vagues explications sur la provenance du butin[1] ». C'est au hasard d'une conversation avec un « consommateur inconnu », bien sûr, dans un café proche de son garage, qu'il a accepté de négocier les bons, « moyennant une bonne commission[2] ».

Personne d'autre ne sera identifié, officiellement. Un échec retentissant pour la brigade de répression du banditisme et le juge d'instruction Cornuault, un ancien des Forces françaises de l'intérieur et d'Indochine, un dur à cuire surnommé le Juge Para. *Le Monde* avait donc vu juste au lendemain du casse : « Au Quai des Orfèvres, on ne dissimule pas que l'enquête risque d'être longue. L'organisation méticuleuse des malfaiteurs ne laisse pas espérer la moindre maladresse susceptible d'orienter les recherches. » Dans le brouillard le plus complet, la PJ en est donc « réduite à éplucher son fichier des pilleurs de coffres-forts, mais rien n'indique que ces casseurs d'un nouveau genre y figurent déjà ».

---

1. *Le Monde* du 14 octobre 1976.

2. Défense classique : après le braquage d'un camion de la Banque de France à la gare de Bercy le 28 juillet 1977, deux chauffeurs affirmeront eux aussi avoir été abordés dans un bar par deux inconnus qui leur avaient proposé de participer à ce vol audacieux (17,7 millions de francs en pièces de 10 francs). L'affaire a été attribuée à la même équipe que la Société générale de l'île Saint-Louis.

Mais qui donc a fait le coup ? La police a estimé que sept à huit casseurs, au minimum, ont été mobilisés. Il y avait, sans trop d'erreurs possibles, Titi Peltier, l'homme qui pleurait avec les dépossédés de la Société générale lors de la découverte du casse. Originaire de Montbéliard, dans l'Est, on l'aurait pris pour un bon franchouillard sans ses racines italiennes du côté de sa mère. Il a surtout grandi en banlieue parisienne, entre Drancy et Montreuil, et a été condamné pour le cambriolage d'une bijouterie. À 32 ans, après un passage en prison, il prend de l'épaisseur dans le milieu. « Ce mec était un fer, une véritable épée. Intransigeant. Il faisait trembler tout le monde. Maître à penser, il avait compris que le banditisme devait sortir des frontières de sa commune et même de Paris », a raconté un ancien flic de PJ, Mathieu Fabiani, à la journaliste Patricia Tourancheau qui a été la première à retracer la carrière criminelle de ce grand voyou méconnu[1]. Titi Peltier a roulé un peu avec le gang des « Siciliens » de Jean-Claude Vella et Marcel Gauthier dans le racket[2]. Il a ainsi été le compagnon de route du Franco-Kabyle Nénesse Bennacer, autre figure montante des *seventies*[3]. Le truand Michel Ardouin, lieutenant de Mesrine, a décrit au sujet de Peltier un « voyou très dangereux mais parfois un peu farfelu[4] ». Tandis que Michel Lepage, ténor du gang de la Banlieue sud deuxième génération, évoque « un tueur », selon les « dires de la police[5] ».

P'tit Mimi le Kabyle

Aux côtés de Titi dans les sous-sols de l'île Saint-Louis, peut-être bien des jeunes gâchettes de la Banlieue sud, comme le rapportera bien plus tard le chef de l'Office central pour la

1. Patricia Tourancheau, *Les Postiches, un gang des années 80*, Fayard, 2004.
2. Michel Lepage, *Banlieue sud*, Grasset, 2011.
3. Cf. chap. « Fin de partie à La Médina ».
4. *Une vie de voyou*, avec Jérôme Pierrat, Fayard, 2005.
5. *Banlieue sud*, *op. cit.*

répression du banditisme (OCRB) à l'époque, Lucien Aimé-Blanc. « Quelques semaines » après le casse, il dit avoir recueilli un tuyau précis au cours d'un dîner au restaurant Le Don Camilo, repaire des barbouzes, avec deux indics, Louis d'Auteuil et Jean-Pierre Maïone-Libaude.

« Pendant que nous finissons notre repas, un homme d'une quarantaine d'années, bien habillé mais avec une dégaine de voyou, passe à côté de notre table. Jean-Pierre se penche vers moi et me glisse :

— Tu sais qui c'est ?

— Non, je ne vois pas.

— Tu as tort, c'est Willy de Brabamder (*sic*)[1] ! Il a pris la place de Marcel Gauthier dans la Banlieue sud. Tu as dû entendre parler de lui.

— Non, ce nom ne me dit rien du tout.

— C'est lui qui vient de casser la Société générale de l'île Saint-Louis. Ils ont pris plus d'un milliard !

— Avec qui il était ?

— Tous les anciens de la Banlieue sud, Cheval, Jo Horne, Titi Pelletier (*sic*). Ceux-là, tu les connais !

— Oui, belle équipe. Et ce Brabamder (*sic*), d'où sort-il ?

— C'est lui qui a monté l'affaire. Il m'avait invité mais je ne touche plus à ça. Et puis je n'ai jamais aimé creuser des trous[2] ! »

Un milliard d'anciens francs de préjudice, selon l'indic ! Soit l'équivalent de 10 millions de nouveaux francs ou 6,5 millions d'euros[3]... Vrai renseignement ou tuyau percé, difficile à dire. D'autant que Maïone-Libaude était un drôle de poisson, indic, mercenaire barbouzard, tueur. Et aucun des personnages cités plus haut n'a jamais été impliqué dans le casse. Du quatuor qu'il cite, seul Daniel Cheval, dit le Grand, est

1. En fait Willy Debrabandere, de son vrai nom.
2. Lucien Aimé-Blanc, *L'Indic et le Commissaire*, Plon, 2006.
3. Selon le calculateur de l'Insee qui tient compte de l'érosion monétaire liée à l'inflation.

toujours vivant[1]. Contacté *via* un intermédiaire dans le sud de la France où il vit désormais, il ne nous a pas répondu. Le nom de Titi Peltier a également été évoqué publiquement comme ayant participé à cette affaire par « P'tit Mimi », qui, lui, en était très probablement vu les détails qu'il a donnés. P'tit Mimi, fils d'un cafetier kabyle du quartier Robespierre à Montreuil, a 28 ans en 1976. Il a fait ses classes au sein de la bande de la rue Raymond-du-Temple de Vincennes, près du château. C'est un casseur de métier, quand il ne gère pas un bar de Saint-Germain-des-Prés. Il a rejoint l'équipe de Titi Peltier[2] avec une brochette de loulous de banlieue, et a fait quelques confidences, près de trente ans plus tard, à Patricia Tourancheau[3] : « Ils ont débloqué une vieille porte en ferraille condamnée sur les quais pour s'immiscer dans les souterrains de l'île », écrit la journaliste dans son livre culte. À en croire P'tit Mimi, ils ont aussi pris des dossiers sensibles sur d'anciens présidents de la République : « On a trouvé des documents dans les coffres de Mme Pompidou et de la famille de Gaulle. C'est un homme politique niçois qui les a monnayés par la suite. » Scandale et compromissions. « Moi je disais : il faut prendre les dossiers, mais les autres s'en battaient les couilles », a encore dit P'tit Mimi à Patricia Tourancheau[4]. Le casseur émérite a affirmé que des dossiers ont été revendus ensuite auprès de Jacques Médecin, le sulfureux maire (RPR) de Nice de 1966 à 1990, qui fut également président du conseil général des Alpes-Maritimes, mais aussi secrétaire d'État au

1. Debrabandere, proche plus tard de gros braqueurs parisiens comme Michel Crutel, Stéphane Ley et Bruno Celini, a été tué en novembre 1993 près de Dieppe par un escroc également auteur d'un double homicide en région parisienne. José Horne, dit Galoche, est mort d'un cancer en 1986. La même année, Titi Peltier a disparu sans laisser de trace (cf. chap. « L'Élégant »). Jean-Pierre Maïone-Libaude, lui, a été assassiné en 1982.

2. P'tit Mimi fut aussi un associé de Jean-Pierre Lepape, lui-même en cheville dans les années 1980 avec André Gau, ex-lieutenant de Nénesse Bennacer.

3. *Les Postiches*, *op. cit.*

4. Entretien avec l'un des auteurs, novembre 2020.

tourisme de 1976 à 1978. L'élu, qui n'était pas à cheval sur les principes ni la morale, finira plus tard en cavale en Amérique du Sud après des malversations, mais c'est une autre histoire[1].

Quelques années plus tôt, Claude Pompidou a été victime d'une cabale menée par des proches de Charles Pasqua, en marge de l'affaire Markovic[2]. Son époux, qui venait de quitter Matignon, en fut particulièrement meurtri, au point d'avoir, dit-on, toujours sur lui un carnet avec la liste des responsables de cette manipulation. Il s'agissait en réalité d'un photomontage relativement grossier montrant la future première dame engagée dans une partie fine. L'affaire de l'île Saint-Louis aurait-elle aussi été fomentée par une officine de barbouzes ? Un casse déguisé pour récupérer d'autres documents sensibles ? Et pourquoi pas ? Willy Debrabandere, le « cerveau » de l'opération selon le commissaire Aimé-Blanc, traînait pour sa part une lourde réputation. Des rumeurs le désignaient comme un exécuteur de contrats proche de l'OAS (l'Organisation de l'armée secrète) et ses irréductibles partisans de l'Algérie française et, selon les indiscrétions d'un voyou parisien[3], il affichait une certaine proximité avec des partis politiques de droite, voire d'extrême droite[4].

Régulièrement cité comme l'un des auteurs du « casse de l'île », le Toulousain Gérard Vigier, associé au milieu marseillais et en particulier au caïd Gaëtan Zampa, est un « beau mec », comme disent les policiers pour décrire un malfrat d'envergure. « Gégé » avait des affaires à Paris et y séjournait très régulièrement. Il a d'ailleurs été arrêté en février 1977 dans la capitale pour le casse de... Nice ! Peu avant le cambriolage

1. Extradé d'Uruguay dans les années 1990, il sera condamné pour corruption passive et recel d'abus de biens sociaux.

2. Du nom d'un garde du corps d'Alain Delon, assassiné en 1968.

3. Témoignage recueilli par l'un des auteurs en 2012.

4. Dans un même ordre d'idées, il n'est pas inintéressant de noter que Claude Genova, futur lieutenant de Titi Peltier, a participé à la sécurité de Valéry Giscard d'Estaing lors de la campagne présidentielle de 1974 sous la houlette de Hubert Bassot, ancien de l'OAS.

là-bas, il avait été contrôlé, et relâché, avec une masse et des burins à pointe. Le voyou aurait donc connu un été 1976 des plus chargés, faisant la navette entre les bords de Seine et la promenade des Anglais… Mais voilà, ni la police ni la justice n'ont pu prouver quoi que ce soit. Traduit devant la cour d'assises des Alpes-Maritimes avec cinq coaccusés, Gérard Vigier a finalement été acquitté en 1979 pour le retentissant casse niçois. Spaggiari, Albert de son prénom, le pseudo-« cerveau » qui n'aurait eu en vérité qu'un rôle marginal dans l'exécution du sensationnel cambriolage, était lui en fuite et ne sera jamais repris de son vivant. Gérard Vigier, un tout autre calibre dans le grand banditisme, s'illustrera encore à Paris quelques années plus tard, aux côtés de Daniel Abramovitch, autre grand ami de Nénesse Bennacer, pour des braquages à l'hôtel Royal Monceau, et du gérant d'une pizzeria chic des Champs-Élysées[1].

Balou a peur des rats

Dernier « égoutier » dont le nom n'a jamais filtré, un garçon surnommé Balou, sans doute pour sa force physique et en référence à l'ours du dessin animé *Le Livre de la jungle* de Walt Disney, un atout bienvenu durant ces longues heures à défoncer du béton en sous-sol, évacuer des gravats, forcer des coffres et charrier des lingots. À l'époque, il a 24 ans. Balou, de son vrai nom Madani Houfani, natif de El Kantara en Algérie, une oasis dans le sud des Aurès, a fait les quatre cents coups avec son frère Mekhi, de deux ans son aîné, un braqueur. Des costauds comme lui, il en fallait ce week-end du 15 août 1976, qui enregistrait des températures avoisinant les 27 degrés, bien plus supportables que celles de l'étouffant mois de juillet précédent. Mais si le Celsius s'est montré raisonnable, c'est une véritable fournaise dans les sous-sols de l'île Saint-Louis, sous le feu des

1. Cf. chap. « L'Élégant ».

lances thermiques. « C'était très fatigant, un boulot titanesque dans des conditions terribles, raconte un autre contemporain de Titi Peltier[1]. Les mecs étaient crevés et se reposaient sur place [d'où le matelas pneumatique découvert dans les égouts]. À un moment, certains dormaient, quand tout d'un coup il y a eu une lumière bleue violente qui a réveillé Titi en sursaut. Il était en panique. Il a cru que c'était la police et qu'ils étaient faits… En réalité, c'était Balou qui avait peur des rats et avait mis un gyro en marche pour les repousser… » Un gyrophare de police, quel gag ! Rare moment de détente, avec les libations à l'heure du casse-croûte. Accroupis au milieu des rongeurs, faiblement éclairés dans le noir et l'humidité, les forçats des égouts n'ont pas chômé. Mais au bout des égouts, le paradis, pour plagier Albert Spaggiari. Si le butin est moins fourni qu'à Nice, selon toute probabilité, l'opération connaît un franc succès. Car les casseurs de l'île, à la différence de leurs homologues sudistes, n'ont jamais été inquiétés. « Ils ont fait un très gros coup, ce jour-là », conclut notre témoin. Une impunité et un beau butin, avec, par exemple, les effets de Marie-Antoinette découverts dans un coffre qui auraient été rachetés « une fortune » par un receleur venu d'Angleterre[2]. Mais cela ne pourrait être qu'un énième mythe du milieu…

Quoi qu'il en soit, le casse de l'île Saint-Louis était tout sauf le fruit du hasard. Il y a sans doute eu une répétition grandeur nature six mois plus tôt au carrefour de la rue Meyerbeer, une courte voie du 9e arrondissement, et la Chaussée-d'Antin, très précisément entre l'Opéra et les Grands Boulevards. Une nuit de janvier 1976, un petit peu plus de soixante coffres de la banque privée Hervet[3] sont vidés par un gang venu lui aussi depuis les égouts. Il y en a pour environ 600 000 francs de préjudice. Des cambrioleurs « admirablement renseignés », rele-

1. Témoignage recueilli par l'un des auteurs, mars 2019.
2. *Gangs de Paris*, *op. cit.*
3. Rachetée par le Crédit commercial de France, la banque a été absorbée par HSBC en 2008.

vait *France-Soir*[1]. Car il y avait un dénivelé important depuis le « collecteur » Meyerbeer, et ils le savaient puisqu'ils avaient bâti un tunnel en deux parties... Des témoins avaient d'ailleurs aperçu un duo habillé en égoutiers ouvrir une plaque et s'y engouffrer. À cette occasion déjà, un important matos avait été abandonné sur place. Une source issue du banditisme parisien nous a confirmé que le coup de la banque Hervet était aussi l'œuvre de Titi Peltier et de son équipe. Des innovateurs.

Alors, forcément, les banques tremblent et les banquiers s'agacent que les méthodes des casseurs s'étalent dans les journaux. Car l'affaire de l'île Saint-Louis « semble confirmer l'usage d'une nouvelle technique, analyse *Le Monde*[2]. Jusque-là, les casseurs de coffres pénétraient toujours dans les salles par des voies classiques – portes ou fenêtres – en tentant de déjouer les systèmes d'alarme. Cette nouvelle méthode fait, au contraire, appel à une longue préparation ». Le quotidien du soir croit savoir que la technique a été tentée pour la première fois « sans succès », en décembre 1975, contre la recette principale des postes du 13e arrondissement de Paris, à l'aide d'une lance thermique et d'une gaine d'évacuation des fumées[3] ! Ont donc suivi la banque Hervet, puis Nice en juillet, et enfin l'île Saint-Louis. Un échec puis trois casses réussis, des litres de sueur mais aucune goutte de sang versée. Ce qui semble indiquer que leurs auteurs échangeaient des infos sur les techniques à employer et accrédite la participation de Titi Peltier et Gérard Vigier à plusieurs de ces affaires. Là encore, on ne saura pas si Balou était aussi de la partie près de l'Opéra. Logiquement oui, mais les équipes se forment au gré des disponibilités des uns et des autres, empêchés parfois par des cavales ou des passages à l'ombre. Les rescapés des entreprises souterraines de 1976 se comptent aujourd'hui sur les doigts d'une main. Balou va dispa-

1. Édition du 16 janvier 1976.
2. Daté du 17 août 1976.
3. Cette première tentative était le fait, selon nos informations, du même gang qui a sévi à Nice, avec déjà à la manœuvre Gérard Vigier très probablement et le Marseillais Jacques Cassandri.

raître, sans jamais être entendu pour l'île Saint-Louis. La police s'intéressera brièvement à lui après l'évasion ratée à Fresnes d'une figure du gang de la Banlieue sud, Émile Dieudonné. Le caïd y perd la vie en s'écrasant contre un mur, entraîné par une corde lancée d'un hélicoptère. Des complices seront arrêtés. Lors de leur procès en septembre 1991, l'un d'eux mettra en cause un ami de Dieudonné, Balou Houfani, comme le cerveau de la tentative de belle. Or Balou a succombé à une crise cardiaque à la rentrée 1990. Comme souvent dans les affaires de banditisme, les morts ont le dos large. Tellement pratique. Un peu plus tard, c'est le frère de Balou, Mekhi, « un gros poisson » selon la presse, proche d'un braqueur émérite de la banlieue est, Ahmed « Cero » Lahcene, qui tombera avec tout un stock d'armes. Dans la même affaire figure le Petit Riquet, Éric Pasquet pour l'état civil, lieutenant du parrain de Paname du début des années 1990, Claude Genova, dit le Gros. Pasquet et Genova, des ennemis intimes d'une équipe de jeunes beurs et manouches de la banlieue est, les Amimer, Mansouri et la fratrie Hornec qui monte, qui monte, qui monte[1]...

Les Balou et autres P'tit Mimi ont montré la voie et décomplexé les malfaiteurs maghrébins de la deuxième génération qui arrivent, pied au plancher, sur le « marché » dans les années 1980. Un choc aussi pour les flics qui pensaient que les « Arabes » n'avaient pas leur place dans des affaires majeures de grand banditisme. « Longtemps, il n'y a pas véritablement eu de milieu maghrébin, résume un policier parisien, éminent spécialiste du grand banditisme[2]. Pendant des années, les Maghrébins ont été ostracisés. Ils montaient sur des coups, des braquages importants, mais n'étaient pas les initiateurs. Plutôt des seconds couteaux, des équipiers. Puis ils ont grimpé dans la hiérarchie, en montant sur des grosses affaires avec les H., par exemple. Car les Hornec se sont appuyés sur des soldats qui avaient de la masse dans les cités. »

1. Cf. chap. « L'Élégant ».
2. Entretien avec l'un des auteurs, octobre 2020.

Dans le sillage de Balou et de son frère, il y aura « Didi », Kalo, Staff, Momo d'Argenteuil et bien d'autres, tous tombés pour des vols à main armée dans les années 1980. La porte en fer sur les quais de Seine a été murée pendant des années avant d'ouvrir tout récemment sur des toilettes publiques. La Société générale de l'île Saint-Louis a déménagé un peu plus loin. Au sous-sol de la librairie qui a remplacé l'agence dévalisée, la lourde porte blindée de l'ancienne salle des coffres n'a, elle, pas bougé. Encore plus inutile aujourd'hui qu'hier.

2

Monsieur Armand

Voyou multicarte, à la fois proxénète, homme de main et braqueur, Ali Amalou, dit Monsieur Armand, fut un des tout premiers truands maghrébins médiatiques.

La Chrysler « grand sport » décapotable tourne autour de la Madeleine. C'est la nuit. À bord de la luxueuse américaine, deux jeunes femmes apprêtées et, au volant, un homme qui porte beau. Aïcha, 22 ans, et Pierrette, 24 ans, sont deux « amazones », le surnom qu'on donne aux prostituées « motorisées ». Pierrette aurait été recrutée en Belgique, à Anvers précisément. Aïcha, qui parle à peine français, a débarqué d'Algérie trois ans plus tôt. Le chauffeur se fait appeler Monsieur Armand, de son vrai nom Ali Amalou, natif de Tizi Ouzou, en Kabylie. Un « Algérien de belle prestance », dit la presse. Il a 38 ans.

En ce printemps 1952, sa protégée Aïcha vient de délester un officier américain d'une coquette somme lors d'une passe. De « l'entôlage », dans le jargon. L'argent volé a été retrouvé chez Amalou après une « enquête serrée », selon la presse. Ce qui vaut au chauffeur d'être placé en garde à vue à la 4e brigade territoriale, la BT de la place du Marché-Saint-Honoré. Il se défend d'être un proxénète, mais semble surveiller les deux jeunes femmes tous les soirs à la Madeleine. Les journaux dressent de lui un portrait peu flatteur : « personnage bien connu de la police », « redoutable repris de justice », « restaurateur quelque peu souteneur », « personnage étrange », « tour à tour kidnapper (*sic*), homme de main, trafiquant de devises et tenancier de bar », « déjà mêlé plusieurs fois à diverses affaires troubles ». En résumé, « Ali Amalou est un de ces curieux personnages au rôle si mal défini que la police elle-même a peine à pouvoir établir à son encontre une culpabilité précise[1] ». Il gère Le Refuge, un débit de boissons de la rue Champollion, à deux pas de la Sorbonne, un « bar élégant », et même « de demi-luxe dont la décoration, faite de rondins de béton, évoque en effet un refuge[2] ». Amalou officie aussi dans un hôtel rue Dauphine, dans le 6e, un meublé assez modeste, avec bar adjacent.

Monsieur Armand dit qu'il récolte les gains d'un ami en prison et reçoit 10 000 francs[3] par jour de chacune des prostituées, mais il est fortement soupçonné d'être impliqué dans la « traite des blanches » : c'est ainsi qu'était désigné à l'époque le business international de la prostitution, passant en particulier par l'Afrique du Nord, de Oran à Tanger, ou l'Amérique du Sud. C'est la période des gangsters à chapeau mou, des maquereaux ou « julots casse-croûte » et des hôtels de passes. Mais si Amalou est particulièrement connu de la police et du grand public, c'est qu'il a, trois ans plus tôt, été mêlé à une « rocambolesque histoire », comme l'écrivait *Le Monde*. En mars 1949, il a mis à disposition sa rutilante Mercedes – on écrivait encore « Mercédès » –, un coupé-cabriolet gros modèle marron et gris, pour une curieuse virée en province. Une sombre affaire d'enlèvement d'un diamantaire parisien du nom de Hennequin, bijoutier rue de Provence. Un périple sous le prétexte de lui faire expertiser des jades et ivoires fort rares dans un domaine bordelais à Pomerol, dont un châtelain devait prétendument se défaire en urgence pour éponger ses dettes. Un client du bar d'Amalou nommé Soubielle, « dangereux repris de justice » en cavale, et le « faux châtelain » complétaient le quatuor.

1. *L'Aurore*, 31 juillet 1950.
2. *Ibid.*, 15 mars 1949.
3. Environ 220 euros d'aujourd'hui, selon le convertisseur Insee qui tient compte de l'inflation.

Le Kabyle conduisait. C'est à peu près la seule certitude dans cette « extravagante aventure[1] », car après les récits divergent. Chemin faisant, ils ont déjeuné, un repas bien arrosé, et le diamantaire a parlé de son associée, une dame Audet demeurant à Bergerac. Dans sa propriété un « trésor énorme en or et en bijoux » serait caché sous une dalle de ciment. Hennequin dit qu'il a ensuite été séquestré par Amalou et Soubielle. Il s'est retrouvé, de nuit, menacé par « l'Arabe » qui brandissait un « Browning de fort calibre ». Amalou et ses comparses prétendent pour leur part que c'est Hennequin lui-même qui a proposé l'affaire. Le diamantaire aurait ensuite été pris de panique au moment de passer à l'acte. Il était par ailleurs recherché pour avoir acheté à Soubielle une bague en or unique volée au peintre Picabia… Bizarre, vous avez dit bizarre. Le casse a échoué faute de matériel idoine et tout ce petit monde est remonté à Paris.

Introuvable, Ali Amalou avait envoyé une lettre à deux journaux du soir dans laquelle il affirmait que le diamantaire « a monté toute l'affaire » et désigné son associée. « Cette s… a une centaine de millions cachés dans sa villa. Je sais l'endroit et je lui ferais volontiers un sale coup », leur aurait lâché Hennequin lors du repas arrosé avant de rallier Bergerac. Amalou, sa lettre envoyée, attend de « rassembler les preuves de son innocence avant de se livrer ». Le journaliste de *L'Aurore* qui rend visite au bar Le Refuge trouve l'épouse et la belle-mère du bistrotier qui se « morfondent » dans l'établissement vide. Elles vivent au-dessus avec un jeune enfant. Les deux femmes assurent qu'Amalou « n'a rien à se reprocher et a la conscience tranquille ». Le cafetier finit par se rendre et sera écroué tout comme le diamantaire, chacun accusant l'autre de la tentative de vol de Bergerac. L'affaire se réglera devant le tribunal. Amalou est condamné en octobre 1952 à quatre mois de prison, le joaillier à un an. Tous deux seront finalement relaxés en appel, le vol n'ayant pas été consommé.

1. *L'Aurore*, 14 mars 1949.

Au tribunal, Amalou/Armand apparaît en cravate et pardessus mastic, les cheveux gominés, selon la mode de l'époque. Sobre et chic.

Homme de main pour trafiquant international

Remis en liberté en attendant son jugement, Ali Amalou n'a pas tardé à refaire parler de lui, à de nombreuses reprises. Il est mis en cause, puis relaxé, dans la disparition d'une forte somme d'argent en francs belges appartenant à un louche ressortissant danois. Somme qu'il s'était fait fort de changer. Puis le voilà impliqué dans un trafic d'armes et de faux dollars dont on ignore les détails. Et ce n'est pas fini…

Le 12 avril 1949, une voiture en percute une autre rue Balzac, dans le secteur des Champs-Élysées. Simple accident de la circulation ? Sans doute pas, puisque « deux Nord-Africains » sortent d'un des véhicules et se précipitent sur le conducteur de l'autre, un Américain. Il est sérieusement molesté et laissé « à moitié assommé sur le trottoir[1] ». On lui a aussi pris une « forte somme » en devises. Il faudra un an avant que ce vrai-faux accident apparaisse pour ce qu'il est vraiment – une entreprise d'intimidation – et que ces protagonistes soient identifiés : un authentique ex-boxeur professionnel, le poids plume Jo El Houssine[2], et l'inévitable Monsieur Armand. L'agression de l'Américain, directeur de la Société d'entreprises pour la reconstruction des pays d'Europe, aurait été commanditée par un trafiquant d'armes international, un Anglais, basé sur la Côte d'Azur, à Cannes. Le marché des surplus militaires américains est alors en plein boom. Ce très sulfureux businessman, ferrailleur de la banlieue londonienne devenu multimillionnaire qui répond au

1. *L'Intransigeant*, 9 et 10 avril 1950.
2. De son vrai nom Joseph El Houssine ben Mohamed. Né au Maroc en 1918, il disputa 62 combats entre 1936 et 1945 et acquit une certaine réputation avant-guerre, notamment comme compagnon d'écurie de Marcel Cerdan.

nom de George Dawson[1], est par ailleurs soupçonné de financer des mouvements indépendantistes pour le compte de l'URSS. « Dawson a pour quartier principal Casablanca, d'où il organise méthodiquement le financement du soulèvement de l'Afrique du Nord française », écrivait *L'Aurore* quelques mois plus tôt[2]. Les services secrets semblent s'intéresser à lui de très près. Ce puissant personnage aurait donc payé des nervis pour intimider un rival. Les avocats des gros bras plaideront le « hasard », sans convaincre.

La vie n'est pas un long fleuve tranquille pour Ali Amalou, qui est « grièvement blessé » en juillet 1950 dans son bar. En plein après-midi, un homme de petite taille, en « complet brique et coiffé d'un feutre foncé », entrebâille la porte et fait feu à trois reprises. Le cafetier est touché de deux balles, une à la jambe, l'autre à l'aine. Du 7,65. Opéré dans la foulée, il se rétablira parfaitement. La brigade criminelle est saisie, mais Amalou n'a rien à dire. Il ne connaît pas son agresseur. Pas plus que le barman ou un client présent, un autre boxeur professionnel algérien qui s'était réfugié en cuisine. « La loi du milieu joue », mais les policiers « ont pu établir qu'Amalou avait de nombreuses inimitiés dans le quartier[3], principalement dans le milieu nord-africain qui, à plusieurs reprises, avait tenté de tirer vengeance de lui[4] ».

Finalement, son barman, Ben Aoudad, craquera et s'épanchera. Ce dernier avait ravi une « gagneuse » prénommée Béatrice à un rival, Arezki, un « souteneur » qui n'avait pas accepté la chose. Le tireur avait raté sa cible et touché Monsieur

1. Surnommé le Joanovici cockney, il sera ensuite inculpé pour escroquerie et condamné pour fraude fiscale en France, puis emprisonné pour banqueroute en Grande-Bretagne.
2. Édition du 22 décembre 1948.
3. À cette époque, le bas du Quartier latin et le boulevard Saint-Germain dans sa partie est étaient encore des secteurs populaires avec une forte communauté algérienne, logeant souvent dans des hôtels « garnis ».
4. *L'Aurore*, 31 juillet 1950.

Armand. Il ne l'emportera pas au paradis, puisqu'il sera à son tour dans la ligne de mire l'année suivante, devant un bar de Bordeaux, rue Saint-Sernin, dans le quartier de la prostitution. Arezki est tué de deux balles dans la tête. À moins que son identification par les témoins de la rue Champollion n'ait servi qu'à tirer Amalou d'affaire ? Car le bistrotier de la Sorbonne n'est-il pas « régulièrement mêlé à des affaires de trafic, de traite des blanches et de kidnapping[1] » ?

Règlement de comptes à la Chapelle

Un mois après la fusillade de la rue Champollion, un racketteur de prostituées du nom d'Abdelkader S., *alias* « Dédé la Cravate[2] », est grièvement blessé boulevard de la Chapelle[3]. Il a essuyé les coups de feu d'un des deux passagers d'une voiture conduite par une femme. Ali Amalou se trouvait à bord, selon la police. « Il était temps, on le voit, qu'un tel individu soit retiré de la circulation », se félicite *L'Aurore*[4]. Le voyou kabyle finira par avouer devant les inspecteurs de la PJ. Puis, par deux fois en 1952, il est inculpé pour « exercice du métier de souteneur », relève *L'Intransigeant*. Monsieur Armand a pris du galon puisqu'il gère le cabaret El Baraka, rue du Colisée, dont il serait même propriétaire, mais aussi un autre bar rue de la Harpe, encore dans le secteur du Quartier latin qu'il affectionne, plus un hôtel rue Duphot, tout près de la Madeleine, secteur traditionnel de la prostitution haut de gamme de la capitale.

Au printemps 1953, le voilà de retour dans la chronique des faits divers. « À cause » d'une prostituée, Aïcha, déjà vue à l'arrière de la Chrysler d'Amalou. Elle déploie désormais ses charmes boulevard de la Chapelle, haut lieu de la prostitution parisienne à l'époque. Elle est d'ailleurs connue de la police

1. *Ce soir*, 30 juillet 1950.
2. Cf. chap. « Proxos and Co ».
3. Autre haut lieu de la prostitution.
4. Édition du 18 mars 1952.

pour avoir « arrangé le portrait », à coups de talons, d'un client trop exigeant… Ce qui lui a valu, à 19 ans, d'être poursuivie pour « blessures et provocation à la débauche ». L'histoire ne dit pas à quel moment elle est tombée entre les mains d'Amalou, mais elle est enlevée dans un café par le beau souteneur, qui la prend par les cheveux, la bat et l'emmène de force. La police est alertée. Aïcha est finalement retrouvée au domicile de son proxénète. La galante dira aux policiers qu'elle ne souhaite pas porter plainte et fera cette curieuse déclaration : « Ali m'a attrapée par les cheveux, mais le geste semblait parfaitement naturel. Je ne vois pas pourquoi quelqu'un devrait se plaindre alors que je suis tout à fait heureuse. » Cette version fera le tour du monde, puisqu'elle sera reprise par le *Medford Mail Tribune*, dans l'Oregon, et le *Times* de San Mateo en Californie !

Sa protégée le dédouane, mais le proxénétisme semble bel et bien être l'activité principale d'Amalou. Et il exerce en famille. À l'automne 1956, son nom va de nouveau défrayer la chronique. Tout commence l'été précédent. Mireille, une jeune femme de 20 ans originaire de Chambéry, de parents « honorablement connus », passe ses vacances en Savoie. Elle y rencontre un couple de « sympathiques estivants » qui l'invite à Paris. La jeune femme est d'autant plus ravie qu'elle ne connaît pas la capitale. Là, le couple lui présente le gérant d'un café-hôtel qui l'embauche aussitôt. Il s'appelle Amar Amalou, c'est un des frères d'Ali. Mais l'histoire va tourner au cauchemar pour la barmaid savoyarde. Son patron ne tarde pas à l'enfermer dans une chambre, à la battre et à abuser d'elle. Puis il la mène au Luxembourg dans un bordel tenu par des Français. Mireille y rencontre Éliane, qui a connu la même mésaventure. Elles finissent par s'enfuir ensemble et se réfugient dans un commissariat du grand-duché. La Sûreté nationale française prend en charge les jeunes femmes et ouvre une enquête. Les investigations débouchent sur les frères Amalou, Amar et Mohamed. « Ces derniers seraient avec un troisième frère, Ali Amalou, les chefs d'une bande de trafiquants dont l'activité s'exerçait sur une grande échelle, de Paris à Londres en passant par la Belgique et le Luxembourg. » L'affaire fait les gros titres : « La police décapite un gang de la traite des blanches[1]… » Gang dont Ali Amalou et ses frères seraient donc les chefs.

Les années suivantes, Monsieur Armand se montre plus discret. Sans doute connaît-il un passage en prison et un éloignement de Paris, avec une interdiction de territoire. La guerre d'Algérie aussi est passée par là et la fratrie aurait joué les collecteurs de fonds pour le FLN. Dans les années 1960, Ali Amalou gère encore deux hôtels en région parisienne. Puis, dans les années 1970, il a quelques activités commerciales en Belgique, où l'on perd sa trace. Il semble qu'il soit retourné en Algérie et vive à l'ouest d'Alger, du côté de la plage de La Madrague, devenu El Djamila après l'indépendance, sur la commune d'Aïn Benian. « La Madrague a été durant des années le lieu en vogue près de la mer. On y grillait des sardines et on y batifolait… », commente un grand connaisseur de l'Algérie. Monsieur Armand, l'ancien souteneur parisien, y gérait encore dans les années 1970 la Baie d'Along, un dancing bien connu à l'époque coloniale, à la vue imprenable. Quand on a la bosse du commerce…

1. Agence centrale de presse, 21 octobre 1956.

3

Proxos & Co

Les pionniers, ce sont eux : proxénètes du « PLM », Paris-Lyon-Marseille, soldats des « guerres » arabo-corses à Pigalle, racketteurs comme Albert le Boxeur et Philippe le Dingue, ou engagés dans la guerre d'Algérie. Ces nouveaux venus font peur au milieu.

À 23 ans, Christian Labalette fait partie des espoirs du football français, « un bon technicien, rapide et dynamique[1] ». Un an plus tôt, il a été sélectionné en équipe de France militaire alors qu'il était au bataillon de Joinville. Le jeune attaquant a aussi connu les honneurs en bleu avec les juniors et France B, l'antichambre des grands. Depuis six ans, il joue ailier gauche ou intérieur dans un club phare du foot français, le FC Sochaux. Le club doubiste a parié sur la jeunesse avec sa fameuse « phalange des Lionceaux », dont Labalette fait partie. Le jeune pro a été repéré dans le club de sa ville natale, La Courneuve, en région parisienne. Une carrière prometteuse qui va s'arrêter net à 1 heure du matin le 28 juin 1957 à la terrasse du Lizeux, une brasserie de Pigalle, au croisement des rues Fontaine et de Douai. Tenu par des Corses, le lieu est connu pour être un repaire de voyous depuis deux décennies.

1. *Journal du canton d'Aubervilliers*, 5 juillet 1957.

Christian Labalette vient d'être démobilisé. Il est en vacances, en attendant la reprise du championnat. La vie est belle. Il fait beau, une vague de chaleur est annoncée. Les gens sortent. En cette soirée de fin de semaine, le sportif est assis au milieu d'un groupe de cinq consommateurs quand une « puissante voiture américaine » de couleur grise remonte lentement la rue Fontaine puis tourne à gauche, laissant sur sa droite les lumières du Moulin-Rouge, au bout de la place Blanche. Cela fait plusieurs fois qu'elle passe au ralenti devant le Lizeux. Mais là, des coups de feu claquent. Un homme est sorti de la voiture, s'est abrité derrière une portière ouverte, accroupi, il a pointé sa mitraillette sur le groupe. Le footballeur est touché au ventre et à l'artère fémorale. Il s'effondre en travers du trottoir. « Malgré plusieurs transfusions », le jeune homme expire une heure et demie plus tard. Christian Labalette aurait été « victime par erreur d'un règlement de comptes », diront les journaux. À ses côtés, un certain François Chiappe, plus connu dans le milieu sous le nom de François les Grosses Lèvres. Un malfrat insulaire de 37 ans, présenté comme le propriétaire du bar Au son des guitares à Ajaccio en Corse-du-Sud. Labalette ne connaissait pas Chiappe. Lors de sa sortie parisienne, le jeune footballeur a eu la déveine de croiser un camarade, ancien joueur au sein des juniors de l'Olympique de Marseille, André Ciangherotti, dit Dédé le Corse. Ils ont le même âge. Dédé est le neveu de François les Grosses Lèvres, membre notoire du « milieu montmartrois ». L'ex-pensionnaire de l'OM a voulu présenter le Sochalien à son oncle, passionné de football lui aussi. Tout ce petit monde s'est retrouvé au Lizeux, où Chiappe est bien connu. Il y avait aussi un souteneur local, connu sous le sobriquet d'Ange la Terreur. Ce sera le verre de trop.

Une balle a touché François les Grosses Lèvres, grièvement blessé au foie. Armé, le Corse a bien tenté de répliquer mais l'américaine a filé non sans quelques coups de feu encore tirés par ses occupants, pour couvrir leur fuite. Selon des témoignages rapportés par les journaux de l'époque, les tueurs en auraient voulu aux patrons du Lizeux, les frères Vincileoni[1]. Mais les descriptions des occupants de l'américaine sont bien maigres. Est-ce parce qu'on n'a pas bien vu ou alors parce qu'on ne veut pas donner d'indications aux flics ? Certains, formels, décrivent tout de même « deux individus très bruns de type nord-africain[2] ». Le tableau est dressé : « Des premiers éléments de l'enquête, il ressort que ce règlement de comptes aurait été commis par des souteneurs nord-africains de Pigalle[3]. En effet, les policiers de la brigade criminelle ont appris que Francis (*sic*) Chiappe était entré en lutte, dernièrement, avec des repris de justice d'origine nord-africaine, qui "protègent" des "respectueuses" de Pigalle et de Montmartre. Dans les bars qu'il fréquentait, Francis, dit les Grosses Lèvres, ne se gênait pas pour déclarer qu'il était disposé "à purger Montmartre des souteneurs nord-africains". Ces paroles ont certainement été rapportées à quelques "caïds", qui ont préféré prendre les devants et abattre leur rival. » Plus globalement, relève *France-Soir*, « les enquêteurs sont d'ailleurs persuadés qu'il s'agit d'un règlement de comptes, décidé par de mauvais garçons du milieu nord-africain qui tentent d'imposer leur loi à Montmartre et ont engagé dans ce but une lutte à mort contre le milieu corse ».

Entendu par la PJ, François les Grosses Lèvres joue un air connu : il n'était pas visé, il a été atteint « par hasard ». Mieux, il ne « comprend pas », dira-t-il aux policiers de la criminelle venus l'interroger sur son lit à la Pitié-Salpêtrière, lui qui « ne se connaît pas d'ennemis ». Le Corse se dit même incapable de préciser si les tireurs étaient maghrébins ou non. Une candeur qui ne convainc pas les poulets, habitués aux mœurs de Pigalle et à la loi du silence. D'autant que Chiappe sort tout juste de prison, où il a séjourné après une « bagarre avec des

1. Une fratrie corse présente aussi à Marseille et dont un des membres s'illustra lors du braquage des bijoux de la Bégum, l'épouse de l'Aga Khan, à Cannes en 1949 puis dans le trafic d'héroïne.

2. Dépêche de l'Agence centrale de presse, reprise dans *La Bourgogne républicaine* du 29 juin 1957.

3. *Ibid.*

Nord-Africains », indique encore le quotidien dirigé par Pierre Lazareff.

Cet été 1957, la tension semble très vive à Pigalle. Le rapprochement avec un autre crime commis dans le quartier est inévitable. Un mois plus tôt, au carrefour des rues Duperré et de Douai, c'est-à-dire précisément sur le trottoir en face du Lizeux, un « souteneur algérien », déjà « connu pour appartenir à la pègre montmartroise », a été très grièvement blessé par trois hommes en voiture. L'hypothèse d'une guerre des gangs sur fond communautaire séduit policiers et journalistes. Fait divers médiatique[1], la mort du footballeur Labalette ne sera jamais élucidée. Quant à François Chiappe, peut-être la principale cible de cette nuit tragique, il survivra et, à l'issue d'une carrière respectable dans le milieu, en particulier au sein de la French Connection[2], il a paisiblement fini ses jours en Argentine, dans une maison de retraite de La Falda, province de Córdoba, le 2 février 2009, à l'âge de 88 ans. Sans jamais le nommer, mais en donnant suffisamment de détails pour l'identifier, l'historien Louis Chevalier, grand spécialiste de Montmartre, dresse le portrait de ces jeunes Corses qui tenaient le Pigalle de l'après-guerre[3] :

« Le personnage en question avait fait ses débuts dans la truanderie tout jeune et par la petite porte, vers les années 1946-1947

---

1. Évoqué dans *Le Monde* du 29 juin 1957 : « Règlement de comptes à Pigalle ».

2. Né à Cauro près d'Ajaccio en 1920, proche des frères Guérini à Marseille et du gang des Trois Canards, puis homme des réseaux barbouzes Foccart, « François le Corse » est envoyé en Algérie en « opération spéciale ». Il trempe ensuite dans la drogue. Condamné à mort par contumace après avoir tué un Algérien et un Guadeloupéen qui importunaient la tenancière d'un bar de Montmartre sous sa protection, Chiappe prend la poudre d'escampette en Argentine en 1965, où il officie au sein du réseau d'Auguste Ricord. Arrêté à Buenos Aires en 1972 avec 47 kilos d'héroïne, il est extradé en 1976 vers les États-Unis et condamné à vingt ans de prison. Libéré, il retourne vivre en Argentine d'où est originaire son épouse.

3. *Les Ruines de Subure : Montmartre de 1939 aux années 80*, Robert Laffont, 1985.

à Montmartre [...] dans les années 1950, il s'était illustré en exécutant quelques Algériens et il avait eu droit de ce fait à la reconnaissance du milieu [...] il était devenu ainsi un des petits rois de Pigalle, dirigeant d'une main amicale mais impitoyable une bande de mauvais garçons, parmi lesquels certains devaient connaître une fin sanglante, à Montmartre, à Marseille et ailleurs ; dès lors il avait pu faire les choses en grand et déclarer la guerre aux truands nord-africains tentant de mettre la main sur Pigalle ; c'est pour cette raison ou une autre, qu'on avait tenté de l'abattre [...] à la terrasse d'un café [...] il n'avait été que blessé, mais un de ses amis, un footballeur célèbre, avait été tué. »

L'auteur, assez approximatif sur les faits, mélange dates et lieux et attribue à Labalette une popularité qu'il n'avait pas eu le temps d'atteindre. De plus, il affirme « peu probable » que le coup ait pu être fait par « des Nord-Africains », penchant pour des « rivaux » corses ou « peut-être aussi des pieds-noirs », mais sans étayer cette affirmation d'un quelconque témoignage... D'autres auteurs, bien renseignés, ont décrit Chiappe comme « l'un des héros de la petite guerre qui ensanglanta les trottoirs de Pigalle. Elle opposait les Corses aux Nord-Africains qui tentaient de conquérir le pavé de Pigalle[1] ». Ce qui conforterait plutôt la thèse d'une main « nord-africaine » dans la mort de Labalette.

« Affront à la virilité corse »

Est-ce le fait divers du Lizeux qui a inspiré le formidable auteur de romans noirs André Héléna lorsqu'il publie, au premier trimestre 1958 et sous pseudo, son *Descente à Pigalle* ? L'écrivain habite Montmartre et connaît bien le petit monde de la pègre corse qui sévit en bas de la Butte. Dans ce livre, « la

1. Louis Sapin et Pierre Galante, *La Grande Filière*, Robert Laffont, 1979.

menace vient de la plaine où gronde le métro aérien en contrebas des entrelacs du dédale de la Goutte-d'Or, devenu fief arabe depuis des générations », écrit joliment le romancier-essayiste Jean-Pierre Deloux dans la préface à la réédition du roman[1]. La lutte Corses-Arabes est au cœur de *Descente à Pigalle* sur fond de tentative de racket d'un bar insulaire exercé par les seconds. Ainsi, le proxénète Kacem se retrouve menacé par Tino, maquereau corse, dans un langage impubliable aujourd'hui et ouvertement raciste :

« Tu le vois, le métro à ta gauche ? Tu le vois [...]. C'est le métro Anvers, t'entends, raton ? Et c'est la frontière [...] tu n'as qu'à rester avec tes potes à la Chapelle ou à la Goutte-d'Or. »

C'est que les Corses sont sous la menace : « Si on commençait à lâcher le terrain devant les Arabes, tout était perdu, fait dire Héléna à l'un de ses personnages. Demain ils s'empareraient non seulement des bistrots, mais des boîtes, du trafic, de la drogue, des femmes et de tous les commerces, plus ou moins clandestins, mais toujours lucratifs, de Pigalle. »

Ou encore : « Si on se laisse faire, on est recuits. Les Arabes nous boufferont les uns après les autres. »

Quant au bar du caïd, Mokrane, dans le nord de la Goutte-d'Or, il apparaît bien éloigné des habituels « cafés maures » pour travailleurs immigrés : « Seulement, ici, l'atmosphère était différente car à cette clientèle se mêlaient d'autres Arabes, qui eux, visiblement, roulaient sur l'or, ou presque. Ils avaient des vêtements luxueux, des chemises impeccables et de grosses bagues d'or alourdissaient leurs mains manucurées. Et ce n'est certainement pas chez Citroën qu'ils avaient acquis cette aisance d'homme oisif et riche. » Un cliché ? « Oisif », le terme a déjà une histoire. « Dans les années 1946-1948, chaque affaire mettant en scène quelques Algériens "oisifs" vivant de "trafics" en tout genre fait immédiatement les choux gras de la presse régionale et nationale et véhicule ainsi une image on ne peut plus négative de l'immigrant nord-africain

1. Publié chez E-dite en 2002.

en général », souligne l'historienne Marion Abssi dans sa thèse[1].

Pour Louis Chevalier, l'implantation des Nord-Africains à Pigalle passe d'autant moins bien chez les Corses de la capitale qu'une bonne partie de ces derniers avait « plus ou moins vécu en Afrique du Nord [...] certains y avaient passé leur enfance, qui avaient là-bas des parents, des amis, militaires, douaniers, gendarmes, quelques-uns même colons ». Pour eux, « les Arabes c'étaient les "bicots", les "biques", les "ratons", les "melons", des êtres à part, tout juste bons à être commandés ». Les voir s'installer à Pigalle, quartier investi par le milieu corse depuis les années 1920, « voilà qui était insupportable ». C'était même un « affront à la virilité corse[2] ». Pour d'autres auteurs, dès 1957, « la guerre avait éclaté entre les Corses et les Nord-Africains qui les chassaient petit à petit de Pigalle[3] ».

En fait, l'arrivée de cette nouvelle pègre dans ce haut lieu de la prostitution est parallèle à l'importante vague d'immigration venue du Maghreb dès la fin de la guerre 1939-1945. La poussée des Nord-Africains sur Pigalle, le déclin des Corses... une thématique récurrente. Même si, pour être juste, le déclin avait commencé avant-guerre quand une première vague de souteneurs venus d'Algérie, les « Oranais[4] », avait investi la prostitution parisienne. En septembre 1954, dans un grand article baptisé « Le racket s'est installé dans Paris », *Paris-Presse-L'Intransigeant* note, pour Pigalle : « Trois bandes de Corses y ont pignon sur rue et luttent contre la concurrence de plus en plus menaçante des Nord-Africains[5]. » Même le grand Jo Attia, pourtant d'origine tunisienne, s'en plaint. Il a connu des

1. « Le nationalisme algérien et ses diverses expressions dans l'immigration en France métropolitaine entre 1945 et 1965 », université de Liège et université de Lorraine, 2012.

2. L'historien américain Todd Shepard parle de « désinvolture franchement raciste » au sujet de certains écrits de Louis Chevalier.

3. André Larue, *Les Flics*, Fayard, 1969.

4. En fait des voyous pieds-noirs ou juifs.

5. Édition du 30 septembre 1954.

démêlés avec ces nouveaux venus dans son bar, le Gavroche, rue Joseph-de-Maistre à Montmartre, qui lui valent d'être mis en cause dans une affaire de racket. Il s'explique sans détour devant la presse : « C'est une histoire d'ivrognes. Un Nord-Africain, récemment sorti de prison, est venu lundi soir, avec un ami, boire une bouteille de champagne chez moi. Au moment de payer, il s'y est refusé, en prétextant qu'il a été avec moi au quartier de la haute surveillance, à Fresnes, et qu'entre amis on ne se doit rien. Moi, je suis un commerçant et les affaires sont dures. Je n'aime pas cela. Je mets les deux hommes à la porte. Pour se venger, ils ont fait du scandale, appellent Police-Secours et inventent tout une histoire de racket, de chantage, de menaces[1]. » Le caïd est finalement mis hors de cause et on ne saura jamais le fin mot de cette sombre affaire, qui pourrait bien être aussi une tentative de racket.

Louis Chevalier affirme : « En accord avec le milieu nord-africain d'Alger et grâce à de nombreuses relations qui existaient de part et d'autre de la Méditerranée, particulièrement pour les échanges de filles, peu à peu s'était constituée à la Goutte-d'Or une base de départ, du moins pour les plus doués, pour une véritable offensive en direction de Pigalle. Dès les années 1950, on avait commencé à parler, à l'occasion de faits divers de Pigalle, d'un gang de souteneurs nord-africains, en train de menacer les intérêts des Corses en matière de prostitution – et pas seulement celle des filles arabes – et pour le reste[2]. »

Les territoires bougent. C'est la tectonique des plaques sur le macadam parisien. Certaines prennent le dessus, d'autres s'affaissent. Le nord de la capitale apparaît comme un immense gâteau très convoité. « Quant aux filles pour Nord-Africains [...] elles émigrent vers la place de Clichy et, à partir de là, vers les boulevards de l'Est : Clichy, Rochechouart et la Chapelle. Dans toute cette zone "respectueuses" en carte ou clandestines drainent chaque nuit des millions de francs péniblement gagnés

1. *Paris-Presse-L'Intransigeant*, 24 septembre 1954.
2. *Les Ruines de Subure*, *op. cit.*

par leurs clients. Il y en a partout : sur les trottoirs, dans les couloirs des hôtels, dans les bars et les cabarets de Pigalle ou de Clichy[1]. » C'est donc une prostitution bas de gamme, contrairement au secteur de la Madeleine. Même si l'on a vu, avec des proxénètes comme Ali Amalou[2], que ces souteneurs d'un genre nouveau pouvaient opérer aussi bien à la Chapelle qu'autour de la célèbre église du 8e arrondissement. C'est la naissance des maisons d'abattage du 18e arrondissement[3]. Avant elles, il y a eu les petits hôtels tenus le plus souvent par des Algériens, avec des cafés. « Ce ne sont pas les mecs qui avaient un café qui se sont reconvertis dans le proxénétisme, mais le contraire : les proxénètes ont pris des cafés, affirme Rachid Buzenval, ancien tenancier de bar dans les 11e et 20e arrondissements. Les gonzesses draguaient là et elles faisaient monter les clients dans une chambre au-dessus[4]. »

Un ancien policier de la brigade de répression du banditisme, Gérard Billy, décrit dans ces années 1950 une « zone assez chaude », où les prémices de la guerre d'Algérie se faisaient sentir : « Entre Barbès et la Chapelle il y avait le MNA, le Mouvement national algérien[5], et le quartier où vivaient de nombreuses prostituées était tenu par les Corses. » Puis, « les Corses ont fini par se faire virer par les Arabes de la Goutte-d'Or et se sont installés dans les quartiers Pigalle et Abbesses[6]. La Charbonnière est passée aux mains des Nordafs qui ont repris tous les petits hôtels borgnes du boulevard de la Chapelle et des rues avoisinantes. La prostitution ne se pratiquait pas sur le trottoir mais en garni[7] ».

1. Roger May, Nik Sanders, *Armes lourdes et filles légères*, Milieu du Monde, 1958.
2. Cf. chap. « Monsieur Armand ».
3. Cf. chap. « Le parrain de la Goutte-d'Or ».
4. Témoignage recueilli en juillet 2020.
5. Fondé par Messali Hadj et supplanté non sans heurts ensuite par le FLN.
6. En réalité, ils y étaient présents depuis plusieurs décennies.
7. Gérard Billy, *La Police dans la peau*, Payot, 2009.

Paris, Lyon, Marseille, les années folles

L'ancrage des macs « arabes » dans ces quartiers suit les premières vagues d'immigration, essentiellement kabyle[1]. « Très longtemps, il n'y avait que des Kabyles à Paris, il n'y avait pas beaucoup d'Arabes », confirme Rachid Buzenval, lui-même venu de Grande Kabylie dans les années 1960. Les premiers émigrés, qu'on appelait pourtant « Arabes », sans distinction d'origine, sont arrivés juste avant la Première Guerre mondiale. Comme le « père Jean » (*sic*), qui tenait le café La Ville d'Oran, à l'angle des rues de la Charbonnière et de Chartres. « Après, les autres sont arrivés », témoignait dans un reportage télé une ancienne du quartier, en 1979. Avec une forte accélération dans l'entre-deux-guerres où la métropole manquait de bras après les pertes de 1914-1918.

Parallèlement, l'implantation des proxénètes maghrébins ne s'est pas faite sans heurts dans les grandes villes françaises, sur l'axe Paris-Lyon-Marseille. Dès 1917, *Le Petit Provençal* se fait l'écho d'une « sanglante rixe quai du Port » à Marseille. « Un mort – deux blessés », des marins de sa Gracieuse Majesté attaqués à coups de rasoir par « divers individus, que l'on croit des souteneurs arabes ». À propos bien sûr d'une « femme ». François Spirito, l'associé de Carbone dans le duo qui a inspiré le film *Borsalino* de Jacques Deray (1970), a commencé son ascension dans la pègre, par le proxénétisme[2]. À la fin des années 1920, un « souteneur algérien » enlève une de ses protégées. « Je monte à Paris pour corriger l'Algérien », avait pré-

1. Dans les années 1950, pour Marion Abssi (*op. cit.*) : « Ce qui frappe quant à la composition ethnique de la communauté musulmane installée en région parisienne, c'est la prédominance des Kabyles. Ils fournissent plus de la moitié de l'effectif global résidentiel (58,4 %), la Petite et la Grande Kabylie intervenant chacune, approximativement, pour le quart (30,7 % pour la Petite Kabylie et 27,7 % pour la Grande Kabylie). Viennent ensuite les gens de Tlemcen (4,9 %), de Batna (3,4 %) et de Sétif (8,8 %). »

2. Lire à ce propos *Bandits à Marseille*, d'Eugène Saccomano, paru en 1968 et réédité en 2020 aux éditions Séguier.

venu François « Lydro » Spirito[1]. Il l'abattra effectivement rue Fontaine, à Pigalle, en novembre 1929 et s'en sortira en feignant la folie. Il s'agit en fait d'un pied-noir d'Alger, âgé tout juste de 19 ans, Maurice Lapetta, dit Jackie. Car à l'époque le terme « souteneurs algériens » désigne les « macs » européens ou juifs. Les autres sont « arabes » puis plus tard « nord-africains ». « Jo l'Algérien », un « ruffian notoire » de 26 ans, tué à coups de revolver par un compatriote début 1936 rue Piémontési, entre les Abbesses et Pigalle, se nommait Joseph Amsellem. Son agresseur, Adrien Rouyer, était aussi un membre du milieu « algérien ». Mais les « Arabes » commencent aussi à faire leur apparition dans la rubrique des faits divers. L'historien Louis Chevalier, encore lui, croit percevoir les premiers souteneurs maghrébins au cours d'une agression en 1924. Dans un café-concert de l'avenue de Clichy, un employé se fait « piquer » au couteau par un Algérien de 30 ans, « vêtu d'un pardessus havane et d'un chapeau de feutre noir », une « élégance suspecte et sentant le souteneur », affirme l'auteur[2]. Puis, en mars 1925, « un Algérien est frappé à coups de rasoir par un compatriote [...] on apprend que c'est une affaire de souteneurs. L'un des deux hommes est le souteneur d'une fille aux mœurs légères appelée la Belle Louisette dans les milieux marocains où elle exerce son métier ». Les frictions se multiplient.

À Lyon, dès les années 1930, des règlements de comptes entre malfaiteurs locaux et « arabes » sont légion autour de la rue de Sévigné, un secteur où « trafiquent à leur aise marlous de toutes nationalités, tenant en respect le troupeau des filles soumises[3] ». Là, c'est « un homme du "milieu" » qui est visé, « un souteneur arabe dit le Caïd ». L'affaire se règle à coups de calibre dans la rue et fait craindre le pire. « La fusillade de la Guillotière est sans doute le signal d'une nouvelle guérilla entre les bandes armées de souteneurs arabes et français, lutte

1. *Paris-Soir*, 31 mars 1934.
2. *Les Ruines de Subure*, *op. cit.*
3. *Lyon républicain*, 12 septembre 1935.

tragique qui fit plusieurs morts successives dans les deux clans il y a quatre ans[1]. » À l'époque, un certain « Fifi » avait été blessé au visage de deux coups de revolver tirés par « le caïd des souteneurs arabes du quartier de la Guillotière », identifié comme étant Ama Djidiani. À peine sorti de l'hôpital, Fifi abattait un des amis de son agresseur, « l'Arabe Biboum Amar[2] ».

Albert le Boxeur et Philippe le Dingue, profession racketteur

Après-guerre, la pression se fait encore plus forte avec l'arrivée de nouveaux « Nord-Africains » qui veulent faire leur trou dans la pègre. Eux aussi alimentent largement la chronique judiciaire. Quand un certain Youcef Benhamour comparaît en 1949 devant le tribunal correctionnel de Paris pour avoir battu sa femme, Yvonne, et pour « exercice du métier de souteneur » dans la fameuse rue de la Charbonnière, un journaliste ne peut s'empêcher de persifler : « Un métier peu fatigant, où l'on n'attrape pas de durillons aux mains mais où l'on attrape parfois de la prison[3]. » Benhamour écope d'ailleurs de trois mois pour les violences mais se voit relaxé du délit de proxénétisme.

Tout aussi banale, l'histoire d'un dénommé Younsi, cuisinier de son état, pris la main dans le sac par la Mondaine en 1950 dans un hôtel, boulevard de la Chapelle, avec Anna qui exerce ses charmes dans un autre établissement, rue de la Charbonnière, bien sûr. Le proxénétisme est caractérisé puisque Younsi ne travaille plus et que les policiers ont trouvé dans la chambre son rasoir et son blaireau. Au bout de trois semaines d'enquête, les condés ont serré le couple. Du menu fretin. « Un gagne-petit, une gagne-petite », fustige *Combat*[4]. « Anna faisait des œillades à n'importe qui à l'intersection du boulevard de la Chapelle et

1. *Le Journal*, 14 septembre 1935.
2. *La Liberté*, 9 septembre 1930.
3. *Qui ?*, 14 mars 1949.
4. Édition du 29 septembre 1950.

de la rue des Islettes. Son attitude, dit la Mondaine, était équivoque et provocante à la fois. Elle portait, pour être plus accorte, tunique rouge et collet blanc – mais très remonté. » Elle écope d'un mois de prison et lui de six.

En vérité, les voyous venus d'Afrique du Nord ont déjà commencé à se diversifier. Souvent, le proxénétisme est couplé avec du racket, que ce soit de prostituées ou non. Cela permet, sans capital mais avec du muscle à revendre, de se hisser rapidement sur le podium de la truanderie. Dans ces années 1950 naissantes, une équipe de racketteurs remue beaucoup du côté de Pigalle. Idir Aït-Issad, Kabyle comme son nom l'indique, plus connu dans le milieu sous le surnom de Philippe le Dingue, et son mentor Albert le Boxeur, authentique champion de France amateur poids coq, sont présentés comme des « chefs de racket de Montmartre[1] ». Issad est aussi un ancien boxeur mais plus obscur. Il n'a pas le palmarès de son compère. De son vrai nom Albert Hanoun Sliman ou Slimane, fils de restaurateur, le second est issu d'une « très honorable famille algéroise[2] ». Il est né en réalité à Lyon, en 1926, d'un père musulman et d'une mère française. Albert a pour cousin un autre boxeur de l'école algéroise, connu sous le nom de Ben Slimane. Au temps de son éphémère gloire, Albert Sliman a été « un de nos meilleurs plumes amateur[3] ». Il a été champion de boxe militaire puis champion de France amateur en 1948. Puis il a rejoint le circuit professionnel, celui des galas parisiens qui brassent un très large public et donnent lieu à des comptes rendus enflammés dans les gazettes. Il monte ainsi sur le ring, très coté, de la salle Wagram, chère à Georges Carpentier, et du fameux Central Sporting Club, le « Central » de la rue du Faubourg-Saint-Denis qui résonne encore des joutes pugilistiques du samedi, avec Marcel Cerdan en vedette. Pour une raison inconnue, peut-être des problèmes de santé, Albert Sliman

1. *Ce soir*, 17 juin 1952.
2. *L'Aurore*, 17 juin 1952.
3. *Ce soir*, 21 mai 1949.

abandonne sa carrière de pugiliste. « Ayant connu la lumière crue des rings et le vacarme des applaudissements, il ne sut se résoudre ni au silence ni à l'obscurité », écrit joliment *L'Aurore*[1]. Le ton est résolument moralisateur. « À son âge, il aurait pu apprendre un métier, faire carrière d'honnête homme. Il resta à demi grisé par un succès momentané. Et puis il sombra. » Premiers larcins et premiers ennuis judiciaires. « La pente s'accentue, il glisse et s'arrête tout au bas. » À 25 ans, Sliman a déjà été trois fois condamné. De trois ans son cadet, Aït-Issad, lui, a cinq mentions à son casier judiciaire. Philippe le Dingue a même hérité d'un autre surnom quelques années plus tôt : « Aïd (*sic*) le Nerveux », alors qu'il séjournait pour dix-huit mois à Fresnes. Le « Nerveux » parce qu'il y avait boxé un gardien et un surveillant chef. Le détenu était parti au cachot pour avoir frappé un maton qui l'avait « traité de “bic”, de bicot ». Jugé en correctionnelle, il était apparu « assez arrogant, yeux mauvais et lèvre méprisante[2] ».

En 1951, c'est la chute pour le duo de cogneurs Sliman-Aït-Issad. On les décrit comme « deux malandrins (*sic*) aux activités très éclectiques ». Avec leurs complices, Yaya Kaddour, Saïd Tita et trois Français, ils s'adonnent au proxénétisme avec « quelques pauvres filles qu'ils avaient obligé à travailler pour eux ». De « nombreuses prostituées de Montmartre », affirme la presse. L'époque est encore aux Citroën traction avant. Le Boxeur et le Dingue projettent la leur, par mégarde, dans la devanture d'un café de la place du Delta, le long du boulevard Rochechouart. La voiture a été volée à un touriste suisse. Tous deux sont arrêtés sur-le-champ. Un prétexte peut-être pour la police qui découvre opportunément que, avec leurs sbires, la paire Sliman-Aït-Issad écumait « le quartier de Pigalle[3] ». Ils ont droit aux manchettes des journaux : le « gang des racketters (*sic*) de Montmartre », ou « les racketeers », pour reprendre l'appel-

1. 17 juin 1952.
2. *Qui ?* 24 avril 1950.
3. *Ce soir*, 13 septembre 1951.

lation américaine. Ils se voient traiter de « bande de gangsters » engagée dans un « rackett (*sic*) à l'américaine ». Car le Boxeur et le Dingue « exerçaient sur les patrons de bars de Pigalle le chantage à la protection[1] ». Au menu : « Vol, blessures, agression, recel », mais aussi carambouille. « Le tout jailli de certains bas-fonds de Montmartre où l'on rançonne les patrons de bar selon certaines lois obscures de ce qu'on appelle "le milieu". Un milieu qui n'a rien de juste[2]. » Un jour, ils « réclament » 100 000 francs à un patron de bar pour « avoir fait la police dans son établissement en le débarrassant de consommateurs récalcitrants[3] ». Sliman et Aït-Issad se sont aussi emparés d'une magnifique Chrysler appartenant à un commerçant montmartrois, à titre de compensation parce que ce dernier leur avait pris une « fille », une prostituée dont Sliman prétendra être le protecteur. Le Boxeur demande en dédommagement la rutilante américaine que l'industriel venait tout juste d'acheter. Un « chantage », dénoncent les journaux.

Surtout, la bande a détroussé le gérant du Hossegor, un bar de la rue Frochot à Pigalle, qui « refusait de se faire rançonner ». Scénario classique. Les malfrats ont commencé par faire du barouf chez lui, avant de proposer leur protection. Une équipe rivale, peut-être bien corse vu le secteur, propose à son tour ses services au patron du Hossegor. La confrontation entre les deux bandes finit en bagarre générale. Le Boxeur et le Dingue ont encore dépouillé un « repris de justice » chez lui à Aulnay-sous-Bois où ils s'étaient présentés en armes. Albert le Boxeur a aussi délesté « un riche industriel lorrain », dans un bar de la rue de Douai, toujours dans le même secteur. La victime y a perdu sa montre en or massif, sa chevalière et un diamant. Sliman a trouvé le temps de participer au printemps 1952 à une bagarre rue Pigalle « entre "respectueuses" et souteneurs » où, bien évidemment, il « met KO ses adversaires ». Ce qui

1. *L'Aurore*, 13 septembre 1951.
2. *Ibid.*, 17 juin 1952.
3. *Ce soir*, 17 juin 1952.

lui a coûté quinze jours de prison pour coups et blessures[1]. En juin de la même année, « ces exploits pittoresques valent à la bande d'échouer devant la 16e chambre correctionnelle de la Seine[2] ». Sliman, « gravement malade », sans autre précision, comparaît sur une civière. Il sera condamné avec ses complices. Deux ans plus tard, le Boxeur s'illustre à nouveau lors d'une tentative de rapt près de la place de la République à Paris. Puis le voilà « tricard » dans la capitale, après une interdiction de séjour suivant une cinquième condamnation, pour vol. Une carrière dangereuse.

Le même « mauvais garçon » sera tué en février 1956, à 29 ans, rue du Roi-de-Sicile, en plein quartier du Marais, dans un restaurant. Foudroyé de sept balles de 7,65. Transporté à l'Hôtel-Dieu, il est trop tard. Un des projectiles entré dans un bras a atteint son cœur. Détail étrange : Sliman avait aussi le visage tuméfié. Il aurait perdu la vie à la suite d'une « histoire de femmes » et de compensation qui ne laisse que peu de doutes sur l'activité en question. Il avait voulu mettre à l'amende un « restaurateur » de Rochefort. Son ancien comparse, Philippe le Dingue, hérite du nouveau surnom de « Balafré », signe une cavale en Belgique puis aurait fini ses jours en Algérie où il est rentré, sans doute sous la contrainte de l'administration française. Il y a ouvert un « restaurant sélect avenue Franklin-Roosevelt à Alger et fait tomber quelques voyous français[3] » avec un trafic de faux billets. Une belle reconversion, à l'instar de son mentor parisien, Ali Amalou. « Philippe Aït-Issad est né en 1928. Ancien de la pègre parisienne, il fera partie de la Fédération de France du FLN[4]. Au lendemain de l'indépendance, il obtient des facilitations pour ouvrir le restaurant El Djenina pour "services

1. *L'Aurore*, 12 juillet 1952.

2. *Ce soir*, 17 juin 1952.

3. Jérôme Pierrat, dans *Gangs de Paris*, *op. cit.*, le décrit « maqué avec une chanteuse égyptienne célèbre ».

4. Le Front de libération nationale est un mouvement politique fondé en 1954 en opposition au colonisateur français et pour obtenir l'indépendance de l'Algérie.

rendus à la nation". Il décédera en 1983 », relève Mohamed Sifaoui[1]. C'est dans ce même restaurant qu'auraient été recrutés les assassins du leader exilé, Mohamed Khider, tué en Espagne en 1967. À la manœuvre, Mohamed-Salah Hidjeb, dit Salah Vespa parce qu'il avait un jour réalisé un « contrat » juché sur un scooter[2]. Salah Vespa était un compagnon de route de Philippe le Dingue dans ses années parisiennes, où il aurait alterné racket et braquages avant de devenir membre actif du FLN, puis commissaire de police à Alger et enfin consul d'Algérie à Genève. Sacré parcours !

Les lieux ont survécu à Philippe le Dingue et, cinq décennies après sa création, le restaurant appartient toujours à sa famille. À la table d'El Djenina, un guide décrivait, en 1986, une « très bonne cuisine orientale dans une agréable ambiance mauresque : divans et fresques. On y rencontre personnalités officielles et hommes d'affaires. Tables à l'orientale. Bon service ». De nos jours, un journaliste acquiesce : « C'était le meilleur des meilleurs à l'époque ; une sorte de chez Maxim's… Un restaurant pour la nomenklatura et ses invités des affaires ou des chancelleries. Mais pas pour le peuple. » Des envoyés spéciaux de la presse parisienne s'y pressaient. Et un futur président en la personne d'Aziz Bouteflika. D'autres hôtes célèbres s'affichent sur le site Facebook du Guide Nomade : « Chevènement, le prince Andrew d'Angleterre, Roger Hanin, Isabelle Adjani, le roi d'Espagne, Kissinger, Arnaud Montebourg, Nicolas Sarkozy ». Dans un « luxueux décor de boiseries et de stuc ouvragé » on déguste, en entrée, soupes *hrira* ou *chorba*, feuilletés *bourek*, cœurs d'artichauts à l'orange ou kefta. Et en plats de résistance, brochettes de gigot, couscous de l'Émir, méchoui, tajines variés, poulet au citron confit, *chakhchoukha*… Bon appétit ! « Au bled, on dit : *dès qu'une affaire marche et accueille les*

1. *Histoire secrète de l'Algérie indépendante : L'État-DRS*, Nouveau Monde, 2012.

2. Selon le récit qu'en a fait le Black Panther Eldridge Cleaver, réfugié en Algérie, dans son livre *Soul on Fire* paru en 1978.

grosses mouches, c'est qu'il y a des militaires derrière », métaphorise le même journaliste.

Un autre contemporain d'Ali Amalou connaît une reconversion difficile. Abdelkader S., 31 ans, actif sur les contreforts de la butte Montmartre, avait été visé par « Monsieur Armand », le fameux Ali Amalou, boulevard de la Chapelle[1]. Il refait parler de lui en septembre 1954. Affublé du sobriquet plus ou moins flatteur de « King Kong », car doué d'une « force herculéenne », quand ce n'est pas « Dédé la Cravate[2] », l'Algérien terrorise les « respectueuses de Montmartre[3] », des femmes « qui n'osaient pas se soustraire à sa protection féroce ». Abdelkader S. est un ancien scaphandrier à Marseille, déjà condamné pour proxénétisme. Monté à Paris, il a sous sa coupe « la blonde Anna » qui lui a fait parvenir « plus de 400 000 francs » lors de son dernier séjour en prison. Ce qui ne l'empêche pas de la tabasser dès sa sortie… Puis de partir sur la Côte d'Azur où il perd de fortes sommes au baccara et à la roulette. Pour se « refaire », Abdelkader S. remonte à Paris où il se livre au « racket systématique des camarades d'Anna », avant de se faire alpaguer par les inspecteurs de la 11e BT. « King Kong » essaye de se « suicider » en se jetant contre un mur la tête la première, mais « il a la tête solide comme un roc[4] ». Tous ces julots exerçaient encore « à l'ancienne ». Mais en quelques années, le métier de souteneur va drastiquement changer.

---

1. Cf. chap. « Monsieur Armand ».
2. À l'instar d'Ali Amalou qui se faisait appeler « Monsieur Armand », la mode est aux prénoms français. Un vieux voyou se souvient : « Il y avait un mec surnommé Joseph le Suisse, en fait, il s'appelait Younès ! »
3. Un autre terme pour désigner les prostituées, inspiré par la pièce de Jean-Paul Sartre *La Putain respectueuse* (1947).
4. *La Bourgogne républicaine*, 9 septembre 1954.

L'emprise du FLN

La fin des années 1950 et le début des années 1960, plongées dans la guerre d'Algérie, est une période de sang aussi en métropole. Après le conflit meurtrier entre « messalistes » et pro-FLN pour l'hégémonie chez les indépendantistes, suit le racket systématique des commerçants algériens de France. Et les proxénètes n'y échappent pas. Les récalcitrants sont mis au pas, ou tués. Rue au Maire, dans le 3e arrondissement de Paris, « des caves de tortures » ont été découvertes, rapporte le vice-président du conseil général de la Seine et futur député gaulliste Robert-André Vivien[1]. Des lieux « où maints “souteneurs” nord-africains rétifs ont dû passer quelques mauvais moments ». Les rafales de mitraillette se multiplient à la Goutte-d'Or, ou ailleurs. En 1957, un « Nord-Africain », « souteneur notoire », perd la vie dans une fusillade visant un bar-hôtel bordelais. La même année, un café de la rue de Chartres est mitraillé. Dans la foulée, trois gérants d'un même bistrot, rue de Charenton (12e), sont « abattus à coups de revolver », dans l'indifférence presque générale. « On parlait d'un tribunal clandestin FLN du côté de la rue de Chartres. On s'est aperçu par la suite que les caves du quartier communiquaient entre elles », écrit l'ancien de la BRB, Gérard Billy[2], qui a grandi à la Goutte-d'Or et débuté dans la police à la « vigie Fleury », située sous un claque rue de Fleury, une ruelle perpendiculaire au boulevard de la Chapelle. « Certains soirs, on ne savait pas très bien, dans la pétarade générale, s'il s'agissait d'affaires de souteneurs, Corses contre Nord-Africains, ou d'affaires du FLN. D'autant plus que, bien souvent, elles tenaient des deux », commente Louis Chevalier[3].

« Les proxénètes musulmans ne sont pas forcément des militants du FLN », notait cependant en 1961 au ministère de

1. *Solution au problème de la prostitution*, Éditions S.L.E.L., 1960.
2. *La Police dans la peau*, *op. cit.*
3. *Les Ruines de Subure*, *op. cit.*

l'Intérieur le Service de coordination des informations nord-africaines cité par Jean-Paul Brunet, dans son livre *Police contre FLN*[1]. « Mais le mouvement utilisait méthodiquement les réseaux de prostitution métropolitains que des Algériens avaient réussi à prendre en main, relève ce dernier. Proxénètes et prostituées étaient lourdement taxés. Le “milieu” offrait également au Front un réservoir d'agents de renseignement et de liaison, de trafiquants d'armes. » Une aubaine pour les « fellaghas » qui exercent une pression phénoménale sur leurs compatriotes de France à qui ils ne font aucun cadeau. « Tout le monde a contribué à la guerre d'Algérie, rapporte Rachid Buzenval. Tout le monde payait : les putes, les cafetiers, les ouvriers. Et tous les mois ! Ils leur ont dit : *Toutes vos putes c'est pour le FLN, sinon vous êtes morts*. C'est le FLN qui s'occupait du proxénétisme, qui récoltait l'argent. Celui qui ne payait pas, ils le tuaient, ils l'égorgeaient. Alors tout le monde payait. » Voyous ou non.

« Il eût été bien étonnant que le FLN, en dépit de l'affectation de vertu musulmane dont il tente souvent de colorer ses exactions [...], ne se soit point avisé de prélever largement sa part de ce pactole », écrit pour sa part Robert-André Vivien en 1960. « C'est bien en effet ce qui s'est produit et les “barbeaux”, taxés à 15 000 francs[2] par mois d'abord, le sont parfois jusqu'à 15 000 par semaine maintenant. » L'élu gaulliste au franc-parler légendaire estime que ces « nouveaux venus » drainent une « partie considérable » du « chiffre d'affaires énorme de la prostitution », à Paris et « dans d'autres grandes villes ». Mais, s'interroge Vivien, « combien de centaines de millions, sur les cent et quelques milliards[3] auquel on estime le chiffre d'affaires annuel de la prostitution, tombent désormais dans des poches nord-africaines… où il ne reste pas longtemps ? » Car le Front de libération nationale est à l'affût.

1. Flammarion, 1999.
2. Soit 24 750 euros d'aujourd'hui, selon le calculateur de l'Insee.
3. D'anciens francs.

« Les milieux du proxénétisme sont étroitement surveillés par le FLN et les petits souteneurs qui ne parviennent pas à acquitter leurs lourdes impositions sont impitoyablement éliminés », confirme Jean-Paul Brunet[1]. Comme celui-ci, protecteur d'une Georgette, retrouvé étranglé et avec « de nombreuses blessures à la tête », en février 1961 dans le bois de Meudon. Il n'avait pas pu payer les 20 000 francs et 25 pistolets que lui réclamait le FLN. En octobre, le nouveau souteneur de Georgette passe devant un tribunal révolutionnaire, dans un hôtel du 18e, et se retrouve abandonné grièvement blessé à L'Île-Saint-Denis. Il mourra à l'hôpital, « non sans avoir pu donner quelques renseignements aux policiers, mais avec parcimonie et réticence, parce que de la part de quelqu'un du "milieu", il n'est pas d'usage de donner des informations à la police pour régler ses comptes ». Le souteneur qui prendra sa place, le troisième, est « un responsable frontiste de plus vaste envergure, un dénommé B.[2] ».

La contre-offensive policière sera terrible et mènera à la répression de la manifestation du 17 octobre 1961[3]. Juste avant, le sombre préfet Papon ordonne : « Le pavé de Montmartre devra être débarrassé massivement » de « tous les proxénètes algériens[4] ». À noter que d'autres souteneurs choisiront le camp adverse du FLN, comme à Marseille, un dénommé Bouchrara, qui passa de la sûreté urbaine à la DST[5] (direction de la surveillance du territoire), l'ancêtre de la DGSI. Un renfort sans doute bienvenu tant la police semble peiner à cette époque à recruter des indics. « De multiples difficultés se font jour qui tiennent à ce qu'un milieu nord-africain est infiniment moins

1. *Police contre FLN*, *op. cit.*
2. *Ibid.*
3. Une manifestation d'Algériens dans Paris à l'appel du FLN qui sera réprimée dans le sang par la police, faisant plusieurs dizaines de morts, d'une trentaine à plus de 200 selon les estimations.
4. Note du 5 septembre 1961 citée par J.-P. Brunet.
5. « Renseignements concernant les fonctionnaires de la DST originaires d'Afrique du Nord », dans *La 7e Wilaya – La guerre du FLN en France 1954-1962*, d'Ali Haroun, Le Seuil, 2019.

pénétrable que celui avec lequel elle avait établi jusqu'alors les contacts qui lui paraissaient convenables », explique à l'époque Robert-André Vivien[1].

Le racket révolutionnaire a laissé des traces et a perduré à la Goutte-d'Or. « La "Casbah de Paris" est mise en coupe réglée par des bandes agissant non plus pour des raisons politiques mais pour leur compte personnel », révèle le journaliste du *Monde* James Sarazin, quinze ans après la fin de la guerre d'Algérie[2]. « Les maisons d'abattage de la rue de Chartres et de la rue de la Charbonnière [...] paient ainsi leur tribut à plusieurs équipes de voyous décidés sachant jouer du pistolet ou du rasoir, et on ne compte plus une prostituée du secteur qui ne soit "protégée" par une ou plusieurs équipes. » Il cite le cas d'une bande dirigée par Mohammed B., « né en 1936, sans profession ni domicile connus » qui avec trois acolytes, Haïn E., dit Chérif ou Abderahmane, Abdelkrim A., dit Saïd ou Mustapha, et Mohamed A., dit Dominique, « écument » les « cafés arabes » du département des Yvelines. Après « mise en condition », ils demandent d'abord 200 000 anciens francs, puis 500 000 avant de tomber en 1969 sur dénonciation anonyme tant ils étaient redoutés.

Trafics, bombe et fusillade au London Bar

Au-delà de Barbès et de la Goutte-d'Or, les voyous nord-africains – algériens dans leur majorité – semblaient déjà bien implantés à Pigalle, avant même la mort du footballeur Labalette. Quand les Corses réagissent spectaculairement, il est déjà sans doute trop tard. Au milieu des années 1950, les « Arabes » y ont déjà leur QG. C'est ce que tend à démontrer l'affaire du London Bar, un autre règlement de comptes en terrasse, trois ans plus tôt, en juin 1954, au 45 boulevard de Clichy, entre

1. *Solution au problème de la prostitution*, *op. cit.*
2. *Dossier M... comme milieu*, Éditions Alain Moreau, 1977.

Blanche et Pigalle. Boumendjel Bekhache, surnommé Bachir, est abattu de cinq balles de revolver dans le buffet alors qu'il discutait au milieu de la nuit avec « plusieurs Nord-Africains », relate la presse. Né à Jemmapes, actuelle Azzaba, dans le département de Constantine, il avait 30 ans et habitait à Barbès, à côté des anciens Grands Magasins Dufayel. Il se trouvait « sans profession bien définie », commentent les journalistes au sujet de ce meurtre survenu « dans le milieu nord-africain ». Et qui dit « nord-africain » dit forcément proxénètes dans l'imaginaire collectif. « Il s'agit vraisemblablement d'une querelle entre souteneurs », écrivent-ils encore[1]. Et même si les enquêteurs n'ont, au départ, « aucune idée précise sur l'origine de ce règlement de compte », ils entreprennent aussitôt « des vérifications dans les milieux nord-africains de la rue de la Charbonnière » même si elles semblent « malaisées[2] » (*sic*). Bekhache est incontestablement un « mauvais garçon » et si ce n'est pas une « affaire de femme », c'est peut-être un différend avec un « trafiquant de drogue ». Le crime sera finalement « tiré au clair par le commissaire principal Ducret[3] et les enquêteurs de la brigade criminelle[4] ». Encore une histoire de protection. Bekhache avait eu sous sa coupe une « blonde Vénitienne de 30 ans, connue dans le "milieu" sous le surnom d'Annie » et qui exerçait ses charmes rue Houdon, au-dessus de la place Pigalle. Mais, « lasse des violences du Nord-Africain, elle l'avait quitté il y a deux ans, pour suivre Gaillard, alors établi bottier à Montmartre ». Le « cave »

---

1. *La Bourgogne républicaine*, 21 juin 1954.
2. *France-Soir*, 21 juin 1954.
3. Jean Ducret (1920-2017) sera plus tard directeur de la police judiciaire de Paris, le fameux « 36, quai des Orfèvres ».
4. Dans son livre *Les Flics*, *op. cit.*, André Larue explique que lorsque le conflit FLN/MNA éclate, « en 1952, devant ce péril montant, on recréa au sein de la brigade criminelle une section "agressions" que l'on confia à un jeune patron : le commissaire Ducret. [...] Cette nouvelle section agressions cachait en fait, pudiquement, un groupe de répression des malfaiteurs nord-africains. Mais l'équipe du commissaire Ducret fut bientôt débordée. Elle manquait d'informateurs dans le milieu algérien et le préfet Baylot ressuscita la brigade des agressions ».

Gaillard ne l'avait pas retirée des trottoirs, bien au contraire. Il avait « abandonné son magasin de chaussures », pour conduire un taxi. C'est lui qui aurait réglé son compte à Bachir, coupable d'avoir giflé sa protégée.

Le London Bar, résolument sulfureux, s'illustre de nouveau en 1956, cette fois lors d'une affaire de drogue, avec la saisie de 290 sachets de 10 grammes de haschich – le kif –, mais aussi des cigarettes américaines, du whisky de contrebande et des uniformes de l'armée US, de quoi valoir de sérieux ennuis au barman, M'Barek. Ce même London Bar, tenu par un certain Fatmi[1], retrouve la chronique des faits divers trois ans plus tard lors d'une nouvelle fusillade mais qui semble liée au FLN cette fois. Puis, en 1961, il est visé par un groupuscule pro-Algérie française lors d'un attentat. L'établissement se voit décrit dans un tract comme le « quartier général des racketters (*sic*), souteneurs, commissaires fellaghas de la wilaya de Paris ». Un soir, quatre clients algériens y sont légèrement blessés par l'explosion d'une charge de plastic déposée dans l'établissement. La guerre d'Algérie fait rage. L'attentat est revendiqué par le groupuscule RDL, Résistance pour la démocratie et la liberté : « Puisque le régime est incapable – sur les deux rives de la Méditerranée – de protéger les citoyens de toutes confessions et que les agents de la force publique se font assassiner en plein Paris, RDL a décidé d'attaquer les fellagas[2] dans leur repaire, d'ailleurs bien connu du ministère de l'Intérieur. » Ces « racketters-souteneurs » du boulevard de Clichy étaient-ils effectivement pilotés par le FLN ? Oui, selon Louis Chevalier[3]. « Il apparut très vite que les souteneurs nord-africains, déjà fort enclins à pousser une pointe du côté de Pigalle, y furent fortement encouragés par les consignes du

1. Il partage le même nom qu'un « caïd de Pigalle » qui, en 1951, avait transformé son Central Hôtel en bordel, rue Germain-Pilon, de l'autre côté du boulevard de Clichy. Une adresse qui démontre l'implantation des proxénètes maghrébins à Pigalle à l'époque.

2. Ou fellaghas, les combattants algériens pour l'indépendance.

3. *Op. cit.*

FLN en quête de fonds. Les filles de Pigalle, parisiennes, normandes ou bretonnes, se voyaient ainsi priées, au même titre que les filles de la Chapelle, de contribuer à l'effort de guerre. » Ce qui fit dire à Robert-André Vivien en 1960 : « Il y a aussi quelques "gros" barbeaux nord-africains qui se sont monté des "cheptels" sur le modèle des caïds corses et des "hommes de poids" marseillais, dont l'objet direct est la réunion de fonds destinés à la "djihad", à la "guerre sainte". Ainsi, des putains de Paris ou de Lyon servent obscurément, mais efficacement, sous nos sourires dégoûtés, dans les troupes de choc de Ferhat Abbas[1, 2]. »

La presse se déchaîne contre la « pègre arabe »

L'activisme du FLN à Pigalle ou Barbès, lié à la hausse de la délinquance « nord-africaine », va contribuer à dégrader fortement l'image de la communauté algérienne en France. Dès 1951, les renseignements généraux parisiens s'en inquiétaient : « Il est de notoriété publique que les dernières citadelles à Paris du petit trafic de marché noir sont les rues de la Charbonnière[3], de Chartres et de la Goutte-d'Or, toutes grouillantes d'Algériens. Enfin, la plupart des agressions nocturnes de type primitif sont le fait de Nord-Africains. Tous ces faits inquiétaient déjà une partie de l'opinion, mais il est indéniable que l'émotion a gagné l'ensemble des Parisiens à la suite surtout de l'activité politique d'une partie des Nord-Africains de Paris et notamment des dernières manifestations de cette activité. Une opinion publique mal informée peut se méprendre sur le sens exact des différentes activités de l'immigration nord-africaine à Paris. Certains organes de presse faisant fi de la plus élémentaire

1. Un des principaux leaders nationalistes algériens.
2. *Solution au problème de la prostitution*, *op. cit.*
3. Un autre article de juin 1960 fait état d'un « marché de bijoux, de fourrures et d'objets d'art volés » découvert dans plusieurs cafés de la rue de la Charbonnière, à Paris.

objectivité présentent tous les Algériens comme des éléments douteux. [...] Le risque est grand de faire naître un nouveau racisme[1]. » Une analyse d'une rare clairvoyance !

Des articles comme celui de *L'Aurore* en date du 5 novembre 1948 sont passés par là. Le quotidien de droite, pro-Algérie française, titre alors sans nuance : « Dans certains quartiers de Paris, l'Arabe est roi de la nuit. » Et en surtitre : « Poussés par la misère, victimes de la non-assimilation, trop de Nord-Africains viennent grossir les rangs de l'armée du crime. » Ni plus ni moins. La suite est à l'avenant.

« La vague de banditisme qui s'est abattue sur nous est d'une puissance atterrante. À la ville ou à la campagne, nous sommes tous menacés d'être égorgés, étranglés, matraqués, dévalisés. Y échapper n'est plus une question de richesse mais de chance : on tue aujourd'hui pour trois cents francs. » La cause selon *L'Aurore*, dans un style que ne renierait pas l'extrême droite la plus xénophobe : « Une certaine fraction de ces Nord-Africains qui arrivent en quantité sans cesse croissante sur notre sol. » Même si ces derniers « assassinent infiniment moins que les jeunes dévoyés » (*sic*), la génération de Français qui avait entre « 12 et 18 ans sous l'Occupation », tempère cependant l'auteur. En revanche, « les Nord-Africains sont à Paris les spécialistes et les recordmen de l'attaque nocturne. L'Arabe est, très exactement, le voleur qui attend au coin de la rue le passant attardé, le matraque et lui vole sa montre [...]. Du fait de la pègre arabe qui pullule à Paris, cette ville est aujourd'hui l'une des moins sûres du monde entre la tombée du jour et le lever du jour ». Suivaient diverses considérations sur les « Nord-Africains [qui] n'ont pas le gangstérisme dans le sang » mais qui « deviennent des malfaiteurs un certain temps après leur arrivée ». Et la trajectoire d'un « Ahmed » très certainement imaginaire, un « repris de justice ». Ne trouvant plus de travail à Paris, « il traîne dans de

1. Archives de la préfecture de Police, note du 8 mai 1951 sur « L'opinion parisienne et les Nord-Africains » citée dans la thèse de Marion Abssi, *op. cit.*

sordides cafés arabes où l'on trafique à tour de bras. Bientôt, il se met à son tour au marché noir. Il glisse du marché noir au recel. Quelques mois plus tard, il en est à l'attaque nocturne, forme élémentaire du banditisme ». L'auteur termine sur les craintes liées au « déferlement » de ces travailleurs qui n'est pas près de cesser selon les prévisions de l'époque. Le tout se voit agrémenté de la photo de « trafiquants algériens de la rue de la Charbonnière », agglutinés devant une boucherie et d'un Maghrébin « au dépôt » du palais de justice de Paris, déféré pour meurtre.

En 1957, l'hebdomadaire communiste *France nouvelle*, dans un dossier autour de l'immigration algérienne en France, s'interroge à son tour sur la « criminalité nord-africaine » et son instrumentalisation politique. Il reprend des extraits du précédent article : « Des lignes typiquement racistes de *L'Aurore*, spécialiste en la matière avec *Le Parisien libéré*, donnent le ton aux campagnes visant à discréditer les travailleurs algériens et dresser contre eux les travailleurs français. » Entre-temps, Pierre Poujade, le très populiste défenseur des petits commerçants, a créé son « Comité de défense contre la pègre nord-africaine » et le préfet de police a reconstitué et renforcé la sinistre brigade nord-africaine des années 1930, « spécialisée dans la chasse au faciès » et pourtant « dissoute au lendemain de la Libération », rappelle l'hebdomadaire de gauche. Composée de policiers arabes, les fameux « calots bleus » de la guerre d'Algérie, elle fera des ravages dans les quartiers du département de la Seine peuplés par les immigrés, venus du Maghreb. « La chasse serait donnée aux Algériens coupables de proxénétisme. Les prostituées travaillant pour le compte d'un musulman seraient traquées[1] », annonçait un rapport de cette brigade spéciale. Pour les journalistes « progressistes » de *France nouvelle*, il convient de modérer ce discours général : « Mais que penser de cette soi-disant criminalité nord-africaine ? *Documents algériens* de

1. Rémy Valat, *Les Calots bleus et la bataille de Paris : une force de police auxiliaire pendant la guerre d'Algérie*, Michalon, 2007.

mars 1955 écrit à ce propos : “Diverses statistiques, dont celles de la préfecture de Police, sont formelles : proportionnellement et en pourcentage, les Nord-Africains ne se conduisent pas plus mal que les Européens et il n’est pas douteux qu’il leur reste encore beaucoup à faire avant d’égaler Pierrot le Fou ou le gang des Tractions Avant.” »

Ce que n’a pas perçu *France nouvelle*, c’est que le proxénétisme « nord-africain » fera office de terreau pour le développement d’un « milieu maghrébin ». Pour l’heure, l’image du « souteneur arabe », très présente dans la presse, suffit à déchaîner toutes sortes de fantasmes. En 1959, la *Revue internationale de criminologie et de police technique*, qui évoque la rue de la Charbonnière, toujours elle, « presque entièrement colonisée depuis vingt ans par les Musulmans (*sic*) », note qu’il « est si facile alors au Maghrébin, quand il est paresseux et oisif, de vivre du métier de souteneur ou de proxénète ». Toujours ce même adjectif d’« oisif » répété *ad nauseam*.

Le mythe du souteneur nord-africain

Le proxénète maghrébin va même devenir l’homme à abattre dans les années qui suivent la décolonisation. Au propre comme au figuré. Dans son autobiographie[1] parue en 1977, Jacques Mesrine, « l’ennemi public numéro un », raconte un épisode fondateur de sa jeunesse. À une époque qu’il ne situe pas précisément, mais qui remonte à son retour de la guerre d’Algérie, c’est-à-dire après avril 1959, il revoit une prostituée prénommée Sarah, qui l’a déniaisé quatre ans plus tôt. Elle a un julot, « Ahmed ». La rencontre entre les deux hommes dans un bar est électrique. Mesrine, alors débutant dans la pègre, décrit un quadragénaire qui « puait le proxénète », un « Arabe », qu’il va molester à coups de calibre 45. Et humilier :

1. *L’Instinct de mort*, Jean-Claude Lattès, 1977.

« Alors le rat, tu veux en goûter ? »

Il ne supporte pas de voir « un Arabe julot de (sa) Sarah » et le fait savoir dans son langage fleuri et xénophobe.

« Tu veux dire que ce tas de merde c'est ton ramasse-pognon ? En plus tu files ton oseille à un raton… à un fils de chienne d'Arabe. Tu me dégoûtes… »

Avant de partir, Mesrine lance un coup de pied en pleine figure du proxo, alors que ce dernier est au sol. Le julot va réagir. D'abord en frappant Sarah. Alors Mesrine se jure de lui faire la peau. Il enlève « Ahmed », selon ses dires, l'emmène dans la propriété de ses parents à Louviers, dans l'Eure. Là, il bat le proxénète puis le tue à coups de « dague italienne » et enseveli dans une tombe de fortune creusée dans les bois. Ce sera son « premier meurtre ». Invention ou réalité ? Avec Mesrine et ses tendances mégalomaniaques, il est souvent difficile de distinguer le vrai du faux. Rachid Buzenval, partenaire de flambe du « Grand », raconte une histoire assez similaire : « Son premier meurtre c'est un Kabyle. Il s'appelait Rachid [et non pas Ahmed], comme moi. Un proxénète. Mesrine a fait connaissance avec sa pute, dans le 18e. Quelques jours après, il l'a vue, elle avait les yeux au beurre noir. Il lui a demandé : *Qui t'a fait ça ?* Elle a répondu : *C'est mon mec.* Mesrine a tué Rachid à coups de couteau. » Mais voilà, le voyou médiatique a brouillé les pistes à l'envi, rendant quasi impossible l'authentification du maquereau. Sarah ne s'appelait sans doute pas Sarah. Un ami de jeunesse du gangster affirme qu'elle était « arabe » et que Mesrine avait essayé de tuer son mac dès 1956[1]. Ce dernier fréquentait le Sans-Souci, un fameux bar de la rue Pigalle tenu par des Corses. L'anecdote, qu'elle soit véridique ou pas, illustre sans trop se tromper le racisme ambiant et la haine qui pouvait exister contre les proxénètes « arabes », forcément violents et sans scrupules. Comme si leurs homologues « gaulois » ou corses étaient eux tous de braves garçons… Un autre

1. P. Roizès et A.-C. Préfol, *Mesrine : fragments d'un mythe*, Flammarion, 2009.

voyou, Michel Ardouin, *alias* Porte-Avions[1], éphémère associé de Mesrine, raconte dans son autobiographie[2] une histoire pas si éloignée. En 1964, un certain Miloud « fréquente une équipe de macs arabes qui traînent Chez Diane, rue des Acacias » dans les beaux quartiers parisiens. En fait, le Bar Diane, près de l'avenue de la Grande-Armée. Miloud donne dans le racket. Il vise un bar de la rue d'Armaillé, l'Odessa Club, dont Ardouin protège, ou extorque, le propriétaire, c'est selon. « Le coup est classique : le mec commence à faire un peu chier le patron, il ne paie pas ses verres ; si le taulier ne bouge pas, alors il continue et met les mains sur le bar », écrit Porte-Avions. Miloud se fait alors passer à tabac mais revient demander des comptes et réparation pour son costume abîmé, plus ses « 800 sacs » disparus. Michel Ardouin affirme avoir réglé le problème définitivement : « Ben viens, Miloud, je vais t'aider. Je l'ai emmené au bois de Boulogne et je l'ai tué. »

Mesrine n'était pas raciste, dit-on, sa première épouse était métisse. Mais il était en tout cas en phase avec l'opinion publique de son époque. Dans le film *Le Grand Pardon* d'Alexandre Arcady, sorti en 1982 et largement inspiré de la vie des frères Zemour, un tout jeune Gérard Darmon qui incarne Roland, chien fou du clan pied-noir Bettoun, ne veut pas de trêve : « Il ne faut pas discuter avec les ratons. Il faut cogner, cogner, cogner », s'enflamme-t-il. Plus tard, rue de Chartres, à Barbès, le même personnage tire sur « Larbi », le lieutenant du caïd arabe. À Marseille, quatre ans avant la publication de *L'Instinct de mort*, le journaliste marseillais Gabriel Domenech, futur député Front national, signe dans *Le Méridional* du 26 août 1973 un éditorial d'une rare violence, sous le titre « Assez, assez, assez ! » : « Nous en avons assez. Assez des voleurs algériens, assez des casseurs algériens, assez des fanfarons algériens, assez des trublions algériens, assez des

1. Figure du milieu parisien dans les années 1970-80, il doit son surnom à sa propension à être toujours lourdement armé. Il a été associé avec l'ennemi public numéro un de l'époque, Jacques Mesrine.

2. *Une vie de voyou, op. cit.*

syphilitiques algériens, assez des violeurs algériens, assez des proxénètes algériens, assez des fous algériens, assez des tueurs algériens. » Une diatribe raciste qui faisait suite au meurtre d'un chauffeur de bus par un Algérien. Un écho à l'article nauséabond de *L'Aurore* en 1948 sur la « pègre arabe ».

L'historien américain Todd Shepard a mis en évidence un racisme certain dans les médias « *mainstream* » et les discours ambiants, en particulier autour de la figure du « proxénète arabe ». L'ascension de ce dernier dans la pègre est perçue comme une « crise de la virilité » et une « faiblesse nationale » qui transparaît « à partir de 1962 dans les interminables discussions sur la conquête du marché français par les proxénètes algériens et les nombreuses évocations de leurs prédécesseurs du FLN[1] ». Pour Shepard, des « théoriciens [...] expliquaient que cette prise de pouvoir avait engendré une sévère dégradation du proxénétisme, si on songeait à l'âge d'or des maisons closes ». Surtout, « en 1962, l'indépendance algérienne transforme le rapport des Français aux "Arabes". L'extrême droite, qui veut contrer tout effort de penser le passé colonial, développe aussitôt un discours non plus centré sur l'empire et sur l'Algérie, mais sur la France elle-même : l'homme arabe, violent, violeur, vorace, vient "envahir" la France par le biais de l'immigration ».

Tout est bon pour dénigrer ces nouveaux venus dans le monde du banditisme. En 1951 déjà, souligne Shepard, « l'homme qui dirigeait la police judiciaire [...] laissait entendre que les "Nord-Africains" n'avaient pas les compétences criminelles pour tenir leur rang dans la prostitution parisienne ». En 1969, un docteur Durban écrit sans prendre de gants : « Le souteneur actuel paraît surtout d'envergure sordide, médiocre, ou moyenne[2]. » Il attribue la baisse de qualité chez les proxénètes à « la montée en flèche de l'élément arabe, qui à Paris du moins a surclassé le classique clan corse ». Pour ce médecin, la « réussite » des

1. *Mâle décolonisation. L'homme arabe et la France de l'indépendance algérienne à la révolution iranienne*, Payot & Rivages, 2017.

2. Pierre Durban, *La Psychologie des prostituées*, Librairie Maloines, 1969.

macs algériens est due à un « profond et ancestral mépris de la femme », ce qui fait sourire Todd Shepard : « Ces théories présentaient comme une évidence le fait qu'un respect profond de “la femme” avait présidé au succès des anciens proxénètes (français). Mais aucune analyse antérieure (et aucune source primaire) ne permet de confirmer cela. On est frappé de voir à quel point l'anathème jeté, après Vichy, sur les tenanciers de maisons closes “français” – patrons violents, exploiteurs brutaux, collabos – avait disparu. Le “maquereau algérien” se voyant accusé de tous les maux, il blanchissait le sombre passé français, et surtout ceux qui l'avaient incarné. »

En clair, les fantasmes de l'époque autour du « souteneur algérien » ont masqué les turpitudes du « milieu » français qui, historiquement, s'est constitué autour du proxénétisme. Et ces maquereaux « bien de chez nous » n'avaient pas la réputation d'être des tendres avec leurs « filles ». La vérité, c'est que le proxénétisme classique, celui des « julots casse-croûte » d'antan, est en recul. De nouveaux venus occupent le terrain, et ils ont faim, plus faim que les souteneurs traditionnels qui se sont embourgeoisés. Les proxénètes « nord-africains » font peur.

Ainsi, au milieu des années 1960, dans un livre-enquête journalistique baptisé *Dossier prostitution*[1], un anonyme « Ahmed », Algérien venu en France en 1959 comme collecteur pour le FLN, alimente cette image. « Depuis déjà quelque temps, d'autres réseaux FLN avaient taxé, assez sévèrement, les souteneurs nord-africains opérant sur le sol français. Ahmed se vante d'être le premier à avoir lancé sur Paris l'offensive “du racket” des souteneurs de toute nationalité. » Ahmed est resté en France après l'indépendance de l'Algérie pour « profiter à son tour de ce pactole ». L'auteur lui attribue une phrase peut-être un peu trop belle pour être véridique : « Des Ahmed : il y en a cent, il y en a mille. Petit à petit, ils imposeront leur peau bronzée chez toutes les putains de France. Elles travailleront pour nous parce qu'elles ont besoin d'avoir des hommes et non pas

1. Par Dominique Dallayrac, publié chez Robert Laffont en 1966.

des lavettes comme les petits macs français qui ne sont même pas foutus de défendre leur gagne-pain. » L'auteur l'affirme, « actuellement on peut dire que 35 % des souteneurs opérant à Paris sont des Nord-Africains », mais sans qu'il donne de source. Selon les statistiques de la préfecture de Police[1], la part d'Algériens mis en cause dans l'« exercice du métier de souteneur » est de 30,70 % en 1962 et de 23,90 % en 1963[2]. Pour l'historienne Marion Abssi, « selon les autorités, ces chiffres font apparaître les séquelles des années de rébellion et d'actions violentes pendant lesquelles le FLN a formé un grand nombre d'hommes de main aujourd'hui disponibles, mais aussi la présence d'une quantité de gens vivant en marge de toute activité normale, n'ayant ni travail régulier ni domicile fixe. Elles mentionnent en effet que : "Les auteurs des vols et agressions sont la plupart du temps des oisifs volontaires qui, profitant de la situation équivoque dans laquelle la rébellion avait plongé leurs coreligionnaires et du racket qu'elle favorisait, avaient pris l'habitude de vivre sans travailler"[3] ».

Double meurtre au Soleil-Levant

Les frictions avec les bandits « nationaux » étaient donc inévitables. Si elles ont commencé dès les années 1930 à Lyon et se sont multipliées dans les années 1950 comme on l'a vu, elles vont perdurer tant que la génération des Corses ou des Marseillais, née avant la Seconde Guerre mondiale, tient le haut du pavé à Pigalle.

1. Dans l'ex-département de la Seine, c'est-à-dire Paris et une partie de l'actuelle petite couronne.

2. Cités dans la thèse de Marion Abssi, *op. cit.* Pour les « vols avec violence commis sur la voie publique » : 48,4 % en 1962 et 37,9 % l'année suivante. Pour « vols à la tire » : 48,9 % et 55,44 % et pour les infractions à la législation sur les stupéfiants : 25,7 % et 26 %.

3. Archives nationales, « Synthèse des rapports trimestriels établis par les conseillers techniques pour les affaires musulmanes », 1er trimestre 1964, cité par Marion Abssi dans sa thèse.

Ainsi, quinze ans après la mort du footballeur Labalette au Lizeux, l'agression et le viol de la fille du caïd-juge de paix Jo Attia en 1969 à Montmartre entraînent dans *Paris-Presse-L'Intransigeant*[1] sous la plume de Lucien Pichon, « fait-diversier » vedette, des commentaires similaires à ceux tenus dix ans plus tôt. Même si, en l'occurrence, le « milieu nord-africain » n'a strictement rien à voir avec ce dernier fait divers, on reparle de lui. Faute d'autres pistes[2], le journaliste évoque un milieu « descendu des arrondissements périphériques » qui a « envahi Pigalle et obligé les Corses d'abord à se regrouper puis à composer avec ces nouveaux venus ». D'autres signes témoignent de l'ancrage du « milieu nord-africain ». Comme en avril 1962, lors d'une « fusillade rue Notre-Dame-de-Lorette entre gens du milieu », comme titre *Le Monde.* Elle a pour cadre le Bar Antillais et faisait suite à « une bagarre entre un Noir et un Nord-Africain ». En plein territoire corse ! Au milieu des années 1970, Mahdi Ben Farès, dit Didi ou Minos, compagnon de route des braqueurs du gang de la Banlieue sud et connu pour proxénétisme, tient un bar avec son frère rue Pigalle[3]. Et en août 1980, quand le corps d'un jeune casseur d'origine algérienne du nom de Jamel Ababsa est retrouvé sans vie dans un bois près de Chantilly, l'enquête mène tout droit à un autre bar de la rue Pigalle, le Lautrec, en face du Sans-Souci, fréquenté par Mesrine. C'est de là que le jeune homme, soupçonné d'avoir trop parlé, a été « mené en belle » par ses « amis », dont un « colosse de 1,95 mètre pesant plus de 100 kilos », surnommé Bouboule d'Aubervilliers, d'origine kabyle[4]. Un gang franco-algérien qui a réglé ses comptes à la chevrotine.

La vérité, c'est qu'en ce début de décennie 1980 l'affaire est entendue. Cette année-là, dans un article du *Point* sur la prosti-

1. Édition du 7 novembre 1969.

2. L'auteur des faits, Christian Jubin, était en réalité un petit voyou « bien français ».

3. Il sera arrêté en 1977 après une fusillade visant le chanteur Claude François sur l'autoroute.

4. *France-Soir*, 30 août 1980.

tution, un « truand retraité » explique : « Autrefois le boulevard [de Clichy et Rochechouart] délimitait une frontière entre deux zones. Au nord, les Arabes tenaient le 18e et la Goutte-d'Or. Au sud, des Corses régnaient sur Pigalle et le 9e. Depuis quelques années, les Corses ont perdu leur monopole. » Cela ne s'est pas fait en un jour, mais progressivement. Dès les années 1960, la messe est dite. « Le fait nouveau depuis les années 1950 est que les Corses et les Oranais [les pieds-noirs] abandonnent peu à peu à ces Nord-Africains la suprématie du trottoir, malgré les expéditions punitives des jeunes Corses[1]. »

Pour Pigalle, les années 1970 et 1980 correspondent à une lente déchéance des activités du « milieu », traditionnel ou pas, avec une chute constante de la prostitution, le repli des Corses dans quelques bars rue Frochot ou rue Pigalle. Signe des temps, le principal règlement de comptes des années 1980 dans le quartier a lieu entre voyous, originaires du Maghreb. Au lendemain de Noël 1984, un homme de « type maghrébin, âgé de 25 à 30 ans, petit et très mince[2] », entre tranquillement au Soleil-Levant, un troquet tenu par un Auvergnat au coin du boulevard de Clichy et de la rue Houdon, face au métro Pigalle. Il est 22 h 25, le quartier reste animé, c'est même « une heure de pointe » ici, relève l'Agence France-Presse. L'homme sort un revolver P38 et, sans jamais s'affoler, tire cinq fois sur trois consommateurs, trois Maghrébins, qui sont accoudés au bar. Une des premières balles touche en pleine tête l'un des trois clients. Le jeune homme meurt sur le coup. Deux autres balles frappent son voisin, à la nuque. Une quatrième touche le troisième homme. Puis le tueur repart « tranquillement à pied » et se fond dans la foule des touristes et promeneurs qui déambulent entre les peep-shows, les sex-shops et les baraques de la fête foraine qui s'installait boulevard de Clichy tous les ans, sur le terre-plein central. C'est sous une de ces attractions qu'il se débarrasse de son P38, dont une balle est restée coincée dans la chambre de tir.

1. Louis Chevalier, *Les Ruines de Subure*, *op. cit.*
2. Dépêche AFP du 27 décembre 1984.

Sur le carrelage du Soleil-Levant, la police relève un mort, dépourvu du moindre papier, qui semble avoir environ 25 ans. Il a en réalité 17 ans et se nomme Chokri Mejri, fils d'un tisserand de Bab Saadoune, dans la médina de Tunis. Il est trop tard aussi pour Faouzi Kribes, 21 ans, également de nationalité tunisienne, transporté aux urgences de la Pitié-Salpêtrière, il meurt dans la nuit. Né à Tunis, il était fils d'agriculteurs de la Manouba, près de la capitale. Le dernier, blessé à l'omoplate et transporté à Laennec, fait office de miraculé. Il se prénomme Lofti et a 28 ans. Lui aussi est tunisien, « connu des services de police pour évoluer dans le milieu des proxénètes et des revendeurs de drogue du quartier Saint-Lazare ». Visiblement, on lui en veut. En moins de trois semaines, il a été blessé à deux reprises, d'abord au couteau, puis par balle. La dernière fois, il a été touché à la cuisse alors qu'il se trouvait dans un café de la cour de Rome, devant la gare Saint-Lazare, tout près de la rue de Budapest. « Buda » ou « Bubu », le nouvel épicentre des putes et des macs dans la capitale. Là-bas, les rixes se multiplient, mais ça ne ressemble pas à ce qui vient de se passer au Soleil-Levant. Deux morts, un blessé, et un « tueur qui a agi avec une extrême décontraction ». De sang-froid. Tout cela « semble dépasser les habituelles querelles des petits truands tunisiens », souligne encore l'AFP. En effet, « le règlement de comptes qui a fait deux morts et un blessé mercredi soir au Soleil-Levant, un bar de Pigalle, marque un retour sur la scène du banditisme d'un quartier chaud de Paris qui avait laissé la vedette, depuis quelques années, à Marseille et au Sud-Est », décrypte l'AFP. « Il met aussi en relief l'émergence, depuis deux ou trois ans, d'un nouveau "milieu" essentiellement tunisien et algérien qui a réussi à mettre la haute main sur les réseaux de distribution de stupéfiants dans la capitale, et à contrôler une partie de la prostitution des quartiers populaires : Saint-Lazare, Pigalle, rue Saint-Denis », écrit Gérard Bon, l'auteur de la dépêche.

La fusillade du Soleil-Levant n'était-elle pas l'un des derniers soubresauts d'un quartier qui n'attire plus que les petits voyous ? « Cette fusillade a un peu marqué la fin de la présence corse à

Pigalle, se souvenait un riverain[1]. Ils étaient partis. À l'époque, il y avait une nouvelle génération de pickpockets venue d'Alger qui traînait ses guêtres devant le Tabaris, grand peep-show de Pigalle, face au Soleil-Levant. Ou dans des bars mal famés rue Germain-Pilon en montant vers les Abbesses, de ceux où l'on n'entre pas sans être habitué. » En fait, même Pigalle ne séduit plus le malfrat. L'essentiel du milieu maghrébin s'est d'ailleurs déplacé vers Belleville ou la rue de Budapest. Le proxénétisme a amorcé son déclin. L'avenir est aux stups. Et tout d'abord aux drogues dures, avec l'héroïne. Mais nous en reparlerons[2] !

---

1. Témoignage recueilli vers 2010.
2. Cf. chap. « De la brune à Belleville ».

4

Le parrain de la Goutte-d'Or

La légende du « Petit Abbes », personnage mystérieux immortalisé au cinéma dans Le Grand Pardon *et patron de sordides hôtels de passe où se prostituaient les filles à la chaîne jusqu'à la fin des années 1970.*

Une ruelle pavée, sans la moindre voiture. De chaque côté, des jardinets luxuriants protégés des regards par des grilles en fer forgé. En plein quartier de la Goutte-d'Or, la villa Poissonnière apparaît comme hors du temps, hors de la ville. C'est peut-être pour ça qu'Alexandre Arcady l'a choisie comme cadre d'une scène du *Grand Pardon*[1], son deuxième film, sorti en salles en 1982. C'est là que Raymond (Roger Hanin), le patriarche du clan Bettoun, se rend pour instaurer un « dialogue direct » avec le « chef des Arabes », le nommé « Bouli ». Un Bouli incarné par Malek Kateb, père du comédien Reda Kateb. Après le flingage d'un des membres du clan pied-noir, il y a en effet du grabuge dans l'air entre Juifs et Arabes, et cela pourrait même dégénérer en bain de sang. Raymond Bettoun a perdu un des siens et veut savoir qui a fait le coup. La rencontre a lieu dans un des jardins de la villa Poissonnière, autour d'une table où l'on a joué récemment aux dés et bu le café. Les lieutenants restent à l'écart de ce rendez-

1. *Le Grand Pardon* (1982), scénaristes : Alexandre Arcady, Alain Le Henry et Daniel Saint-Hamont.

vous au sommet. « Chacun a dirigé son secteur depuis onze ans », lance Bettoun/Hanin, glissant quelques mots d'arabe à un interlocuteur qu'il semble bien connaître. Et n'hésite pas à moquer gentiment : « Regarde, pendant la guerre d'Algérie vous étiez tous fellaghas, soi-disant… Toi et Larbi[1], fellaghas *zarma* ! Fellaghas à Paris ! » Malgré cette évidente moquerie qui fait allusion aux années noires du conflit en France, nombre de voyous algériens, souvent proxénètes, ont bel et bien travaillé pour le FLN. Volontairement ou pas[2]. Dans le film, après s'être assuré de la neutralité de chacun, on se tape dans les mains et c'est la réconciliation, ou du moins la coexistence pacifique. En repartant, le patriarche juif s'arrête même acheter une pâtisserie rue de la Goutte-d'Or, sous le regard incrédule du commissaire Duché (Jean-Louis Trintignant) : « Les Bettoun dans la Casbah ! » Le flic traque le clan juif sans relâche. « C'est un beau cadeau que vous nous faites, cette guerre entre les Arabes et les pieds-noirs », persifle l'intransigeant condé. « Si les Arabes ont pris le maquis, je suis le seul à pouvoir arrêter le massacre », réplique Hanin/Bettoun.

Ces personnages sont « imaginaires ». Les producteurs ont pris soin de le préciser au générique. Et « toute ressemblance entre eux et des personnages, situations ou événements réels serait le résultat d'une pure coïncidence ». Soit. Mais personne n'est dupe. *Le Grand Pardon* apparaît très clairement inspiré de la saga des frères Zemour, cette fratrie venue de Sétif, au nord-est de l'Algérie, qui s'est imposée dans le proxénétisme, les jeux et le racket à partir des années 1960. Ceux qui sont devenus les « Bettoun » au grand écran ont d'ailleurs peu goûté de voir leur vie adaptée, même d'une manière romancée. Un des frères, Edgard, interviewé dans l'hebdomadaire *Le Point* après la sortie du film, dira : « Certaines scènes sont justes. Ainsi, des chefs peuvent se rencontrer pour mettre fin à un conflit[3]. » Mais il semblait ne pas avoir apprécié la séquence de

1. Le lieutenant de « Bouli ».
2. Cf. chap. « Proxos & Co ».
3. Jacques Derogy et Jean-Marie Pontaut, *Investigation, passion*, Fayard, 1993.

butin faramineux évalué à 60 millions de francs[1]. Le « casse du siècle », a-t-on dit. Deux policiers niçois sont dépêchés dans la capitale pour assister la brigade de répression du banditisme et dénicher d'éventuels indices propres à faire avancer leur enquête dans le Sud. La différence, c'est qu'à Paris le montant du butin ne sera jamais établi officiellement, une constante dans ce type d'affaires de coffres. Probablement plusieurs millions de francs.

Nice, 14 juillet 1976 – île Saint-Louis, 15 août 1976. Été noir pour la Générale. Mais qui sont les intrépides qui ont osé taper en plein Paris un mois seulement après ce qui restera peut-être le casse le plus phénoménal de l'histoire du banditisme hexagonal, le casse des casses, le coup majeur ? Celui de l'île est plus modeste et moins tapageur. Plus bohème, mais tout aussi culotté. « À la compétence technique, les malfaiteurs ont joint une certaine audace en opérant dans un quartier qui, même les jours fériés, demeure relativement animé », observe dans un style impeccable un journaliste du *Monde*. Du « travail de professionnel », selon la presse unanime, mais aussi des « défaillances humaines », très probablement. Des « défaillances particulièrement nombreuses », renchérit le quotidien du soir. Un début de scandale sur les mesures de sécurité sera vite étouffé avec l'indemnisation systématique des victimes par une société de banque déjà dans ses petits souliers. La Générale a eu chaud. « Le contrat d'assurance était en cours de renégociation depuis le cambriolage de Nice du 14 juillet : le risque couvert a en effet changé d'ampleur avec l'arrivée de méthodes perfectionnées d'effraction. Le mois de préavis pour la dénonciation de l'ancien contrat courant jusqu'au 28 août, les dommages causés par le cambriolage de l'île Saint-Louis seront donc indemnisés selon les modalités prévues auparavant[2]. »

Au final, seul un lampiste trinquera[3]. Brisacier, ça ne s'invente pas, un garagiste de la rue de Charenton dans le

1. Plus de 9 millions d'euros et même 39 millions d'euros en tenant compte de l'inflation.

2. *Le Monde* du 21 août.

3. Il sera condamné à deux ans de prison.

la villa Poissonnière : « Par contre, l'histoire avec les Arabes, c'est faux... » Et pourtant. Le commissaire Yves Jobic, ancien de la PJ parisienne, souvent très bien rencardé, nous a assuré[1] que, « pour créer le rôle du chef mafieux arabe », Alexandre Arcady « s'est inspiré » d'un personnage bien réel : un certain Abbes, *alias* le Petit Abbes ou Abbes le Nomade, figure de Barbès et de la Goutte-d'Or. Selon un autre policier, à la retraite celui-là, mais fort bien informé lui aussi sur les franges délinquantes du Nord parisien, Abbes était même « le parrain de la Goutte-d'Or ; il avait tous les hôtels de passe[2] ». Le Petit Abbes, personnage mystérieux qui a laissé peu de traces dans les gazettes, « tenait en partie Barbès et la Charbonnière[3] », ajoute Jobic. Pour compléter son patrimoine, le « Nomade » disposait d'une table de « black jack rue Vavin et un bar de nuit à Montparnasse », selon les souvenirs d'un vieux voyou franco-kabyle.

Le « parrain de la Goutte-d'Or » semble même incontournable à la fin des années 1970. Abbes était présent dans le sous-sol du restaurant La Médina à Paris, dans le 9e, en novembre 1980, lors de l'assassinat de deux voyous de rang, « Nénesse » et Michel le Libanais[4]. Un règlement de comptes qui aurait justement vu une alliance de circonstance entre truands juifs et arabes. Les deux victimes (qui n'étaient pas des angelots) seraient entrées en concurrence avec Abbes pour le contrôle d'hôtels de passe dans le secteur de la Goutte-d'Or. Nénesse ayant contribué largement à y « chasser » le clan Zemour.

Personnage trouble s'il en est, Abbes s'est aussi vu soupçonné lors d'un épisode sanglant des *seventies*, la fusillade du Lætitia, rue Notre-Dame-de-Lorette à Pigalle. Du nom d'un bar tenu par les frères Panzani, des voyous niçois qui passaient pour des « juges de paix » du milieu parisien à l'époque. Le 2 janvier 1975,

1. Témoignage recueilli par les auteurs, septembre 2018.
2. Témoignage recueilli par les auteurs, octobre 2019.
3. Rue de la Charbonnière dans le 18e arrondissement, haut lieu de la prostitution de l'après-guerre jusqu'à la fin des années 1970.
4. Cf. chap. « Fin de partie à La Médina ».

six hommes sortis d'une estafette arrosent l'établissement, faisant deux morts et trois blessés graves. Un massacre « à la marseillaise », plutôt rare à Paris. L'expédition punitive a été attribuée à l'équipe Vella/Gauthier, les « Siciliens » de la Banlieue sud qui auraient voulu ainsi faire porter le chapeau aux Zemour, leurs grands rivaux. Une autre théorie que semble privilégier l'ex-commissaire Roger Le Taillanter, impute le règlement de comptes à ces derniers. « Un dernier "tuyau" enfin, colporté par un des membres de l'équipe des "Siciliens", avance que toutes les armes des tueurs ont été fournies à une équipe de pieds-noirs, sans rapport avec les Z.[1], par le nommé Abbes, un bordelier de Pigalle. On peut supposer que l'information ne vise qu'à brouiller les pistes », écrit-il dans *Les Derniers Seigneurs de la pègre*[2]. L'enquête ne donnera rien. « La connaissance de la vérité ne quittera jamais le petit cadre muet des initiés, et les armes du droit et de l'enquête traditionnelle resteront ici, une fois encore, des hochets dérisoires, impuissants à déterminer, entre le calcul, la haine, la vengeance ou la folie meurtrière, le véritable moteur de l'événement », ajoute encore joliment Le Taillanter[3].

Abbes, plutôt basé à Barbès qu'à Pigalle, même si la frontière apparaît souvent mince entre les deux quartiers, surtout à cette époque, acquiert un statut semi-légendaire, au point que son patronyme reste inconnu pour beaucoup. Au cours de sa longue carrière, il a échappé en effet à plusieurs tentatives de meurtre. « Un jour on lui a tiré dessus, dans les jambes, raconte un ancien flic. Je connais d'ailleurs un type qui l'a visé par deux fois et qui l'a raté à chaque fois ! » Les amis de Nénesse Bennacer ont voulu le venger, eux aussi, le « Nomade » ayant été plus que soupçonné d'avoir donné le « top départ » aux tueurs. Là encore, en vain. Le « parrain de la Goutte-d'Or »

1. Les Zemour.
2. Julliard, 1986.
3. *Ibid.*

semblait inoxydable, ou très chanceux, c'est selon. Finalement, le Petit Abbes est mort dans son lit. Du moins c'est ce que dit la légende.

Maisons d'abattage

Pour Abbes et ses contemporains, plus que la rue de la Goutte-d'Or ou le boulevard Barbès, centre névralgique des activités délictueuses des années 1950 aux années 1980 tourne autour d'un triangle formé de quelques adresses du quartier : la rue de la Charbonnière – « La Charbonnière » pour les initiés –, la rue de Chartres, la rue Fleury et le boulevard de la Chapelle. C'est ici, à l'ombre du métro aérien, que les hôtels de passe glauques et sales ont remplacé les maisons closes après le vote de la loi Marthe Richard en 1946. Des proxénètes maghrébins, « profitant de la disparition des maisons closes, et principalement de deux célèbres maisons du boulevard de la Chapelle, avaient déjà commencé de truffer la rue de la Goutte-d'Or et la rue de la Charbonnière de minuscules chambres d'amour destinées à leurs compatriotes », selon l'historien Louis Chevalier[1]. Les tenanciers de bordels se sont tout simplement adaptés. Ils ont pris du champ et laissé des prête-noms gérer ces lupanars souvent accolés à des cafés « maures », comme l'on disait. Mais très vite, tous ces établissements se sont retrouvés sous la coupe de grands voyous.

« Dans ces années d'après-guerre, avec l'afflux de ces hommes privés de femmes, la prostitution, déjà florissante dans le quartier, avait redoublé et aussi changé de caractère : par la mainmise de souteneurs nord-africains et de quelques gros industriels du proxénétisme, également nord-africains », rapporte Louis Chevalier[2]. Des industriels comme Abbes. Voilà comment cela s'est passé au départ, selon les souvenirs qu'une certaine Vio-

1. *Les Ruines de Subure*, *op. cit.*
2. *Ibid.*

lette de Barbès a publiés en 1980[1] : « Alors qu'avant la guerre et pendant l'Occupation le quartier de Barbès-la Chapelle était le domaine des Corses et de Marseille, les Nord-Africains sont arrivés. En douceur, sans tueries. Ils ont simplement racheté le quartier morceau par morceau. Ils ont par exemple racheté la chambre d'une fille qui racolait sur le pas de sa porte [...]. Immédiatement la chambre se transformait en café. Aussitôt installés, ils se sont mis à faire du proxénétisme, mais pas différent des Européens. »

Le secteur apparaît très convoité, car particulièrement rentable. Ainsi, au début des années 1980, le Breton Fernand Bernard, dit « Louis d'Auteuil », y était implanté, tout comme Nénesse Bennacer qui, aidé de Titi Peltier[2], avait mis la main sur une partie de ces hôtels, avec la manière forte, c'est-à-dire en chassant les Zemour et leurs alliés. Nénesse et Titi faisaient partie de ces « équipes spécialisées dans le proxénétisme industriel », comme les a décrites dans ses souvenirs un ancien policier de la brigade de répression du banditisme, Gérard Billy[3]. La zone avait été au cœur de la guerre entre les Zemour d'un côté, dont Abbes était proche, n'en déplaise à Edgard, et les Siciliens de l'autre, dont Louis d'Auteuil et Nénesse faisaient partie. Ces hôtels crasseux où les prostituées exerçaient de manière quasi industrielle avait un nom : les maisons d'abattage.

« L'abattage », nous enseigne Larousse, est une expression populaire désignant « l'exercice de la prostitution à la chaîne et à vil prix ». Il s'agit d'une prostitution expéditive, essentiellement à destination des travailleurs maghrébins et africains. À Barbès, les clients défilent, surtout en fin de semaine, où, selon Roger Le Taillanter, ex-patron de la Mondaine, la population du quartier double, voire triple, avec les clients des hôtels de passe. Les files d'attente sur les trottoirs devant ces établissements ont été décrites à maintes reprises et constituaent une

1. *Cinquante ans de trottoir*, Alain Lefeuvre, 1980.
2. Cf. chap. « L'Élégant ».
3. *La Police dans la peau*, Payot, 2009.

réalité du quotidien de la Goutte-d'Or jusqu'à la fin des années 1970. Un client parti, un autre le remplace aussitôt sur le lit de la professionnelle. Lit qui est souvent protégé d'une toile cirée, pour rendre le nettoyage plus aisé et surtout plus rapide. À cette époque, un de ces hôtels pouvait compter jusqu'à 25 prostituées qui pouvaient enchaîner, chacune, une centaine de passes par jour, durant le week-end. Le chiffre de 80 passes étant un minimum et, selon certaines estimations, les galantes des rues de Chartres et de « La Charbonnière » pouvaient faire « de soixante à cent cinquante clients. Même plus[1] ».

Dans le bas de la rue de la Charbonnière, une voie étroite qui part en diagonale du boulevard de la Chapelle en direction de l'est, des observateurs ont pu compter plus de 300 personnes faisant la queue devant ces adresses[2]. Une photo prise en mars 1977 et reproduite dans le livre *La Mondaine, histoire et archives de la police des mœurs*[3] montre cette même rue de la Charbonnière bondée d'hommes, une marée humaine. Un autre cliché a immortalisé un agglutinement de clients devant l'entrée du numéro 14, un hôtel qui reçoit « 400 clients par jour ». Adjacent à l'établissement, un bar baptisé Café de l'Étoile. Les hôtels fonctionnaient souvent avec ces bistrots dont ils partageaient les gérants. En 1975, un article du *Nouvel Observateur* recense « quelques hôtels minables (22 et 40, rue de Chartres ; 21, 22 et 33, rue de la Charbonnière, et d'autres) ». À cette époque, au numéro 11 de la rue de la Charbonnière, il y avait un hôtel exploité par Bachir K. ; au 33, l'Hôtel Sudour ; au 34, le Royal Bar ; au 35, encore un autre hôtel qui donnait également sur le boulevard de la Chapelle. Voilà le royaume des Abbes et autres Jimmy Mignon, un « Arabe » malgré son surnom, ami de Michel Ardouin et associé de « Moustache », un proxénète tué, selon un contemporain, au cabaret El Djazaïr,

1. Serge Garde, *L'Industrie du sexe*, Messidor, 1987.
2. Maurice Culot, Louis Chevalier et Marc Breitman, *La Goutte-d'Or, faubourg de Paris*, Archives d'architecture moderne-Hazan, 1988.
3. Hoëbeke, 2009.

fameux lieu de la nuit parisienne, rue de la Huchette dans le Quartier latin[1].

À 30 francs la passe[2], un seul hôtel peut rapporter 90 000 francs en une journée[3]. Toujours dans son livre référence, *Les Derniers Seigneurs de la pègre*[4], le commissaire Le Taillanter rapporte que lorsqu'il prend ses fonctions en 1970 à la Mondaine, il dénombre pas moins de 47 hôtels de passe « rien que sur le 18ᵉ arrondissement ». Jean-Claude Saratte sait lui aussi de quoi il parle. Aujourd'hui retraité, il a officié pendant près de vingt-cinq ans dans le même 18ᵉ arrondissement, à la police judiciaire[5]. Il était chef de groupe « à la Deux », comme on disait, la 2ᵉ BT devenue 2ᵉ DPJ (district de police judiciaire). « À la fin des années 1970, il y avait encore 21 bordels sur notre secteur, se souvient-il avec précision. Ils étaient tenus par des Lyonnais, des Marseillais, des Corses, des Arabes puis des Antillais. Mais on ne connaissait pas les vrais propriétaires. Ils se vendaient les trucs entre eux. Le week-end, les filles n'arrêtaient pas. On saisissait des sacs postaux remplis de billets de 10 francs ! La Mondaine mettait des scellés sur les portes des chambres. Les macs n'y touchaient pas, mais ils cassaient les cloisons juste à côté des portes. La plupart du temps c'était du simple carreau de plâtre. Puis ils mettaient un drap pour masquer l'ouverture et ça repartait ! J'ai vu de tout là-bas, même des curés ! C'était immonde, mais il y avait une certaine atmosphère. Je garde un souvenir ému de la Goutte-d'Or ! Il fallait être solide, car on essayait en permanence de nous corrompre. Il y avait aussi des belles gonzesses qui étaient punies par leurs macs. Elles venaient de la Madeleine et se retrouvaient à faire quinze jours à

1. Toujours vivant à l'heure où nous écrivons ces lignes, Jimmy Mignon exploite un restaurant en banlieue parisienne.
2. Soit 4,50 euros et, en tenant compte de l'inflation, 13 euros.
3. Environ 39 000 euros d'aujourd'hui.
4. *Op. cit.*
5. Il est par ailleurs le fondateur de l'Équipe de recherche et d'intervention en carrières (Eric), spécialiste des sous-sols parisiens, qu'il a dirigée pendant près de vingt ans.

l'abattage à la Goutte[1]... » Le truand Michel Ardouin prétendait, dans un langage fleuri, que certaines préféraient exercer dans le 18ᵉ que dans un milieu plus bourgeois et exigeant avec des passes qui s'éternisaient.

« Une ambiance d'enfer »

« Abbes avait la main sur tous les julots maghrébins de la Goutte-d'Or, rapporte encore notre vieux voyou rencontré dans une chicha de l'Est parisien. Les macs plaçaient leurs filles chez lui, et lui, il leur prenait l'argent pour la mise à disposition de chambres d'hôtels. » Faire le « julot », comme il dit, s'avère plutôt intéressant financièrement, même avec une seule « gagneuse » : « Le proxo, ça te permet d'avoir toujours du liquide en attendant un gros coup. » Pour celui qui tient le bordel maquillé en hôtel, le « taulier », c'est encore plus intéressant, comme l'a décrit le journaliste Eugène Saccomano dans son livre *Bandits à Marseille*[2] en interrogeant une prostituée, Yvette, sur les liens avec ces sinistres personnages. « Le mac cherche simplement une place pour sa fille, explique-t-elle. C'est elle qui rétribuera elle-même le patron de l'établissement et à chaque descente de passe. Il perçoit généralement la moitié du tarif : 30 francs sur 60 francs la demi-heure. Mais pendant que la fille est en maison – et ceci en vertu d'un accord passé entre les deux hommes –, c'est le taulier qui en est responsable. » La prostituée marseillaise précisait qu'en un mois, dans un « bon bordel », une « gagneuse » peut rapporter « autour du million net ». En anciens francs, bien sûr. Ce qui représente 10 000 nouveaux francs et plus de 12 500 euros de nos jours, selon le calculateur de l'Insee qui tient compte de l'érosion monétaire due à l'inflation.

Mais ces bordeliers échappent souvent aux foudres de la loi, cachés derrière des prête-noms. L'ex-inspecteur Saratte, chargé

1. Témoignage recueilli par les auteurs en août 2020.
2. Paru en 1968 et republié en 2020 par les éditions Séguier.

de la moyenne délinquance sur le secteur, ne voyait sans doute que la partie émergée de l'iceberg. « À l'époque, on était hyper actifs, raconte-t-il depuis sa retraite. On faisait régner une discipline de fer dans le quartier nord-africain. On faisait des julots à tour de bras. On allait les chercher le matin, pas trop tôt non plus, souvent vers 9 heures. Ces gens n'ont pas l'habitude de se lever tôt… On pouvait se balader assez tranquillement dans la Goutte-d'Or. Et on n'avait pas besoin d'une escouade de gendarmes mobiles pour pouvoir interpeller. Notre devise c'était : *Qu'importe qu'ils nous haïssent pourvu qu'ils nous craignent.* Tout se terminait au siège de la 2e BT, rue Achille-Martinet, connu pour ses comités d'accueil musclés. « On cravatait des guignols, pour des casses. Dans la voiture les mecs disaient : *On va où ? On va pas à Achille-Martinet ?!* C'est vrai que c'était peu engageant, avec des grilles partout. On faisait 2 400 gardes à vue par an, c'était énorme ! On faisait beaucoup de Maghrébins. Il y avait une ambiance d'enfer ; on n'était pas comptable de notre temps. On avait beaucoup de renseignement humain. Sur les règlements de comptes, on savait tout. Tout nous était rapporté. »

Si la PJ ne reste pas les bras croisés face à ces phénomènes, cela revient à vider les écuries d'Augias. Surtout, les dés sont pipés. Certains de ces bordeliers sont des indics de « grands flics », comme Louis d'Auteuil qui renseignait Lucien Aimé-Blanc, alors patron de l'Office central pour la répression du banditisme, selon un de ses anciens collègues. Ou le fameux « Michel le Libanais », proxénète rue de la Charbonnière et protégé du commissaire Solères de la Mondaine, chargé de la répression… du proxénétisme ! Mais comme disent les flics : on ne recrute pas des indics chez les archevêques…

« On contrôlait les boxons tous les quinze jours, poursuit Jean-Claude Saratte. On mettait les fiches des filles à jour. Il y avait un médecin avec nous. Les mères maquerelles nous voyaient arriver et disaient : *Mesdemoiselles, préparez vos papiers, ces messieurs de la police sont là !* Les boxons ont fermé dans les années 1970 et après ça a explosé dans la rue. » C'est d'ailleurs dans le secteur de la Goutte-d'Or que le dernier hôtel de passe parisien a fermé ses portes en mai 1979. Il aura même droit au journal de 20 heures… Puis ce sera le temps des pelleteuses. L'immeuble du 14, rue de la Charbonnière, par exemple, a été détruit lors de la grande opération de réhabilitation du quartier menée dans les années 1980. La plupart des adresses voisines ont aussi été démolies. Le prix à payer pour chasser la prostitution du bas de la Goutte-d'Or ?

Après les guerres qui ont opposé les Zemour et la Banlieue sud, première génération, avec la participation de certains « Arabes » du côté des premiers, les hostilités vont s'éteindre faute de combattants et surtout avec la fin des hôtels de passe, qui cèdent la place aux « studios » de la rue Saint-Denis ou de la rue de Budapest, dominés par ce que les flics ont appelé brièvement le « milieu algéro-tunisien[1] ».

Abbes, le « roi de la Charbonnière », s'était imposé au début des maisons d'abattage. Il avait pour lui l'antériorité et le fait d'avoir connu les grandes heures du FLN lors de la guerre d'Algérie[2]. Une période clef qui a permis aux maquereaux algériens de prendre de l'épaisseur face aux proxénètes « français ». De plus, selon le témoignage d'un vétéran du milieu parisien, le « parrain de la Goutte-d'Or » avait un « beau-frère qui était préfet d'Alger[3] ». Ce type de liens familiaux et/ou d'intérêt entre des voyous franco-algériens et les autorités de leur pays d'origine ont perduré jusqu'à nos jours[4].

1. Cf. chap. « Proxos & Co » et « De la brune à Belleville ».
2. Cf. chap. « Proxos & Co ».
3. Témoignage recueilli par l'un des auteurs en septembre 2020.
4. Cf. chap. « L'Amicale des fugitifs » et « La filière kabyle ».

5

Fin de partie à La Médina

L'ascension et la chute de Marcel Nacer Bennacer, dit Nénesse, ambitieux voyou d'origine kabyle qui participa à l'éradication du clan Zemour dans la capitale.

11 novembre 1980, 2 h 30 du matin. L'avenue Trudaine s'est endormie depuis longtemps. Calme, arborée, l'artère bourgeoise du 9e arrondissement marque une frontière invisible entre Pigalle l'agitée et Barbès la turbulente. C'est le début de semaine et la nuit est fraîche, le mercure frise le zéro. En ce jour d'Armistice, un groupe d'hommes n'a pas désarmé. Dans une Renault 12 de couleur foncée, ils remontent lentement le pavé avant de s'immobiliser devant le numéro 4. Trois des occupants descendent, armes de gros calibres au poing, cagoules rabattues sur le visage. Ils entrent dans un restaurant oriental à l'enseigne La Médina. « Spécialités marocaines », peut-on lire sur la marquise sponsorisée par le brasseur belge Jupiler. Le lieu n'a pourtant pas grand-chose de marocain. Le patron est algérien. Dans le milieu kabyle, on le surnomme Kader « *Boum Khamsa* », c'est-à-dire Kader « Un Doigt », car justement il lui en manque un. Qui imaginerait qu'une année plus tôt une star du cinéma venait ici ? À La Médina, l'icône de la nouvelle vague, l'Américaine Jean Seberg, a rencontré son quatrième et dernier mari, le sulfureux Ahmed Hasni, en avril 1979, et

non pas dans un jet comme le veut l'historiographie officielle[1]. Ils se sont dit oui un mois plus tard, ou plutôt ils ont reçu une bénédiction de l'Église américaine à Paris. Jean Seberg est en effet encore mariée. Au diable les convenances ! Hasni a douze ans de moins qu'elle. Mais l'union ne dure pas. Jean meurt l'été suivant, suicidée, peut-être ? Le corps de l'inoubliable interprète, au côté de Jean-Paul Belmondo, d'*À bout de souffle* de Jean-Luc Godard, sera retrouvé dans sa voiture. Si la belle Américaine fréquentait La Médina, c'est au hasard d'une rencontre, celle de Kader « Un Doigt », l'oncle d'Ahmed Hasni. L'actrice a fait sa connaissance au Keur Samba, une boîte de nuit africaine à la mode proche des Champs-Élysées[2]. Après avoir brièvement partagé la vie de l'oncle, la muse de Godard et de l'écrivain Romain Gary s'est liée au neveu fraîchement débarqué d'Oran, dont les activités restent relativement mystérieuses et à la limite de la légalité. On parle de trafic de stups. Jean Seberg semblait à la recherche de sensations fortes. À La Médina, elle est servie. Le restaurant est un vrai repaire de voyous. En cette nuit du 11 novembre 1980, personne ne semble être là pour déguster un tajine aux olives. Au sous-sol, à l'abri des regards, une douzaine de personnages s'affairent autour d'un tapis vert improvisé. Un « cercueil » dans le jargon, car la table est relevée sur les bords. Une appellation prédestinée. Le jeu pratiqué c'est « la marseillaise », un héritage du bagne à Cayenne. Il consiste, en gros, à parier sur les cartes qui vont sortir. La Médina est bien connue du Paris des « flambeurs », ces accros aux parties clandestines.

Sans hésitation, les trois silhouettes, sorties de la R12, descendent à la cave. Tout le monde est aligné contre un mur. Les coups de feu claquent. Deux balles dans la tête pour deux des joueurs. Il n'y a plus rien à faire pour eux. Leur décès est prononcé à 2 h 15 du matin.

---

1. Jean-Yves Rogale, *Vous avez dit suicide ?*, Menges, 1984.
2. David Richards, *Played Out : The Jean Seberg Story*, Random House, 1981.

Ce n'est pas tout à fait n'importe qui que l'on vient d'abattre dans ce sous-sol un peu glauque. Le lendemain, le quotidien *Le Parisien*, souvent bien informé, a « appris de source policière » qu'il s'agissait de « truands de Pigalle », ce qui n'est pas tout à fait exact. En revanche, il s'agit bien d'hommes « plusieurs fois arrêtés pour des délits, vols et escroqueries, port d'armes et soupçonnés de se livrer au proxénétisme bien qu'ils n'eussent jamais été condamnés pour ce motif ».

Foued Allia avait 41 ans. Coiffeur de profession, il était né à Marseille mais vivait dans le 10ᵉ arrondissement de la capitale. Il n'avait sans doute pas manié les ciseaux depuis longtemps. Allia était connu dans le milieu sous le sobriquet de « Michel le Libanais ». Il appartenait à la communauté des gitans arabes du Proche et Moyen-Orient, dont une partie a atterri dans la cité phocéenne après-guerre. L'un de ses proches sera promis à une certaine gloire. Du moins au sein des services de police : Jean Herrina, *alias* le Prince des voleurs, le beau-frère de son frère. Un spécialiste du « vol à la détourne », comme disent les policiers, des larcins commis sans que la victime se rende compte de rien. Les décennies suivantes, Jean Herrina, déguisé en prince saoudien, signera des coups parmi les plus audacieux, chapardant d'énormes diamants aux quatre coins du globe, remplacés par du toc. Dès les années 1970, avec les frères Allia, il mène grand train, habillé comme des pop stars, notamment lors de luxueux mariages. « C'est le Libanais qui couvrait la partie de cartes clandestine », affirme un joueur invétéré, quatre décennies plus tard. En clair, il en assurait la protection. Car Foued Allia avait de solides relations dans la police.

Le second mort du sous-sol se nomme Marcel Bennacer. Une pointure. C'est lui qui a été visé en premier. « Commerçant » dans le civil, bien qu'on ne sache pas exactement ce qu'il vend, il habitait à Bois-Colombes, dans les Hauts-de-Seine. Officiellement, car il n'a jamais vécu à l'adresse indiquée. Dans le milieu, il était plus connu sous le surnom de Nénesse, ou le Grand. Ainsi vient de s'achever à 36 ans la vie d'un des voyous parmi les plus prometteurs de sa génération.

Mâchoire carrée, yeux perçants, Nénesse inspirait le respect. « Il avait un de ces regards… direct tu étais impressionné. Un regard de tueur », témoigne un de ses anciens amis. Le voyou en imposait tant par sa taille, près de 1,90 mètre, que par son style. Son neveu, Méziane, le décrit ainsi : « Il portait les cheveux longs et une barbe naissante. C'était un beau garçon, très élégant. Il s'habillait très bien. Il avait une démarche aérienne. C'était quelqu'un de généreux, flamboyant[1]. » Un bel homme, un type charmant. Pas quelqu'un non plus à faire la java. Il ne buvait pas une goutte d'alcool. Un voyou contemporain évoque aussi « un taiseux qui ne rigolait jamais[2] ». Et c'était un tueur. « Dans leur monde, si tu n'es pas dangereux, on te croque comme un croque-monsieur, réagit un de ses amis, Rachid Buzenval, restaurateur et grand flambeur sur les tapis verts devant l'éternel. Eh oui ! C'est ça leur milieu. D'ailleurs, ils sont tous morts. Nénesse aussi. Il s'est fait nettoyer. Qui tue par balles, périra par balles… C'est la devise. »

Le nom de Marcel Bennacer n'a que très peu eu les faveurs des encyclopédies dédiées à la pègre. Pourtant il fut l'un des plus importants voyous parisiens des années Giscard. C'était même LE gangster qui montait dans la capitale, alors que l'empire des frères Zemour vacillait. Nénesse n'y était d'ailleurs pas étranger. Les « Z. » tenaient jusqu'alors une bonne partie de la prostitution à Paris, l'économie du racket et celle des jeux clandestins. En face, Nénesse Bennacer fut un des premiers « Arabes » – il était en réalité à moitié kabyle – à être admis dans le milieu traditionnel, celui des grands voyous. Le deuxième peut-être si l'on compte Jo Attia, caïd légendaire mi-breton mi-tunisien, membre dans l'immédiat après-guerre du gang des Tractions Avant au côté de Pierrot le Fou. Coïncidence, Joseph Brahim Attia a été écroué à la prison de Fresnes de 1965 à 1967 pour une escroquerie au préjudice de rapatriés d'Algérie. Et il a eu un temps le jeune Marcel Nacer Bennacer comme codétenu.

1. Entretien au mois d'août 2020.
2. Entretien avec l'un des auteurs, septembre 2020.

« Ma grand-mère, la mère de Nénesse, m'a raconté qu'ils s'entendaient très bien, se souvient le neveu de Bennacer. Elle s'est retrouvée plusieurs fois en compagnie de la femme d'Attia lors de visites au parloir. » En fait, selon Simone Bennacer jointe par téléphone en Kabylie[1], son fils avait au préalable rencontré la femme du vieux caïd dans un café de Fresnes. Peut-être bien au mythique et justement nommé « Ici mieux qu'en face », voisin de la vieille prison…

En ce tout début des années 1980, Nénesse Bennacer a fait du chemin. C'est l'un des truands les plus voyants de la période. Il fréquente le beau monde. « Nénesse, tué à La Médina ? Ça c'était quelqu'un. L'un des plus grands de l'époque, un seigneur… », nous avait confié dans les années 2000 un vétéran du milieu kabyle. « C'était la grande classe. Il était au-dessus du lot », renchérit aujourd'hui un truand de la génération suivante. Pourtant retracer sa vie n'est pas aisé, Nénesse n'a laissé que peu de traces. Marcel Nacer Bennacer est né le 1er avril 1944 dans le 14e arrondissement de Paris, le fruit des amours entre Mohand Ameziane Bennacer, un commerçant kabyle, et Simone, une jeune Parisienne. En réalité, Mohand Bennacer est déjà marié « au bled » et père de famille. Un mariage arrangé, il divorcera plus tard. Il vient de Seddouk, petite ville perchée sur les hauteurs de l'actuelle wilaya de Béjaïa, l'ex-Bougie, en Petite Kabylie. C'est la patrie de Cheikh Belhaddad, un des leaders de la révolte kabyle de 1871, contre les Français. Quand il quitte Seddouk pour venir travailler en métropole, juste avant la Seconde Guerre mondiale, Mohand Bennacer est encore très jeune. Il trouve du travail chez Citroën à Levallois, où il s'engage comme syndicaliste, lui qui sait lire et écrire, ce qui n'est pas si courant parmi les travailleurs venus d'Algérie à l'époque. « Il défendait les ouvriers maghrébins et a été licencié à cause de ça, raconte son petit-fils, Méziane. Après, avec ma grand-mère, ils ont fait du marché noir. Puis ils se sont lancés dans le commerce de bonneterie. » Les parents de Nénesse tiendront un étal sur les marchés de la région parisienne.

1. En septembre 2020.

La famille habite une petite maison à Chevilly-Larue dans l'actuel Val-de-Marne, tout près de la roseraie de L'Haÿ-les-Roses.

Nénesse suit une formation en plomberie. Il n'en fera pas son métier. Aux tuyaux de cuivre, il préfère le canon des calibres et la fréquentation des bars de la Poterne des Peupliers, en lisière du 13e arrondissement. Ses débuts criminels là encore sont mal connus. « Il est tombé une première fois jeune, je crois pour bagarre avec blessures, détaille son neveu. Ensuite, il serait tombé pour un cambriolage mais cela aurait mal tourné et je me souviens que les conversations de famille évoquaient une prise d'otage ou un kidnapping. » Un vieux voyou parisien qui a fréquenté Nénesse fournit des informations un peu discordantes : « En 1962, Nénesse tombe pour un coffiot [un coffre-fort], prend cinq ans et finit à Melun où il rencontre "Biff" et Dieupart », dont on reparlera.

Une erreur judiciaire en tout cas pour la mère de Nénesse : « Il n'était pas du tout dans l'affaire. C'était le plus jeune, il n'était même pas majeur, il n'avait rien fait. Il fréquentait des hommes plus âgés que lui. On a dit qu'il était le chef de bande, parce que son père était algérien. C'était du racisme. » Nénesse est condamné à sept ans de détention. Une période passée à Fresnes, la très dure prison du Sud parisien, surtout à cette époque. Lors de ce séjour, il se fait remettre un transistor en pièces détachées au parloir par sa mère. La radio est alors interdite dans les prisons françaises… Les piles entreront dissimulées sous la boutonnière d'un tricot en laine. Un autre jour d'été, pour se rafraîchir, il aménage une piscine dans sa cellule, en faisant déborder l'eau et en calfeutrant la porte, raconte son neveu[1]… Cela lui vaudra un séjour au mitard.

La bande du Montana

Le jeune Bennacer est libéré au début des années 1970. Connu à cette époque sous le sobriquet de « Nénesse Porte d'Italie », qui correspond à sa zone d'activité, dans le sud de la capitale,

1. Qui tient l'anecdote du truand Michel Ardouin.

il se met en cheville avec un ami garagiste, ce qui lui permet de rouler en imposantes berlines. « Il venait me chercher à l'école dans une grosse décapotable américaine des années 1950, se souvient encore son neveu. C'était pourtant quelqu'un d'assez discret, il n'en disait pas beaucoup. On a toujours été tenus à l'écart de ses activités. »

Alors qu'il n'a pas 30 ans, Nénesse « roule » avec une bande plutôt redoutable : l'équipe des « Siciliens », une formation de la Banlieue sud parisienne évoluant autour de Jean-Claude Vella, dit Petites Pattes pour sa taille modeste, d'origine sicilienne donc, et un autre Marcel, Gauthier de son patronyme. Ce sont d'anciens lieutenants de Roger Bacry, gangster juif pied-noir dissident des Zemour. Ces « Siciliens », qui pourraient aussi tirer leur nom du film d'Henri Verneuil avec Jean Gabin, Lino Ventura et Alain Delon, forment la première mouture du « gang de la Banlieue sud », depuis leur base de Villejuif, dans le Val-de-Marne, au cœur de la « ceinture rouge ». De Chevilly-Larue à Villejuif, il n'y a qu'un pas. Pour le jeune Nénesse, il suffit de remonter la nationale 7. Ces nouveaux gangsters donnent dans le proxénétisme en « protégeant » quelques hôtels mais cherchent aussi à s'implanter dans le trafic d'héroïne, comme relais des Marseillais. Leur conflit avec les Zemour, sur fond de zones d'influence, va faire près de trente victimes en moins de dix ans.

Bennacer est un assidu du Montana, bar d'inspiration américaine à Saint-Germain-des-Prés, mitoyen du café de Flore, rue Saint-Benoît. Ses deux patrons s'adonnent eux aussi dans leurs activités interlopes à la gestion officieuse d'hôtels de prostitution. Nénesse passe « régulièrement » au Montana, en compagnie de Paul Dieupart, dit Paulo, fils et frère de voyou. Le père Dieupart est d'ailleurs un ancien ami et complice d'un des gérants du Montana, lorsqu'ils tapaient des sacs postaux dans les années 1940. Loin des caves de jazz et des couples célèbres de la littérature, une association de feu s'est formée au Montana. Outre Nénesse, elle compte dans ses rangs Daniel Abramovitch, *alias* Daniel le Russe ou le Polonais, c'est selon, alors en conditionnelle après une longue peine pour avoir tenté de tuer un policier. Une force de la nature celui-là, un monstre physique : « À Fresnes, au J3[1], c'était une bête à 17 ans. Ils le mettaient avec nous les majeurs », se souvient un vétéran du milieu. Abramovitch est de ces voyous qui aiment le clinquant, comme la Rolls-Royce qu'il lui arrive de prêter à Alain Delon[2]. Il est soupçonné d'avoir fait parler la poudre lors d'un triple assassinat porte de Gentilly, dans le 13e arrondissement, mais ne sera pas condamné. Il y a aussi Jean-Pierre Maïone-Libaude, personnage des plus troubles, fils de bonne famille dévoyé et futur indic du commissaire Lucien Aimé-Blanc[3]. Dans son excellent livre sur les « Z. »[4], le commissaire Roger Le Taillanter raconte avec gourmandise qu'au Montana le journaliste éclectique Marc Francelet « s'est trouvé un jour nez à nez avec un Bennacer armé qui lui reprochait la cordialité de ses rapports avec Gilbert Zemour ». Francelet fait en effet quasiment office d'attaché de presse pour ce dernier. Nénesse lui aurait du coup mis un calibre « sous le nez ».

La bande n'hésite pas à quitter la rue Saint-Benoît, comme le démontre ce « fait d'armes » reproché à Bennacer : l'assassinat d'un patron de boîtes de nuit, Izy Spighel, le 17 octobre 1975. Ce dernier est à la fois connu pour proxénétisme rue Saint-Denis et bien introduit dans le show-biz. Alain Delon, encore lui, fait partie de ses relations et Spighel a vécu avec une chanteuse des yéyés un peu oubliée, Annie Philippe, ancienne compagne de Claude François. À 45 ans, il tient pas moins de trois établissements : Le Pariscope, rue Balzac (futur Lady L, puis Miroir du temps) ; L'Apostrophe, rue Princesse ; et L'Aventure, boîte très à la mode de l'avenue Victor-Hugo où se produit une autre chanteuse, Dani, qui en est également la gérante. Les habitués ont pour nom Johnny, Claude François, Jacques Dutronc, Thierry

1. Le quartier de la maison d'arrêt réservé aux jeunes délinquants.
2. James Sarazin, *Dossier M… comme milieu*, *op. cit.*
3. Lucien Aimé-Blanc, *L'Indic et le Commissaire*, *op.cit.*
4. Roger Le Taillanter, *Les Derniers Seigneurs de la pègre*, *op. cit.*

Le Luron et même le tout jeune fils aîné du président de la République, Henri Giscard d'Estaing[1]. Le sulfureux journaliste Marc Francelet s'est associé à Spighel mais, dans le monde de la nuit, on dit que ce dernier agit en sous-main pour les frères Zemour. Les affaires marchent bien. Izy Spighel a pu investir dans un bel appartement rue des Vignes, derrière la Maison de la Radio, dans le 16e arrondissement. Ce matin d'automne 1975, au deuxième sous-sol de son immeuble, le cabaretier, accompagné de son épouse et de sa belle-sœur, s'approche de sa Mercedes. Soudain, un cri : « Police ! » Et aussitôt des coups de feu. Spighel s'écroule tandis que quatre hommes prennent la fuite vers une berline où les attend un chauffeur. Il s'agirait d'un enlèvement raté, ourdi par la bande Gauthier-Vella, selon les confidences de Gilbert Zemour à un certain René Juillet, dont on reparlera[2]. L'avant-dernier des frères Z. a balancé deux noms : Paulo Dieupart et Marcel Bennacer. Deux associés déjà « tombés ensemble », « d'inséparables amis[3] » selon Roger Le Taillanter. « Les frères Dieupart, Paulo et Coco, étaient ses meilleurs copains », confirme un proche de Nénesse. Paulo a un an de plus que Marcel Bennacer et un ancrage déjà ancien dans la criminalité. Dix ans plus tôt, il a seriné un homme lors d'une partie de 421 au bien mal nommé Club des copains, rue d'Alésia, un quartier cher à Nénesse. Le père de Paulo, quant à lui, était un spécialiste des braquages de caissiers d'usines. Une activité lucrative à l'époque, puisque ceux-ci transportaient depuis la banque les salaires des ouvriers, en liquide. Le paternel avait, dans l'immédiat après-guerre, officié dans la bande de « René la Gabardine » et de « Jacques la Béquille », rapport à sa jambe de bois.

En réalité, le meurtre d'Izy Spighel ne sera jamais élucidé. Ce n'est pas le seul. Il s'inscrit au cœur d'un double contentieux entre les Siciliens de la Banlieue sud et les Zemour. Dans le

1. *Ibid.*
2. *Ibid.*
3. Ils n'ont jamais été poursuivis et encore moins condamnés pour ces faits.

monde de la nuit donc, mais aussi autour de la protection des hôtels de passe. Pour cela, Nénesse et les frères Dieupart s'allient avec Titi Peltier, voyou particulièrement entreprenant. Un autre banlieusard aux dents longues[1]. Le quatuor a commencé à mettre au pas les gérants de paille de ce qu'on appelait des maisons « d'abattage[2] ». « C'est l'équipe à Nénesse et Titi Peltier qui a "nettoyé", confie un ami du premier. Ils ont chassé les Juifs qui avaient le monopole des putes de Jaurès à Barbès en passant par la Chapelle. » Le vétéran de la Banlieue sud deuxième génération, Michel Lepage, ne dit pas autre chose dans ses Mémoires[3]. Il évoque Titi Peltier, les Vella et Gauthier qui se « seraient spécialisés dans le racket des cercles de jeux et des hôtels de passe de la capitale, dont le commerce est alors florissant ». Titi et les autres auraient été à l'origine d'un certain nombre de « descentes à la cave » et sont logiquement entrés en concurrence directe avec les Z. dans ce juteux commerce.

Nénesse aurait eu aussi des billes avec Titi dans un restaurant de l'avenue de Wagram, selon un témoignage. « Un jour ils sont entrés armes au poing pour effrayer les clients. Puis ils ont dit : *C'est une blague, on est les proprios !* »

Titi Peltier avait la réputation d'être un joyeux luron. Mais l'équipe Nénesse-Titi, soutenue par les frères Dieupart, se serait un peu effilochée par la suite.

Un chargeur pour la Puce

Le contentieux avec les « Feujs » est documenté *via* un autre fait. Nénesse serait l'un des tueurs de Jean-Claude Attali, *alias* la Puce pour sa petite taille, cinq mois après l'assassinat d'Izy Spighel. La Puce, « un méchant », très proche lui aussi des Zemour, dont il fait figure de lieutenant, a terminé sa courte

1. Cf. chap. « Fric-frac sur l'île Saint-Louis » et « L'Élégant ».
2. Cf. chap. « Le Parrain de la Goutte-d'Or ».
3. Michel Lepage, *Banlieue sud*, *op. cit.*

vie à 29 ans, une nuit de mars 1976 au pied de la Butte, à hauteur du 13, rue Eugène-Carrière, dans le 18e arrondissement, tout près du cimetière de Montmartre. Il est 5 heures du matin. Attali a passé des heures à jouer aux cartes, une de ses passions à lui aussi, et rentre en voiture se coucher. Une Peugeot 504 l'attend. Quand il se gare, quatre hommes en sortent et ne lui laissent aucune chance. La Puce est coupé en deux, au fusil-mitrailleur et à l'automatique : 39 balles de tirées. Bien plus tard, dans un livre, Michel Ardouin, dit Porte-Avions, mac et braqueur, un balaise toujours solidement enfouraillé qui fraya un temps avec Mesrine, parle de la mort de la Puce en lien avec son « ami Nénesse[1] ». Ardouin et Bennacer ont été détenus ensemble et avaient de bonnes relations, selon la famille de Nénesse. Porte-Avions détaille plutôt vertement l'assassinat de l'affidé des Zemour : « Une fois mort, il [Nénesse] lui a remis une balle dans le cul pour lui faire comprendre qui il était. » Un signe de mépris ostentatoire, d'indignité même dans la mort.

Certes, la Puce Attali, fils d'un appariteur au palais de justice, était connu pour sa grande violence qui lui avait valu un passage en psychiatrie deux ans plus tôt. Malin, culotté, lui aussi avait la réputation d'être un tueur imprévisible. Il passait pour un mauvais plaisant, en particulier auprès des « Arabes ». Selon les confidences d'un ami de Marcel Bennacer, Rachid Buzenval[2], qui le vénère encore aujourd'hui, Nénesse avait mis en garde la Puce à cause de sa tendance à racketter les parties de cartes, souvent modestes, tenues par les Kabyles à Barbès. « Les Zemour et la Puce faisaient du rif, du racket », explique-t-il. Une fois, dans le 18e, la Puce s'en était pris à « Twist », fameux joueur de cartes d'origine algérienne. « Twist était assis, un paquet de billets de 500 [francs] dans les mains. La Puce est passé derrière lui et hop, il lui a arraché les billets ! Et il s'est sauvé. Twist lui a couru après, il ne l'a pas rattrapé. La Puce

1. *Une vie de voyou*, *op. cit.*
2. Cf. chap. « Les flambeurs ».

se sentait plus fort. Il n'était pas tout seul. Derrière lui, il y avait les Zemour, Edgard, Gilbert et compagnie. Il avait toute une équipe. » De quoi impressionner. Ces histoires ont fini par arriver aux oreilles de Nénesse. « Il a été voir la Puce et l'a prévenu : *Je sais ce que tu fais à mes compatriotes. Tu vas les laisser tranquilles, sinon je te mets un chargeur dans le cul.* Mais l'autre, il ne l'a pas pris au sérieux, il a recommencé. » Et il en est mort.

La 504 des assassins de Jean-Claude Attali sera bien retrouvée avenue de Saint-Ouen avec son arsenal abandonné à bord, mais l'heure n'est pas encore à l'ADN et les armes ne parleront pas, « inutiles indices d'une enquête frappée d'avance de stérilité », jugera Le Taillanter[1]. En 1976, cela fait déjà trois ans que la brigade criminelle compte les points.

La réputation sanglante de Marcel Bennacer s'étoffe un peu plus. « Paradoxalement, c'était un garçon charmant, très gentil, très avenant, capable de gestes d'une grande générosité, nuance son neveu. Il était très aimé des gens qui le fréquentaient. Il était sympathique, naturel. Un peu comme Bébel dans les films. Il était ce genre de voyou. » On retrouve la trace de Nénesse l'été de la canicule, en Corse. Marcel Gauthier, l'un des leaders des « Siciliens », séjourne en famille à Pinetto d'abord puis à l'Île-Rousse, dans un appartement loué sous un faux nom. Deux amis qui l'accompagnent ont choisi eux aussi d'être discrets. Les sieurs « Acciti » et « Perrard » usent de faux noms[2]. L'un d'eux n'est autre que Nénesse dont la prudence, on le verra, frise la manie.

Tout ce petit monde se plaît bien en Corse, puisque les vacanciers parisiens y restent pas moins de deux mois et demi. De quoi peut-être aussi présenter un solide alibi alors que se joue à Paris un casse culotté sur l'île Saint-Louis[3]. Loin de la canicule qui fait suffoquer la capitale, le mercure ne dépasse pas les 28

1. *Les Derniers Seigneurs de la pègre*, *op. cit.*
2. *Ibid.*
3. Cf. chap. « Fric-frac sur l'île Saint-Louis ».

en août sur la Haute-Corse cet été-là. Un temps idéal. « Baignades, pêche, bateau et bains de soleil », c'est le programme harassant de nos estivants tel que décrit par Le Taillanter. Pour cacher d'autres activités, plus noires celles-ci puisque Gauthier repartira de Corse avec quarante-neuf bâtons de dynamite et quinze détonateurs cachés dans un jerrican. Ça sent à plein nez la préparation d'un mauvais coup. Il sera d'ailleurs question d'un casse commis par Nénesse avec des Corses, de la Brise de Mer naissante… À moins qu'ils n'aient été destinés à l'élimination des ennemis du chef des Siciliens.

Tout a une fin et le jour du départ arrive le 17 septembre 1976. Marcel Gauthier et ses deux amis sous pseudos rallient Calvi et montent à bord d'un ferry à destination de Nice, dans deux voitures différentes. Gauthier prend place dans une Renault 5. À l'arrivée, alors qu'il quitte le débarcadère, une estafette lui barre la route. Deux types surgissent et arrosent le vacancier, pourtant armé d'un automatique. Touché, il s'extrait de sa voiture. La fusillade continue. Gauthier chute. Les tueurs s'approchent, pour le coup de grâce. Trois balles dans la tête. Le « Sicilien » a été trahi. On connaissait son horaire de retour. Les deux inconnus qui ont partagé les vacances corses du caïd pourraient l'avoir « donné » à ses ennemis. D'autant que « Perrard et Acciti » ont quitté le débarcadère de Nice sans attendre Gauthier.

« L'enquête n'apprendra pas plus les noms des deux judas que ceux des tireurs et du conducteur de l'estafette. Ce n'est que bien plus tard qu'il se murmurera que l'un des deux hommes [qui accompagnaient Gauthier en Corse] était un certain Marcel Bennacer […]. Cette information ne filtrera qu'après qu'il aura lui-même rencontré la mort sur la route », écrira Le Taillanter. L'assassinat azuréen est, selon l'ex-patron de la Mondaine, à mettre sur le compte d'une « purge interne » au gang des Siciliens : si Gauthier a été exécuté, c'est probablement parce qu'il s'est mué en « tueur fou », liquidant toute opposition, comme son ami Vella dit Petites Pattes l'année précédente. Et ce serait un des fidèles du Montana, Jean-Pierre Maïone-Libaude, qui se serait chargé de l'occire.

La disparition des fondateurs du gang des Siciliens rebat les cartes dans la hiérarchie de la voyoucratie parisienne. Nénesse monte en grade. « Il était homme de main pendant longtemps, puis il a pris le pas sur tout le monde », constate un proche. La saga sanglante se poursuit. Aux côtés de Paulo Dieupart et d'un nouvel « assoc' », André Gau, dit Dédé, un « Gaulois avec une tête d'Arabe », selon un témoignage. Gau a deux ans de moins que Nénesse et, comme lui, c'est un natif du 14e arrondissement. Il deviendra son « homme de confiance », selon un vieux voyou. Ensemble ils mettent la main sur plusieurs bars à entraîneuses, dont un dans le 16e arrondissement près de l'ambassade du Vietnam, L'Escapade. Sans laisser de traces, car dans ce monde les biens mobiliers ou immobiliers sont toujours détenus *via* des prête-noms. En plus des bars « montants », Nénesse donne dans le racket et une toute nouvelle activité qui vient d'apparaître en France : les machines à sous. Il en a installé une dans le café de son beau-frère en banlieue ouest. Ce n'est pas tout à fait légal, mais il y a un vide juridique. Il faudra attendre que Gaston Defferre arrive Place Beauvau, en 1981, pour qu'elles soient interdites.

À force, les ennuis se profilent. Le 30 mai 1978, la brigade criminelle « lève » Nénesse et son ami Paulo Dieupart pour une garde à vue dans le cadre de l'assassinat d'Izy Spighel abattu à coups de Colt et de 357 Magnum deux ans et demi plus tôt du côté de Passy. Bennacer, arrêté en Seine-Saint-Denis, se déclare sans emploi mais n'est pas pour autant inscrit à l'ANPE. Comme Dieupart d'ailleurs. Tous deux « chiquent » face à des inspecteurs qui n'ont à leur servir que de maigres déclarations, à défaut de preuves accablantes. Nénesse a même un alibi : il était en Algérie au moment du crime. Il se rendait en effet régulièrement dans la patrie de son père. Son neveu Méziane raconte : « Lors de la grosse guerre entre les Siciliens et les Zemour, mon oncle a dû se cacher en Algérie, entre 1974 et 1975. Il avait même été poursuivi dans les montagnes kabyles, jusque dans le village familial. Mais il n'était pas là, il était à Alger où personne ne savait qu'il se trouvait. » Nénesse se faisait oublier à Moretti-Plage, à côté de Sidi-Ferruch[1], fameuse station balnéaire, privatisée plus tard par le régime algérien. Il avait repris le bazar de son père reparti avec son épouse en Algérie au milieu des années 1960. À Moretti, Nénesse vend des cigarettes, des journaux et des accessoires de plage. « Mais nous savions que ce n'était pas une reconversion, glisse son neveu. La visite de certains de ses amis parisiens en sera la preuve. Deux ou trois de ses proches qui sont venus passer quelques jours avec lui. » Il s'agissait de Daniel Abramovitch et du frère de ce dernier, Bébert. Un autre jour, c'est Dédé Gau qui l'accompagne jusqu'à Seddouk, d'où viennent les Bennacer. On le voit, la présence de Nénesse en Algérie n'est pas forcément toujours discrète. « À Alger, il s'est battu avec un flic qu'il a mis KO, rapporte son neveu. Parce qu'il lui avait mal parlé. C'était quelqu'un qui tenait tête à la police. »

Si, pour Spighel, ce n'était pas Nénesse, ça ne pouvait pas non plus être son ami Paulo Dieupart, qui comme alibi signale à la PJ qu'il préparait son mariage, fixé au lendemain de l'assassinat du parking. Les deux hommes ressortent libres et ne seront pas inquiétés outre mesure par la crim'.

Nénesse pourra repartir vers les tapis clandestins. Car, quand il ne rackette pas, « le Grand » joue, et pas qu'un peu. Il fréquente le « flambe » le plus coté du moment à Ivry-sur-Seine, au cœur de la banlieue sud, les Trois Cannetons. Un bar d'apparence lambda tenu par Serge « la Tour », le frère d'un pilier du gang de la « BS[2] », Henri F., surnommé Riton la Moquette parce qu'il réalisait ses mauvais coups à bord d'une camionnette d'une société d'aménagement intérieur. C'est dans ce clandé tout proche du cimetière parisien d'Ivry et à moins de dix minutes en voiture de la porte d'Italie que Nénesse fait connaissance d'un

1. Sidi Fredj aujourd'hui.

2. Pour « Banlieue sud », dont il faut distinguer deux périodes : la bande des racketteurs Gauthier-Vella des années 1960-1970, et celle des braqueurs des années 1970-1980 avec les Lepage, Makaroff, Chemith, Cheval, Dieudonné, etc.

jeune patron de bar kabyle, Rachid Buzenval, mordu de cartes lui aussi. « Là-bas, ça jouait très fort, nous raconte ce dernier[1]. Il y avait pas mal de grands voyous, certains venaient de Marseille avec des mallettes. » Leur première rencontre a failli mal finir. « Nénesse posait des billets de 500 sur la table et personne n'osait couvrir, raconte Rachid. Les gens avaient peur. Moi je joue et je remporte la mise… » Nénesse apprécie assez peu. Un autre jour, dans un clandé arménien d'Alfortville, on met Rachid Buzenval en garde : « Attention, tu joues avec de la dynamite, il est dangereux ! » Nénesse s'est en effet renseigné sur le Kabyle qui l'a plumé à Ivry. « J'avais les cheveux longs, des bijoux, une grosse chaîne, la chemise ouverte… Il m'a pris pour un Juif. On lui a dit : *Mais non, c'est un Kabyle.* Et quand on s'est revus, il m'a lancé : *Alors ça va, tu crains rien de moi, joue !* Nénesse était français, mais il aimait les Kabyles, l'Algérie… c'était un vrai patriote. Même s'il ne parlait pratiquement pas kabyle. Je pense qu'il devait connaître quelques mots, mais j'ai toujours parlé en français avec lui. »

La police continue de garder Nénesse à l'œil. D'autant que son nom lui revient encore et toujours aux oreilles.

Le « Petit Prince » de la nuit

Si Nénesse et son ami Paulo ont eu le droit à une première garde à vue au 36, quai des Orfèvres, c'est parce qu'un certain René Juillet a soufflé leurs noms aux policiers. Surnommé le Petit Prince, ce jeune et impétueux patron de bars et de boîtes s'est mis en affaire avec les Zemour au point de devenir leur protégé. Roger Le Taillanter le qualifie de « nouveau Rastignac ». Enfant de la balle, fils d'une gérante de bar à hôtesses du côté de Pigalle, il s'est lui-même lancé dans l'activité, d'abord dans le bas Montmartre puis dans le secteur des Champs-Élysées à la tête d'adresses moins stigmatisées. Juillet porte beau, claque

1. Entretien avec l'un des auteurs, juillet 2020.

les Pascal – les billets de 500 francs –, et s'est associé avec le défunt Izy Spighel dans le Lady L, cabaret-restaurant chic de la rue Balzac au cadre « Belle Époque intime et raffiné[1] », devenu Le Miroir du temps. Tout lui sourit. Il a « en portefeuille » pas moins de neuf commerces[2].

La roue tourne, puisque du statut de protégé des Zemour le Petit Prince va se retrouver dans l'orbite de Nénesse et de son « assoc' » André Gau. Le camp d'en face. Ils ont un projet commun, la reprise du Bœuf sur le toit, mythique brasserie de la rue du Colisée, à deux pas de l'Élysée. Enseigne phare du Paris de l'entre-deux-guerres, le « Bœuf » a pas mal voyagé depuis, quittant la Madeleine et le statut de cabaret à celui de restaurant. On y perpétue néanmoins le souvenir de ses créateurs, Paul Claudel et Darius Milhaud, ou de ses fidèles, Cocteau, Aragon, Picasso. Le Taillanter s'étonne que René Juillet qui avait balancé Bennacer pour l'assassinat d'Izy Spighel se trouve ensuite associé avec lui. Il n'envisage pas une hypothèse tout à fait plausible et courante dans ce milieu : « la mise à l'amende » du Petit Prince par Nénesse. Tu me balances, je te rackette !

Quoi qu'il en soit, Marcel Bennacer touche du doigt le graal, la respectabilité, loin des sordides bars à putes, même basés dans le 16ᵉ. Il en rêve depuis un moment. Son neveu se souvient d'être allé visiter avec lui une brasserie à l'enseigne La Maison Blanche. Le Bœuf sur le toit, après une lente décrépitude, est effectivement repris à cette époque, sans que les noms de Nénesse, Gau ou Juillet apparaissent. Il rouvre après 2 millions de travaux, note Le Taillanter. « On peut parier que le Bœuf réinstallé sur son toit va devenir à nouveau l'un des refuges nocturnes les plus courus de Paris », s'enthousiasme *L'Express* en 1979. Mais à peine un an plus tard, le restaurant ferme ses portes. Redressement judiciaire.

L'association Juillet-Bennacer a vécu. Et le 27 mars 1980, le Petit Prince cesse de régner sur les nuits parisiennes. À 8 heures

1. Le Point, 1976.
2. *Les Derniers Seigneurs de la pègre*, *op. cit.*

du matin, rue Balzac, René Juillet ouvre la porte du Miroir du temps à un client, alors que l'acteur Claude Brasseur continue de faire la fête à l'intérieur. Une « grosse voiture verte » avec trois hommes à bord se porte à la hauteur du maître des lieux. Le passager arrière a un fusil de chasse à canon scié entre les mains. Il presse la queue de détente. Le Petit Prince expire sur le trottoir, le bas du visage arraché.

Très vite, deux suspects émergent pour cet assassinat forcément marqué du sceau de la guerre entre factions parisiennes : Gilbert Zemour, d'abord, l'ancien protecteur de Juillet, qui vient de faire de la prison par sa faute. Et puis, toujours le même… « Il est un nom qu'on avance dans le milieu, parmi les requins affamés. C'est encore celui de Marcel Bennacer[1] », dont le « projet chimérique » de reprise du Bœuf sur le toit a prouvé la « mesure de [ses] ambitions ». Alors Nénesse se présente « spontanément » au 36, quai des Orfèvres, par l'entremise de son ami Michel le Libanais, avec qui il trouvera la mort avenue Trudaine. Le Taillanter note que ce dernier est une « vieille connaissance de la police judiciaire ». Pour ne pas dire un indic ? Une nouvelle fois, Nénesse a un alibi : il était à la montagne lors de la mort de René Juillet et il a « encore sur son visage des brûlures qui témoignent ostensiblement, trop peut-être, de son séjour sur les sommets neigeux et ensoleillés[2] ». Son neveu, Méziane, raconte d'ailleurs une anecdote intéressante mais qui a échappé à la police. « Un jour, il est venu nous voir avec son ami Dédé Gau. Il nous a dit qu'il "revenait du ski mais qu'il n'avait pas été au ski"… Il avait un bronzage un peu marron, bizarre. Les cabines UV n'étaient pas très performantes à l'époque. J'ai toujours pensé qu'il avait voulu se forger un alibi[3]. »

Comme trop souvent dans cette situation, l'enquête sur la mort du Petit Prince débouchera sur un non-lieu. Mais pour

1. *Ibid.*
2. *Ibid.*
3. Entretien avec l'un des auteurs, août 2020.

Le Taillanter, Nénesse reste « l'hypothèse la plus vraisemblable sans doute ». La mort du caïd émergent à La Médina aurait empêché l'enquête de prospérer. Rien n'est moins sûr tant les règlements de comptes entre voyous finissent rarement devant la cour d'assises, même à Paris. Même avec la prestigieuse brigade criminelle. La piste Bennacer avec son fidèle Dédé Gau est présentée comme la bonne, mais sans en apporter de preuve, par la chanteuse yéyé Annie Philippe, dans son autobiographie[1]. Elle a, il est vrai, vécu avec René Juillet après Izy Spighel, et eu une aventure avec Gilbert Zemour qu'elle raconte dans son livre.

Un lien avec l'affaire Boulin ?

Cette série macabre est-elle la cause de la propre disparition de Nénesse ? Le truand ne semble en tout cas pas inquiet quelques mois plus tard lorsqu'il se rend avenue Trudaine. Il laisse même son arme de poing dans sa voiture, une rutilante Mercedes, comme Michel le Libanais. Les deux allemandes sont garées devant le flambe. Celle de Nénesse, un coupé-cabriolet 450 SLC, y est encore quelques heures plus tard, quand un photographe du *Parisien* vient couvrir le fait divers. « C'était la plus grosse de l'époque, un monstre, on avait le sentiment d'être dans un paquebot, se souvient le neveu de Nénesse qui est monté dedans. Elle a été rachetée ensuite par le chanteur Richard Anthony. »

Le fait que Nénesse n'était pas armé étonne car « c'était quelqu'un de très prudent, pointe encore son neveu. Quand il venait nous voir il disait qu'il faisait toujours des détours ». Certains détails aussi clochent. Comme l'absence de Dédé Gau, alors qu'il ne quittait jamais Nénesse. Ou celle du chien du patron de La Médina et qui n'était bizarrement pas là non plus. Comme si la mort de Nénesse et du Libanais était annoncée,

1. *J'aurais pu être la marquise des Anges*, Le cherche midi, 2017.

programmée. L'article initial du *Parisien* s'avérera prophétique. « En raison de la personnalité des deux victimes, il s'agit sans doute d'un règlement de comptes, dont les mobiles seront toutefois difficiles à établir. » La prestigieuse crim' va encore faire chou blanc. Ce qui ne veut pas dire qu'elle n'a pas identifié les auteurs…

Roger Le Taillanter, chroniqueur forcément parcellaire des riches heures de Marcel Bennacer, fournit un premier mobile à la mort du « Grand » dans ses *Derniers Seigneurs de la pègre*. « À vrai dire, c'était après Michel le Libanais qu'en avaient les meurtriers, mais comme ils ne le connaissaient pas physiquement, "le Libanais" est resté coi à la table de jeu et c'est Bennacer qui, se présentant comme le maître des lieux, a exigé des explications, affirme le commissaire honoraire. Celles-ci sont sorties brutalement des revolvers, tuant Bennacer d'abord, puis "le Libanais" qui cherchait à s'enfuir. » Et de conclure : « Ces tueurs-là resteront inconnus et Nénesse a emporté, comme tant d'autres, ses secrets dans sa tombe. » Le Taillanter écrit peu de temps après les faits, en 1985. Puis, le double crime tombe dans l'oubli. Les années passent et les langues finissent par se délier. Et voilà qu'à l'automne 2009 Benoît Collombat, journaliste à France Inter et spécialiste de l'affaire Boulin, du nom de ce ministre gaulliste dont la mort dans un étang de Rambouillet en octobre 1979 fait encore débat, sort une batterie de révélations. L'une d'elles concerne « un nouveau témoin capital prêt à témoigner ». Il se nomme Pierre Allia et n'est autre qu'un neveu de Foued Allia, *alias* Michel le Libanais, compagnon d'infortune de Nénesse. « Mon oncle, indic pour la police, a assisté à l'assassinat de Robert Boulin », affirme cet ancien policier. Selon lui, son oncle était « chargé notamment d'infiltrer le milieu des truands et de la drogue ». Et c'est lors de l'une de ses missions d'infiltration que son oncle aurait été le témoin de la mort de Robert Boulin. Le neveu rapproche la disparition ministérielle de celle de Michel le Libanais à La Médina un an plus tard. Il présente, d'une manière un peu surprenante, Marcel Bennacer comme « l'un des deux adjoints » de Michel le Libanais, sans que l'on sache d'où cela sort. Et ajoute que son oncle « craignait pour sa vie », notamment à cause de ce qu'il savait du dossier Boulin. Interrogé également sur France Inter, l'ancien chef de l'OCRB[1], Lucien Aimé-Blanc, y va franco. Pour lui, la mort de Michel le Libanais a « certainement été instrumentalisée soit par un service de police, soit par un service de barbouzes. Il gênait beaucoup de monde, il parlait trop et il connaissait beaucoup de journalistes ». L'ex-grand flic décrit un « personnage fantastique, funambule », et « très malin » qui « s'introduisait dans tous les milieux » : le service d'action civique (Sac) gaulliste, des « politiques »... Le Libanais « travaillait avec tout le monde », à savoir, l'OCRB, la brigade de répression du banditisme et la brigade mondaine, faisant même figure « d'informateur préféré » du patron de cette dernière, le commissaire André Solères. Drôle de personnage ce Foued Allia. « On se méfiait de lui, il avait très mauvaise réputation et on avait prévenu Nénesse », rapporte un vieux voyou parisien[2]. À raison. Un ancien du 36, quai des Orfèvres racontera plus tard[3] que « Michel le Libanais, un proxénète qui met sa confortable Mercedes à la disposition des inspecteurs pour leurs planques, les accompagne lors des interpellations et trinque avec le groupe, au "36", les soirs de fête. Moyennant quoi, le service laisse tourner ses "claques" ». Pour l'ancien grand flic Aimé-Blanc, toujours sur France Inter : « Cela ne m'étonnerait pas qu'il soit intervenu dans l'affaire Boulin. » Sans avancer le moindre fait circonstancié le démontrant ou étayant sa théorie. Même si « Lulu », décédé en février 2020, était connu pour la qualité de ses sources dans le milieu. Tout le monde ne partage pas son analyse.

Boulin ? « Balivernes », s'agace un homme depuis son appartement mansardé du centre de Paris. Plongé dans ses archives, il trie des albums de scènes de crime dressées jadis par la brigade criminelle, ces carnets morbides de chair explosée par le

1. Office central pour la répression du banditisme, devenu l'Office central de lutte contre le crime organisé (OCLCO), en 2006.
2. Témoignage recueilli en septembre 2020.
3. « Flics-indics, les cousins terribles », *L'Express*, 29 avril 2016.

plomb, de voyous dévêtus pour l'autopsie, photographiés jusque dans leurs attributs les plus intimes. Il fouille dans d'épaisses chemises, ressort des photos de mariages de truands saisies lors de perquisitions, des notes de renseignements, des PV de synthèses jaunis. À un an de la retraite, il se rappelle ses histoires d'indics, ses arrestations musclées et les multiples règlements de comptes au sein de la pègre parisienne. Celui qui passe pour l'un des meilleurs connaisseurs du milieu arabe de la capitale des années 1980-1990 caresse l'idée de rédiger ses Mémoires. Il en sait beaucoup. C'est un passionné, un obsédé, qui n'hésite pas à poursuivre de sa vindicte tel ou tel « gros voyou », même des années après. Même après avoir quitté la PJ. Un Jean Valjean des temps modernes. De ces flics qui donneraient raison à Balzac quand il écrivait : « La police et les Jésuites ont la vertu de ne jamais abandonner ni leurs ennemis ni leurs amis[1]. » Voici ses confidences[2] à propos du frère de Michel le Libanais, Kader Allia[3] : « Il fut l'un de mes premiers informateurs en 1983. Il ne m'a jamais parlé du rôle de son frère dans l'affaire Boulin, alors que les deux frères étaient très liés et qu'il aurait été fier de m'en parler si cela avait été le cas. Le "neveu" de Michel le Libanais enfile les énormités et les contre-vérités. »

Pour ce policier à l'ancienne, c'est une autre piste qui tient la corde dans la mort de Nénesse et du Libanais. Celle du « parrain de Barbès[4] », personnage méconnu qui pesait d'un certain poids sur le milieu maghrébin, en particulier celui de la prostitution. Surnommé le Petit Abbes, il était présent lors de cette nuit tragique à La Médina, au sous-sol. Selon le flic, « les choses sont assez simples : le commanditaire était Abbes […]. Il était en concurrence avec Nénesse et Michel le Libanais qui étaient associés dans l'exploitation d'un hôtel de passe dans le même secteur. Abbes s'est mis d'accord avec le milieu juif pour

1. *Une ténébreuse affaire*, 1841.
2. Courriel du 11 septembre 2018.
3. Décédé en 2016.
4. Cf. chap. « Le parrain de la Goutte-d'Or ».

faire coup double : se venger du tueur de la Puce [Jean-Claude Attali], côté juif et liquider une balance, le Libanais, pour lui ».

Rachid Buzenval dispose d'informations similaires sur la fin de son ami Nénesse. Elles sont à la fois proches du récit de Le Taillanter et divergent sur certains points. « C'était une exécution, raconte-t-il. C'est Abbes “le Nomade”, le traître. Il avait un café à Barbès. C'était un proxénète, mais lui il était avec les Juifs, il bossait pour eux. C'est lui qui l'a balancé. Il était en bas à La Médina cette nuit de novembre 1980. Il est monté, il a pris le téléphone. Il a dit : *Il est là.* Cinq minutes après, les tueurs sont arrivés. Ils ont demandé : *C'est qui le Libanais ?* Ils ne savaient pas à quoi il ressemblait. Les joueurs ont dit qu'il n'était pas encore là. Mais les tueurs ont compris lequel était le Libanais et ils l'ont flingué. Pour Nénesse, c'est à cause du meurtre de la Puce. » Très loin donc de l'affaire Boulin.

« Les tueurs ont été arrêtés mais relâchés », complète un ancien policier parisien très au parfum de cette période mouvementée qu'il a vécue aux premières loges[1]. Parmi les assassins supposés de Nénesse, il y aurait un voyou de bon niveau proche du milieu juif qui s'illustrera par la suite sur des braquages et du racket. Aux dernières nouvelles, il est toujours en vie. Quant à Abbes, il passera pour un authentique miraculé après avoir échappé plusieurs fois à la mort. « Ils ont essayé de le tuer au 11,43, témoigne Rachid Buzenval. Il était dans son bar. Il a pris six balles. C'était les amis de Nénesse, de la Banlieue sud, bien sûr ! » Pour la mort de Bennacer, une autre piste, privilégiée par la justice, mène à deux frères originaires d'Oran qui sont repartis au pays juste après le double assassinat. Ils auraient ensuite été liquidés en Algérie. Un contrat.

Mais la question posée en sous-titre dans l'article du *Parisien* : « Une nouvelle guerre des gangs ? » ne se vérifiera pas. Le double meurtre de La Médina fait partie des tout derniers morts de la guerre Zemour-Siciliens. Puis, en l'espace de trois mois,

1. Entretien avec les auteurs du 17 octobre 2019, Paris.

en 1983, Edgard et Gilbert Zemour passent de vie à trépas, sans qu'il y ait probablement de lien avec ce vieux conflit parisien.

La chute des frères Zemour n'aura donc pas entraîné *a contrario* l'ascension de Nénesse. L'ambitieux voyou a vu se dresser sur sa route une alliance *a priori* contre nature entre Juifs et Arabes. Mais son côté « intransigeant », selon un flic, « impitoyable » même, pour un proche, a sans doute précipité sa fin. Il connaissait les risques, selon les confidences faites à son neveu Méziane : « Il m'avait dit : *soit je mourrai riche, soit je mourrai avec une balle dans la tête.* »

Sans doute moins marqués que lui, ses proches ont continué à hanter le monde de la nuit. Protection d'établissements et gestion sous couverture de discothèques ; toujours la même chanson. Le Rock'n'Roll Circus, sous l'Olympia et L'Apocalypse, à trois numéros du Bœuf sur le toit, feront partie des boîtes à la mode tenues par André Gau et Daniel Abramovitch. Dédé Gau, le lieutenant de Nénesse, arrêté en 1981 pour port d'arme à L'Escapade qu'il a continué de gérer sans son ami, finira à son tour troué de balles. Ce sera fin 1987, à Neuilly-sur-Seine, dans une cabine téléphonique, en défendant celui qu'on surnommait l'Empereur de Pigalle[1], victime d'une tentative de racket peut-être bien inspirée par le parrain marseillais Jacky Le Mat[2]. Abramovitch est décédé de mort naturelle en 2019 à Paris. Enfin, l'autre ancien complice de Nénesse, Titi Peltier, deviendra un formateur ès braquages et racket pour la nouvelle génération, les « beurs » qui montent à grande vitesse, avant de connaître lui aussi une fin tragique[3].

Nénesse repose dans le village paternel de Kabylie, à flanc de montagne. Simone, sa maman, y vit toujours. Bon pied, bon œil, elle va sur ses 95 ans. Et elle n'a rien oublié.

---

1. De son vrai nom Henri Botey (1933-2013).
2. Sur cet épisode, lire « La PJ, de 1980 », sur l'excellent blog de Georges Moréas. https://www.lemonde.fr/blog/moreas/2007/03/24/la-pj-de-1980-rene-juillet-andre-gau-avions-renifleurs-charles-marteau/
3. Cf. chap. « L'Élégant ».

6

Les rois de la flambe

Rachid « Buzenval », Twist, la « plus grosse partie de Paris ». Le jeu clandestin aura été au cœur du milieu maghrébin des années 1970 à 2000, où « tapis » et « flambes » se sont multipliés.

Mangin, le flic (Gérard Depardieu) :
— Tes clients ne te payent jamais.
Lambert, l'avocat (Richard Anconina) :
— Je sais qu'ils ne me payent pas, ils flambent tout au jeu. Je vais jouer des fois avec eux [...] ils ont des liasses comme ça, comme des millefeuilles ! Moi je mise dix sacs, ils misent 100 sacs[1]*...*

La scène se passe à la fin des années 1970, dans un estaminet du 18e arrondissement parisien tout près des Maréchaux, entre la porte de Saint-Ouen et la porte Montmartre. Un bar sans prétention à l'angle d'une petite rue. Derrière le comptoir, un Antillais qui répond au nom de Bistoquet. « Un type d'une cinquantaine d'années, pas très grand », se souvient un policier de la 2e BT, la brigade territoriale de la PJ qui couvre cette zone difficile. Jean-Claude Saratte a passé un quart de siècle dans le secteur[2]. « Le bar de Bistoquet était un endroit assez *borderline* : il y avait du jeu à l'intérieur, reprend-il. C'était fréquenté par des

1. *Police*, de Maurice Pialat (1985).
2. Témoignage recueilli en août 2020.

Antillais, mais aussi des Arabes, des Gaulois. Lui, il faisait un punch redoutable, avec 70 % de mélasse et du rhum… Un vrai décapant ! On n'en prenait pas deux. » Voilà pour le décor. Attablée autour du « tapis » ce soir des *seventies* déclinantes, une brochette de flambeurs, dont un franchouillard assez costaud et un Méditerranéen avec des bagouses aux doigts et, autour du cou, des chaînes en or. Ce dernier a garé sa rutilante BMW 528i juste à côté. « Entre la BM et mon look, tout le monde me prenait pour un proxénète, sourit encore aujourd'hui son propriétaire. C'est vrai, j'avais le style ! » Rachid « Buzenval », c'est son surnom, a alors la trentaine et déjà le virus des cartes qui le pousse à quitter ses pénates du 20e pour des « flambes » de la Banlieue sud ou de Montmartre. Il ne prête pas plus d'attention que ça au Gaulois qui quitte la table pour passer un coup de fil. « Il m'a dit : *Bon appétit, monsieur* et il est parti. C'est seulement après que Bistoquet m'a demandé si je savais qui c'était… » C'était Mesrine, l'ennemi public numéro un. « J'ai dit à Bistoquet : *Tu aurais pu me prévenir !* » Chez l'Antillais, Mesrine est quasiment là en voisin[1]. Mais grand joueur devant l'éternel, il sillonne lui aussi les parties de cartes clandestines de la capitale. « Un jour à Belleville, un type qu'on appelle Gigi s'est accroché avec lui, raconte encore Rachid Buzenval. *Wallah*, il ne savait pas que c'était le grand Jacques ! Un vieux Juif qui connaissait Mesrine a pris Gigi par la manche et l'a sorti en lui disant : *Espèce de con ! Tu vas rentrer chez toi tout de suite. Tu sais pas qui c'est ? C'est Jacques Mesrine !* Mesrine l'aurait flingué direct ! Il était bon joueur, mais fallait pas l'emmerder », prévient Rachid Buzenval, qui doit son improbable sobriquet à un bar qu'il tiendra au 73 de la rue de Buzenval, dans le 20e arrondissement, quartier Charonne. À l'époque de Mesrine il était surtout connu sous le surnom « Rachid Byblos », hérité d'un autre café, un ancien « marchand de vin, bois et charbon »,

1. Dans leur livre *BRB* (Le cherche midi, 2020), Frédéric Crotta et Éric Merlen rapportent le témoignage d'un policier « planquant » Jacques Mesrine devant le bar de Bistoquet, Le Bibiss, en 1978.

rue Guénot dans le 11e. « Un petit boui-boui de rien du tout » racheté à un mystérieux Libanais qui a laissé sur l'enseigne le nom d'une ville de son pays[1]. Rachid finira à la tête de trois bars et avec des parts dans d'autres établissements. Étonnante trajectoire que celle de ce natif de Iguersafène dans la daïra[2] de Bouzeguène[3] en Grande Kabylie, qui ne sait ni lire ni écrire mais qui compte à merveille. « Je suis arrivé en France en 1962, j'avais 15 ans, raconte Rachid Buzenval. Mon père travaillait à Marseille, il était concierge dans une cité maritime. » Trop tard pour faire des études, le fils suit une formation de maçon. Après un bref retour en Algérie, il travaille dans la restauration et monte à Paris pour échapper au paternel qui veut le renvoyer au bled. D'abord commis de salle puis serveur dans le quartier Saint-Michel, Rachid veut se mettre à son compte. Un compatriote lui parle d'une affaire près de la place de la Nation. Ce sera le Byblos, en 1974. Au départ ce n'est qu'un bar-restaurant des plus banals. Mais la période est aux tapis clandestins et à leurs aficionados, ceux qu'on appelle les « flambeurs ». Pour Rachid, la passion du jeu, ou le vice, c'est selon, est arrivée *via* un compatriote. « C'est J3 qui m'a appris. Dans le 20e arrondissement. Lui, il connaissait le milieu. » J3, de son vrai prénom Tarak, fut un des plus importants receleurs de Paris, intime du braqueur-racketteur Titi Peltier puis au service des Postiches[4] notamment. À la même époque, à Belleville, Tahar *alias* Robert le Dingue tient un bar sous protection de Gilbert Zemour, visiteur assidu des « flambes » de Barbès. « Une habile disposition des lieux permet de gagner le tripot par l'entrée du bar, rue Ramponeau, et de l'évacuer, en cas d'alerte, par le boulevard de Belleville[5]. » Au programme : poker, passe anglaise et baccara. Il y a aussi le café-hôtel du Gros Kader dans le même quartier

1. Plus tard, l'hôtel Byblos, palace de Saint-Tropez, lui fera un procès et gagnera, pour qu'il n'utilise plus le nom…
2. Subdivision administrative de la wilaya.
3. Orthographié aussi Bouzguene ou Aït Wizgan.
4. Lire *Les Postiches, un gang des années 80*, *op. cit.*
5. R. Le Taillanter, *Les Derniers Seigneurs de la pègre*, *op. cit.*

que Rachid fréquente quand il ne joue pas à Ivry, chez Serge « la Tour », du gang de la Banlieue sud, avec des Marseillais qui montent faire des affaires à Paris. Il se souvient : « C'était des caves au jeu, et les Arabes, des escrocs… Les Marseillais prenaient la banque parce qu'ils avaient beaucoup d'argent. Mais les flambeurs c'est des arnaqueurs… Le mec il dit qu'il mise 1 500 francs mais en fait il n'a que 200 dans la main ! *Wallah*, ils les enculaient comme ça ! » Là-haut dans le 18e, le fameux Bistoquet passe pour avoir introduit la « marseillaise » à Paris, le jeu favori des parties interlopes. À l'origine, il permettait aux bagnards de jouer très nombreux dans les vastes cellules collectives, où les jeux d'argent étaient interdits[1]. « Tu as 52 cartes, explique Rachid. Moi je prends les cartes. Les gens misent : la taille ou la coupe. Je pose les cartes, toi tu coupes. Il y a des gens qui misent sur moi, d'autres qui misent sur toi. Tu choisis la carte que tu veux. Tu prends par exemple l'as, moi je prends le roi. Les autres font pareil. Et tu tires. Si l'as tombe en premier, tu perds. Si le roi tombe, c'est moi qui perds. » Les « ponteurs » qui ont parié sur ces cartes perdent ou gagnent également. Encore très populaire, « la marseillaise » se joue toujours du côté de Barbès.

Une couverture des RG

Ce n'est que plus tard, au milieu des années 1980, alors qu'il exploite aussi le bar rue de Buzenval, que Rachid va aménager le sous-sol du Byblos en véritable tripot. En peu de temps, son « boui-boui » devient la « plus grosse partie de Paris », comme s'en souviennent encore les habitués avec un brin de nostalgie. Le point de passage obligé de quantité de grands voyous : des Postiches à la Banlieue sud, en pas-

1. Jean-Lucien Sanchez, « Au risque de la Marseillaise : la pratique du jeu au bagne de Guyane (XIXe-XXe siècle) ». Charles Illouz et Pierre Prétou (dir.), *Heur et malheur du joueur. Études sur la violence et le jeu*, Presses universitaires de Rennes, 2018.

sant par les nouveaux venus du banditisme, les Maghrébins de deuxième génération de Montreuil ou d'ailleurs. « Il y avait de tout, des Juifs, des Yougos, des Français, se souvient Rachid. D'abord il y a eu la Tour à Ivry qui était la plus grosse partie, puis ça a été moi, c'est vrai. » Mais pour cela, il faut une « couverture », c'est-à-dire une protection qui permet d'éviter descentes de police intempestives et fermetures administratives pour tenue d'une maison de jeux de hasard. « C'est Bistoquet qui m'a couvert, confie Rachid. Il est venu me voir, parce que j'avais beaucoup de monde chez moi, j'avais des bons clients. Il m'a dit : *Je te couvre, tu ne risques rien*. Lui on le tolérait, parce qu'il avait rendu service à la France, c'était un ancien légionnaire. J'ai dit OK. On joue et lui il prend son enveloppe chaque semaine. Un jour, par malheur, un ami rencontre la brigade des jeux, la 7e section[1]. Et il fait une gaffe. Il leur dit : *De toute façon vous touchez l'enveloppe*… Oh là là ! Le lendemain matin de bonne heure, un inspecteur à moto et en civil vient au Byblos. Il me dit : *Rachid, demain le patron veut te voir, au bureau, c'est urgent.* Je vais à la Préfecture. On me fait entrer dans une salle. Là, il y a tous les inspecteurs en civil, alignés, comme à l'armée ! Stanek, le patron, un grand, me dit :

— Rachid, je te pose une seule question, tu me réponds, direct hein ! Qui prend une enveloppe chez toi parmi mes hommes ?

— Monsieur Stanek, je vous jure sur le Coran, il n'y en a aucun, sauf Bistoquet, le Black !

— À partir d'aujourd'hui, plus d'enveloppes pour Bistoquet, rien ! Je te dis de jouer, tu joues. Je te dis d'arrêter, tu arrêtes.

— Bien, monsieur Stanek, merci !

Je suis sorti, il y avait un fleuriste devant. J'ai acheté un oranger, un arbre immense, *wallah !* Et je l'ai fait livrer à la section des jeux. Puis j'ai dit à Bistoquet : *Allez, va te faire foutre, tu*

1. Appartenant aux renseignements généraux de la préfecture de Police (RGPP), elle était chargée des jeux, clandestins ou non.

touches plus rien ! Ça a duré un moment, après Stanek m'a dit d'arrêter et j'ai arrêté. »

Ensuite, ce sera la « grosse Frida » qui le couvrira. « Elle avait un cabaret à Pigalle. Elle fumait le cigare. Une belle femme ! » Elle dispose d'un condé[1] de qualité. « Une nuit les flics en tenue descendent rue de Buzenval pour tapage. On jouait aux dés sur un billard. Les voisins se sont plaints. La police est venue en nombre et en armes. Frida a parlé au chef et leur a dit d'appeler un numéro, à 3 heures du matin. Il a appelé… et ils sont repartis. Comme j'avais une veste militaire bourrée de billets dans les poches du haut [il mime des liasses avec le pouce et l'index], ils voulaient me raccompagner chez moi. Gentiment ! » Ce soir-là, il avait 100 000 francs[2] sur lui…

Ce n'était pas rare. Les liasses passaient de main en main dans ses deux bars. « On jouait l'après-midi rue de Buzenval puis le soir au Byblos », admet Rachid. Un ancien serveur se souvient : « Pendant une descente de police, Rachid nous a fait sortir l'argent dans un sac-poubelle. Je l'ai posé à côté des conteneurs à poubelles. Personne n'a rien vu ! On l'a récupéré après ! » Chez Rachid, ça joue fort, très fort même. Un ancien habitué retrouvé dans un bar non loin de la Nation détaille : « Au Byblos, c'est arrivé que des parties durent trois jours et trois nuits d'affilée », avec des dizaines de millions de francs anciens sur la table[3]. « Moi, je prenais 100 francs sur chaque joueur toutes les heures et toutes les demi-heures quand il y avait du monde, reprend Rachid. Normal, je mets à disposition les lieux. Il y a des frais… l'électricité. Ils mangent gratuit, ils boivent… Moi je ne joue pas à chaque fois. Quand il y a trop de monde, je ne joue pas. Je prélève la cagnotte. Quand il y a moins de monde, alors je joue. Et quand je perds, je double la mise ! »

1. À l'origine, un condé est une autorisation accordée par la police. Par extension le terme désigne un policier.

2. Environ 15 000 euros, une très forte somme pour l'époque.

3. Témoignage rapporté par l'un des auteurs dans le magazine *GQ* du 8 mai 2019.

Plus tard, à la fin des années 1990, avec Djilali Zitouni, son nouvel associé dans les jeux, il fera « minimum 10 millions par nuit » de bénéfice, c'est-à-dire 100 000 francs, nets d'impôts ! De quoi valoir encore aujourd'hui à Rachid une réputation d'enfer tant chez les joueurs qu'auprès des flics. Au Byblos, il se passait toujours quelque chose d'intéressant.

Macao, l'enfer du jeu

Dans la cave de la rue Guénot, c'est un peu Las Vegas en sous-sol. Les flambeurs peuvent aussi s'adonner à la « passe » (anglaise) ou au rami. On joue sur un « cercueil », une sorte de table de billard aux bords relevés. Et puis il y a le barboute, un jeu de dés importé en France par les Arméniens et devenu extrêmement populaire chez les flambeurs. « À Marseille, où il y a beaucoup d'Arméniens, ils jouent grave au barboute, assure Rachid. On joue avec deux dés. On parie sur le "rouleur" et sur le "couvreur". On roule chacun à son tour. Moi, je roule contre toi. Je mets mille, toi tu mets mille. On roule tous les deux. Il y en a qui préfèrent me jouer moi et il y en a qui préfèrent jouer sur toi. Chacun son tour. Tu fais 6 et 5 tu gagnes. Tu fais double 3 ou double 6, tu gagnes. Mais si tu fais double 4 tu perds, deux as tu perds, as et 2 tu perds. »

Un ancien voyou marseillais, Milou Diaz, a raconté dans ses Mémoires comment il est devenu le « roi du barboute » dans le Sud. « Le jeu le plus simple mais le plus "meurtrier" au monde : comme le roulement est rapide, la cagnotte monte tout aussi vite, entre cent et deux cents coups à l'heure, un gavage pour celui qui tient la cagnotte[1]. » Milou a compris que l'intérêt du jeu n'est pas de jouer mais bien de tenir une partie. Rachid, lui, tient la partie mais participe aussi… « Rachid était un très gros joueur », témoigne un contemporain. Il y a laissé des plumes.

1. *Truand : Mes 50 ans dans le milieu corso-marseillais*, avec Thierry Colombié, Robert Laffont, 2015.

Au Byblos, on croise des joueurs comme Babo, Vincent, « Dormeur », Gigi, Michel Pied-Noir, Ahmed le Tunisien, l'inévitable Bistoquet bien sûr, ou Twist, « le plus gros flambeur de Paris », selon Rachid. La légende veut que Twist, Mohand B. de son vrai nom, lui ait, un jour, pris son restaurant au jeu. « Twist a plumé tout le monde », nous a raconté un ancien joueur, Kader « le Rugbyman » – un sobriquet que lui a attribué l'ex-patronne de la Mondaine, Martine Monteil, rapport à son physique de talonneur –, aujourd'hui assagi. Un voyou parisien rapporte que Twist une fois a gagné « 380 000 francs au rami. Deux mois plus tard, il était rincé... ». Au Byblos toujours, on peut voir aussi Amirouche, un « voleur professionnel » spécialisé dans le délestage de Saoudiens, ou un braqueur mis en cause avec un trafiquant de drogue, apprenti comédien le temps du tournage du film *Police* de Pialat à Belleville[1]. Des années plus tard, ce dernier truand est ainsi suivi rue Guénot lors d'une filature de la BRB. Autre client notoire mais dans un tout autre genre, le chanteur Lounès Matoub ; « mon ami » dit Rachid qui l'hébergeait lors de ses passages à Paris[2].

« À l'époque, tout le monde venait chez moi », s'enorgueillit Rachid. La recette ? « Une bonne ambiance, une bonne bouffe, des belles gonzesses, de l'argent... » Quand ce n'est pas au Byblos, c'est au Cantal, boulevard de Charonne, toujours dans le 20e, que Rachid a acheté après avoir revendu le Buzenval. Les policiers y planquent presque à demeure, dans une contre-allée juste en face. Ils voient par exemple le « Grand Momo », Mohamed Amimer, qui, dans les années 1990 commence là ses soirées[3]. Ils aperçoivent aussi les membres du gang des saucissonneurs de la famille Boucheron, les joailliers, dans les années 1990, ou le solitaire de la place Vendôme Aïssa Bendjaber. Sans oublier Ahmed Lahcene dit Cero, fameux braqueur de transports de fonds, les frères Ritz-Alloun, mi-gitans mi-

1. Cf. chap. « De la brune à Belleville ».
2. Assassiné en 1998 en Kabylie dans des circonstances troubles.
3. Cf. chap. « L'Élégant ».

algériens, Omar Bencheikh, qui fut dans les années 1990 un des premiers gros importateurs de cannabis en région parisienne. Ou Mario Hornec, de la célèbre fratrie manouche de Montreuil, qui venait déjà adolescent avec son père rue de Buzenval. « Tout le monde passait au Cantal », confirme un vétéran de la brigade de répression du banditisme. Un point de ralliement. « C'était leur cantine, résume Rachid. Je n'ai jamais eu de problèmes avec les voyous. Si tu les respectes, tu n'as pas de problème. Il n'y a jamais eu une bagarre au Byblos. » Tout juste un braquage, une fois.

Les habitués se souviennent encore des phrases fétiches du maître des lieux : « Venez mes petits quinquins », au moment de plumer quelques jeunes un peu naïfs. « Quand il avait perdu au jeu, il décrochait du mur sa mandole[1], pour jouer mélancoliquement dans un coin », rapporte un habitué. Sur un autre mur du Cantal, face au bar, une gouache figurant un paysage bucolique avec ferme et moutons en train de paître. Souvent, Rachid la pointait du doigt en apostrophant les consommateurs : « C'est avec vos sous que je me suis acheté tout ça ! » Le Cantal était l'un de ces restaurants kabyles qui travaillaient à l'ancienne. « Je faisais les plats traditionnels français : moules marinières, tête de veau sauce gribiche, langue de bœuf sauce piquante, blanquette de veau… Des très bons plats, à prix raisonnable, détaille Rachid. C'est pour ça que ça marchait. Et, de temps en temps, des soirées musicales. Moi, mon métier c'est couscous-bœuf-steak-frites, c'est tout ! Tu crois que je ne pouvais pas prendre un calibre, une cagoule ? Ou rentrer de la came ? Mais non, moi j'aime la liberté ! Il y a des gens, tu ne peux pas te mettre avec eux en terrasse. Parce qu'ils sont dangereux. Un mec passe avec une mitraillette… c'est fini. Moi j'aime dormir tranquille. J'aime, quand quelqu'un sonne à ma porte, pouvoir ouvrir sans crainte. Et quand je marche dans la rue, ne pas devoir regarder derrière moi. » Ce n'est pas le cas de nombre d'habitués du Byblos ou du Buzenval, qui ont fini

1. La mandoline traditionnelle de la musique chaâbi et kabyle.

avec une balle dans la tête. Rachid n'a jamais été racketté ou mis à l'amende, selon ses dires. « Certains ont voulu. Mais il y a toujours eu des voyous respectueux qui m'ont défendu. Ils ont dit : *On ne touche pas à Rachid Buzenval. Il est correct, c'est un mec bien, si on a besoin de lui, il est là.* Sinon, bien sûr, ils m'auraient braqué, racketté. Dieu merci, *amdoullah !* Je suis encore vivant. J'ai monté trois affaires, à la sueur de mon front, sans jamais faire un jour de prison, sans jamais être condamné. »

Longtemps, la protection de Rachid aura été bonne et, selon un ancien habitué, « on n'a jamais vu un flic là-dedans. Quand les policiers passaient devant, ils détournaient le regard[1] ». Parfois, pourtant, il y a eu des couacs. Un ancien de la brigade de répression du proxénétisme (et des jeux)[2] se souvient d'une intervention à la toute fin des années 1990[3]. « Il est 2 heures du matin. On savait comment les lieux étaient configurés. On déboule au pas de course avec les flics de la tenue du 11e arrondissement. On fonce au sous-sol. Là, c'est *Macao, l'enfer du jeu*[4] ! De la fumée partout. Il y a une trentaine de personnes, des Noirs et des Arabes essentiellement, qui nous regardent les yeux ronds, les liasses de billets à la main. Puis un des policiers en tenue vient me voir : *On a trouvé une enveloppe dans la cuisine, par terre, bourrée de billets*[5]. On demande si c'est à quelqu'un. Finalement, un grand balaise lève la main et dit : *C'est à moi, c'est pour acheter une voiture…* » Rachid confirme. « Dans cette enveloppe, il y avait peut-être 30 000 francs, se souvient-il. Après ça, ils m'ont fermé six mois. » La procédure est implacable. « Tout est inscrit. Ils nous fouillent. Chaque joueur pose sa carte de résident sur la table et

1. Témoignage recueilli en juin 2019.
2. Après les RG, la surveillance des jeux clandestins a été attribuée à la BRP en 1995 puis à la brigade de répression du banditisme la décennie suivante.
3. Entretien avec les auteurs, septembre 2020.
4. Célèbre film de Jean Delannoy sorti en 1942.
5. Plus de 60 000 euros.

son argent. Les flics comptent, ils prennent le nom et ils nous amènent tous à la Préfecture. Ils déclarent qu'ils nous ont saisi 30 000 francs, 2 000 ou 15 000 et ils les mettent au coffre. Quand ça arrive, c'est qu'il n'y a pas de protection. Quand il y a protection, ils ne prennent pas l'argent… D'ailleurs, ils ne viennent pas du tout ! »

Pour Rachid Buzenval, les choses se sont compliquées après l'assassinat du caïd marseillais Francis « le Belge » en 2000, à Paris[1]. Son associé, Djilali Zitouni, est tué, en guise de représailles. Et le « portier » du Byblos, Boualem Talata dit Boubou, par ailleurs garde du corps de Jamel Debbouze, est lui aussi abattu. Plus tard, au début de la décennie 2010, Rachid a vendu le Byblos et le Cantal pour prendre sa retraite au bled. Aujourd'hui, à 74 ans, de passage à Paris, il se contente de prendre un café boulevard de Charonne. Mais n'a rien perdu de sa notoriété. Comme ce jour de juillet 2020, à la terrasse de son ancien bar. Un 4×4 rutilant s'arrête. Au volant, une belle femme, quadra, lunettes de soleil, de jeunes enfants à l'arrière. « Monsieur Rachid, c'est vous ? » Il lui propose de venir boire un café. Mais déjà on klaxonne derrière. « Un autre jour », sourit-elle.

Aujourd'hui, les flambes kabyles marquent le pas. « Maintenant, il n'y a plus de parties chez les Arabes, soupire un connaisseur. La plus grosse, c'est à Grigny, avec des Turcs. » Ou alors au cinéma, avec Kader « le Rugbyman ». On le voit au côté de Catherine Deneuve dans le film *Sage Femme* de Martin Provost, sorti en 2017. L'actrice a appris pour l'occasion à jouer à la « marseillaise » chère à Bistoquet, avec d'authentiques flambeurs. « La production avait pris la précaution de nous donner des faux billets… Au cas où », se marre encore Kader. Quant au Byblos, c'est aujourd'hui un bar à vins. La cave ne sert plus que de réserve. Mais au-dessus, le bar fabriqué par Rachid Buzenval est toujours en place. Du solide. Peu de choses résistent au temps. Rachid Buzenval ne le sait que trop. Et n'a eu de cesse

1. Cf. chap. « La chute du Belge ».

de le répéter. Toujours dans un sourire. « Quand il y avait tous les voyous chez moi au Byblos, je leur disais : Messieurs, je vais vous apprendre quelque chose : il n’y a que les impôts qui durent. »

7

De la brune à Belleville

L'héroïne, la « brown sugar » ou la thaïlandaise, se répand comme une traînée de poudre à la fin des années 1970, faisant des ravages chez les jeunes, et la fortune de quelques trafiquants qui, depuis le quartier de Belleville, dominent ce trafic des plus juteux... inspirant même le cinéma.

Un homme a été tué devant un bar louche de Belleville. L'inspecteur Mangin (Gérard Depardieu) se rend sur place.

Le flic en tenue : « On a reçu un coup de fil comme quoi il y avait une fusillade. Personne n'a rien vu, rien entendu. Par contre on a retrouvé un Arabe le corps lardé de coups de couteau. »

Mangin : « Il est mort ? »

Le flic : « Je sais pas. S'il en réchappe, c'est un miracle. »

Mangin : « Bon bah de toute façon on va pas les empêcher de se flinguer entre eux. Moi ça m'arrange[1]. »

Le café où il donne rendez-vous, en face du métro aérien, fut jadis un phare de Barbès, sous l'enseigne Chez Rousseau, avant de devenir le bazar Vanoprix, puis de nouveau un débit de boissons. En vérité, notre interlocuteur ne vient pas de Barbès ou de la Goutte-d'Or voisine, mais d'un peu plus à l'est,

1. *Police*, Maurice Pialat, *op. cit.*

de Belleville, l'autre grand secteur de l'immigration maghrébine à Paris. C'est dans ce quartier bouillonnant et mélangé que Franck Karoui a grandi. Les années ont passé, et il n'a rien perdu de sa superbe. La voix est douce, mais le débit de paroles saccadé, avec un petit accent chantant, le regard parfois noir et perçant. En costume sombre, il manie le sous-entendu et la séduction dans une même phrase. Trois décennies après *Police*, le chef-d'œuvre de Maurice Pialat, Franck Karoui n'a pas tant changé que ça. Dans ce film magistral, il incarne « René », petit voyou et gérant de bar, aux côtés de Depardieu (le flic), Richard Anconina (l'avocat), Sophie Marceau (la femme de voyou) et Sandrine Bonnaire (la prostituée). Mais pour lui, ce n'était pas un rôle. *Police* s'inspire très nettement de faits réels et des protagonistes de certains faits divers récents au moment du tournage. L'action se déroule sur les lieux mêmes du crime, à Belleville, dans le 20ᵉ arrondissement, dans le nord-est de la capitale. Et une partie des scènes ont été tournées sur place.

Selon le magazine *Première*[1], Pialat « est fasciné par la pègre du secteur, puissante nébuleuse qui s'étend alors de Belleville à la rue de Charenton et qui écoule ses stocks d'héroïne dans les squats ». Le réalisateur veut des « vrais voyous » dans son film. *Police* est basé sur un scénario de l'écrivaine Catherine Breillat, « épaulée » par Sylvie Danton, Jacques Fieschi et Pialat en personne. En réalité, c'est la première qui a tout imaginé et ses mauvaises relations avec le réalisateur l'ont empêchée d'accompagner le projet jusqu'au bout[2]. « Elle fait une enquête de terrain à Belleville, suit une brigade du commissariat de police, s'immerge dans le milieu[3]. » *Via* un flic de PJ, Catherine Breillat rencontre Franck Karoui, un jeune et séduisant tenancier d'un bar du quartier, L'Alexandra. Elle fréquente son bistrot et le courant passe bien avec Karoui. Plus tard, elle ira même le voir

1. En 2007.
2. *Zoom sur* Police, documentaire de Virginie Apiou, 2002, et entretien avec Serge Toubiana, 2003.
3. « Pourquoi Maurice Pialat s'est fâché avec tout le monde en tournant *Police* », Jacques Morice, *Télérama*, 13 juillet 2016.

en prison. « Catherine Breillat était amoureuse de moi, soutient aujourd'hui l'intéressé. Elle venait au parloir quand j'étais en prison. Ma femme voulait lui mettre une claque[1]. »

Né en 1950 à Tunis, Franck Karoui est arrivé enfant en France, à Belleville, quartier populaire par excellence, qui a accueilli toutes les migrations depuis le XIXe siècle, des paysans berrichons aux « rapatriés » juifs dans les années 1960, aux Algériens de Guergour et Akbou, dans la wilaya de Bougie (Bejaïa). Franck Karoui se souvient de la guerre des Six-Jours[2] et des tensions que cela a entraînées entre Juifs et Arabes dans le quartier, un an après, en 1968. Une émeute entre communautés, qui avait débuté à la suite d'une dette contractée lors d'une partie de cartes entre juifs tunisiens et musulmans tunisiens. La dispute avait déclenché l'attaque du café Le Kairouan, rue de l'Orillon, dans le bas de Belleville.

Plus au nord, de l'autre côté du boulevard, les rues Ramponeau, Bisson, Piat, Julien-Lacroix, des Couronnes ou de Pali-Kao, forment un entremêlement de voies, de cours et de passages, autour d'un habitat très délabré dans ces années-là. Un cadre qui va inspirer le cinéma : *Police* donc, mais aussi *La Balance* de Bob Swaim, sorti trois ans plus tôt (1982), ou *Tchao Pantin* (1983) de Claude Berri, dont la scène finale a été tournée rue Bisson. À tel point qu'en 1985 le magazine *Jeune Afrique* s'en agace : « Pas de scène tournée à Barbès ou Ménilmontant sans son petit Arabe louche, commettant ou sur le point de commettre un mauvais coup : arracher le sac d'une vieille dame ou revendre de la drogue. » Paradoxalement, c'est le cinéma qui a le mieux documenté ces quartiers et une époque où ils étaient gangrenés par la drogue et les règlements de comptes.

1. Entretien avec les auteurs, octobre 2020.
2. Déclenchée au début du mois de juin 1967, elle vit l'armée israélienne repousser les forces égyptienne, syrienne et jordanienne loin dans leurs territoires.

Une pelleteuse dans le bar

Trois décennies plus tard, Franck Karoui n'a aucun regret d'avoir tourné avec Pialat, même si le film lui a coûté cher, très cher même : six ans de prison. *Police* sort en salle le 4 septembre 1985. Moins de cinq mois plus tard, début février 1986, Karoui est arrêté pour trafic de stupéfiants. La presse en fait bien entendu ses choux gras : « Conseiller technique du film *Police*, il tombe pour trafic de stupéfiants », annonce *France-Soir* en une[1]. Le ton est mordant : « À la ville comme à l'écran, M. Franck était trafiquant de drogue », dans le film de Pialat, « il campait "merveilleusement" bien un trafiquant d'héroïne. Et pour cause » ; « M. Frank était un des seigneurs de Belleville » ; « belles voitures, beaux bijoux, M. Franck menait apparemment grand train ». Présenté comme un des « caïds » du quartier, il y était « estimé et respecté », « il avait tous les attributs correspondants à son personnage. Soigneusement coiffé, finement manucuré, il avait l'air d'un play-boy, roulait en Porsche ou en Mercedes et disposait de plusieurs appartements dans Paris ». Plus dure sera la chute. « Mohamed Karoui », de son vrai nom, est arrêté par la brigade des stups de Paris, dans un des décors de *Police*, le bar L'Alexandra donc, qu'il possède avec ses frères. L'établissement faisait même partie des lieux emblématiques du film de Pialat, rue Lesage, à un croisement photogénique, celui de la rue Jouye-Rouve, juste en dessous du parc de Belleville. Plusieurs scènes y ont été tournées. Bien souvent avec des voyous et quelques figures de la vie parisienne, comme le flambeur antillais Bistoquet[2].

Une « perquisition minutieuse » est menée dans l'établissement, rapporte la presse. Ce sont les « zombies » de la brigade des stups qui sont à l'œuvre, un groupe qui joue les infiltrés avant l'heure, en tenue de junkies ou de petits dealers. Le coup

1. Édition du 4 février 1986.
2. Cf. chap. « Les rois de la flambe ».

de filet réalisé, la PJ semble un peu déçue de ne pas trouver la cache du trafiquant. La preuve : « Le sous-sol de la cave a notamment été creusé à la pioche. » Évocation pour le moins pudique, car, selon Kader « le Rugbyman », enfant du quartier, un « tractopelle Poclain a été emmené sur place pour explorer les murs, à la recherche d'argent[1] ». Sans grand succès, apparemment. Les flics mettent la main sur 15 000 francs et quelques milliers de florins néerlandais. Pas de quoi fouetter un chat. Mais l'affaire est carrée. « Aux domiciles de Karoui et de son employé, Clément L., un Breton de 26 ans, les policiers découvrent l'attirail complet des petits "grossistes" de drogue : 68 grammes d'héroïne blanche, un kilo de caféine », une balance de précision et un sachet de manicol qui sert à couper la drogue. Pour camper un peu plus le personnage, deux revolvers calibre 38 Special, du gros, sont saisis. Une « belle opération de police », salue *France-Soir*.

Interrogée des années plus tard dans un documentaire sur *Police*, Catherine Breillat parle de Franck Karoui, « celui avec le brushing », qui est « parti en prison » et qu'elle défend : « Je dis pas qu'il n'était pas coupable… Il n'y avait aucune preuve. Mettre comme preuve qu'il jouait son propre rôle dans *Police…* » Selon elle, « c'était un autre patron » de bar qui trafiquait, mais pas Karoui[2]…

Quelle ironie, quand on sait que *Police* « décrit avec réalisme le milieu des petits dealers de Belleville » et que « Maurice Pialat avait été conseillé par de vrais "spécialistes" de Belleville » ! Des voyous au générique, il y en a eu. Catherine Breillat évoque de « vrais truands » mobilisés tant bien que mal lors des tournages : « Parfois, on ne savait pas où ils étaient. » D'authentiques flics de la 4e BT participent aussi, et pas seulement comme figurants. Parfois, ils ont des bouts de dialogue et même des séquences avec Depardieu en personne. L'équipe de Maurice Pialat va même jusqu'à reconstituer à l'identique

1. Entretien avec l'un des auteurs, février 2019.
2. *Zoom sur* Police, *op. cit.*

les locaux de la 4e BT de la rue de Charenton. Le comédien Jacques Mathou se souvient de scènes surréalistes où des policiers voisinaient « avec des vrais truands qu'ils n'avaient pas réussi à serrer. Il y en a un qui est tombé peu de temps après. Ils étaient là ensemble : "Salut commissaire, comment ça va ?"[1] ».

Dans le film, il est question des « frères Slimane, grossistes de Belleville ». De la fiction à la réalité, il n'y a qu'un pas. « L'histoire de *Police* est une histoire vraie, reconnaît Franck Karoui. Il s'agit d'une nana qui a balancé et qui a été remontée de Marseille où elle se cachait jusqu'à Paris, où elle a été tuée. D'ailleurs, après la sortie du film, la crim' s'est intéressée à nous. » Catherine Breillat l'a confirmé : « Le personnage de Noria/Marceau existait vraiment, elle était condamnée à mort à Belleville. » Cela n'empêchait pas Karoui d'entretenir des rapports plus que cordiaux avec ces messieurs de la PJ. « Moi j'adore cuisiner, rit-il. Quand les flics mangeaient chez moi, ils ne savaient même pas que j'avais la *brown sugar* dans la cuisine ! » Tout en précisant : « Les flics sont mes amis. » Comme l'adjoint d'un commissaire à qui il affirme avoir « offert un appart ». L'homme a de l'entregent, c'est indéniable.

Les frères Karoui ont été impliqués dans une fusillade à Stalingrad. L'époque est violente. Entre trafiquants, on se « carotte » et on se tue sans hésiter. *Police* n'a rien exagéré, éclairant un milieu sordide où, pour régler ses comptes, « on tire dans la bouche d'un mec », ou on en flingue un autre en plein marché d'Aligre, dans le 12e. « C'était pour la came », rapporte Karoui. Pas toujours, comme ce « mec qui avait fait un cambriolage chez [sa] mère. On l'a descendu à la cave du resto, on l'a travaillé au chalumeau », dit-il, sans sourciller. Vrai ou faux, qui sait ? De cette vie passée, il a tiré « cinq livres ». Il ne reste plus qu'à les publier. « La *brown sugar* en France c'est nous », se vante encore le Tunisien, à propos de cette forme d'héroïne granuleuse de couleur marron et de moindre qualité. Très loin de la French Connection, donc.

1. *Ibid.*

Après les histoires de stups, Franck Karoui s'illustre de nouveau durant l'été 1993 lors de l'enlèvement d'un chroniqueur hippique du *Quotidien de Paris* par des drôles de policiers en Renault 19, celle des « patrons » de la police à l'époque. Une « étrange affaire », commentera à juste titre *L'Express*. L'enquête mène à un « fonctionnaire modèle », le commissaire Mathieu Moracchini, un Corse de Tunis, ami d'enfance de Karoui. Lui aussi fréquentait le bar L'Alexandra de la rue Lesage. Le policier a été retrouvé peu après le rapt, suicidé d'une balle dans la tête dans sa voiture, rue de Charenton devant le siège de la 4e DPJ, dont il était le chef adjoint. Dans une lettre d'aveux trouvée dans sa voiture, le commissaire reconnaît avoir organisé l'enlèvement, avec sa R19 de service, pour le compte d'une ancienne prostituée de la rue Saint-Denis, Fathia, dont il a, comme le journaliste, été l'amant. Karoui a participé, « pour rendre service à son ami ». *Libé* le décrit comme « un caïd de la came[1] », mais sans faire le lien avec le personnage de *Police*. Le quotidien campe le personnage : « Au bon temps, il possédait, en France, huit appartements, deux magasins, deux restaurants ; et en Tunisie, une ferme, quatre hectares, des oliviers, des dattes… » Un voyou, sans équivoque, qui n'aime pas le terme d'informateur à propos de sa relation avec le défunt commissaire. « Si je peux le renseigner sur des histoires du quartier, des agressions, la drogue, je le renseigne. Si je ne sais rien, je ne renseigne pas. C'est une amitié. »

Leila Ben Ali, la coiffeuse

Franck Karoui préfère se présenter comme un « braqueur » dans ses jeunes années, mais quand il trafiquait, une certaine Leila Trabelsi faisait partie des collecteurs d'argent de son réseau. Leila est plus connue sous son nom de femme mariée,

1. Édition du 16 février 1995.

Ben Ali. Comme la femme de l'ancien président tunisien. Au début des années 1980, la jeune Leila est coiffeuse à Belleville, selon différentes sources que nous avons recueillies. « Je l'ai connue par mon cousin qui devait se marier avec elle. C'est elle qui ramassait l'argent pour nous. Elle allait dans les gares, à Saint-Lazare, par exemple, avec l'argent caché dans des bouquets de fleurs », nous a confié un homme qui pesait dans le trafic de Belleville. Un flic confirme : « Un informateur m'a dit qu'il donnait sa came à garder à la future femme de Ben Ali, à Belleville. Plus tard, le gars m'a dit : *Tu as même bu le café avec elle.* »

Madame la présidente de Tunisie – jusqu'en 2011 – aurait soigneusement occulté cette période mouvementée de sa vie. « Les informations concernant sa jeunesse et sa carrière professionnelle sont peu nombreuses et sont le fruit de rumeurs qui circulent sur elle », signale prudemment Wikipédia. Car si la « biographie officielle » de Mme Ben Ali fait état d'un passage au lycée de jeunes filles de Montfleury à Tunis et d'études supérieures à la faculté des lettres et des sciences humaines de Tunis, « certaines sources indiquent aussi qu'elle a été coiffeuse place Barcelone à Tunis ». Alors que « d'aucuns affirment qu'elle n'a jamais été coiffeuse » et qu'il y aurait une confusion avec une autre Leila Trabelsi. Pourtant, lors du Printemps arabe, un journaliste de *Paris Match*, François de Labarre, n'y est pas allé par quatre chemins quand il a décrit « Leila Trabelsi » en « petite coiffeuse qui plaisait aux hommes[1] ». En 1984, alors qu'elle est séparée d'un premier mari, « elle vit avec Gadour, dit "le Fleuriste", entre Tunis et Paris », un garçon plein de ressources. « Trafiquant en tout genre, ce jeune Tunisois vend du jasmin à Paris, gare Saint-Lazare, dans les cabarets tenus par la mafia tunisienne, décrit encore le journaliste de *Paris Match*. "On était des petites frappes", se souvient l'un d'eux, qui raconte que, dans leurs paniers en osier, les vendeurs de jasmin proposaient surtout de la cocaïne. Leila, qui vit avec Gadour à Asnières et

1. « Le destin de Leila Ben Ali : ce que femme veut », 23 août 2011.

à Gennevilliers, vend du jasmin. » Du jasmin à l'odeur un peu particulière ? Tout cela pourrait bien être aussi du cinéma.

Le « milieu algéro-tunisien »

Longtemps, les voyous originaires d'Afrique du Nord ont été rares à « donner » dans les stups. Jusqu'aux années 1960, quelques cafés de Barbès ou Pigalle abritaient bien des petits trafics de « kif », comme l'on disait, mais c'était loin d'être industriel. Il y a eu ensuite, dans le trafic d'héroïne, le Marseillais d'origine tunisienne Rachid Gharbi[1], actif pendant la French Connection au tout début des années 1970 avec Jacques Cassandri et Jeannot Migozzi[2] au sein d'un réseau surveillé par les Américains à New York et par leurs homologues français de l'OCRTIS[3] à Paris et Marseille. Ou P'tit Mimi, le Kabyle de Montreuil croisé avec les casseurs de l'île Saint-Louis[4]. Lui s'est fait « serrer » fin 1971 à Paris avec près de 4 kilos d'héroïne pure, du lactose, une balance et des sachets de conditionnement. Il se fournissait auprès d'un Marseillais du Panier et opérait dans les bars de Saint-Germain-des-Prés et de Pigalle.

À l'époque, l'héroïne en France est surtout destinée à un public de junkies qui se recrute parmi les « hippies » internationaux du Quartier latin[5] et quelques artistes aventureux. Mais tout

1. Gharbi, surnommé « Henri », se fera pincer avec 60 kilos d'héroïne le 22 novembre 1972, rue de Pontoise à Paris dans le 5e, devant le domicile de sa compagne. Avec son complice Marcel Mouchighian, il devait livrer des trafiquants mexicains, dont un général. Gharbi était le bras droit du chef du réseau, André Condemine (un associé de François Chiappe), basé en Amérique du Sud. Il alimentait également Roger Bacry, rival des Zemour. Il s'évadera de Fleury-Mérogis en 1974.

2. Deux futurs « égoutiers » lors du casse de la Société générale de Nice en 1976.

3. L'Office central de répression du trafic illicite des stupéfiants, devenu Ofast en 2020.

4. Cf. premier chapitre.

5. En juin 1966, par exemple, la Mondaine arrête un Marocain, Isaac Ben Kalifa, qui avait établi son « quartier général dans un petit café de la

cela restait assez marginal, comme la présence de trafiquants « nord-africains ». Il faut attendre la seconde partie des années 1970 pour que des voyous tunisiens et, à un moindre degré, algériens investissent le marché de la came. Ce qui aura pour effet d'entraîner une recomposition du banditisme et quelques conflits.

« Instable, peu hiérarchisé, le "milieu" algéro-tunisien est périodiquement secoué par des règlements de comptes internes », souligne l'AFP[1] après une fusillade qui fait deux morts au comptoir du Soleil-Levant à Pigalle en 1984[2]. « Mais ses membres reçoivent aussi quelques avertissements du "milieu" traditionnel qui voit d'un assez mauvais œil l'apparition d'une concurrence sauvage sur un marché encombré. "Nous avons du mal nous-mêmes à situer un *milieu* aussi dense, aux ramifications complexes, nous en arrêtons beaucoup lors de transactions de stupéfiants, mais les maillons se reconstituent aussi vite" », explique un enquêteur dans cette même dépêche. Trop vite même sans doute, pour une PJ qui en est encore aux maquereaux corses et aux casseurs de coffres à l'ancienne. « Les Algéro-Tunisiens semblent depuis peu contrôler les petites filières de distribution de drogues dont les dealers sont en général des Gambiens, des Sénégalais ou des Zaïrois. Rivalité interne ou début d'une guerre des gangs ? Depuis quelque temps, ils ont pris des mauvais coups : les 8, 10 et 11 décembre [1984], trois Maghrébins ont été blessés par des tireurs inconnus dans des quartiers chauds de Paris. Le 6 novembre, un Tunisien et un Algérien ont été retrouvés tués à coups de couteau rue Saint-Lazare (9e), non loin des trottoirs où déambulent des dizaines de prostituées[3]. » Les soubresauts qui agitent ce « milieu algéro-tunisien » émergeant se multiplient. En mars 1985, un dénommé

---

rue de la Huchette, où il vendait des sachets d'héroïne à un certain nombre d'intoxiqués fréquentant le quartier » (*Le Monde*).

1. Dépêche AFP du 27 décembre 1984.
2. Cf. chap. « Proxos & Co ».
3. Dépêche AFP du 27 décembre 1984.

Habib Hafdi, 24 ans, « sans profession », né à Tunis et domicilié rue Julien-Lacroix au cœur de Belleville, est « charclé » par balles avec un autre noctambule, un proxénète algérien de la Goutte-d'Or, à la sortie du célèbre cabaret El Djazair, rue de la Huchette. En plein Quartier latin, temple des nuits orientales de la capitale, où se mélangent flics et voyous.

« Le milieu traditionnel était concentré sur la prostitution. Puis la prostitution disparaît, la came arrive, et c'est les gens de cités qui la tiennent », analyse l'ex-policier Mathieu Fabiani[1], qui a longtemps travaillé à Belleville. Il est ensuite devenu scénariste à succès avec *La Balance* de Bob Swaim, césarisé en 1983 catégorie « meilleur film ». Pour ce même polar, Philippe Léotard et Nathalie Baye décrochent les César des meilleurs acteur et actrice, tandis que Fabiani et Swaim sont nommés dans la catégorie du meilleur scénario original. La faute à ce réalisateur venu d'outre-Atlantique qui voulait explorer la veine réaliste. « Il y avait un Américain à la direction centrale [de la PJ parisienne, 36, quai des Orfèvres], se souvient Fabiani. On me dit : *Il veut faire un film sur la police*, mais il était cantonné aux bureaux. Je découvre un type soixante-huitard avec parka et sacoche. À l'époque c'était simple : il n'y avait pas d'autorisation ou quoi que ce soit. Avec nous, il découvre les petits dealers, les prostituées. Il reste deux mois. Il écoutait tout, notait tout. Ça a donné un film hyperréaliste. » Bob Swaim passera en tout une année entière « *embedded* » avec les flics de la 4e BT devenue 4e DPJ en 1982. Sise au 163, rue de Charenton, elle règne sur les populeux 11e, 12e et 20e arrondissements. Au final, peu de scènes ont été tournées à Belleville. Mathieu Fabiani se souvient que c'était « impossible à faire ; à Belleville il y a tout de suite quarante personnes autour ». Kader le « Rugbyman » témoigne qu'il y avait même un cordon de CRS pour tenir à distance les curieux, dont, ado, il faisait partie : « On tournait autour d'eux à vélo, ça les énervait. Un flic a attrapé le mien et a crevé un pneu avec son Opinel. »

1. Entretien avec les auteurs, octobre 2019.

La Balance va trouver son public. « Le film connaît un succès phénoménal : 5 millions d'entrées », jubile encore Mathieu Fabiani, qui participe à la cérémonie au Rex, sans monter sur la tribune. « Le lendemain, je suis de permanence, derrière la bécane[1], avec les petits dealers de Belleville ! » Car il y a fort à faire dans ces années-là. Cela fait cinq ans que le trafic de blanche explose dans la capitale. « En 1978, l'héro arrive sur Paris, témoigne Fabiani. En 1980, les premiers trafics, ceux qu'on décrit dans *La Balance*, sont artisanaux. L'héro, c'était les Maghrébins. Les Corses n'en ont jamais vendu en France. Beaucoup de Tunisiens étaient implantés aux Pays-Bas et ça venait par là. » À l'époque, « les numéros un tunisiens de la came » s'appellent les Hamadi. Encore une fratrie. « Ils ont fait les premiers go fast ! Ce sont eux les inventeurs de cette technique. Ils partaient à deux voitures vers les Pays-Bas, précise encore l'ancien de la 4e BT. Quand ils revenaient, la première marquait un temps d'arrêt devant les douaniers qui du coup la contrôlaient. Et la seconde passait… »

La situation devient même préoccupante. Le préfet de police Pierre Somveille se retrouve interpellé par les élus parisiens de gauche qui lui demandent des solutions pour « enrayer le trafic de drogue dans certains quartiers de Paris, et notamment à Belleville[2] ». Au cœur du réacteur. « À Belleville, on est inquiets. À l'intérieur d'un périmètre délimité par les rues Ramponeau, Julien-Lacroix, de Tourtille, dans le 20e arrondissement, et les rues de l'Orillon, Jean-Pierre-Timbaud, Saint-Maur et Oberkampf, dans le 11e, se développent un trafic de stupéfiants important et une consommation de drogue inquiétante », rapporte *Le Monde*. Les élus communistes demandent au préfet de « démanteler les réseaux des petits revendeurs, de mettre fin aux activités de ceux qui alimentent le marché de la drogue dans la capitale et d'aider ceux qui sont victimes de ce commerce ».

1. La machine à écrire.
2. « Les élus communistes et socialistes s'inquiètent des progrès du trafic de la drogue à Belleville et place de la République », *Le Monde*, 2 juin 1981.

Le préfet rétorque avoir mobilisé la brigade des stupéfiants avec « pour objectif principal d'enrayer l'extension du marché de l'héroïne ». Pas moins de 21 débits de boissons ont été fermés en 1980, et deux en 1981, des bars de la rue Ramponeau et de la rue Moret. C'est dans ces lieux que semi-grossistes et détaillants s'installent et prospèrent. « Au total, l'activité des services de police s'est traduite à Belleville par l'interpellation, depuis le 1er janvier 1981, de plus de 600 usagers, et de plus de 100 trafiquants. 41 kilogrammes de cannabis et plus de 4 kilogrammes d'héroïne ont été saisis », précise la « PP ». En réalité, la PJ se démène, mais n'arrive pas à endiguer le phénomène, comme le prouve l'effondrement du prix de l'héroïne à Paris en 1982. « Le gramme valait encore au début de l'année 1 200 francs[1], les toxicomanes peuvent aujourd'hui s'en procurer pour 600 ou même 400 francs », signale *Le Monde*[2]. « La toxicomanie progresse à nouveau de manière inquiétante. À Paris, le commissaire Marcel Morin[3] renforce son équipe, mais reste pessimiste. » Il faudra plusieurs années pour assécher les sources de l'héroïne à Belleville. Mais le travail d'infiltration va payer. À la fin de la décennie, les stups vont tomber sur des gros poissons, dont un assez inattendu.

Couscous Connection

La « Tunis Connection », ou « Couscous Connection », c'est le nom que va lui attribuer la PJ, car il s'agit de quatre réseaux liés entre eux et à 100 % tunisiens. Tout part d'un renseignement recueilli en janvier 1989. Un indic de la BSP[4] lui désigne

1. L'équivalent de 410 euros d'aujourd'hui selon l'Insee.
2. Édition du 6 mai 1982 : « L'héroïne du "Triangle d'or" inonde le marché français ».
3. Chef des stups et héros de lutte contre la French Connection à Marseille.
4. Brigade des stupéfiants et du proxénétisme qui devient en juin suivant la brigade des stupéfiants de Paris face à l'essor du trafic dans la capitale.

trois revendeurs de Belleville se fournissant à Amsterdam. En s'intéressant de plus près à ces dealers de quartier, la PJ dégringole une vingtaine de trafiquants d'héro, et à moindre degré de « Fanta », la coke dans leur jargon. L'épicentre se situe dans un bar du boulevard Jean-Jaurès dans le 19e arrondissement – donc hors de Belleville. C'est le QG des six frères Roma, de leur vrai nom Oueslati, que la justice considère comme de « grandes célébrités de Belleville ». Pour la presse, ils sont les « rois de la drogue », les « parrains de Belleville ». Des Tunisiens passés par l'Italie d'abord, d'où leur patronyme d'emprunt, puis « montés à Paris en espadrilles et redescendus en Mercedes » selon l'expression « colorée » d'un patron de la brigade des stups, cité dans *Libération* en 2006. De mémoire de policier, ils ont commencé à « travailler » dans la capitale à partir de la seconde moitié des années 1970, mais personne n'arrive à les « accrocher ».

Les frères Roma, ou une grosse filière à l'origine de l'importation d'une centaine de kilos d'héroïne par an. « Belleville était leur fief. Quartier général d'une entreprise souterraine, spécialisée dans l'achat, l'importation et la revente de la drogue. La dure. Celle qui tue et rapporte gros à une bonne trentaine d'employés. Chacun a un boulot précis[1] » : revendeurs, collecteurs de fonds, transporteurs. Sans savoir au départ que la fratrie Roma est derrière, les limiers du « 36 » s'intéressent d'abord à un couple qui mène grand train : Porsche, vison, bijoux… Samira et Samir se fournissent au Benelux, deux fois par semaine, en passant par des petits postes-frontières. Et ils achètent fort, l'équivalent parfois de 600 000 francs. De quoi agiter la BSP. Samira sera arrêtée avec 180 grammes d'héroïne de première qualité. Pris dans les filets aussi, Rachid H., dit « Aldo Fontana » ou « Tonio Marotti », une « grosse pointure » également passée par l'Italie[2]. Sur les écoutes policières, les

1. « La drogue de Belleville mène à la mafia », *L'Humanité*, 16 novembre 1992.

2. Jean-Pierre Van Geirt, *Parole de flics, la brigade des stups*, Édition N° 1, 1996.

conversations sont à peine codées. Les trafiquants parlent de « fèves » et de « demi-fèves ». La drogue transite par Bruxelles, puis dans des bars parisiens, avant d'être écoulée en banlieue et en province. Les bénéfices partent ensuite en Tunisie et sont réinvestis dans des commerces, l'immobilier et le tourisme de luxe.

La justice déterminera que le trafic a porté sur un peu plus de 17 kilos d'héroïne et de cocaïne, un poids sans doute très en deçà des importations réelles. Comme souvent, les quantités d'héroïne saisies ne sont pas gigantesques, 500 grammes maximum. Mais avec la poudre blanche, la culbute est énorme. C'est ainsi que des sommes de plus de 150 000 francs sont découvertes ici dans une boîte à chaussures, là dans un sac à main. Au total, les stups placeront sous scellés près de 400 000 francs, un joli pactole. Mais la plus grosse surprise viendra de la filature d'un des frères Roma, Fathi, en février 1990. Elle mène les flics à l'hôtel Édouard VII, établissement plutôt chic de l'avenue de l'Opéra. Un rendez-vous important s'annonce. Les stups identifient Hedi Ben Hassen, *alias* Bouledogue, neveu du chef des services spéciaux tunisiens, et remarquent un homme d'une cinquantaine d'années qui porte beau, « look d'homme d'affaires[1] »… La « filoche » mène jusqu'à un bazar du boulevard Ornano où les « objectifs » achètent une valise. Puis tout ce petit monde part en cortège vers Orly et patiente dans un salon privé d'Air France. C'est là que les stups interviennent. Contrôle ! Le type bien sapé refuse de décliner son identité. Le patron de la BSP devra négocier ferme pour apprendre qu'il s'agit de… Habib Ben Ali, qui n'est autre que le frère du président tunisien, Zine el-Abidine Ben Ali, au pouvoir depuis 1987. Il fait office de porteur de valises, des bagages remplis d'argent sale. Un des personnages du trafic dira que le frère du président « récupérait de l'argent de la drogue à chacune de ses venues à Paris ». Du plus mauvais effet. Surnommé Moncef, l'indigne frangin présidentiel est finalement fouillé, mais les

1. *Ibid.*

flics le laissent s'envoler, seul, en vertu d'un sauf-conduit diplomatique délivré par le Quai d'Orsay… Un grand moment de *realpolitik*[1].

Quand le procès des « rois de l'héroïne de Belleville » s'ouvre en 1992, pas moins de 25 prévenus sont renvoyés devant le tribunal, dont un grand absent, le frère du président tunisien. « Il n'a pas pu prendre l'avion à temps », ironisera le président de la 14e chambre correctionnelle du tribunal de grande instance de Paris. Les absents ont toujours tort. Moncef sera condamné à dix ans de prison par défaut et visé par un mandat d'arrêt international. Ce qui fait l'objet d'une réaction véhémente de l'ambassade de Tunisie en France. Elle dénonce « l'évidente manipulation faite par les islamistes et les opposants au régime [tunisien] installés à Paris [dont l'objectif] est, dès le début, de faire de ce procès de droit commun une affaire à dimension politique[2] ». La presse tunisienne s'en prend au « procès de Paris », une « diabolique manipulation relayée par des moyens financiers importants », pour « nuire à la réputation de la Tunisie ». Durant l'audience, les journaux français sont censurés à Tunis et *Libération* définitivement interdit. Habib/Moncef Ben Ali n'a, *a priori*, jamais remis le pied en France. Il est mort en 1996 à Tunis, d'une crise cardiaque qui garde des parts d'ombre. Quatre des frères Roma/Oueslati présents au procès se voient condamnés à douze ans de prison, Fathi, Ridha, Farid, Lassaad. Deux autres sont en fuite, aux Pays-Bas et en Espagne. « Il ne s'agit pas de simples dealers, mais d'une organisation d'un niveau élevé », insistera le président de la « 14e », un « milieu impitoyable », pour preuve les cinq meurtres qui émaillent le dossier[3].

1. La presse de l'époque supputera qu'il s'agissait aussi de ne pas effaroucher le président Ben Ali, dont la diplomatie française attendait qu'il intervienne auprès des voisins libyens pour faciliter l'enquête sur l'attentat contre un DC-10 d'UTA en septembre 1989.

2. *Le Monde*, 29 novembre 1992.

3. *Ibid.*

La fin de la « Couscous Connection » boucle les « riches heures » de Belleville. L'héroïne a d'abord reflué, puis s'est étendue à des villages parfois reculés de la France profonde, au gré de la disponibilité du produit. De nos jours, les sources d'approvisionnement sont multiples, elles vont des grossistes turcs aux petits trafiquants qui, depuis l'Europe de Schengen, se fournissent directement aux Pays-Bas. Rue Lesage, L'Alexandra, le bar de Franck Karoui, n'a jamais rouvert.

8

La filière kabyle

« Protection » de bars, restaurants, boîtes de nuit, jeux clandestins et surtout trafic de stups, avec le boom de l'héroïne dans les années 1980-1990 : Boukhalfa Djennad, dit Djeff, a régné sur le milieu algérien de la capitale pendant deux décennies, au prix d'étonnantes connexions avec certains services.

La chemise blanche ouverte jusqu'au nombril laisse apparaître une toison virile. Barbe à la Che Guevara, cheveux mi-longs, lunettes carrées aux verres légèrement fumés qui mangent le regard, un petit sourire en coin. Sur ce portrait en noir et blanc des années 1970, Boukhalfa Djennad n'est pas encore une légende dans le milieu parisien, ni le personnage replet qui lui vaudra plus tard le surnom de Gros Djeff. Boukhalfa, cela signifie « bonne fortune » en kabyle, ou bien « homme généreux qui ne compte pas[1] ». C'est aussi le nom d'un quartier de Tizi Ouzou, la capitale de la Grande Kabylie. Lui préfère qu'on l'appelle Djaffar, ou son dérivé, Djeff. Sur un autre cliché, le voilà dans un bar, quelques années plus tard, blazer crème sur chemise toujours ouverte, mais noire cette fois, chaîne en or et lunettes fumées Ray-Ban, en compagnie de son frère, Abdelnour

1. « La patronymie dans les daïras de Timezrit, Sidi-Aïch et Chemini, Étude morphologique et sémantique », thèse de Mustapha Tidjet, université Mouloud Mammeri, Tizi Ouzou, 2013.

dit Nono, autour de verres d'alcool. Il a déjà pris du poids. Les années 1980 ont commencé. Bars, boîtes de nuit et came… C'est la Sainte Trinité de ce poids lourd du milieu.

Djaffar, « le Gros », a vu le jour en 1950 à Ifigha en Grande Kabylie, dans la wilaya de Tizi Ouzou, non loin des villages de Rachid Buzenval ou de la famille de l'ancien avocat du milieu, Me Karim Achoui. La commune accrochée aux premières pentes des monts Djurdjura est réputée pour sa tradition de commerce. Avec Djeff, ce sera l'héroïne, la machine à tuer les junkies. Une spécialité qui, plus tard, va entraîner sa perte. « Djeff ? Il tenait pas mal de bars à Paris. C'est le milieu maghrébin dans toute sa splendeur », commente un membre parisien de la PJ. Pourquoi pèse-t-il si lourd alors que la presse n'en a quasiment jamais parlé ?

Son père était associé dans un « café, vins et hôtel », à La Garenne-Colombes, en banlieue ouest de Paris. Un commerce qui par une coïncidence assez extraordinaire sera racheté plus tard par la belle-famille de Nénesse Bennacer[1]. Le jeune Djennad, lui, semble faire les quatre cents coups, et pas seulement à La Garenne puisque ses pas le mènent dans la capitale. Là, à 14 ans, il se fait pincer par des policiers du 8e arrondissement. Une histoire de recel. Il habite alors à trois minutes à pied de la gare de La Garenne. Ensuite, il faut moins d'un quart d'heure en train pour rallier Saint-Lazare. L'année suivante, en 1965, le petit Boukhalfa se fait de nouveau agrafer, cette fois pour un vol de mobylette, toujours dans le 8e arrondissement. Plus tard, les délits s'accumulant, Djeff se retrouve en difficulté avec les autorités administratives, parce qu'il n'a pas la nationalité française. Il est interdit de séjour mais reste en France, ce qui l'expose au moindre contrôle. C'est d'ailleurs ce qu'il advient durant l'hiver 1971, où il est arrêté pour usage de faux papiers, usurpation d'identité et donc infraction à son interdiction de séjour. Il est relâché, mais ne se range pas pour autant. En octobre 1972, à 22 ans, le jeune homme retourne en garde à vue

1. Cf. chap. « Fin de partie à La Médina ».

pour deux vols, dont un par effraction dans l'Est parisien. Les choses s'aggravent pour Djeff Djennad puisqu'il s'est « soustrait à un arrêté d'expulsion ». Résolument ancré dans la délinquance, il est toujours frappé par une interdiction de séjour dans l'Hexagone, ce qui pourrait l'avoir exposé à certaines pressions de services de police. Il s'agit en effet d'un levier habituel pour recruter des « indics ». D'autant que la situation dégénère alors que son CV criminel s'allonge. Le nom de Boukhalfa Djennad est cité dans deux affaires de meurtre à Paris, en 1977 et 1979. « Avec son équipe, il a fumé des lieutenants des Zemour », croit savoir un vieux flic parisien. L'époque veut ça. Le clan des « Z. » est en pleine déconfiture.

Michel Pied-Noir

« Ils ont tué Richard le Juif qui tenait un café au faubourg Saint-Antoine », renchérit un familier du milieu kabyle de la capitale. La « Flèche », un autre surnom de Djennad, s'est donc retrouvé, à un titre ou à un autre, en concurrence avec les derniers représentants du « milieu juif pied-noir ». Une hypothèse plausible voudrait que ces rivalités soient liées aux jeux clandestins, ou bien au racket, ou encore à l'exploitation des bordels du Nord parisien autour de Jaurès et la Chapelle. À moins que ce ne soit les trois. Dans ces années-là, le Gros Djeff commence à faire peur. Il dispose en outre d'un allié de poids en la personne de « Michel Pied-Noir ». L'attelage qu'ils forment tous les deux sera redoutable et redouté. Cet associé de Djeff, peu connu des services de police, jouit pourtant d'un statut quasi légendaire dans le milieu kabyle. « Michel Pied-Noir », de son vrai nom Mohand Akli Slamani, était originaire de Bouzeguène en Algérie. « Jamais tu aurais dit que c'était un Arabe ou un Kabyle », se rappelle Rachid Buzenval, ex-tenancier de bars à la Nation, qui vient de la même région et le comptait parmi les clients de ses parties de cartes clandestines. « Il était blanc de peau, de grande taille, à peu près comme Francis le Belge[1], poursuit Rachid qui a connu les deux personnages. Tranquille, il ne parlait pas, jamais, Michel. Il tenait des parties aussi, avant moi, à Belleville. Et lui quand il tenait une partie, y a personne qui bougeait ! C'était un flambeur, comme moi. Il gagnait de l'argent mais… il jouait aux chevaux. Moi je ne joue jamais aux chevaux, ni aux jeux de grattage, rien. Que les cartes ! » L'ancien cafetier décrit Michel Pied-Noir comme « un grand voyou, mais respectueux » qui « défendait toujours les pauvres ». Un Robin des Bois, ou presque, qui « arrangeait les affaires » en cas de différend entre personnes de la communauté kabyle, ou pas. « Évidemment, pas pour rien hein… Il touchait », nuance Rachid Buzenval.

Une nuit à Belleville, chez le Gros Kader, un café-hôtel, ça flambe dur. Beaucoup de joueurs et de grosses mises, au faro, un dérivé du blackjack. Le patron tient la banque. Lors d'une partie de faro, la mise peut atteindre l'équivalent de plusieurs dizaines de milliers d'euros. Soudain, on frappe à la porte… Deux Yougoslaves entrent. Les joueurs misent. Les sommes en jeu dépassent les 50 000 francs. Le Gros Kader est en sueur, il va devoir payer les gagnants. Il se met à trembler… « Il a dit : *Les gens qui ne jouent pas, pourquoi ils viennent ici*, rapporte Rachid Buzenval qui se trouvait lui aussi autour de la table. Puis le mec derrière moi, un des deux Yougos, sort un calibre, un 7,65. Il donne un coup de crosse sur le crâne de Kader. Le sang se met à pisser. Je me souviens, j'avais des baskets Nike toutes neuves. Elles étaient pleines de sang… Le mec il a le chien de son flingue relevé… J'ai pensé : Ça y est, le Gros Kader, il n'est plus là. Mais ils ont juste ramassé tout l'argent qu'il y avait sur la table. Puis le mec derrière moi a dit à Kader : *Tu vas me chercher 20 millions [d'anciens francs] ou je te tue tout de suite…* Kader se met à pleurer. Le mec lui dit ensuite : *Bon, je reviens demain. C'est vingt briques ou tu es mort.* Le lendemain Kader est allé voir Michel Pied-Noir. Et comme Michel

1. Cf. chap. « La chute du Belge ».

connaît tout le milieu, il a été trouver ces Yougoslaves. Il lui a arrangé le coup. Le Gros Kader n'a pas payé les 20 millions. Mais sur l'argent qu'ils ont ramassé ces Yougos lors de la partie de cartes, Michel a pris sa part aussi. Eh oui ! »

Pour avoir croisé la route de Michel Pied-Noir et du Gros Djeff, certains ont eu moins de chance. Momo l'Oranais était un proxénète de la rue Saint-Denis qui tournait avec deux associés, oranais eux aussi. Son corps sans vie a été retrouvé, un hiver, dans une allée du bois de Vincennes. « Ces trois Oranais étaient de beaux garçons, raconte un témoin de l'époque[1]. Physiquement, des types de grande taille. Ils braquaient aussi. Et puis un jour, Momo est allé dans un bar dans le 18e, un bar à putes. Ce troquet était protégé par Michel et Djeff. Momo a bu un coup là-bas et, je ne sais pas pourquoi, une question de musique ou quelque chose, il a insulté les gens qui étaient présents. Il a dit "*nââ dine*" à tous les Kabyles. Et il avait un 357 Magnum… Il a tiré trois balles dans le comptoir. Après il s'est sauvé. » Momo l'Oranais change d'arrondissement et se réfugie dans un autre bar. Il entraîne le patron en cuisine… « Là, il sort le Magnum, le chien relevé. Il ne sait même pas comment il faut le remettre en place sans tirer, poursuit le même témoin. Et lui il a fait tout ce chemin avec son flingue comme ça, derrière la ceinture… Une petite secousse et il prend la balle dans les couilles ! Je lui ai montré comment remettre le chien. Puis il m'a dit : *J'ai fait une bêtise.* » Momo l'Oranais va la payer cash. « Un jour, un autre Oranais m'a dit : *Tu sais, Momo, il est mort. Ils l'ont tué. On l'a trouvé au bois de Vincennes…* C'est Michel et Djeff qui l'ont flingué, à cause de cette histoire de coups de feu dans le bar. Après, les deux autres Oranais se sont reconvertis dans le travail. »

Discret, secret même, Michel Pied-Noir n'a jamais eu d'affaires commerciales à son nom. Ça ne l'a pas empêché, à une époque, de détenir, dit-on, quelques intérêts dans une brasserie de la place du Châtelet à Paris ainsi que dans un cabaret à

1. Propos recueillis par l'un des auteurs au mois de février 2020.

Alger. Son activité, qui le mène souvent en Belgique durant ces années, aurait surtout consisté dans la protection de boîtes de nuit. « Si des voyous se mettaient à racketter ces endroits, Michel allait les voir, décrypte un de ses contemporains. Lui il ne pardonnait pas. Il mettait les gars en garde : *Écoute, tu vas laisser cet endroit tranquille. Je te préviens gentiment.* Si tu l'écoutes, tu restes en vie. Mais si tu ne l'écoutes pas, on te retrouvera au bois de Vincennes… »

« Une légende dans le milieu des dealers »

Boukhalfa Djennad a poursuivi lui aussi ses activités dans une certaine discrétion, jusqu'au mois de mai 1992, où il s'illustre pour usage de stupéfiants à Paris 18e. Est-ce cette arrestation qui pousse les policiers à s'intéresser de plus près à son cas ? C'est en tout cas le prélude à la chute du « Gros ». Moins d'un an plus tard éclate en effet « l'affaire de la filière kabyle de la drogue », comme diront les médias. « Le réseau algérien de l'héroïne parisienne », selon un titre du *Parisien*. Djennad fait la une des journaux qui le décrivent en « cerveau », en « caïd du milieu de la drogue », et déjà comme « une légende dans le milieu des dealers ». Il a 42 ans.

L'intérêt des flics pour sa personne aurait démarré grâce à un « tuyau » prometteur recueilli par un commissaire de la 2e DPJ auprès d'un « tonton » qui lui avait déjà permis de « faire » une très belle équipe de trafiquants de gros en shit l'année précédente. La « Deux » est compétente dans le nord de Paris, en particulier sur le 18e. « Mon indic s'était spécialisé dans les escroqueries aux assurances sociales. Il avait fait de la prison en France et avait aussi été incarcéré en Espagne », se souvient son « agent traitant ». Cette fois, la source susurre le nom de Djeff comme étant un client digne d'intérêt. Il exploite dorénavant le bar Au bon vivant, rue des Trois-Frères, une rue en pente qui permet de monter au Sacré-Cœur depuis le métro Anvers. Un commerce très, très bien placé, sur la route des touristes. Par grappes, ils gravissent la butte Montmartre, toute l'année. Ce bar a d'ailleurs une histoire. Il appartenait quelques années plus tôt à la belle-famille de Fouad Ali Saleh, l'auteur principal de la vague d'attentats meurtriers à Paris entre 1985 et 1986, dont celui devant la Fnac de la rue de Rennes[1].

Le bar est tombé dans l'escarcelle de Djeff en 1990, sans que l'on sache exactement comment. Un remerciement pour de bons services ? Il y a fait des travaux. Mais voilà, en mars 1993, après une année de surveillances et de filatures, c'est le « coup de filet antidrogue dans le milieu algérien de Paris[2] ». Un gros trafic, et pas n'importe lequel, un trafic d'héroïne, la drogue qui tue et qui engendre des bénéfices phénoménaux pour ses revendeurs, semi-grossistes et détaillants. Un sacré coup dur pour Boukhalfa Djennad, orchestré par des flics qui savent être tombés là sur une belle prise. D'ailleurs, la brigade des stups tiendra à se greffer à l'enquête. Une nuit d'hiver, vers 3 heures du matin, les poulets entrent armes au poing et en force dans le bar montmartrois de Djeff, sans un regard pour l'affiche du chanteur Aït Menguellet en concert le mois suivant au Palais des Congrès. « On voulait faire un flag », se souvient un flic qui en était[3]. Petite déception, la PJ ne trouvera pas la cache de l'héroïne. Et n'est pas assez rapide face à « Nono », le frère cadet du trafiquant, qu'elle « serre » alors qu'il déverse de la poudre « en quantité » dans un lavabo des toilettes. Les enquêteurs estiment cependant que les Djennad se seraient approvisionnés en Belgique à un rythme soutenu : pas moins de cinq à

1. Le terroriste d'origine tunisienne est tombé au 44, *bis* rue de la Voûte dans le 12e arrondissement en mars 1987. Coïncidence, quatre mois plus tôt, à la Taverne de la Voûte, au numéro 42 de la même rue, avait été arrêté Jean-Claude Mustafa, indic du commissaire Jobic et point de départ de l'affaire du même nom, autour d'un trafic d'héroïne suspecté en direction de la cité du Port à Gennevilliers. Mustafa est un cousin de Jean Herrina, le « Prince des voleurs », lui-même lié aux frères Allia. Voir aussi le chapitre « Fin de partie à La Médina ».

2. *Le Soir*, 24 mars 1993.

3. Témoignage recueilli par l'un des auteurs en novembre 2020.

dix kilos par mois, « pendant dix ans », c'est-à-dire depuis 1983. Les enquêteurs sortent les calculettes : cela représente au total « près de 1,2 tonne de blanche pour un prix de gros parisien de 700 francs français le gramme[1] ». Soit une valeur totale de plus de… 840 millions de francs ! Plus de 128 millions d'euros. De quoi donner le tournis, même s'il faut sans doute retrancher un certain nombre de faux frais.

Un autre bar du 18e, Le Puits de Montmartre, apparaît aussi au cœur des « opérations délictueuses du réseau » et d'une vaste structure de blanchiment chapeautée par une holding, la Sneiric, basée à Pantin, ville où Djeff est gérant d'une épicerie. Cette prospère société fait l'objet d'investigations poussées de la part de la brigade de recherches et d'investigations financières (BRIF). Il y a fort à faire avec des comptes en Suisse, des sociétés-écrans, des investissements parisiens, d'autres à Alger, en Espagne du côté de Barcelone, mais aussi en Belgique où Djennad est propriétaire d'une brasserie, à Bruxelles. En tout, le Gros Djeff détiendrait directement ou indirectement une vingtaine d'établissements. Le Bistrot, rue des Poissonniers, l'Europe, le Mont-Blanc, en plus du Bon Vivant et du Puits de Montmartre. Un petit « empire », écrira le journaliste Nicolas Beau[2]. La Sneiric, Société nouvelle d'études internationales et de réalisations industrielles et commerciales (*sic*), « achète et revend des bars ou des brasseries et permet un blanchiment efficace de l'argent, précise-t-il. Les prêts sont officiellement couverts par un des trois grands brasseurs kabyles de la place ». Et c'est la Sneiric qui finance systématiquement les travaux dans ces bars, que les enquêteurs estiment n'être rien d'autre que du blanchiment. Ou de bien « étranges crédits », pour *Le Parisien*.

Là où ça se complique, c'est que, outre les frères Djennad, la Sneiric compte en son sein deux de leurs cousins d'Ifigha : Tahar Ahdjoudj, un comptable qui occupe la fonction

1. *Le Soir*, *op. cit.*
2. Nicolas Beau, *Paris, capitale arabe*, Le Seuil, 1995.

de gérant, et surtout Amrane Ahdjoudj, un intellectuel mâtiné d'homme d'affaires. Ce dernier est un ancien collaborateur du président algérien Mohamed Boudiaf[1]. L'année précédente, il a publié un livre sur les premières années de l'Algérie indépendante. Cet « habile intermédiaire[2] », prof d'économie dans un lycée en région parisienne, est aussi et avant tout membre du Conseil consultatif national algérien, le CCN, « assemblée censée remplacer l'ancienne Assemblée nationale[3] ». Le CCN, qui compte seulement soixante membres, a été mis en place en avril 1992. Le dossier devient brûlant. « Au sein de cette assemblée, Amrane Ahdjoudj est même chargé d'un rôle de liaison entre les opérateurs économiques français et algériens », souligne Nicolas Beau. Plutôt fâcheux… Pris dans la nasse, Amrane Ahdjoudj se retrouve mis en examen aux côtés de dealers. « Ce politicien-trafiquant présumé a d'ores et déjà choisi pour avocat Me Jean-Yves Le Borgne[4], connu pour avoir défendu il y a quelque temps Moncef Ben Ali, frère du président tunisien et lui aussi impliqué dans un dossier français de trafic d'héroïne », souligne malicieusement *Le Soir*. Il s'agit bien entendu de la « Couscous Connection » de Belleville[5]. Tous les ingrédients du scandale commencent à poindre. « Comment cet intellectuel, qui a consacré un livre à son pays d'origine – *Algérie : État, pouvoir et société* –, se retrouve-t-il mis en examen pour blanchiment d'argent sale, s'interroge *Le Monde*[6]. Pourquoi ce militant associatif – M. Ahdjoudj fut trésorier de Radio-Beur – a-t-il été mêlé à un réseau de trafiquants d'héroïne présenté par les policiers comme l'un des plus actifs de la capitale ? » Sous

1. Héros de la guerre d'indépendance, Mohamed Boudiaf est revenu d'exil pour diriger l'Algérie en janvier 1992, avant d'être assassiné le 29 juin 1992 à Annaba par l'un de ses gardes du corps, dans des circonstances particulièrement troubles.

2. Nicolas Beau, *Paris, capitale arabe*, *op. cit.*

3. *Le Soir*, *op. cit.*

4. Interrogé en novembre 2020, M[e] Le Borgne nous a déclaré ne garder aucun souvenir de cette affaire.

5. Cf. chap. « De la brune à Belleville ».

6. Daté du 25 mars 1993.

Maghreb ont eu tendance à se loger près de leurs cousins déjà établis en France, ou leurs amis, leurs voisins. Des liens de solidarité forts persistent entre habitants d'un même village ou groupement de villages. On s'associe, on s'entraide. C'est ainsi que Djeff aurait eu quelques intérêts dans une grande brasserie de la place de Stalingrad, L'Épatant, à l'angle de la rue de Flandre, qui n'était pas encore devenue une avenue. Un peu plus loin, en passant par la bien nommée rue de Kabylie, le Tourbillon Club, rue de Tanger, fait partie des adresses fréquentées par Djennad. Il s'agit d'un ancien bal musette, coupe-gorge du XIXe siècle qui accueillit plus tard Édith Piaf et Django Reinhardt, avant de rouvrir dans les années 1970 sous la désignation « café, bar et bal ». De cette période, il ne demeure aujourd'hui plus rien ou presque, tous ces bâtiments ayant été détruits dans les années 1990.

Reste que l'opération policière de 1993 a mis en lumière des liens dont la communauté kabyle se serait bien passée, comme l'explique la presse belge à l'époque : « Djeff et Nono représentent pour les enquêteurs un duo mythique, en cheville avec les trafiquants turcs de Belgique et des Pays-Bas. Très en vue dans le milieu algérien et de la musique raï, ils ont mis la main au fil des ans sur une quinzaine d'établissements et sociétés qui forment leur toile sur la capitale de l'Hexagone. » Alors forcément, « cette affaire ébranle la communauté kabyle, moins coupée des coups tordus du pouvoir algérien qu'on veut bien le croire à Paris », écrit le journaliste Nicolas Beau[1]. Ainsi, « le cabaret Le Monseigneur, haut lieu des plaisirs de la nomenklatura algérienne, est à deux doigts de se trouver au milieu de la tourmente ». Cet ancien cabaret russe de renom, sis rue d'Amsterdam (9e), tout près de la place de Clichy, « magnifiquement redécoré en lupanar oriental de luxe[2] », a retrouvé une nouvelle jeunesse avec des chanteurs comme Cheb Khaled et Cheb Mami, les poids lourds du raï, qui y ont fait leurs débuts

1. *Paris, capitale arabe*, *op. cit.*
2. *Guide actuel du Paris mondial*, 1992.

parisiens[1]. Une adresse incontournable pour les fêtards que sont les frères Djennad. Si Djeff consommait parfois de l'héroïne, à en croire son avocat, ce n'était pas sa seule addiction. « Il touchait à tout, car pour acheter il faut goûter, croit savoir un voyou de la même génération. Il tapait fort dans la cocaïne aussi. Il mettait 10 000 francs par semaine dedans, rien que pour sa consommation à lui. » La légende, encore elle, veut aussi que Djeff ait été en affaires avec des fournisseurs chinois dans une histoire de came, qu'il n'aurait pas payés. « Ils sont allés le chercher au bled, en Kabylie, mais ils ne l'ont pas trouvé, reprend notre témoin. Ils l'auraient coupé en morceaux sinon. » La réputation du « commerçant » d'Ifigha est assise. « C'était le plus gros trafiquant d'héro de Paris », n'hésite pas à affirmer un ancien commissaire à la 2e DPJ, en première ligne à l'époque. Un gros profil toujours escorté d'un Kabyle de deux mètres, surnommé « Colonna » pour une raison ou une autre, son garde du corps.

Après la chute du réseau Djennad et un passage en prison, Djeff va retrouver un certain anonymat pendant les décennies suivantes. Mais ses connexions multiples interrogent.

Des liens avec la sécurité militaire algérienne ?

Un « vieux routier » franco-algérien du milieu parisien, connu pour cambriolages, recel et proxénétisme, affirme sans tortiller que « le Gros Djeff travaillait pour la SM en Algérie », c'est-à-dire la sécurité militaire[2], le bras armé du régime FLN. Pas de quoi le rendre plus populaire parmi la confrérie truande de la capitale où Djennad n'avait pas que des amis. « C'était un sale papier, un tonton de Gennevilliers », confie le vétéran du milieu. Un « sale papier », dans le parler voyou, signifie un personnage à la mauvaise réputation auprès de ses pairs, un type pas correct.

1. Cf. chap. « La guerre du raï ».
2. Devenue Département du renseignement et de la sécurité (DRS).

Quant à la ville de Gennevilliers, dans les Hauts-de-Seine, où des gens d'Ifigha sont implantés, c'est historiquement un haut lieu de la revente d'héroïne, avec les cités du Luth et du Port. La fameuse « affaire Jobic[1] » faisait suite à une enquête sur un réseau basé cité du Port, à Gennevilliers, sans d'ailleurs que les fournisseurs soient « remontés ».

Une autre affaire a exposé au grand jour les liens sulfureux entre le régime algérien et des voyous installés en France : l'assassinat à Paris le 7 avril 1987, boulevard Saint-Michel, de l'avocat Ali André Mécili, opposant du régime d'Alger. Un « obscur proxénète[2] » algérien, Malek Amellou, originaire d'Akbou en Kabylie, sera très fortement suspecté[3]. Bien connu de la police française depuis des années et sous le coup lui aussi d'un arrêté d'expulsion vieux de quinze ans, il est désigné un mois après l'assassinat au travers d'un très précis « renseignement confidentiel et anonyme » recueilli par la brigade des stupéfiants de Paris (BSP). Le « tuyau » fait état d'un « contrat passé par un représentant des services spéciaux algériens ayant de très nombreuses relations en France ». Une autre « info » tout aussi circonstanciée est récoltée par un policier de la 3e DPJ. Celui-là mentionne qu'une somme de 800 000 francs aurait été promise pour exécuter ce « contrat d'État ». Malek Amellou, qui roule en Porsche et en cabriolet BMW, arbore tous les signes ostentatoires du « proxo » : chaîne en or, montre Van Cleef & Arpels, chevalière à seize pierres, bague, et briquet Cartier[4]. Mais il est aussi porteur d'un ordre de mission délivré par la sécurité militaire algérienne…

Selon l'enquête de la brigade criminelle, le tueur présumé de feu Me Mécili a été recruté par deux agents algériens depuis un restaurant du boulevard Saint-Martin, Le Berbère, tenu par

1. Du nom de ce commissaire de la PJ parisienne mis en cause pour corruption et finalement blanchi.

2. Hocine Aït-Ahmed, préface à la réédition de *L'Affaire Mécili*, La Découverte, 2007.

3. Malek Amellou ne sera jamais poursuivi pour le meurtre de Me Mécili.

4. Michel Naudy, *Un crime d'États. L'Affaire Mécili*, Albin Michel, 1993.

un dénommé Djamal B., originaire de Seddouk, toujours en Kabylie. Ce dernier a été mis en cause en 1984 dans un vol à main armée à Paris avec quelques pointures de la banlieue est, Nordine Benali, dit la Puce, et Cero Lahcene. Le Berbère serait le « lieu de rencontre de tous les truands de la région d'Akbou », selon un témoignage[1]. Et le gérant compte parmi ses cousins « un officier des services spéciaux algériens, habitué du restaurant du boulevard Saint-Martin[2] ». Un autre truand algérien, « Samy », qui a été démarché au Berbère, tenait auparavant un bar tout proche du faubourg Saint-Antoine, rue de Cîteaux, « rendez-vous de la pègre locale[3] ».

Par coïncidence plutôt troublante dans cette nébuleuse affaire Mécili, la compagne de Malek Amellou, une strip-teaseuse de Pigalle prénommée Fatna, a, durant sa garde à vue, tenté de « faire prévenir un certain "Michel" » *via* une prostituée, par ailleurs indic de police, qui séjournait avec elle au dépôt du palais de justice de Paris et qui devait être libérée. Il s'agissait pour la strip-teaseuse de faire « vider l'appartement » qu'elle occupait avec son compagnon[4]. Ce serviable Michel qui aurait pu s'en charger navigue entre « un cabaret dans la même rue que Le Monseigneur et la brasserie Burger, ou alors au Topless où il se rend tous les jours de bonne heure ». Le cabaret Monseigneur est, nous l'avons vu, notamment fréquenté par des Algériens aisés et par les amateurs de raï. Quant au Topless, peep-show du boulevard de Clichy, il sera le cadre en septembre 1987, cinq mois après l'assassinat de Me Mécili, d'une fusillade sanglante au mobile peu clair[5]. Le « mystérieux Michel », lui, ne sera jamais officiellement identifié, mais il partage certains traits avec Michel Pied-Noir, notamment une proximité avec le monde de la nuit et la fréquentation de cabarets. C'est aussi

1. *Ibid.*
2. Hocine Aït-Ahmed, préface à la réédition de *L'Affaire Mécili*, *op. cit.*
3. Michel Naudy, *Un crime d'États. L'Affaire Mécili*, *op cit.*
4. Hocine Aït-Ahmed, préface à la réédition de *L'Affaire Mécili*, *op. cit.*
5. Elle est le fait de voyous italiens en cavale qui auraient tué trois personnes pour une addition trop salée…

l'avantage des surnoms, cela rend l'identification plus compliquée. Et dans le milieu maghrébin, il n'est pas rare de n'être connu que sous un sobriquet.

Une juge est saisie, mais son instruction est vite sabotée. Le suspect numéro un dans l'assassinat de Me Mecili a été expulsé en « urgence absolue » vers l'Algérie après un arrêté du tandem Pasqua-Pandraud au ministère de l'Intérieur, avant même de pouvoir être entendu par la magistrate… Pour Hocine Aït-Ahmed, un des leaders du FLN pendant la guerre d'Algérie et défenseur de l'émancipation kabyle, la main d'Alger est évidente dans l'élimination de son ami Mécili.

L'incontournable commissaire Jobic pointera aussi le bout de son nez au cours de cette enquête à rebondissements. Le voilà accusé par des voyous de connaître la maîtresse d'Amellou, le tueur présumé de l'opposant algérien, et de rouler dans une Porsche rouge, ce que l'instruction ne parviendra absolument pas à démontrer. Pourtant, certains restent dubitatifs. « De là à en déduire l'existence d'un rapport direct entre le commissaire Jobic – lequel nie catégoriquement ces déjeuners avec Fatna – et l'assassinat d'Ali Mécili, il y a un pas que la rigueur élémentaire interdit de franchir, écrit Aït-Ahmed. Mais cette affaire montre pour le moins que de hauts fonctionnaires de la police française entretiennent des contacts avec des petits truands du milieu algérien que la Sécurité militaire ne répugne pas à utiliser. La présence au sein de la défense du commissaire Jobic d'un avocat venu d'Alger et dont on connaît les liens avec la SM constitue par ailleurs une curieuse coïncidence. Les services spéciaux algériens ont recouru au milieu algérien pour exécuter Ali Mécili, certains services français sont en rapport direct avec ce milieu[1]. » Ces liens resteront troubles et inexplorés, faute sans doute d'une volonté côté français, et bien sûr algérien[2].

1. Préface à la réédition de *L'Affaire Mécili*, *op. cit.*

2. Le 10 septembre 2015, la cour d'appel de Paris a confirmé le non-lieu prononcé par la juge d'instruction chargée de l'enquête sur l'assassinat d'Ali Mécili, dix-huit ans après, faute d'avoir pu obtenir l'exécution des commissions rogatoires internationales en Algérie.

Jeux et boîte de nuit

La liberté retrouvée, Boukhalfa Djennad va continuer d'explorer consciencieusement la palette du banditisme. Après la protection – ou l'extorsion, selon le point de vue où l'on se place –, après les meurtres et les stups, on le retrouve, des années plus tard, dans les jeux clandestins. Tout démarre en juillet 2006, quand des policiers du commissariat central du 19e arrondissement font une descente dans un bar de l'avenue Jean-Jaurès et y saisissent un bingo, ce jeu électronique qui se transforme en discrète machine à sous. L'appareil est propriété d'une société dont la gérante répond au pseudonyme de Samia, une Marseillaise d'une quarantaine d'années. On connaît l'appétence des Provençaux pour ces juteuses « baraques ». Samia prétend ne pas avoir connaissance de l'utilisation frauduleuse qui est faite de son bingo. Or elle est parente avec une fratrie, les B., tombée pour infraction à la législation sur les jeux en bande organisée avec une soixantaine de machines à sous à Paris et dans ses alentours. La Marseillaise gère par ailleurs la discothèque le Star Night, un établissement de la rue des Petites-Écuries, dans le 10e arrondissement de la capitale, qui gagne à être connu. De ces discothèques où l'on n'entre pas sans être un habitué. Et voilà que l'on retrouve les frangins Djeff et Nono Djennad. Pour les enquêteurs de la BRB qui reprennent l'enquête, ces « malfaiteurs notoirement connus étaient les pivots de ce réseau ». Ils ont pour « hommes de main » le technicien du parc des machines à sous, un Tunisien prénommé Nidhal, dont le frère, Walid, apparaît « lié au grand banditisme parisien », et enfin le gérant d'un bar à Aulnay-sous-Bois surnommé Mohand. Tout ce petit monde fréquente le Star Night. Le 2 avril 2007, les gens de la BRB font un extra nocturne, épaulés par leurs homologues de la BRI, et emballent tout le monde. Un homme contrôlé dans la discothèque, connu dans le monde de la gérance de bars et restaurants, cache sur lui un pistolet automatique Walther PPK approvisionné de sept cartouches, sans que l'on sache exactement ce qu'il comptait en faire. Autre assidu du Star Night, Nono Djennad, le petit frère, qui est lui en possession d'un faux passeport. Et comme il fait l'objet de deux fiches de recherche après une condamnation à deux fois trois ans de prison pour trafics de stups, il atterrit directement en prison. « Les investigations se poursuivent, notamment aux fins d'interpeller Djennad Boukhelfa (*sic*), qui serait actuellement en Algérie », note la PJ. Il ne sera pas inquiété outre mesure.

On retrouve le nom de Djennad, mais cette fois comme victime, lors d'un épisode tragique dans les beaux quartiers : le 12 janvier 2014, Nono est grièvement blessé par balles rue de Ponthieu par un éminent membre du gang de Montreuil[1]. Le cadet des Djennad va bientôt se retrouver esseulé. Djeff meurt à l'automne 2016 à Paris, des suites du diabète. Mais son entregent ne s'est pas éteint avec lui. Il a même continué de manière posthume, comme le démontre le procès en novembre 2019 d'un ancien policier de Bobigny (Seine-Saint-Denis), jugé pour corruption. Ce gardien de la paix « à la dérive[2] » avait été « tamponné » par Djeff qui venait le voir « tous les midis » devant son commissariat. Au cœur de l'affaire démarrée trois ans plus tôt, une Bentley décapotable, restaurée et mise en vente par un carrossier d'Épinay-sur-Seine. Sauf que Xavier, le brigadier-chef en poste depuis dix-sept ans – pas un perdreau de l'année donc –, s'en mêle à la demande du voyou kabyle. Il convoque le vendeur et affirme que sa Bentley apparaît dans un trafic de faux papiers. Il se doit de l'immobiliser. Puis, « le brigadier-chef lui apprend qu'elle doit "servir d'appât dans une enquête judiciaire"[3] ». En réalité, la décapotable est mise à la location dans l'est de la France. Plainte est déposée et la police des polices ne tarde pas à découvrir que le policier indélicat a consulté illégalement des fichiers pour le compte du fils de Boukhalfa Djennad qui souhaitait s'approprier la luxueuse anglaise. Le

1. Cf. chap. « L'amicale des fugitifs ».
2. « La Bentley, le flic ripou et les escrocs », *Le Parisien* du 4 octobre 2019.
3. *Ibid.*

flic ripou dira avoir été manipulé et sous l'influence du Gros Djeff. Au procès, la cour s'étonnera qu'un policier ait pu « obéir au doigt et à l'œil de personnages douteux[1] ». Convaincu de complicité d'escroquerie, le fonctionnaire a été condamné à trois mois de prison et révoqué de la police. Quelques jours après le jugement, ce surprenant ex-policier témoigne à visage découvert devant les caméras de France 2[2]. Il évoque le Gros Djeff, « une personne de taille moyenne, un nez aquilin et un regard perçant, très perçant ». Le ripou aura ces mots en forme d'épitaphe : « C'était un chef de clan, ça transpirait de partout, tout le monde en avait peur. On était vraiment dans le grand banditisme. C'était du Coppola. C'était la mafia kabyle sur Paris et il tenait les rênes. »

1. *Ibid.*
2. « Complément d'enquête » du 18 novembre 2019.

9

L'Élégant

Mohamed Amimer est la figure de proue d'une génération de braqueurs, au carrefour des années 1980-1990, que la police n'a pas vue grandir, capable de monter des coups très sophistiqués, et qui n'avait pas peur de grand-chose. Il a aussi inspiré nombre de ses successeurs et a œuvré, après sa sortie de prison, à la réinsertion de détenus.

Leurs yeux, gros comme des calots, ne quittent pas ces « grands » accoudés au meuble du bar en marbre du Pakistan qui s'étend de part et d'autre du Saint-Exupéry. Une adresse incontournable pour qui compte dans le milieu parisien des années 1970-1980. Le bistrot trônc au centre de la résidence Jean-Mermoz, place Saint-Exupéry, à Rosny-sous-Bois (Seine-Saint-Denis). C'est LE lieu de rendez-vous des voyous à l'ancienne qui y disputent des parties de tarot l'après-midi, derrière d'épais doubles rideaux rouges. Sous les regards émerveillés de gamins du coin que l'école n'a pas su passionner. Avisés, les enquêteurs de la police judiciaire parisienne, notamment ceux des brigades antigang (BRI) et de répression du banditisme (BRB), y prennent régulièrement leurs quartiers, à bonne distance tout de même, dans une tour située juste en face, pour observer ceux qui vont et viennent dans ce bar au milieu d'un « petit centre commercial à ciel ouvert », comme on n'en fait plus. Le parking de ce commerce de plain-pied, avec remise à l'arrière, juke-box, machines à sous et flippers à disposition de la clientèle, a des faux airs de salle d'exposition du Mondial de l'automobile. Sur leur carnet de notes, les policiers couchent les noms des habitués du « Saint-Ex » et son épaisse moquette marron et salivent devant les modèles de leurs voitures : une Citroën SM, bijou avant-gardiste de la marque aux chevrons et son moteur Maserati, une Mercedes coupé-cabriolet 450 SLC tout juste sortie des usines du constructeur allemand, une rutilante Porsche 911 Turbo, une rugissante Ferrari 308 GTB et même une soyeuse Rolls-Royce Silver Shadow trônent devant l'entrée. Sans que personne n'ose y toucher. Ou alors seulement du bout des yeux. Derrière les fourneaux, un cuisinier et un pizzaiolo assurent le quotidien qui, de mémoire de clients, est « de bonne facture ». « Il y avait des règles ici : tes salades, tu les réglais à l'extérieur », soutient Arezki, dit la Fouine, qui a ouvert les lieux en mars 1970, après avoir versé « 20 000 francs » au précédent propriétaire et fait des « travaux pour 33 millions d'anciens francs[1] ! ». « Qu'est-ce qu'on a pu se marrer ! s'exclame l'intéressé, le regard rieur et pétillant de souvenirs. On avait un pote, Mohamed Chalabi dit le Chat[2]. Personne n'en voulait dans son troquet parce que c'était un chambreur de première mais, surtout, ça pouvait partir vite quand il avait bu un coup de trop. Beaucoup en avaient peur. Un jour, il avait chambré Michel Ardouin, *alias* Porte-Avions, en le rebaptisant "Porte-Jarretelles" (*rires*) ! Ça ne lui avait pas beaucoup plu. Un autre jour, il avait interpellé deux mecs, des pinces, qui ne payaient jamais à boire. Il les avait regardés droit dans les yeux avant de lancer : *faut resservir ces deux smicards du braquage* (*rires*) ! Quelle rigolade… » Outre sa faculté à mettre en boîte son monde et à faire le coup de poing, le Chat est aussi un conteur hors pair qui tient son public en haleine lorsqu'il se lance dans le récit de la saga du gang des Lyonnais.

1. Entretien avec l'un des auteurs au mois de septembre 2020.
2. Ce même Mohamed Chalabi deviendra propriétaire du Saint-Exupéry au début des années 1990 avant de le rebaptiser « La Fontaine ».

L'un des membres de cette redoutable équipe de braqueurs, qui a sévi de la fin des années 1960 au milieu des années 1970 dans la région lyonnaise et jusqu'à Strasbourg, venait aussi se poser au Saint-Ex. « Le Chat était grand pote avec Edmond Vidal, dit Monmon, du gang des Lyonnais, poursuit Arezki. Moi aussi d'ailleurs. Y avait quand même de sérieux clients chez moi… » Plusieurs comparses d'un autre gang, parisien cette fois-ci, celui des Postiches, célèbres braqueurs des années 1980, tels que Robert Marguery, dit Bichon, Bruno Berliner et Jean-Pierre Lepape[1], avaient leur rond de serviette dans ce troquet où gouaille et filouterie faisaient bon ménage.

Des pièces de 10 francs plein les poches

L'histoire raconte aussi qu'un jour les gosses, toujours pendus aux basques de ces « beaux mecs », se sont retrouvés les poches pleines à crever de « Mathieu », les pièces de 10 francs, couleur or, de l'époque. Des rondelles de cuivre et de nickel ouvrés, « tombées » d'un camion-tirelire un jour de juillet 1977, en plein cœur de Paris, et « récupérées » par une fine équipe de braqueurs qui était repartie avec l'astronomique somme de 17,7 millions de francs[2], soit l'équivalent de plus de 10,5 millions d'euros constants ! L'histoire dit encore qu'un certain Guy Peltier, *alias* Titi[3], était derrière ce « hold-up, l'un des plus importants de ces cinq dernières années, si l'on excepte les deux pillages des coffres de la Société générale, à Paris et à Nice, pendant l'été 1976 », comme l'écrira *Le Monde*[4] à l'époque. Un voyou à l'ancienne, grandi à Drancy (Seine-Saint-Denis), avant de bifurquer, rue de la Demi-Lune, à Montreuil. Une

1. Des braqueurs, originaires de Belleville à Paris, qui se grimaient avant de s'en prendre aux coffres des clients de nombreuses banques parisiennes au début des années 1980.

2. Cf. chap. « Fric-frac sur l'île Saint-Louis ».

3. *Ibid.*

4. *Ibid.*

figure du grand banditisme parisien, ce Titi, devenu un mentor pour plusieurs de ces gamins que le Saint-Ex n'en finit plus d'aimanter. « C'est vrai, le Saint-Ex nous faisait rêver, reconnaît encore aujourd'hui l'un d'entre eux. On voyait ces mecs et leurs caisses de folie, ils nous avaient à la bonne. Ils nous payaient des coups à boire. Attention, pas d'alcool, hein ! On buvait des lait-fraise ou des diabolo-menthe. Nous, les petits, on comprenait vite qui était qui. On voulait leur ressembler et on se disait, déjà, entre nous qu'on serait meilleurs qu'eux. » Titi Peltier prend notamment sous son aile celui qui n'est encore qu'« un jeune de Noisy-le-Sec », mais qui va vite se tailler une réputation dans le milieu : un certain Mohamed Amimer.

Seul garçon d'une fratrie de sept enfants, il est né en janvier 1959 à Noisy-le-Sec et a vécu ses toutes premières années dans un étroit deux-pièces, rue de Merlan, avant que ses parents ne déménagent toute la famille dans le quartier de la Boissière, à cheval sur Montreuil, bordé par ce qu'on appelle alors des « habitations à loyer modéré », les fameux HLM, dans lesquels s'entassent de nombreux immigrés. La famille Amimer y emménage dans un quatre-pièces. Avant d'acheter, quelques années plus tard, un pavillon, toujours à Noisy-le-Sec. Son père, né à Tlemcen en Algérie, arrivé en France en 1957, est « cantonnier à la Ville de Paris ». Sa journée terminée, il embraye dans le bistrot Les Routiers, avenue Galliéni, qu'il tient avec l'un de ses frères. En parallèle, il officiera aussi comme « collecteur de fonds » pour le compte du Front de libération nationale (FLN) – un parti politique, à l'origine de l'indépendance de l'Algérie en 1962 –, pendant la guerre contre le colonisateur français.

Sa mère, originaire de Oujda au Maroc, s'échine à faire grandir ses six filles et son garçon. Ce dernier passe par les bancs de trois écoles primaires mais son truc, c'est le football. Quand il ne joue pas avec ses potes de la Boissière, cet ailier gauche, longiligne, enchaîne les dribbles sur les terrains du patronage de Noisy-le-Sec, avant d'être repéré par les dirigeants du club de Romainville, qui évolue à un niveau supérieur. Il a 15 ans, et voit se profiler les premiers ennuis avec la justice alors qu'il rêve pourtant encore d'imiter son idole, l'international algérien et joueur légendaire du PSG, Mustapha Dahleb. De larcins en cambriolages, celui que l'on surnomme le Petit Momo prend goût à l'argent facile. Qui plus est, autour de lui, peu sont ceux qui lui donnent l'envie d'autre chose. Bien au contraire. Dès l'âge de 8 ans, avec sa bande de copains, il passe ses après-midis au cinéma et, entre deux parties de foot, s'essaye au judo, puis au karaté tandis que les films de Bruce Lee n'en finissent plus de faire des émules. À la piscine, à ciel ouvert, de Noisy-le-Sec, il fait la connaissance, encore gamin, d'un certain Mario Hornec – à peine six mois plus vieux que lui –, originaire de Montreuil et membre de la communauté des gens du voyage, qui formera, quelques années plus tard, avec ses deux frères – Jean-Claude, l'aîné, et Marc, le benjamin – l'une des fratries les plus redoutées de la pègre parisienne. « Cette piscine, c'était le lieu de rencontre de tous les rejetés de la société, les Arabes et les Gitans, se souvient un habitué des lieux. On avait une dizaine d'années ; on se retrouvait tous là ; on y passait toutes nos vacances. » Mohamed Amimer aura aussi l'occasion, au cours de quelques étés, de découvrir la douceur de celle qui n'est pas encore considérée comme le « Saint-Tropez de la côte Atlantique » : l'île de Ré et ses longues plages de sable fin.

Premier passage par la case prison

Sorti du circuit scolaire, sans son certificat d'études primaires, il intègre le collège d'enseignement technique (CET) Condorcet à Montreuil pour y entamer une formation de carrosserie auto et chaudronnerie. Sans grande conviction. Le 26 décembre 1976, alors qu'il n'est pas encore majeur, il « tombe » pour la première fois. Avec l'un de ses potes, surnommé James Dean, un as de la cambriole, toujours habillé comme « un milord, costume trois-pièces, rehaussé d'une chaîne gousset », il est surpris par la police en flagrant délit en train de fureter dans une maison à Chelles en Seine-et-Marne. La situation dégénère lorsque les policiers, gabardine marron sur les épaules et pistolet 7,65 au poing, tirent sur les jeunes qui tentent de prendre la fuite en courant, après avoir vu un balcon s'écrouler sous leurs pieds. « Un des voleurs a été touché à la jambe mais il est quand même parvenu à s'enfuir », se remémore un témoin des faits. Amimer, lui, se retrouve coincé puis monté, sans ménagement, dans la 404 Peugeot des fonctionnaires de police, tous rapatriés d'Algérie et pour qui l'indépendance de cette ancienne colonie française est loin d'avoir été digérée. Arrivé au commissariat, le jeune délinquant ne lâche pas un mot sur son complice. « On a fait parler les fellaghas, on va bien réussir à te faire parler, toi », menacent les policiers, avant de faire pleuvoir les coups. Mohamed Amimer est ensuite conduit devant une juge des mineurs du tribunal de Bobigny, puis incarcéré au centre de jeunes détenus de la maison d'arrêt de Fleury-Mérogis (Essonne). Le numéro d'écrou 59001 n'y restera pas longtemps. Un mois après son interpellation, il quitte la plus grande prison d'Europe alors qu'il vient d'avoir 18 ans. De cette première incarcération, Mohamed Amimer dira, quelques années plus tard : « En prison, je suis rentré à l'école du crime, alors que je pensais entrer dans le football professionnel. » À sa sortie, un stage pour obtenir une licence de soudeur lui est proposé à Drancy. Pendant six mois, il apprend à doser oxygène et acétylène pour souder mais aussi pour découper… Le foot est encore dans un coin de sa tête mais le cœur « n'y est plus », comme il le confiera plus tard à l'un de ses proches.

Un poste d'« ouvrier spécialisé » lui est conseillé par l'ANPE, l'agence pour l'emploi, dans une usine. Il y restera une demi-heure. « J'y ai vu tous les darons [les pères] de mes potes. Ce n'était pas possible. Eux ne savaient ni lire, ni écrire. Moi, si. Et il y avait un bruit infernal… », expliquera-t-il des années plus tard. De retour à la Boissière, Amimer répète « ses gammes » dans les usines ou les supermarchés où les recettes sont placées à l'abri de solides coffres. « Mais on avait la moelle, les coffres de 250 kilos, on les emportait quand même », s'exclame un de ses anciens comparses. À la fin de l'année 1977, retour au commissariat après un casse manqué, avec deux de ses potes d'enfance, Kiki et Raymond, sur un coffre-fort à la gare de Rosny-sous-Bois, censé renfermer près de 400 000 francs[1]. « Quand les flics ont allumé la lumière, ils ont tout de suite reconnu sa tête et lui ont dit : *Amimer, tu bouges pas !* » raconte un témoin. Dans la foulée, le tribunal de Bobigny le condamne à douze mois de prison, dont huit avec sursis, assortis de trois ans de mise à l'épreuve. À l'été 1978, le même Amimer décide de partir « faire le beau » avec des amis, direction la Côte d'Azur. Faux permis de conduire en poche, il se glisse derrière le volant d'une Peugeot 504 TI, bleu ciel. Une berline équipée d'un moteur V6 et de vitres électriques à l'avant en série, un luxe pour l'époque. De passage à Antibes (Alpes-Maritimes), ils sont contrôlés par une patrouille de police. L'un des occupants du véhicule est trouvé avec une clef de consigne qui conduit finalement la police jusqu'à des bijoux volés. Amimer est jugé au tribunal de Grasse pour détention de faux permis et recel. Il écope d'un an de prison, puis d'une année supplémentaire en appel. Incarcéré, il estime que la peine infligée est disproportionnée, puis bascule, à sa sortie de détention en 1980, dans le grand banditisme. « Titi Peltier le récupère et l'emmène avec lui sur ses premiers gros coups, assure un proche. Un jour, ils sont de retour d'une affaire, Amimer est au volant d'une R12 avec un képi de flic sur la tête. Derrière, y a Peltier et d'autres anciens. Ils arrivent à un barrage de police, un des vieux demande au Petit Momo de retirer son képi, mais lui il n'obéit pas ! Peltier dit à son acolyte : *laisse faire le môme*. Ils arrivent à hauteur des flics qui les saluent et leur font signe de passer… » L'audace et le sang-froid dont a fait preuve le « môme » vont l'accompagner tout au long de sa carrière.

1. Soit 239 000 euros.

Naissance d'une bande redoutable

Après avoir fait ses premières armes, celui qui se fait appeler désormais le Grand Momo agrège autour de lui d'autres jeunes loups des banlieues, avides de gravir les échelons de la voyoucratie. Une nouvelle génération que les policiers, chargés de la lutte contre le grand banditisme, ne voient pas émerger, et encore moins grandir. « Ces braqueurs rebeus n'avaient rien à perdre et ils n'avaient pas peur d'être butés, analyse Mathieu Fabiani, ancien commissaire de police à Paris dans les années 1980, devenu avocat. Les services de police locaux avaient très peu de moyens pour lutter contre ces nouveaux venus. À la direction de la PJ parisienne, la priorité, c'était les Zemour et Pigalle. Ils n'ont pas vu venir les braqueurs issus de la banlieue. Les Maghrébins se sont aussi imposés car ils étaient plus nombreux que les représentants du milieu traditionnel comme les Corses ou les Marseillais. C'est la loi du nombre. »

En ce début des années 1980, le nom de Mohamed Amimer, dont la « notoriété » grandissante a déjà dépassé les frontières de la Boissière – « une cité à l'entrée de laquelle on laissait toujours des motards pour pouvoir choper les mecs au retour de leurs conneries, lâche un haut fonctionnaire. Il fallait s'accrocher pour les suivre. C'était une école de pilotage dans ce quartier. Amimer était, lui-même, un sacré pilote[1] » –, commence à remonter aux oreilles des services spécialisés, chargé de la traque de la fine fleur des braqueurs, preneurs d'otages et autres casseurs. Les policiers de l'Office central pour la répression du banditisme (OCRB), qui interviennent sur l'ensemble du territoire, et leurs collègues parisiens de la brigade de répression du banditisme (BRB) ont des « tuyaux » sur ce qu'ils appellent désormais la « bande de Montreuil ». Une redoutable « association » de fils d'immigrés de la première génération venus d'Algérie et de membres sédentarisés de la communauté des

1. Entretien avec l'un des auteurs au mois de mai 2019.

gens du voyage, poussés à l'ombre des tours de la banlieue est parisienne et déterminés à monter sur le toit de la capitale pour y mener la grande vie.

Dans une de leurs premières notes rédigées sur cette équipe de truands, tous issus des cités dionysiennes, les enquêteurs de l'OCRB énumèrent, pêle-mêle, les identités des membres présumés. On y retrouve le Grand Momo mais aussi un certain Nordine Mansouri, d'un mois son aîné, originaire de la petite commune de Coubron, et plus connu sous le sobriquet de la Gelée – dérivé du « veau » en arabe –, les frères Lahcene, Mohamed dit « B » et Ahmed *alias* Cero, du Raincy, mais grandi à Clichy-sous-Bois et Montfermeil, et les Benali, Nordine dit la Puce et Djamel, nés à Gagny et Montfermeil. Parmi ces cinq comparses, seul la Gelée est encore vivant aujourd'hui[1]. Grimé avec fausses moustache et barbe, « B » est décédé à 28 ans, le 20 juin 1985, après avoir été grièvement blessé par la police à la sortie d'une agence de la Banque industrielle et commerciale de la région sud de Paris (BICS), rue Raymond-Losserand, dans le 14e arrondissement à Paris[2]. Son frère Ahmed, également connu sous les surnoms de Suro, Cero ou le petit de Montfermeil, fiché au grand banditisme en décembre 1989, a mis fin à ses jours, à l'âge de 52 ans, le 8 mars 2006, dans le bois de Boulogne. Quelques minutes avant son geste fatal, Cero – appelé ainsi pour son appétence pour le sirop – avait abattu Slimane « Cacahouète », 52 ans et « Mo la Casbah », 54 ans, ses associés dans le restaurant La Montagne, rue Jules-Guesde à Levallois-Perret (Hauts-de-Seine)[3].

1. Cf. chap. « L'amicale des fugitifs ».

2. Son complice dans cette affaire, Choukri Berkane, 28 ans, sera blessé à un bras par les tirs des policiers avant d'écoper de douze ans de réclusion criminelle. Il sera, à nouveau, interpellé en 2001 pour une série de braquages de banques. À l'époque, Choukri Berkane avait déjà passé près de vingt-deux ans de sa vie derrière les barreaux. Jugé en mars 2004, devant la cour d'assises du Val-de-Marne, il a été condamné à huit ans de prison.

3. Ahmed Lahcene avait également été arrêté par les hommes de la BRI Paris du commissaire Yves Jobic, au carrefour des années 1990. Présenté

Après la mort de Claude Genova, éphémère parrain de la pègre parisienne à l'été 1994, opposé aux frères Hornec et leurs alliés – nous en reparlerons –, les frangins Benali ne connaîtront pas un meilleur sort. Le premier à tomber est Djamel. En décembre 1999, en plein ramadan, il est abattu à l'âge de 39 ans dans une rue de Fuengirola en Espagne. La Puce ne lui survivra que peu de temps avant d'être exécuté, à son tour, à 46 ans, dans la nuit du 4 au 5 octobre 2001, après une soirée passée à la Casa Nostra, une pizzeria de Séville...

Mais revenons au début des années 1980. La bande de Montreuil reçoit, aussi, parfois le renfort d'un certain Jeannot, un proche de Titi Peltier au domicile duquel il lui arrive de séjourner. Les membres de ce gang se posent aussi à l'Imprévu, au numéro 23 du boulevard de la République à Noisy-le-Sec et Chez Stéphane, rue de la Demi-Lune à Montreuil. Dans ce café, la légende raconte que les voyous se pressaient pour rencontrer Titi Peltier, qui en avait fait l'un de ses QG, et recueillir les conseils du « Vieux ». Pour fêter ses coups, toute la petite bande s'égaye aussi sur la piste de danse de la discothèque l'Art Ozoir à Ozoir-la-Ferrière en Seine-et-Marne, tenue par Gérard Vigier dit Gégé, qui est loin d'être un inconnu dans les registres de la police. Ce Toulousain, né en 1943, lieutenant de Gaëtan « Tany » Zampa – l'un des parrains du milieu marseillais des années 1970 –, a été acquitté pour le célébrissime casse de la Société générale à Nice à l'été 1976[1]. Depuis qu'il a posé ses valises à Paris, Gégé est surveillé de près par l'OCRB qui le soupçonne de se livrer à des braquages, notamment en compagnie de Daniel Abramovitch, dit le Russe ou le Polonais, une figure du braquage de la Banlieue sud, au physique de

comme le cerveau d'un redoutable gang, spécialisé dans les agressions à domicile de riches Parisiens, il avait été interpellé le 17 décembre 1996 chez lui dans le 17e arrondissement où 400 grammes d'or avaient été saisis. Au moment de son arrestation en compagnie de dix autres suspects, Cero était soupçonné de vouloir séquestrer la famille du célèbre joaillier Boucheron dans le 16e arrondissement. Il n'a pas été condamné dans cette affaire.

1. Cf. chap. « Fric-frac sur l'île Saint-Louis ».

déménageur et ancien associé de Marcel Bennacer, dit Nénesse[1]. Entre 1981 et 1983, les enquêteurs de l'OB – le diminutif de l'OCRB – voient passer à l'Art Ozoir tout le gratin des voyous franciliens et au-delà. « Les Marseillais, Zampa en tête, s'y rendaient, confie un habitué des lieux. Daniel le Russe et Guy "Magueule[2]", l'un des plus gros proxénètes de Paris, en étaient. La génération montante des jeunes braqueurs du 93 y avait sa place aussi. » Vu le « pedigree » de la clientèle, les policiers décident de « brancher » la boîte. « On avait une ligne directe sur l'Art Ozoir parce qu'on savait que Zampa avait ce contact à Paris, se souvient un ancien de l'OCRB. C'était une écoute sauvage. Un jour de l'An, je vais à la salle d'écoutes. Je mets le casque et j'entends Gérard qui décroche, puis : *Allô ? C'est le Grand !* Là, c'est le frisson parce que je sais que c'est Zampa. Il appelait pour souhaiter la bonne année à son pote Vigier[3] ! » Les mêmes policiers noteront aussi que leur propre patron, le commissaire Lucien Aimé-Blanc, gare sa Ferrari devant l'entrée, à côté de la Rolls-Royce de Daniel le Russe, avant d'y passer du bon temps en charmante compagnie… Gégé Vigier est finalement assassiné en 1987, sans doute victime collatérale de la guerre qui oppose, depuis plusieurs années, le clan Zampa à Jacky Imbert, dit le Mat, Roland Cassone, et Francis le Belge[4]. Entre-temps, le Grand Momo est monté en gamme. Il est à nouveau incarcéré pendant six mois, au début de l'année 1981, suspecté d'avoir participé à un vol à main armée, en décembre 1980, dans un Crédit lyonnais du centre commercial Rosny II. Un officier de gendarmerie, en poste au fort de Rosny-sous-Bois, présent dans la banque au moment des faits, est formel : Amimer, qui aurait agi à visage découvert, est l'un des auteurs de ce hold-up. Mais le militaire va également incriminer un jeune homme qui accompagne le Grand Momo

1. Cf. chap. « Fin de partie à La Médina ».
2. De son vrai nom Guy Niel (1944-2015), une figure du milieu, spécialisé dans le racket et le proxénétisme.
3. Témoignage recueilli par l'un des auteurs en septembre 2020.
4. Cf. chap. « La fin du Belge ».

lors de sa présentation devant le juge d'instruction. Avant de comprendre qu'il vient de désigner l'un des avocats du jeune Noiséen comme l'un des braqueurs… Finalement relaxé par les juges du tribunal correctionnel de Bobigny et « lavé de tous soupçons », Mohamed Amimer retrouve Titi Peltier et ouvre avec lui un restaurant, le Neptune, à Levallois-Perret (Hauts-de-Seine). L'Ancien, fine gueule, aime à se glisser derrière les fourneaux le temps de préparer quelques petits plats. Mais ses talents culinaires ne sont pas à la hauteur de son aura dans le milieu… « Même si ce n'était pas très bon, tu avais plutôt intérêt à dire que c'était excellent ! » lâche dans un rire étouffé Arezki, l'ancien propriétaire du Saint-Ex. À la même époque, entre deux braquages et la gestion du Neptune, le même Titi Peltier est « tamponné » par une équipe de jeunes truands corses qui monte en puissance : la Brise de Mer. Un nom en référence à un café sur le vieux port de Bastia (Haute-Corse), dans lequel ce gang de braqueurs, de bonne famille, avait pris l'habitude de se réunir. Ces membres ont des vues sur la capitale et ses coffres-forts, pleins à craquer. Une association avec « la star des stars » dans le milieu parisien ne serait pas pour leur déplaire. Une rencontre est alors organisée au Montana[1], à Saint-Germain-des-Prés, point de chute incontournable des insulaires de l'île de Beauté à Paris. Plusieurs « fondateurs » de la Brise de Mer ont fait le déplacement. Francis Santucci en est. L'entrevue est courtoise mais ne s'éternise pas. Peltier n'est guère disposé à laisser une part d'un gâteau qu'il estime pouvoir manger seul avec ses petits « banlieusards »…

« Le braquage, c'était la catégorie reine »

Le 16 novembre 1983, en début de matinée, dans une agence de la BNP à Saint-Maur-des-Fossés (Val-de-Marne), la tension est à son comble. Cinq inconnus « postichés » viennent de

1. Cf. chap. « Fin de partie à La Médina ».

prendre position dans les lieux et ont contraint le directeur à les conduire à la salle des coffres des clients. Le message est clair : ils ne sont là que pour l'argent et pas pour s'en prendre aux gens. Terrorisé, le directeur obtempère. Tandis que trois braqueurs s'affairent dans les sous-sols, leurs deux complices restent en surface pour s'assurer que personne ne vient troubler le déroulement de leur hold-up, réglé de manière quasi militaire. En bas, la répartition des tâches est précise : deux d'entre eux ouvrent les coffres tandis qu'un troisième en trie le contenu – les « ouvreurs » et le « trieur ». Selon leurs calculs, ils ne doivent pas mettre plus d'une minute trente pour ouvrir un coffre et le vider. Mais au bout de quelques instants, leur scénario se grippe. « Un des braqueurs remonte pour dire à celui qui semble gérer l'affaire qu'il y a un problème avec l'ouverture des coffres, relate un témoin des faits[1]. Tout le monde redescend, il y en a deux qui peinent comme des fous. Le chef s'y met et il ouvre ça comme une boîte aux lettres… Dans le premier coffre, 500 000 francs[2] en liquide lui tombent dans les bras ! Dans un autre, il découvre des cartes bancaires à puce, du matériel d'encodage et des coupures de presse. À l'époque, un escroc s'était spécialisé dans ce type de filouterie. Tout ça, c'était à lui ! Ils sont repartis après avoir éventré à peu près 50 coffres sur 200. Ils ont aussi emporté des lingots et des louis d'or. » Mais devant la BNP, la police, alertée, a déjà pris position. « L'un des voyous a dit à ses complices *: je vais chercher la voiture*, poursuit le même témoin. Il avait un fusil d'assaut kalachnikov dans les mains. En sortant, il a fait mine de tirer, les flics ont plongé derrière leurs bagnoles. » Quelques minutes plus tard, le même est de retour devant l'agence bancaire, au volant d'une 505 Turbo Injection et ses 180 chevaux sous le capot. « L'un d'entre eux crie aux policiers de ne pas tirer parce qu'ils ont pris en otage le vigile de la banque, se souvient encore l'une des victimes. Tout le monde s'est engouffré dans la Peugeot et

1. Propos recueillis par l'un des auteurs en juin 2020.
2. Soit 157 000 euros.

on ne les a plus revus. » Une haletante course-poursuite s'engage alors. Le conducteur de la puissante Peugeot prend tous les risques pour faire lâcher les policiers lancés à ses trousses : il n'hésite pas à monter sur les trottoirs et fait voler les poubelles qui le gênent dans sa fuite. Branchés sur la fréquence de la police grâce à un scanner, les gangsters ne perdent pas une miette de la progression de leurs poursuivants… Entre-temps, deux de leurs complices ont eu le temps de se glisser dans une Volkswagen Jetta GLI, avec une partie du butin, pour gagner un endroit sûr. Dans les états-majors des polices urbaines de la région parisienne, c'est l'effervescence. « On avait pour ordre de ne pas tirer puisqu'ils avaient un otage, confie un policier, aujourd'hui retraité. Entre Saint-Maur-des-Fossés et Montreuil, ça a été une poursuite sans relâche. À un moment, sur les ondes, on a entendu la description physique de plusieurs des braqueurs. L'un d'entre nous s'est exclamé : *C'est encore eux !* »

Par « eux », comprendre Amimer et ses comparses. La trace de la 505 Turbo Injection se perd à proximité du fort de Montreuil. Ses occupants ne seront jamais identifiés. En revanche, les deux occupants de la Jetta GLI sont interpellés. Et, effectivement, le policier qui avait reconnu les membres de la bande de Montreuil derrière leur description physique avait vu juste : Mohamed Lahcene *alias* B et Djamel Benali sont arrêtés dans la Volkswagen avec, à leurs pieds, des pièces d'or provenant des coffres de la BNP… Le Grand Momo, la Gelée, la Puce et Cero sont fortement soupçonnés d'avoir aussi pris part à ce casse. Mais, faute de preuves, ils ne seront pas inquiétés. Les policiers comprendront ensuite qu'ils se sont fait berner avec le soi-disant vigile pris en otage. « Il n'y en a jamais eu en fait, c'était l'un de leurs comparses qui s'était habillé en vigile tout simplement, précise un enquêteur de la BRB. C'était une des techniques inventées par ce gang : mettre un faux garde devant l'entrée de la banque qu'ils étaient en train de braquer ou faire semblant de le prendre en otage pour couvrir leur fuite. C'était plutôt assez malin. » Autre « trouvaille » de ce gang en devenir : s'équiper des mêmes voitures que celles de la police, avec dotation en gyrophare, deux tons et pare-soleil Police…

Malgré ce coup de chaud et « l'amputation » provisoire de deux de ses membres, la bande ne semble pas devoir s'arrêter. Au contraire. Quelques semaines plus tard, deux d'entre eux, de retour d'un braquage au cours duquel ils sont encore pris en chasse par la police, regagnent dare-dare le Saint-Ex à Rosny. « Les deux s'installent, le souffle court, comme si de rien n'était, se remémore un habitué des lieux. C'était la Gelée et le Grand Momo. Le premier se glisse dans une partie de cartes tandis que le second s'empare d'un journal qui traîne. Les mecs sont en sueur. Les flics arrivent dans la foulée et demandent si on a vu quelque chose. Évidemment personne n'avait rien vu (*rires*) ! Ce jour-là, ces deux loustics ont eu très chaud[1]… » « Le Saint-Ex, c'était le point de rencontre de plein de voyous, certifie Me Denis Giraud, l'avocat historique de Mohamed Amimer et Nordine Mansouri. À une époque, il était tenu par Jean-Claude Delaye, qui l'avait racheté. C'était un proxénète qui avait des filles au bois de Vincennes avec son frère. Il tenait tout le Bois. C'était un de mes clients. Il m'invitait à venir manger au Saint-Ex. Là, je suis tombé dans la marmite (*rires*) ! C'était un endroit plutôt agréable, mais il y avait tous les voyous du 93. » Le même avocat pénaliste se souvient encore bien d'Amimer et Mansouri, « des mecs sympas ». « Ils dégageaient une envergure que les autres n'avaient pas, poursuit-il. Sur les affaires, ils n'avaient pas peur… Ils n'avaient peur de rien. Ils étaient courageux. Mansouri était tout fou. Amimer, plus posé. Au début, ils faisaient des Postes. Puis ils sont montés sur des affaires lourdes. Ils étaient entourés de vieux de la vieille. Il faut se souvenir qu'à l'époque il n'y avait pas ou peu de stups. C'était le braco, ou les machines à sous et le racket. Le braquage, c'était la catégorie reine. »

La légende prétend encore que plusieurs membres de la bande de Montreuil se sont retrouvés, un autre jour, en train de bra-

1. Propos recueillis par l'un des auteurs au mois de septembre 2019.

quer une banque avant d'en ressortir rapidement après s'être aperçus que le père de l'un d'entre eux s'y trouvait... Le même gang fait encore parler de lui à l'été 1983. Le 2 août de cette année-là, en pleine torpeur estivale, Yves Mourousi, présentateur vedette du journal de 13 heures sur TF1, lance un sujet sur un « spectaculaire braquage », commis en plein cœur de Paris. « Hold-up dans un grand hôtel, c'est la quatrième fois en moins d'un mois, quarante-six coffres dévalisés, place de la République », annonce Yves Mourousi, tête d'affiche du PAF (paysage audiovisuel français), avant de lancer le sujet. « Six hommes masqués pénètrent en commando à 4 h 20, ce matin, dans le hall de l'Holiday Inn, ils sont armés de deux mitraillettes et d'armes de poing, rapporte une journaliste, envoyée spéciale place de la République. Les cinq employés de nuit et un client sont neutralisés. Quarante-six coffres sur soixante fracturés. L'opération est rapide, les malfaiteurs s'enfuient avec le butin. En quinze jours, c'est la quatrième agression de ce genre. Les précédentes ont eu lieu dans des hôtels de catégorie inférieure. Cette dernière est, semble-t-il, la plus brutale dans sa forme et la mieux organisée. Selon le commissaire Devos [patron de la BRB], il s'agirait de bandes différentes à chaque fois. Toujours est-il que la brigade de répression contre le banditisme a affaire à une nouvelle forme de gangstérisme. On ignore encore le montant du butin. » Ce que ne dévoile pas le reportage de TF1 est que les auteurs de cet audacieux casse opéré sous les yeux de la police en patrouille, place de la République, se sont aussi montrés « généreux ». « À un moment, un sans-abri s'est présenté dans le hall de l'hôtel alors que les braqueurs étaient en train d'ouvrir les coffres, rapporte un témoin des faits. Le veilleur de nuit devait rester à son poste et faire semblant de tourner les pages de son registre afin de ne pas éveiller les soupçons de la police, toute proche. L'un des gangsters s'est porté à la hauteur de ce clochard qui venait simplement demander du feu. Le voyou lui a montré son arme pour lui indiquer qu'il avait bien du feu (*rires*) ! Ils l'ont ensuite fait asseoir avant de lui donner de quoi manger, puis en repartant ils lui ont glissé quelques billets dans une poche… » Dans les couloirs de la BRB, les noms des membres de la désormais fameuse « bande de Montreuil » sont sur toutes les lèvres. Les auteurs de ce braquage semblaient savoir que de riches Saoudiens prenaient leurs quartiers d'été dans cet Holiday Inn. Quelques jours plus tard, le Grand Momo et plusieurs de ses acolytes auraient été aperçus en train de prendre du bon temps du côté de Saint-Tropez. Après des mois d'investigation, les policiers de la BRB refermeront le dossier du hold-up de l'Holiday Inn, sans jamais avoir pu en identifier les auteurs. Mais les enquêteurs de cette brigade centrale de la PJ parisienne sont convaincus que les jeunes « beurs » de la bande de Montreuil ne sont, encore une fois, pas loin. « On peut dire que Momo Amimer et son équipe ne dormaient pas, lâche un ancien inspecteur en poste à la BRB dans les années 1980. On sait qu'à un moment ils ont enchaîné les bracos. De vrais charbonneurs. »

L'ami de Johnny Hallyday

L'été 1983 voit aussi Titi Peltier, le mentor de Momo Amimer, se mettre au vert dans le sud de la France où il reprend une discothèque. Sa boîte, baptisée Le Krypton, à Canet-en-Roussillon (Pyrénées-Orientales) porte le même nom qu'un établissement de nuit tenu par Tany Zampa à Aix-en-Provence. « Ça, c'était juste pour faire chier Zampa », se marre un ancien proche de Titi[1]. Mais l'installation du Krypton est surtout mal vécue par les exploitants locaux de la mine d'or que représente la nuit. D'autant plus que le « petit gars » de Drancy a un argument de poids pour attirer les foules et susciter la jalousie de ses concurrents. Pour la grande soirée d'ouverture du Krypton, au début du mois d'août, Titi Peltier affiche rien moins que la venue de l'idole des jeunes et des Français : Johnny Hallyday. « Coco, le frère de Titi, était proche du chanteur, avance le

1. Entretien avec l'un des auteurs au mois de novembre 2020.

même témoin. Titi était le parrain officieux de David Hallyday. Johnny appréciait beaucoup Titi. Il venait de se faire opérer de la hanche et Titi lui a proposé de venir prendre le soleil à Canet. Il a fait de la pub autour de sa venue et, du coup, il y avait un kilomètre de queue devant sa boîte… » Mais le voyou à l'ancienne va déchanter. Une fausse alerte à la bombe provoque l'évacuation *sine die* du Krypton et plombe la prestation tant attendue de l'inoubliable interprète de *Que je t'aime*. « Furieux, Titi a obtenu le nom de celui qui aurait été derrière ce mauvais coup et il a décidé de se venger, poursuit notre témoin. Il a projeté de faire sauter l'établissement de ce concurrent qui était un ancien paquebot des années 1930 ensablé au Barcarès, le *Lydia*[1]. » Arrêté avant d'avoir pu mettre son plan à exécution, Titi Peltier sera placé en détention provisoire et aurait recouvré la liberté pour un vice de forme.

La chance sourit, paraît-il, aux audacieux. Mais, parfois, elle fait aussi la grimace. Comme ce 5 janvier 1984, vers 7 h 30, au 37, rue de Paris à Charenton-le-Pont (Val-de-Marne). Deux employés de ce qui s'appelle encore les PTT (Postes, Télégraphes et Téléphones) se trouvent dans la cour du bureau principal de cette riche ville de l'Est parisien lorsqu'ils sont menacés par « deux individus masqués et armés, l'un d'un pistolet-mitrailleur, l'autre d'un pistolet automatique, armes de première catégorie[2] ». Après avoir pénétré dans les locaux de ce bureau de poste, les autres employés présents dans la salle de tri sont, à leur tour, contraints de se placer face à un mur pour ne pas voir les deux braqueurs agir. L'un des malfrats se fait ensuite conduire dans la salle des guichets pour y dérober 113 170 francs en liquide, puis tente de se faire ouvrir le

1. La coque blanche du *Lydia*, plus vieux paquebot du monde, trône depuis 1967 sur l'avenue de la Grande-Plage au Port-Barcarès. Le bâtiment a accueilli, tour à tour, une discothèque, un casino, un restaurant avant d'être transformé en musée.

2. Extrait de l'ordonnance de mise en accusation renvoyant Mohamed Amimer devant la cour d'assises pour le hold-up de la poste de Charenton.

coffre-fort, qui renfermait près de 2 millions de francs[1], avant d'être stoppé dans son entreprise par l'arrivée de la police, prévenue par un employé qui est parvenu à sortir. « Tandis que le second individu trouvait l'issue qui lui permettait de s'enfuir, Amimer Mohamed toujours masqué et armé tentait un départ en rejoignant un groupe d'employés réfugiés dans le sous-sol ; il les abandonnait rapidement pour s'enfuir par l'escalier qui menait au deuxième étage sans issue possible pour sa fuite. Comprenant qu'il ne pouvait plus échapper aux forces de l'ordre qui progressaient dans leurs recherches, il se défaisait de son masque, de ses gants et de son arme, et s'asseyait sur la dernière marche de l'escalier où il était interpellé par les policiers[2]. » Son complice a abandonné derrière lui le précieux butin dans un sac vert siglé PTT…

Et, selon plusieurs témoins, l'histoire aurait pu s'arrêter là pour le Grand Momo. « Il est menotté, au sol, un homme avec un collier de barbe, qui lui donnait des faux airs à la Robert Broussard [l'ex-patron de l'antigang à Paris], et en costard-cravate s'approche et lui dit : *Tu vas me donner le nom de tes amis*. Ils étaient trois dans cette affaire, raconte un haut fonctionnaire, présent dans ce bureau de poste au moment des faits[3]. Amimer lui répond d'aller se faire voir. Là, il se prend quelques coups de pied, puis un policier pointe son arme vers lui. Le type qu'Amimer avait insulté, c'était Louis Mexandeau, alors ministre des PTT ! Il a dit aux policiers : *Ça suffit maintenant !* Je crois bien qu'Amimer lui doit la vie sauve… Joseph Franceschi, le député-maire d'Alfortville mais aussi et surtout le secrétaire d'État à la sécurité publique de Mitterrand, avait fait le déplacement ! » Du « beau linge » pour un Mohamed Amimer qui se retrouve dans de sales draps… « Un repris de justice qui venait de commettre un hold-up, jeudi matin, dans un bureau de poste à Charenton (Val-de-Marne) a été arrêté en

1. Soit 584 000 euros constants.
2. Extrait de l'ordonnance de mise en accusation renvoyant Mohamed Amimer devant la cour d'assises pour le hold-up de la poste de Charenton.
3. Propos recueillis par l'un des auteurs en janvier 2020.

flagrant délit », écrit l'Agence France-Presse (AFP) dans l'une de ses premières dépêches sur cette affaire. « Un des malfaiteurs a réussi à s'échapper mais le second s'est laissé arrêter sans résistance, relate encore l'AFP. Il s'agit d'un repris de justice, Mohamed Amimer, 25 ans, dit Mommo (*sic*), plusieurs fois condamné pour vol avec effraction et vol avec violences. M. Louis Mexandeau, ministre des PTT, qui s'est rendu sur place dans la matinée, a noté que des barrières et des vitres de protection avaient été installées dans ce bureau où il y a déjà eu deux hold-up. L'inconvénient, c'est que les contacts directs entre les usagers et le personnel est plus difficile, mais il est important de garantir la sécurité, a-t-il dit. » Inculpé, comme on le disait à l'époque, puis incarcéré à la prison de Fresnes, le Grand Momo est soumis à un examen psychiatrique, dans le cadre de l'instruction de cette affaire. L'expertise est menée par les docteurs Defer et Martel. Ils y décrivent « un garçon calme, au visage régulier, à la tenue correcte, courtois et peu contrariant ». Amimer expliquera, plus tard, qu'il ne devait pas monter sur ce vol à main armée, puis qu'il devait « juste servir à faire le guet », avant de finalement rentrer dans le bureau de poste. « Il est doté de curiosité, de capacités d'investissement, de goût du contact », relèvent encore les mêmes experts avant de poursuivre : « Le sujet est en décalage non seulement du fait de son acculturation d'immigré de la deuxième génération (*sic*), mais aussi et surtout, en raison de son bon niveau intellectuel. Il aurait été certainement capable de faire des études bien meilleures que ce qu'il a pu faire, probablement faute d'encadrement et de stimulation. Depuis qu'il est en prison, il s'est plongé dans Balzac et Zola. À notre avis, c'est un cas assez typique de sujet qui devrait pouvoir faire des études en prison, et acquérir peut-être une formation professionnelle. On conseillerait également qu'il fasse une psychothérapie. Et, bien sûr, qu'à la sortie il soit encadré de façon prolongée, un peu rigide, peut-être en dehors de son contexte de Noisy-le-Sec. »

Évasion au septième étage du tribunal

Contraint et forcé de prendre ses « distances » avec ses comparses de la bande de Montreuil, puisque incarcéré, Mohamed Amimer apprend, de manière assez cocasse, à la rentrée 1984 que l'un de ses « potes » s'est fait la malle. Et pas n'importe comment. Détenu à Fresnes en attendant son premier procès devant une cour d'assises pour le braquage avorté de la poste de Charenton, il voit débarquer, dans l'après-midi du 7 septembre de cette année-là, plusieurs fonctionnaires de la prestigieuse BRB – qu'il s'amuse à moquer en la rebaptisant « la brigade de répression du bricolage ». Selon un témoin, Amimer se serait ainsi adressé à eux :

« Si vous êtes venus jusqu'ici, c'est pas pour des bonnes nouvelles.

— Ben si, ton pote s'est évadé mais toi, tu ne partiras pas », l'avertit un officier de la BRB.

Son « pote », c'est Mohamed Lahcene, *alias* B. Le jour de son évasion, ce membre actif de la bande de Montreuil, inculpé pour le vol à main armée de la BNP de Saint-Maur-des-Fossés, fin 1983, sort tout juste du cabinet du juge d'instruction, Hubert Dujardin, au septième étage du palais de justice de Créteil. Menotté et encadré par deux policiers, B, déjà condamné à cinq ans de prison par la cour d'assises de Paris en 1978 pour un précédent braquage, sait que la peine qui l'attend s'annonce à « deux chiffres ». Décrit par l'un de ses contemporains comme « un seigneur », « toujours très généreux avec les autres », qui « avait aidé le fils Delon, Anthony, tout juste majeur, quand il était en froid avec son père au début des années 1980[1] », Mohamed Lahcene voit la liberté pointer le bout de son nez lorsque surgissent trois hommes, encagoulés et armés, qui viennent le soustraire de ses liens. Maîtrisés, les deux policiers chargés de sa surveillance sont enfermés dans un bureau. B et ses trois

1. Entretien avec l'un des auteurs au mois de décembre 2019.

libérateurs passent rapidement des robes d'avocat pour se glisser dans la foule des « baveux » qui arpentent les couloirs du tribunal. Mais le commando venu extraire B ne pouvait pas prévoir la présence de gendarmes d'élite du GIGN, lourdement armés et missionnés pour assurer la sécurité d'un terroriste de l'ASALA[1], conduit le même jour au palais de justice de Créteil… Pour couvrir leur fuite, B et ses complices prennent un policier en otage avant de parvenir à quitter les lieux, sans incident. À Fresnes, les enquêteurs de la BRB venus « rendre visite » à Amimer sont convaincus qu'il a participé, depuis la prison, à l'organisation de cette improbable évasion. À tout le moins, qu'il en était informé. Sa cellule est retournée et le Grand Momo placé à l'isolement. « On a su, après coup, qu'un projet de double évasion avait été élaboré, confie un ex-inspecteur de la BRB. Lahcene et Amimer devaient s'évader le même jour de Créteil[2]. » Une fois de plus, l'audace et le sang-froid de ce gang ont pris de court les forces de l'ordre. Quelques semaines après ce pied de nez à la justice, le Grand Momo est conduit sur les lieux des faits. Très solidement encadré. Un hélicoptère a même été réquisitionné pour dissuader ses complices de venir l'arracher, à son tour. Une scène cocasse va pourtant se produire. L'ascenseur qui conduit le détenu vers le bureau du juge qui souhaite l'entendre dans le cadre de l'évasion de « B » stoppe, soudain, sa course en pleine ascension… Les quatre gendarmes du GIGN qui escortent le Grand Momo, entravé aux mains et aux pieds, se regardent, incrédules. La machine vient à peine de s'arrêter que déjà l'inquiétude pointe dans les yeux des pandores. Après quelques minutes d'arrêt et de sueurs froides, l'ascenseur reprend sa route

1. L'Armée secrète arménienne pour la libération de l'Arménie (ASALA), un groupuscule terroriste, avait revendiqué l'attentat commis le 15 juillet 1983 dans l'aérogare Orly-Sud contre les bureaux de la Turkish Airlines. Six personnes avaient été tuées et 56 blessées par un engin explosif contenu dans une valise. Waroujan Garbidjian, décrit comme le chef du commando responsable de cet acte terroriste, a été condamné à la prison à perpétuité en mars 1985 par la cour d'assises du Val-de-Marne avant d'être libéré en avril 2011, puis expulsé vers l'Arménie.

2. Propos recueillis par l'un des auteurs en mars 2019.

au grand soulagement des militaires. Devant le magistrat, Momo Amimer nie fermement connaître Mohamed Lahcene avant de se voir présenter une photo, prise par la BRB, sur laquelle il se trouve à ses côtés ! En quittant le palais, le braqueur récidiviste aurait été salué par les policiers de permanence lors de l'évasion de « B ». « Tes potes se sont comportés comme des bonshommes », auraient lancé, en substance, les fonctionnaires, soulagés de ne pas avoir été blessés, voire pire, au cours de cette opération-commando[1]. Quelques mois plus tard, trois suspects sont arrêtés, dont notamment Ahmed Lahcene, *alias* Cero, le frère de Mohamed. Seul l'un des trois, un certain Christian, un Malgache surnommé la Gâche, que la nature avait doté d'un nez aplati et, surtout, de « deux yeux de grenouille », sera renvoyé devant le tribunal. Une « tronche » immanquable. « Il s'était vanté en public d'avoir participé à cette évasion avant de se rétracter devant les flics de la BRB auxquels l'info était remontée, confie un de ses proches. Mais il n'a jamais pris part à cette opération. C'était pas un mec bien méchant. Il voulait se donner des airs de gros voyou mais ce n'était qu'un demi-sel. Un jour, il a foutu une cagoule surmontée d'un pompon pour monter au braquage. Ses comparses s'étaient bien foutus de sa gueule ! » La Gâche a finalement été condamné à cinq ans de prison. Conduit à la centrale de Poissy (Yvelines), le message lui aurait été passé de « se tenir tranquille » et « d'assumer ». À sa sortie, la « carrière » de la Gâche trouvera rapidement une issue fatale. « Quelque temps après sa libération, il a été tué pour une connerie », souffle le même témoin.

Titi disparaît

En janvier 1985, nouveau coup dur pour la bande de Montreuil : Nordine « la Gelée » Mansouri est « au frais », après un autre braquage, commis le même jour que celui de la poste de

1. Propos recueillis par l'un des auteurs en décembre 2020.

Charenton, le 5 janvier 1984, du côté de Brou-sur-Chantereine (Seine-et-Marne). Là encore un bureau des PTT a été pris pour cible. À la même période, le Grand Momo est rattrapé par une « vieille » affaire. Les enquêteurs du service régional de police judiciaire (SRPJ) de Versailles lui collent sous le nez les preuves de sa participation à un autre hold-up, le 10 novembre 1983, dans un Crédit agricole à Chelles (Seine-et-Marne), à la frontière de la Seine-Saint-Denis. Momo réfute tout lien avec cette affaire avant de voir Mansouri mais aussi leur complice occasionnel, surnommé Jeannot, également inculpés à ses côtés. Le trio est soupçonné d'avoir fait main basse sur près de 100 000 francs[1].

L'année 1987 marque un tournant dans le parcours criminel de l'ancien « gamin » de la Boissière. En janvier, il passe pour la première fois devant une cour d'assises. Celle du Val-de-Marne, pour le braquage de Charenton, et écope de huit ans. « L'avocat général avait requis quinze ans, à l'époque, ça tapait dur contre les Maghrébins, assure un témoin, présent au procès. L'idée était qu'il fallait éliminer de la société ces jeunes beurs sortis de nulle part et qui montaient sur des gros coups. Ces mecs étaient passés sous les radars. La police était débordée. » Rebelote en novembre. Mais cette fois-ci devant la cour d'assises de Seine-et-Marne. La peine est identique : huit ans pour le Grand Momo mais aussi pour la Gelée, reconnus coupables du hold-up de la Poste de Chelles. Le troisième larron, lui, a bénéficié d'un non-lieu. Le président de la cour d'assises de Seine-et-Marne, M. Sorel, accorde la confusion de ses peines à Amimer. L'histoire, invérifiable, raconte que la bande de Montreuil aurait aussi procédé à des braquages de « repérage » afin de connaître le type de coffre installé dans certaines banques, avant d'y revenir avec tout le matériel nécessaire à leur ouverture…

Le 21 septembre 1989, le Noiséen sort de détention après y avoir passé cinq ans, huit mois et quinze jours. Pendant son passage par la case prison, celui chez qui les experts ont aussi

1. 31 000 euros.

décelé un côté « roublard » et mis en avant « son assurance » a lâché son restaurant Le Neptune qu'il avait ouvert avec le « Vieux », Titi Peltier, à Levallois. Par la suite, Michel « Porte-Avions » Ardouin en aurait repris les rênes. Entre-temps, Titi, lui, après l'épisode du *Lydia*, a pris la direction de l'Espagne avant de soudainement disparaître au cours de l'année 1986, de retour à Paris. La rumeur raconte qu'il est tombé dans un guet-apens avant d'être « éliminé » par ses rivaux. « Titi a été tué car il faisait peur, estime un de ses proches de l'époque. Ils l'ont supprimé avant qu'il ne les supprime. Il a été emmené en belle à l'amitié. » Le jour de sa disparition, le « Vieux » avait rendez-vous avec l'un de ses protégés, un certain Tarak, *alias* J3, dans le café de Rachid Buzenval dans le 20e arrondissement[1]. « J3, c'était l'un des plus gros receleurs de la place de Paris, témoigne un voyou de l'époque. C'était le receleur des Postiches, mais pas que. Les braqueurs lui ramenaient des plaques d'or comme ça ! Il disait : *Avec moi, tout se vend... tout s'achète*[2]. » « J3, il était flambeur et jouait beaucoup, poursuit Matthieu Fabiani, ancien commissaire de police à Paris dans les années 1980, devenu avocat. Il est toujours en vie, il doit avoir plus de 75 ans. »

Titi aurait finalement retrouvé son homme de confiance dans un autre bar que celui de Rachid Buzenval. Trois hommes se seraient joints à la rencontre : Michel Thiry, son complice de toujours, Georges Berens, dit Francky ou Robert Redford, évadé de la centrale de Clairvaux (Aube) en 1970 et braqueur patenté, et un certain Daniel Bozzi, *alias* Dédé. Ce dernier, selon plusieurs témoins de l'époque, était à la tête du plus grand parc de machines à sous de la capitale. « Certains ont prétendu qu'à un moment il possédait plus de mille machines aux quatre coins de Paris, note un ancien policier de la brigade de répression du proxénétisme. C'était impossible à établir. Ce même Bozzi était soupçonné d'avoir investi une partie de ses gains en Argen-

1. Cf. chap. « Les rois de la flambe ».
2. Propos recueillis par l'un des auteurs au mois de septembre 2020.

tine. Quand Peltier s'est pointé, Bozzi lui aurait montré une de ses dernières machines avant d'en profiter pour lui mettre un coup de batte de baseball dans les reins. Le même Peltier aurait ensuite été étranglé par ses meurtriers. Il s'est dit aussi que J3 n'était pas au courant de ce qui se tramait[1]. » Le corps du « Vieux » aurait ensuite été dissimulé dans un tonneau qui aurait été jeté, au niveau du pont de Joinville, dans la Marne avant de sombrer corps et biens… « La seule certitude est qu'on n'a jamais retrouvé son corps, ajoute le même policier. Après ce meurtre, Bozzi, lui, aurait mis les voiles, direction l'Amérique du Sud. On ne l'a plus revu non plus… »

Titi disparu, un autre de ses fidèles lieutenants se sent pousser des ailes. Claude Genova, *alias* le Gros, monte en puissance et met à l'amende, à la fin des années 1980, des équipes qui « charbonnent » à Paris et en banlieue. « Il avait la réputation de séquestrer et de torturer notamment des rabouins [manouches] pour leur voler leur butin, rappelle un ex-policier de la BRB. À un moment, il a voulu s'en prendre aux frères Hornec[2] mais ça ne s'est pas passé comme il l'espérait. » Genova aurait fait courir le méchant bruit que Mario Hornec, le cadet de la fratrie, était « une balance », ce qui était sans fondement. « À une époque, Genova habitait à Neuilly-Plaisance sur le plateau d'Avron avant de déménager à Bondy où il avait deux maisons côte à côte, ajoute le même policier. Dans les années 1980, il avait à la bonne le jeune Momo Amimer. Puis, il a décidé de s'en prendre aux manouches de Montreuil. Une explication aurait eu lieu entre Genova, accompagné de ses lieutenants, notamment la Puce Benali, qui avaient basculé avec lui, et Amimer. Mais les choses ne se sont pas apaisées. » Au contraire. Claude Genova finira par être abattu en août 1994, boulevard Gouvion-Saint-Cyr, au pied de l'hôtel Concorde-Lafayette dans

1. *Ibid.*

2. Présentés depuis trente ans comme « les derniers parrains de la pègre parisienne », Jean-Claude Hornec, dit Loune, 67 ans, Mario « Eddy Mitchell » Hornec, 62 ans et Marc *alias* le Forain ou le Petit Marc, 55 ans, sont membres de la communauté des gens du voyage, sédentarisés à Montreuil.

le 17e arrondissement. Avant que la plupart de ses fidèles ne soient décimés[1]. « Mansouri et Amimer ont pris une autre envergure quand ils ont rencontré les frères, estime leur ancien avocat, Me Denis Giraud. Quand Genova est mort, il y a eu jonction des deux bandes, les frères et les beurs. Manouches et beurs, là ça a commencé à faire mal… »

Au début des années 1990, l'ancien de la Boissière prend des allures d'homme d'affaires. Il lance sa propre discothèque, le Triangle, à Andilly (Val-d'Oise), qui va connaître un succès foudroyant en popularisant la musique raï en France et permettre à toute une génération de jeunes, issue des cités, de sortir de leur ghetto[2]. La « relève » de la voyoucratie parisienne y goûte quelques instants de liberté. On y retrouve le braqueur Antonio « Nino » Ferrara de Choisy-le-Roi et l'un des plus gros casseurs de la place de Paris, Mohamed Benaïssa, grandi à Colombes, puis Épinay-sur-Seine. Mais nous en reparlerons.

Dans le gotha du milieu

À sa sortie de prison, le Grand Momo a aussi fait la connaissance d'un certain Imed Mohieddine, dit Jo l'Indien, originaire de la cité de la Redoute à Fontenay-sous-Bois (Val-de-Marne), dont le nom sera souvent associé à celui de la bande de Montreuil au cours de la même décennie[3]. Le Grand Momo aurait également tenté d'« extirper » Francky Berens des griffes de ses geôliers. Nous sommes au mois d'août 1990. Berens – surnommé aussi Tonton par les jeunes habitués du Saint-Ex, dont il est l'un des fidèles – est arrêté par l'OCRB et la PJ de Versailles au volant de sa Porsche 928 à Nogent-sur-Marne (Val-de-Marne). Berens a déjà, derrière lui, une longue carrière de braqueur et plusieurs condamnations à son casier. Lors de son

1. Cf. chap. « L'amicale des fugitifs », « Fric-frac sur l'île Saint-Louis » et « La guerre du raï ».
2. Cf. chap. « La guerre du raï ».
3. Cf. chap. « L'amicale des fugitifs ».

arrestation, à l'été 1990, il est suspecté d'avoir agressé des dabistes, ces employés de société de transport de fonds, chargés d'approvisionner les distributeurs automatiques de billets, pour leur dérober l'argent destiné aux automates. Au tout début de l'année 1991, Francky Berens[1] est transféré dans une chambre carcérale de l'hôpital de l'Hôtel-Dieu, voisin de la préfecture de Police et de Notre-Dame de Paris, où il doit subir une opération des yeux. « Un homme s'est pointé avec des gâteaux achetés chez un boulanger et a tendu sa carte professionnelle d'avocat, relate un retraité de la BRB. Il a offert les gâteaux aux gendarmes avant d'entrer dans la chambre carcérale pour s'entretenir avec son client[2]. » Mais ce que ne peuvent imaginer les militaires est que ce conseil, arrivé avec sa robe sur le bras, n'est autre que Mohamed Amimer ! « Il avait manifestement un plan pour faire sortir Berens, poursuit le même témoin. On a jamais trop su comment il comptait s'y prendre, mais on est sûrs qu'il a réussi à venir le visiter. Berens ne l'a finalement pas suivi… » Désormais fiché au grand banditisme, Mohamed Amimer se voit affubler d'un autre surnom : l'Élégant.

« À l'époque, il y avait une *task force* BRB-OCRB sur les deux grosses équipes de braqueurs du moment : la Dream Team menée par Michel Crutel et Daniel Bellanger et la bande de Montreuil de Mohamed Amimer et de Saïd "Eddy" Ritz-Alloun, détaille un retraité de l'OB. Amimer passait pour un mec au-dessus de la norme. Il faisait partie des voyous plutôt intelligents et agréables. Il était soigné, voire maniaque, toujours tiré à quatre épingles[3]. » Une caractéristique vestimentaire qui lui aurait également valu l'attribution par la presse de l'alias de

1. Georges Berens, aussi connu sous le nom d'emprunt de Gérard Petit, sera impliqué au mois d'avril 2000 dans une attaque avortée d'un dépôt de la société Brink's à Troyes (Aube), au cours de laquelle il sera blessé par des tirs de la police. Il sera condamné, en février 2004, à douze ans de réclusion criminelle dans cette affaire. En avril 2010, il est décédé d'un cancer, à l'âge de 70 ans, à Marseille.

2. Entretien avec l'un des auteurs au mois d'octobre 2019.

3. Entretien avec l'un des auteurs au mois de janvier 2021.

« l'homme au loden[1] », aperçu sur plusieurs scènes de braquage. Ses cinq années de détention l'auront aussi amené à « réfléchir » sur les techniques employées par la police pour les traquer, lui et ses « collègues de travail » de la désormais célèbre bande de Montreuil. À un proche, il confie avoir évolué dans sa manière d'opérer. « Les flics les pistaient, eh bien lui s'est mis à faire la même chose ! lâche ce témoin qui l'a longtemps fréquenté. Un jour, ils ont volé la voiture d'un commissaire de l'OCRB. Ils y ont trouvé des dossiers les concernant et des minicassettes. Ça leur a permis d'apprendre comment la police travaillait sur eux. À l'OCRB, il y avait un enquêteur qui était un vrai chasseur. Il se déguisait en rocker avec des santiags ou en clochard pour les suivre. Il habitait à Argenteuil. Un jour, Momo se fait serrer par l'OCRB. En garde à vue, ce policier arrive et lui dit : *Alors, monsieur Amimer, on se connaît bien !* Momo fait semblant de ne pas comprendre et il commence à parler de sa tante qui habite à Argenteuil. Là, le flic change de couleur et, tout de suite, lui propose une cigarette et un café pour détendre l'atmosphère. Ce policier n'a pas compris comment Momo avait pu savoir où il habitait[2]. » L'Élégant va pousser loin le souci du détail et se rapprocher au plus près de « l'ennemi ». Souvent, il arpente, du haut de son 1,82 mètre, les quais de Seine, plus précisément du côté du Quai des Orfèvres, siège historique de la PJ parisienne, ou se rend à Nanterre, rue des Trois-Fontanot, bastion de l'OCRB depuis le début des années 1990. Avec ses potes, il y relève les modèles et les plaques des voitures des services de police, chargés de leur traque.

Surveillé comme le lait sur le feu en France, l'Élégant, fiché au grand banditisme, va prendre le large, direction la Confédération helvétique et ses coffres remplis de devises fortes. Le 1er décembre 1992, trois Français sont interpellés dans le hall de la gare de Cornavin à Genève. Quelques instants plus tôt,

1. En référence à ce tissu à base de laine dont un manteau emblématique à la coupe droite, souvent de couleur vert bouteille et doté d'un pli inversé dans le dos, a tiré son nom.

2. Propos recueillis par l'un des auteurs au mois de novembre 2020.

ils ont été aperçus en train de discuter à proximité d'un bureau de change du Crédit commercial de France. Conduits dans les locaux de la police cantonale genevoise, dont la devise est « protéger et servir », les trois hommes déclinent leur identité :

— Serge Coutel, né à Paris, 12e arrondissement, 42 ans ;

— Marc Lazaroo, né à Paris, 18e arrondissement, 38 ans ;

— Mohamed Amimer, né à Noisy-le-Sec, Seine-Saint-Denis, 33 ans.

Trois « têtes d'affiche[1] » que les policiers suisses ne vont pas lâcher d'une semelle. Interrogé, Amimer feint de ne pas comprendre ce qu'on lui reproche. Tout juste admet-il être venu « passer du bon temps » sur les rives du lac Léman. Pour justifier sa présence à proximité de ce bureau de change, l'Élégant jure qu'il voulait juste « obtenir des francs suisses » après avoir vu son billet de 500 francs français refusé par le guichetier à la gare de Cornavin. Une version confirmée par le préposé au guichet mais qui n'empêche pas Amimer de voir sa garde à vue prolongée. Les policiers sont persuadés qu'il n'est pas simplement venu pour prendre « le bon air des Alpes » et se refaire une santé à grand renfort de chocolat made in Switzerland…

« Amimer, t'es du gang de la Banlieue sud ! T'es un brigand, lui lance un policier genevois, un brin narquois.

— Non, moi, je suis de la banlieue nord », rétorque, sans sourciller, le Noiséen, sourire en coin[2].

1. Serge Coutel, dit Chocho ou Chouchou, est à l'origine, avec André Prébet, de la première évasion d'un détenu par hélicoptère en France. Le 21 février 1981, vers 10 h 50, deux braqueurs, Gérard Dupré et Daniel Beaumont, incarcérés à la prison de Fleury-Mérogis (Essonne), avaient joué les « filles de l'air ». Coutel, cerveau de cette opération sans précédent, avait écopé de dix ans de réclusion criminelle. Marc Lazaroo, *alias* l'Apache, avait été interpellé pour un casse, commis en 1987, quai de la Rapée au préjudice d'un Crédit agricole. En 1981, il avait déjà été arrêté, à la gare du Nord, en compagnie de Gérard Dupré, alors que les deux étaient suspectés de vouloir s'attaquer à un transport de fonds.

2. Propos recueillis auprès d'un retraité de la police genevoise au mois de juin 2019.

Placé en détention, à l'isolement, à la prison de Champ-Dollon, Amimer comprend rapidement que les Suisses le prennent très au sérieux et que sa « réputation » a désormais largement franchi les frontières de la Seine-Saint-Denis. « Il changeait de cellule tous les jours, se remémore le même policier. On l'avait mis dans le quartier des femmes qui n'accueillait, à l'époque, aucune femme. À la même période, on comptait quelques voyous français dans nos cellules. Il y avait notamment Jean-Claude Guillemet et Nordine Berdji[1]. » Relâché au bout d'un mois de ce traitement particulier, faute d'éléments incriminants, Mohamed Amimer est reconduit, sous bonne escorte, jusqu'à la frontière et prié de ne plus remettre les pieds en Suisse.

L'œil du tigre

Leurs homologues français ne vont pas tarder à entendre, à nouveau, parler de la bande de Montreuil. En mars et juin 1993, du côté de Saint-Ouen-l'Aumône dans le Val-d'Oise, le plus grand dépôt de la société Sécuripost, filiale de transports de fonds de La Poste, est dévalisé, à deux reprises, par un commando de six ou sept hommes « encagoulés, armés, parfaitement renseignés et déterminés », comme l'indiquent les policiers de la PJ de Versailles dans leur rapport de l'époque. Butin : près de 25 millions de francs[2] ! La « bande de Momo » est fortement soupçonnée mais ne sera jamais inquiétée. Dans la matinée du 23 août 1993, le standard de l'état-major de la direction centrale de la police judiciaire (DCPJ) croule sous les appels. Un nou-

1. Jean-Claude Guillemet, un braqueur de banques, s'était « illustré », le 19 mars 1974, en étant le « premier évadé » de la prison de Fleury-Mérogis (Essonne). Nordine Berdji, alias Cornichon, originaire de Gagny (Seine-Saint-Denis), avait été condamné en octobre 1982 à douze ans de réclusion criminelle après un sanglant braquage quelques mois plus tôt, place Vendôme, au cours duquel son complice, Nordine Khalfaoui, avait été abattu par la police. Nordine Berdji est aussi le cousin des frères Djamel et Nordine « la Puce » Benali.

2. 5,5 millions d'euros.

veau « coup » d'ampleur vient d'être réalisé : près de 10 millions de francs – soit 2,2 millions d'euros – ont été dérobés au petit matin dans les coffres d'une société de transports de fonds à Bayonne (Pyrénées-Atlantiques). La façon d'opérer des auteurs de ce casse de la SGI – dont le directeur se nomme Laurent Rodriguez, ancien capitaine du XV de France, il en a porté le maillot à cinquante-six reprises – est loin d'être improvisée. La veille au soir, « six ou sept gangsters » ont séquestré à leur domicile un employé, et sa mère, avant de le contraindre, le lendemain matin, à ouvrir les coffres, garnis des recettes de plusieurs grandes surfaces du secteur. « Les techniques utilisées et la rigueur de l'opération sont celles pratiquées par le grand banditisme, et plus précisément par certains truands méditerranéens », avance-t-on dans une dépêche de l'Agence France-Presse, publiée au matin de la découverte des faits. Les « chasseurs » de l'OCRB, eux, y voient plutôt « la signature » des « loulous » de la banlieue est. « Là encore, il y avait deux éléments communs à beaucoup d'affaires dans lesquelles le nom de cette bande est revenue, décrypte un retraité de l'OB. Les auteurs du casse de Bayonne ont pris en otage, la veille, un employé et ils ont visé un centre-fort. On savait qu'Amimer et les siens ne ciblaient pas de fourgon blindé. Et surtout, ils ont, en quelque sorte, démocratisé la technique dite du *tiger robbery.* » Littéralement « braquage à la tigre », ce *modus operandi*, décrit pour la première fois au début des années 1980 en Angleterre, consiste à espionner sa victime pendant de longues semaines, afin de connaître son environnement et ses habitudes dans les moindres détails, et de ne rien laisser au hasard. À l'image du tigre qui guette longuement sa proie avant de fondre sur elle. Un minutieux travail de l'ombre, souvent payant. Cette « signature », les enquêteurs de l'OCRB vont encore la retrouver, à deux reprises, au cours de l'année 1994. Après les Pyrénées-Atlantiques, c'est au tour des Pyrénées-Orientales de voir se dessiner l'ombre des gangsters de Montreuil.

Le 24 mai, à 8 heures, le service de police judiciaire de Montpellier et son antenne de Perpignan sont avisés par la police urbaine de la commission d'un vol à main armée au préjudice de la société Brink's Sud, dont l'entrepôt se trouve route de Thuir dans la cité de la belle Catalane. Les premiers éléments de l'enquête évoquent à nouveau un commando de « six ou sept » hommes qui a raflé 6,7 millions de francs[1] après avoir pris en otage, toute une nuit, un employé de la Brink's, son épouse et leur fille de 4 ans. Le 23 mai, vers 17 h 30, les époux G. ont été surpris à leur domicile, en fin d'après-midi, par plusieurs individus « encagoulés et armés ». L'un des malfaiteurs précisera aux victimes que d'autres membres de leur famille sont aussi séquestrés. Ce qui se révélera faux. « Ça faisait partie de leur scénario et de la mise en condition des victimes afin d'être sûrs qu'elles allaient coopérer, analyse un enquêteur, chargé de la lutte contre le grand banditisme. L'un d'entre eux avait aussi pour rôle de les rassurer en leur expliquant qu'ils n'étaient pas là pour leur faire du mal mais juste pour l'argent. » Les truands sont, encore une fois, parfaitement renseignés sur les règles de sécurité au sein du dépôt de la Brink's. Et notamment, sur un double appel téléphonique passé, tous les matins, par Monsieur G. à son épouse, pour lui signifier que tout va bien. Les mêmes savent également que les clefs nécessaires à l'ouverture des lourdes portes blindées de la salle forte sont conservées dans les locaux d'une banque à Saint Estève. Le 24 mai, après avoir passé une partie de la nuit chez les époux G., le commando de braqueurs et leurs otages prennent position dans le dépôt afin d'attendre l'arrivée des premiers salariés. « On ne peut pas dire que le premier a été maîtrisé dans les règles de l'art, ironise, dans un sourire, la même source. Deux braqueurs lui sont tombés dessus, mais il ne s'est pas laissé faire... Les salariés de la Brink's, c'étaient tous des rugbymen, des costauds. Ensuite, celui qui semblait diriger la manœuvre leur a dit : *Stoppez tout !* Et là, il leur a délivré un cours de braquage. » Et le même de raconter la scène qui suit :

1. Soit 1,4 million d'euros.

« Salut, Robert ! C'est un *hot-dog*, lâche, sur le ton de l'humour, le meneur de la bande au second salarié qui se présente.

— C'est une blague ?!? balbutie, interloqué, le convoyeur.

— Non, Robert, c'est pas une blague, allez viens ! » rétorque le braqueur en lui faisant signe d'avancer vers lui.

Une vingtaine d'employés va ainsi être amenée à obtempérer par le leader de cette équipe qui agit *ex-professo*. Le même, grimé en convoyeur de fonds, accompagne ensuite monsieur G. à Saint-Estève pour récupérer les indispensables clefs de la salle forte. Le truand lui glisse un micro dans une poche avant de le laisser entrer seul dans la banque. De retour au dépôt de la Brink's, le chef de la bande et ses hommes vident les coffres avant de prendre la fuite dans un Renault Espace vert et une Peugeot 309 grise. Mais un imprévu vient gripper leur plan exécuté, jusque-là, sans aucun accroc : un embouteillage bloque, en périphérie de Perpignan, la fuite du commando. En tentant de s'extirper de ce bouchon, le conducteur de l'Espace, qui transporte l'imposant butin, accroche la voiture d'un automobiliste, pilote de course de métier, qui décide de le poursuivre… La déveine ! Ses complices dans la 309 parviennent à écarter le poursuivant, après avoir usé d'un gyrophare de police. Quelques jours plus tard, un certain Noreddine Douis, grandi à Rosny-sous-Bois, puis devenu restaurateur à Perpignan, après quelques démêlés avec la justice, est interpellé alors qu'il allait conclure l'achat d'un nouveau restaurant avec 200 000 francs en poche, provenant du hold-up… Dans la foulée, les enquêteurs de l'OCRB découvrent la planque utilisée par les braqueurs avant leur passage à l'acte. Et le ménage n'y a pas été fait complètement… « Des sacs-poubelles ont été retrouvés dans l'entrée avec, dedans, plus d'ADN qu'il n'en fallait ! se souvient un policier. Une partie du commando a été identifiée grâce à cet oubli. » Après le braquage, les truands s'étaient rapidement séparés. Plusieurs d'entre eux étaient ensuite montés dans une vrombissante Renault Safrane Biturbo. Un modèle dont étaient équipés, à l'époque, les pontes de la PJ. Déployées au niveau d'un péage de l'autoroute A9 qui borde Perpignan, les forces de l'ordre voient arriver, quelques heures après le braquage de la Brink's, une Safrane, dûment dotée d'un gyrophare, d'un deux-tons, et d'un pare-soleil Police. À l'intérieur, plusieurs hommes, brassards orange fluo autour du bras, ont pris aussi le soin de fixer, sur leurs pare-chocs, des doublettes des plaques d'immatriculation des véhicules des brigades spécialisées, chargées de leur traque. Les fonctionnaires postés au péage n'y voient que du feu et laissent passer les malfaiteurs en leur souhaitant même une bonne journée... La suite sera moins souriante. Les empreintes génétiques d'un certain Jean-Baptiste Dornoy dit JB, 35 ans, et d'Abdelkrim Hadjadj *alias* le Blond, 36 ans, sont retrouvées dans les sacs-poubelles « oubliés » derrière eux par les membres du commando de la Brink's. Interpellé fin mai 1994, du côté d'Évreux (Eure), coiffé de son inséparable casquette à la Michel Audiard sur la tête, JB, doté d'un QI de 126, est trouvé en possession de plus de 950 000 francs. Dans une lourde valise qu'il traîne derrière lui au moment de son arrestation, une grenade, un silencieux, un pistolet Luger, des munitions, des talkies-walkies, un scanner, une paire de jumelles et des écouteurs sont saisis. Sur ce casque, l'empreinte génétique de l'Élégant sera, plus tard, identifiée. Saïd « Eddy » Ritz-Alloun, 42 ans, est aussi arrêté, quelques jours après les faits, à Rosny-sous-Bois. Convaincus qu'il fait également partie du commando qui a opéré à Perpignan, les policiers le conduisent dans une petite commune d'Eure-et-Loir où il possède une résidence secondaire. Là, ils déterrent, dans le jardin, une baignoire d'enfant qui contient 1,5 million de francs.

« Quand ils tapent à Perpignan, on est un peu surpris, concède un retraité de l'OCRB. Il y a d'abord eu un projet autour d'un fourgon, avec une équipe locale qui tournait autour de Noreddine Douis. Il est sur le coup, il a une info et il monte le projet. Mais c'était une petite équipe qui n'avait pas le niveau pour faire ça. Douis a ensuite pris contact avec Momo Amimer qui a décidé d'y aller avec ses gars. » Sauf que les policiers découvriront, trop tard, qu'Amimer et son équipe visaient non pas un fourgon, mais un dépôt de la Brink's. « Après, on est tombés sur leur planque. On comprend qu'il y a eu Amimer sur le coup, ajoute le fonctionnaire à la retraite. Mais le premier qu'on suspecte, c'est Eddy Ritz-Alloun, parce que, sur une écoute, il râlait : le type avant lui prenait la douche trop longtemps et lui n'avait plus d'eau chaude. Je crois même que le type qui restait comme ça si longtemps, c'était Momo, puisqu'il prenait soin de lui… »

Au cours de cette période, rien ne semble devoir rassasier « l'appétit » de la bande de Montreuil, ni s'opposer à son hégémonie dans le milieu parisien.

Piégé par des mégots

Le 19 juillet 1994, au petit matin, à leur arrivée, rue Saint-Augustin dans le 2e arrondissement à Paris, devant l'entrée d'une succursale de la banque basque Inchauspé, les enquêteurs de la BRB ne peuvent que constater les dégâts. Les coffres de cette agence, « grossiste » pour les bureaux de change parisiens, implantée entre l'avenue de l'Opéra et la place de la Bourse, ont été dévalisés. Le butin est colossal : 20 millions en liquide[1], composés de francs mais aussi de yens, de dollars, de francs suisses, de deutsche Mark et de florins. L'enquête qui démarre s'annonce difficile au regard du « professionnalisme » dont ont fait preuve les auteurs de ce vol. Trois mégots de cigarettes, des Philip Morris Ultra Light, jetés sur le sol de la banque, sont placés sous scellés. L'exploitation de l'ADN n'en est encore qu'à ses balbutiements. Sait-on jamais. Les officiers de la PJ ne le savent pas encore, mais ce coup de « maître » sera le plus important jamais réalisé cette année-là en région parisienne. Les premières investigations tracent les contours d'un scénario que les limiers du groupe des vols à main armée de la BRB com-

1. Soit 4,2 millions d'euros constants.

mencent à bien connaître. La veille de ce retentissant casse, un employé de la Inchauspé, Jacques O., 27 ans, regagne son domicile, situé dans le 14e arrondissement. Ce célibataire, natif du Pays basque, s'arrête en chemin pour acheter du pain dans une enseigne ED, puis des pâtes dans un Franprix. Vers 19 heures, arrivé sur son palier, deux hommes l'accostent après avoir furtivement exhibé ce qui ressemble à une carte de police, puis prétendent « enquêter sur des cambriolages dans le quartier ». L'employé de banque sent le mauvais coup. Il tente de repousser les deux inconnus avant de voir le canon d'une arme à feu pointé sur sa joue. L'un des malfaiteurs éructe tandis que son complice pousse la victime à l'intérieur de son appartement : « Fais pas le con ! C'est pour la banque ! » Entravé et bâillonné avec du sparadrap, Jacques O. va alors vivre les plus longues heures de sa vie. L'un de ses ravisseurs lui annonce que sa « mère est aussi retenue en otage du côté de Bayonne », ce qui est faux, et ajoute : « Te panique pas, ça va aller, ça se passera bien, on est des professionnels, on n'est pas des petits, on est des grands. On sait tout sur toi. »

Dans un instinct de survie, Jacques O. se refuse à regarder ses agresseurs, de peur d'être exécuté, une fois leur coup réussi. Ces derniers, grimés avec perruques, fausses moustaches et cagoules, lui promettent de lui envoyer, une fois leur affaire bouclée, un « téléviseur couleur » pour lui prouver qu'il a affaire à des « gentlemen ». Le 19 juillet 1994, vers 6 heures du matin, le cambiste est conduit rue Saint-Augustin où il désactive tous les systèmes d'alarme. Trois braqueurs l'accompagnent. Un quatrième, resté à l'extérieur, surveille les alentours. Leur butin glissé dans des grands sacs de sport, les voleurs prennent encore le soin de récupérer les cassettes des magnétoscopes, reliés aux caméras de vidéosurveillance des lieux. Puis disparaissent. La suite de l'été 1994 pour l'Élégant se déroule sur un air de farniente du côté de la Croisette. Toujours sur son dos, les policiers de l'OB ont un coup de chaud lorsqu'ils apprennent que Momo Amimer séjourne sur la Côte d'Azur. « Un jour, on reçoit un appel de la BRI de Nice qui l'a repéré à Cannes, relate un ancien de l'OCRB. Nous, ça nous intéresse parce qu'à la même époque on est sur Daniel Bellanger, qui fait des repérages en bas du côté de Saint-Laurent-du-Var. Mais en fait, c'était juste une coïncidence. Amimer était en vacances et allait voir Lyazid Sandjak jouer à l'OGC Nice ! » Ses premiers ballons tapés du côté de l'Olympique de Noisy-le-Sec, ce jeune attaquant doué – qui choisira de défendre les couleurs de l'Algérie, la patrie de ses parents – intègre les rangs du PSG au début de la saison 1986-1987, avant d'y gagner sa place de titulaire. En froid avec Gérard Houiller, l'entraîneur parisien de l'époque, Lyazid Sandjak est transféré, à l'intersaison 1992, à l'Olympique Gymnaste Club de Nice alors en 2e division. Restaurants, plages, sorties nocturnes et sports nautiques sont au rendez-vous pour Momo Amimer et le jeune Sandjak, dont il connaît bien les grands frères avec lesquels il a grandi à Noisy[1]. L'Élégant est notamment observé au volant d'un puissant hors-bord de 260 CV au large de la Croisette à Cannes. Son train de vie est à la hauteur des coups qu'il réalise. Et les affaires ne tardent pas à reprendre.

Nuit du 30 au 31 mars 1995 à Vert-le-Grand dans l'Essonne. Une nouvelle opération au *tiger robbery* se met en place. Une douzaine de malfaiteurs se scinde pour séquestrer le cadre d'une société de transports de fonds, l'ACDS, et la famille d'un vigile de nuit. Au petit matin, les braqueurs, lourdement armés et équipés de micro-cravate, investissent le centre-fort, puis s'emparent de la bagatelle de 50 millions de francs[2] ! À 6 heures du matin, tout est fini. C'est l'un des plus importants préjudices de l'histoire du grand banditisme hexagonal. Aucun coup de feu n'a été tiré au cours de cette opération quasi militaire, digne des meilleurs scénarios d'Hollywood. Du travail de « professionnels », comme s'accorderont à le dire, quelques heures après les faits, policiers et magistrats. Deux noms reviennent très vite aux

1. Ami d'enfance avec la fratrie Sandjak, à la tête de l'Olympique de Noisy-le-Sec, Mohamed Amimer affichera le nom de sa discothèque Le Triangle sur le maillot du club et le soutiendra pendant quelques années.
2. 10,6 millions d'euros constants.

oreilles de l'OCRB : ceux de Stéphane Ley et de Michel Crutel[1]. Dix ans plus tôt, le même duo avait déjà été suspecté d'être à l'origine d'un des plus gros hold-up jamais connus en France. En décembre 1985, le centre régional de la Brink's à Colombes (Hauts-de-Seine) avait été « soulagé » de plus de 72 millions de francs (19,8 millions d'euros constants). Les enquêteurs de l'OB pensent que Mohamed Amimer a participé à l'attaque du centre-fort de l'ACDS. Ou, à tout le moins, a été invité par son ami Stéphane Ley. Convoqué pour une garde à vue – les policiers n'ont pas grand-chose à lui mettre sous le nez –, le 16 décembre 1995 à Nanterre, l'Élégant en ressort libre quelques heures plus tard. Il vient de se faire piéger. Lors de son audition, le policier qui lui fait face lui propose une cigarette. Momo Amimer ne se méfie pas et s'empare du paquet pour se servir. Mais après son départ, le mégot qu'il a laissé dans un cendrier n'est pas perdu pour tout le monde… Au lieu de finir au fond d'une poubelle, il se retrouve entre les mains des spécialistes de la police scientifique qui en extraient son empreinte génétique. « À l'époque, il n'y a pas encore de fichier national qui recense les ADN des voyous bien connus des services, précise un ancien de l'OCRB. La comparaison a été réalisée avec les ADN relevés après l'attaque du centre-fort de Perpignan et ça a matché ! À la fin des années 1990, le message est passé et plus personne ne fumera

1. Stéphane Ley, né en 1949 à Vannes (Morbihan), est présenté comme un orfèvre du braquage, très minutieux et adepte, lui aussi, du *tiger robbery*. Cet amateur de pêche à la ligne, qui préservait sa discrétion, aurait également mis ses talents au service de Francis le Belge. Les policiers l'ont aussi associé au début des années 1990 à Mohamed Amimer. Stéphane Ley a été tué, le 1er mars 1996, au pied d'une tour de la Défense. Ses assassins n'ont jamais été identifiés. Michel Crutel, dit le Militaire, né en 1955 à Drancy (Seine-Saint-Denis), après quelques années d'association avec Ley, rencontré en détention à la centrale de Poissy (Yvelines) au début des années 1980, a formé sa propre équipe, baptisée la « Dream Team », avec laquelle il est soupçonné d'avoir multiplié les braquages spectaculaires au tournant du siècle dernier. Lui-même suspecté du meurtre de Ley, Crutel, décrit comme un « flambeur » et adepte des « armes », a trouvé la mort, le 21 mai 1999, lors d'une tentative de vol d'un stock de cannabis à Algésiras en Espagne.

en garde à vue[1]. » Cette « filouterie » des flics va coûter cher à l'Élégant. Interpellé en février 1996, Mohamed Amimer est mis en examen. En attendant son troisième procès devant une cour d'assises, il est placé en détention à la maison d'arrêt de Fleury-Mérogis, bâtiment D1. À son arrivée, les jeunes détenus accourent pour apercevoir celui dont ils ont « si souvent entendu parler », sans l'avoir jamais vu. Le braqueur Antonio Ferrara, surnommé Nino, futur évadé de Fresnes[2], et Mohamed Benaissa, *alias* « Mimi les belles affaires », auteur d'un vol très haut de gamme, place Vendôme, en décembre 1994[3] – et anciens clients du Triangle – sont déjà là. L'Italien de Choisy-le-Roi, estimé dans le milieu pour sa maîtrise des explosifs, connaît quelques ennuis. « Nino avait une embrouille de placard avec des Tunisiens, se souvient un détenu. Momo est allé les voir pour leur dire que *le Petit* était avec nous. Les autres n'ont pas moufté. Momo, on l'appelait le numéro un. C'était une légende et une référence pour nous, les jeunes[4]. » L'histoire raconte que le même Ferrara, qui a réussi à se soustraire à la vigilance de ses gardes lors d'un transfert à l'hôpital de Corbeil-Essonnes au début d'août 1998, serait revenu saluer, à bonne distance, ses anciens camarades de détention à Fleury. Histoire de leur donner du baume au cœur…

L'Élégant croise aussi les premiers détenus « radicalisés ». Dont un proche de Khaled Kelkal, l'un des auteurs des attentats qui ont ensanglanté la France à l'été 1995. « Ils commençaient déjà à se regrouper entre eux, poursuit le même témoin. Et la pénitentiaire a laissé faire. Ils faisaient leur prière dans la cour de promenade à Fleury. Nous, on leur disait de ne pas

1. Entretien réalisé en janvier 2021.

2. Lire *Antonio Ferrara, le roi de la belle*, de Brendan Kemmet et Matthieu Suc, Le cherche midi, 2012.

3. Dans la nuit du 16 au 17 décembre 1994, plusieurs hommes avaient séquestré une employée de la bijouterie Reza avant de se rendre dans les ateliers du joaillier pour faire main basse sur des centaines de pierres précieuses. Le préjudice a été estimé à 170 millions de francs (36,7 millions d'euros constants).

4. Entretien avec l'un des auteurs au mois de janvier 2021.

nous foutre la honte, de faire ça dans leur cellule. Ils voulaient nous donner des leçons en nous traitant de mécréants. Leur discours n'était pas très construit, mais ça préfigurait déjà ce qui allait se passer ensuite. »

Au début du mois de mai 1999, Mohamed Amimer et Abdelkrim Hadjadj dit le Blond, tous les deux âgés de 40 ans à l'époque, sont jugés devant la cour d'assises des Pyrénées-Atlantiques pour le casse de Perpignan. Malgré la présence de leur ADN sur des mégots de cigarettes retrouvés dans la planque des braqueurs, les deux hommes continuent de nier farouchement. Avant de faire volte-face au troisième jour de leur procès. « Il est inutile de continuer à jouer au chat et à la souris », entame le Blond, natif de Clichy-la-Garenne – qui compte déjà plusieurs condamnations pour « proxénétisme » et « vol avec arme[1] » –, avant de reconnaître « sa participation aux faits ». L'Élégant lui emboîte le pas, avant de couper le président de la cour, qui cherche à en savoir plus sur leurs complices : « Je ne parle que pour moi, j'ai des principes », tranche Mohamed Amimer, avant de se rasseoir.

La raison d'un tel revirement ? Lors d'une suspension d'audience, l'avocat général, Bernard Chifflet, est descendu voir les deux accusés, sous le regard de leurs avocats, Mes Jean-Yves Liénard et Denis Giraud. Selon un témoin de la scène, le représentant du ministère public leur aurait alors mis un marché en main : soit ils passent aux aveux et la peine requise sera de vingt ans ; soit ils persistent à nier et l'avocat général requerra trente ans ou perpétuité. Ténor parmi les pénalistes parisiens, Me Jean-Yves Liénard se serait ensuite tourné vers l'Élégant avant de lui faire comprendre, dans une formule dont il avait le secret, que le marché proposé n'était pas si mauvais. « Il vaut mieux perdre un doigt qu'une main », aurait-il ainsi suggéré à Amimer. Quelques heures plus tard, une peine de « vingt ans de réclusion criminelle » est requise par Bernard Chifflet. Les

1. Extrait d'un arrêt de la chambre d'accusation de la cour d'appel de Montpellier en date du 23 décembre 1997.

deux accusés sont finalement condamnés à seize ans de prison. Trois autres coaccusés, en fuite au moment du procès, écopent de trente ans par contumace[1].

De l'autre côté du mur, la liberté…

Après une année passée au quartier d'isolement, les anciens « QHS » – un régime spécial de détention, réservé notamment aux détenus présentant un fort risque d'évasion – de la prison de Mende (Lozère), Mohamed Amimer est transféré, le 13 mars 2000, à la maison d'arrêt de Nîmes (Gard). Et, disons-le tout de suite, il ne va pas s'y éterniser. Le 18 août de la même année, il voit, à nouveau, débarquer les enquêteurs de la BRB de Paris dans sa cellule. Le début de leur échange est vif :

« Fin de carrière, Amimer, jubile un policier qui lui assure que son ADN a aussi été retrouvé sur la scène du braquage de la banque Inchauspé.

— Ton père m'a dit la même chose », ironise le braqueur, qui ne s'en laisse pas conter.

Son empreinte génétique aurait été retrouvée, encore une fois, sur un des mégots de cigarettes saisis dans la banque parisienne. L'ADN d'un certain Patrick Musset, décrit comme « un cheval de retour », aurait aussi été isolé sur les mêmes mégots. Interrogé, l'Élégant se dit totalement étranger à cette affaire, avant de garder le silence. Les hommes de la BRB ont été mis sur sa piste après une précieuse information recueillie par le commissaire Yves Jobic alors à la tête de la brigade de recherche et

1. Libérés en 1998 pour « détention provisoire abusive », ils ne s'étaient pas présentés à leur procès en mai 1999. « JB » Dornoy a ensuite été arrêté en avril 2000 sur un bateau à La Grande-Motte (Hérault) avant d'être condamné à quinze ans en juin 2001. Saïd « Eddy » Ritz-Alloun a été rattrapé à Estepona en Espagne en avril 2002, puis condamné à quinze ans en mars 2004. Enfin, Noreddine Douis a, lui, été interpellé dans un camping à Lattes (Hérault), en mai 2004, avant d'écoper de douze ans en janvier 2005.

d'intervention (BRI) de la PJ parisienne. Un de ses « indics » lui a affirmé que Momo Amimer avait pris part à l'affaire, avec la complicité d'un certain « Farid Kenzo[1] ». Dans un rapport dressé en septembre 1999, le commissaire Jobic, surnommé Yvan le Terrible par certains de ses collègues, précise encore qu'« en ce qui concerne leurs complices, l'un ou plusieurs des individus suivants ont pu participer à ce gros coup : Sanaa Farid, dit l'Écureuil[2], Ley Stéphane, abattu le 1er mars 1996 dans le quartier de la Défense, Lahcene Ahmed dit Cero ». Le dossier du hold-up de la Inchauspé avait fait l'objet d'un non-lieu de la justice avant d'être opportunément relancé par « les bons tuyaux » du commissaire Jobic. Une semaine pile après la « visite » des policiers de la « brigade de répression du bricolage », Mohamed Amimer décide de reprendre le chemin de la liberté.

Le 25 août 2000, il est 9 heures précises lorsque l'Élégant pique un sprint, vêtu d'un simple slip et de chaussures de cross, dans la cour de promenade de la maison d'arrêt de Nîmes. Suivi dans sa course par Dominique Delattre[3] et Jean Sivame, deux braqueurs du sud de la France. La suite est racontée par Mohamed Amimer lui-même[4]. « J'avais préparé mon évasion pendant cinq mois. Mes amis, habillés en peintre, devaient se positionner le long du mur extérieur et faire basculer une échelle de l'autre côté à 9 heures pile. J'avais observé le manège des matons, tous les matins au changement de service. À 9 heures, le chef prenait son café et il ne fallait pas le déranger. Je comptais les minutes : 1, 2, 3, 4, 5… Les mecs dans le Sud sont

1. Il n'a pas été poursuivi dans cette affaire.

2. Farid Sanaa, qui devait son surnom au fait qu'il avait été suspecté de plusieurs braquages de Caisses d'Épargne, a été abattu le 19 octobre 1999 de plusieurs balles de calibre 45 et de tirs de chevrotine alors qu'il se trouvait place des Ternes à Paris. Son meurtre n'a jamais été élucidé.

3. Dominique Delattre, *alias* Dédé, la Vieille ou le Vioque, n'a jamais été rattrapé par la police. En 2016, il faisait encore partie des quarante-cinq fugitifs les plus recherchés d'Europe. Aujourd'hui âgé de 58 ans, il est en cavale depuis plus de vingt ans.

4. Entretien avec l'un des auteurs au mois de septembre 2020.

tranquilles. Ils étaient un peu endormis. Mon évasion avait déjà été reportée deux fois. J'avais vu les fusils dont étaient dotés les matons dans les miradors, c'était des fusils de l'armée, je me disais que ça pouvait être chaud pour moi mais je n'avais qu'une idée : m'évader ! J'avais vu un détenu parler avec un surveillant dans un mirador, c'était un jeune de son village. Je lui ai dit : *J'ai un projet, il faut que tu m'assures le coup.* Quand je me suis évadé, il a détourné l'attention de ce surveillant, sinon, je ne serais plus là pour en parler. Le jour J, je fais semblant de m'échauffer dans la cour de promenade. J'avais demandé à un codétenu, Jo le Marseillais, de me faire signe lorsqu'il verrait tomber l'échelle dans un angle mort de la prison. À 9 heures, il agite les bras, j'enlève mes vêtements et je me mets à courir en slip pour éviter de m'accrocher dans les barbelés. Je passe un premier grillage, je suis à droite et Delattre à gauche, derrière moi. J'arrive sur le deuxième mais je m'accroche dans les barbelés. J'arrive à monter mais je tombe de l'autre côté. Je me retiens un peu mais je me foule la cheville gauche et je tombe sur l'arrière de la tête, il y avait une dizaine de mètres de haut. Je suis sonné, je vois des étoiles. Mais les cris des détenus qui nous encouragent me font me ressaisir. Je me relève et les balles sifflent autour de moi. Il me reste cent mètres à faire sur une jambe pour arriver au mur avec l'échelle. Je la déplace pour me retrouver derrière un poteau, et me protéger des tirs. Je grimpe sur une jambe. Je monte six à huit mètres. Arrivé en haut, il me manque quelques centimètres pour passer de l'autre côté. Je tends mon bras, mais le haut du mur est arrondi et je sens ma main glisser. Là, je pense que je ne vais pas m'en sortir. J'ai une boule dans la poitrine. En bas, les matons se faisaient canarder à coups de pierre par les autres détenus pour les empêcher d'arriver jusqu'à notre échelle. Je m'y reprends à trois fois, puis un de mes amis de l'autre côté du mur m'attrape le bras et me fait redescendre avec lui. Je dis à mes gars de ne pas bouger l'échelle pour permettre à Delattre de descendre à son tour. On monte dans une 406 et on le dépose cinq cents mètres plus loin. Sivame, lui, est resté accroché dans les barbelés. Après, on a récupéré une autre voiture, une Jaguar vert anglais, intérieur cuir blanc, immatriculée en Angleterre. J'étais caché dans le coffre, j'avais mis un chauffeur, petite chemise, lunettes avec un cigare à la bouche. Des mecs à moi nous prévenaient que des barrages étaient en train de se mettre en place sur notre parcours de fuite. À la radio dans la voiture, ça ne parle que de mon évasion. J'entends un hélicoptère au-dessus de nous, mon cœur bat à cent à l'heure. Le plan Épervier avait été déclenché. On arrive dans une première planque, je soigne mes blessures puis je dis à mes gars : *Je vais prendre un bain, ça fait quatre ans et demi que j'attends ça (*rires*) !* »

Le lendemain, l'Élégant, qui a mis sept minutes pour s'évader, gagne une deuxième planque, située juste en face... du commissariat de Montpellier ! « J'y suis resté une semaine et j'ai vu les Golf VR6 et les Safrane des condés immatriculées à Paris qui déboulaient pour nous rechercher, témoigne encore Mohamed Amimer. J'avais mis une BMW sur l'autoroute à hauteur de Millau en direction de l'Espagne avec une carte à l'intérieur pour faire croire qu'on était partis dans cette direction, les flics ont mordu. J'avais tout préparé depuis la taule. » Pour se fournir en voitures, l'Élégant aurait fait appel à un certain Antonio Lagès[1], qui lui-même, à l'époque, était détenu à la Santé à Paris. Un jeune boulanger, grandi à Montreuil, et qui avait ouvert son commerce à Chelles, avant d'être aspiré par le milieu. Libre, Mohamed Amimer gagne l'Espagne où il se pose à Marbella, puis Fuengirola. Démarre alors une cavale qui va durer un peu plus de quatre ans.

En France, du côté de Nanterre, siège de l'OCRB, une unité spéciale, forte de huit policiers, est constituée afin de remonter au plus vite la piste du fugitif. Après l'Espagne, l'Élégant passe au Portugal, pays où les policiers le suspectent d'avoir un nouveau projet d'attaque de centre-fort. Puis c'est la traversée de

1. Le 23 octobre 2000, peu après 23 heures, Antonio Lagès, surnommé Tonio ou Schumacher pour ses talents de pilote, a été tué de deux décharges de fusil de chasse alors qu'il circulait dans une Mercedes, avenue George-V (8e) à Paris. Son meurtrier n'a jamais été identifié.

la Méditerranée et un premier arrêt à Oujda au Maroc, la ville de naissance de sa mère. Là-bas, il est pris en charge par des contrebandiers qui connaissent la montagne comme leur poche. « On savait qu'il s'était posé en Algérie à un moment, rappelle un enquêteur affecté à la *task force*, spécialement créée pour le traquer. On a eu des infos sur son passage à Oran mais aussi à Alger. » À la fin du mois de novembre 2000, l'Élégant pose le pied sur la terre natale de son père. Il arrive à Souahlia-Tounane au nord-ouest du pays où il est réceptionné par des « anciens ». Sa vie de fugitif va ensuite se partager, pendant près de trois ans, entre la station balnéaire d'Aïn El Turk et la plage des Andalouses, près d'Oran et celles de Moretti ou du Club des Pins, là où la bonne société algéroise et les caciques du pouvoir se côtoient. Alors qu'il loge aussi au domicile de son vieil ami la Gelée à Oran, les habitants ont pris l'habitude de croiser sa svelte silhouette courbée sur son vélo qu'il pratique assidûment. Une vie d'oisiveté qui semble lui convenir. Un temps. Avant d'être rattrapé par le manque du pays, la France. Ses proches. Et l'argent. Au début de l'année 2004, les limiers de l'OCRB, bien rencardés, le pensent de retour en Seine-Saint-Denis. Un point de chute leur est même donné : Les Lilas. Mais ils ne parviennent pas à le « loger ». L'Élégant réussit à revoir sa mère et son fils, âgé de 10 ans à l'époque, au nez et à la barbe des policiers. Mais l'étau se resserre. Inexorablement. Le Grand Momo pense d'ailleurs que la fin de partie vient d'être sifflée, à l'automne 2004, lorsque le conducteur avec lequel il se trouve est contrôlé puis conduit au poste car il fait l'objet d'un retrait de permis. Au commissariat, l'Élégant, faux papiers en poche et qui a été prié d'accompagner son ami, voit son visage sur un avis de recherche, placardé sur les murs. Après de longues minutes d'angoisse, il décide de ressortir avant d'être stoppé juste devant la grille. Des policiers qui le croisent lui font signe qu'il a oublié d'allumer ses feux avant de le laisser passer…

Fin de partie

Mais l'insolente chance de celui que les policiers ont affublé du surnom de « Rolls-Royce de la cavale » va finir par tourner. Le 18 octobre 2004, alors qu'il se trouve dans un taxiphone aux Lilas, il voit fondre sur lui deux malabars de l'OCRB. Plaqué au sol, l'Élégant est sonné et comprend que sa cavale de « quatre ans, un mois et vingt-trois jours » vient de prendre fin. Sur lui, les policiers retrouvent une pièce d'identité falsifiée au nom de Idris Harfouche. Malgré l'œuf de pigeon qui fleurit sur son arcade droite, « cadeau » des gros bras de l'OB, Mohamed Amimer, beau joueur, salue ses interpellateurs.

« C'est le jeu, vous m'avez eu à l'ancienne, bravo les mecs, leur adresse-t-il.

— T'es revenu pour participer à un match de foot », le taquine un commissaire de l'OCRB, persuadé que l'Élégant n'est pas de retour en région parisienne juste pour embrasser les siens. Le fonctionnaire tente encore : « Tu étais sur un projet de centre-fort, c'est ça ? »

Mais l'échange s'arrête là. Les enquêteurs réunis autour de lui veulent partager une coupe de champagne pour célébrer son arrestation. L'Élégant décline poliment. « Il n'avait pas d'arme sur lui, ce n'était pas le genre, souligne l'un des policiers qui ont participé à son interpellation. Ce n'est pas un belliqueux, ni un excité. Les armes, ce n'est pas son truc. Lui, c'est un peu comme le Belge, c'est la prestance. Il avait une aura. Le fait qu'il soit remonté au braquage à Perpignan reste un mystère, il était pété de thunes. Il n'en avait pas besoin. On sait aussi qu'il s'était montré généreux avec les jeunes des cités autour de chez lui. Il ne pensait pas qu'à sa gueule. » Avant de le conduire en prison, les hommes de l'OB se lancent dans des pronostics sur sa prochaine évasion. Lucide ou lassé, c'est selon, Mohamed Amimer réplique : « La prochaine fois que je sortirai de prison, ce sera par la grande porte. »

Et le gamin de Noisy-le-Sec a tenu parole. Après avoir été condamné à un an de prison pour son évasion de Nîmes, puis obtenu une libération conditionnelle – alors qu'il a fait venir divers artistes en détention[1] et commencé à travailler à sa réinsertion avec l'aide de Michel Saint-Jean, le directeur des services pénitentiaires de Paris –, il a quitté la centrale de Poissy par « la grande porte » en mai 2010.

En septembre 2017, près de trente et un ans après ses premiers déboires judiciaires, Mohamed Amimer est de retour devant une cour d'assises. Celle de Paris. Rattrapé par l'affaire Inchauspé et ses 20 millions de francs évaporés dans la nature un matin de juillet 1994. Jugé au côté de Patrick Musset, il voit le commissaire Yves Jobic cité comme témoin à son procès. L'ancien patron de la BRI trace un portrait, dans un étrange mélange d'admiration-répulsion, de l'Élégant :

« À partir des années 1990, le milieu parisien a été contrôlé par une équipe redoutable dont faisait partie M. Amimer, entame Yves Jobic, surnommé aussi le Petit Prince au sein de la PJ parisienne. Les trois frères Hornec étaient à la tête d'une équipe d'une dizaine de personnes. M. Amimer faisait partie du noyau dur. Mohamed Amimer est dans le milieu français considéré comme une légende. C'est le plus doué de sa génération. Il jouit d'une estime. Il fait partie actuellement d'un top 10 du milieu français. Il est considéré comme gentil. Et, sur une affaire, j'observe qu'il est un élément modérateur. Mohamed Amimer n'a que des amis dans le milieu français, ce qui est très rare. Il est estimé de toute sa profession. Il a une excellente mentalité. Il n'a jamais parlé à la police lors d'une arrestation pour se décrocher. Il est toujours à la tête d'un très conséquent patrimoine. Il n'est pas monté sur des règlements de comptes. »

Fermez le ban. Après cinq heures de délibéré, les jurés condamnent les deux accusés à cinq ans de prison avec sursis.

1. Avec l'aide de Pascal Fratellini, ancien patron du Larry Flynt's Hustler Club et figure de la nuit parisienne, il a permis à ses codétenus à la centrale de Poissy de croiser notamment Florent Pagny et l'humoriste Booder.

Ali Amalou, alias Monsieur Armand, proxénète, braqueur et homme de main, ralliera le FLN lors de la guerre d'Algérie (*Qui ?*, mars 1949).

Christian Labalette, footballeur professionnel et victime collatérale de la guerre des gangs entre truands corses et « nord-africains » à Pigalle en 1957. L'Ajaccien François Chiappe (en médaillon) aurait été la véritable cible (*France-Soir*).

Ancien champion de France amateurs des poids coqs

ALBERT le Boxeur et "PHILIPPE LE DINGUE"

faisaient chanter les patrons de bars de Pigalle

Deux redoutables racketteurs du Paris interlope des années 1950 immortalisés sans cravate pour cause de garde à vue (*L'Aurore*, septembre 1951).

FUSILLADE CETTE NUIT A MONTMARTRE

Une rafale de mitraillette

TIRÉE D'UNE VOITURE AMÉRICAINE ROULANT SILENCIEUSEMENT RUE FONTAINE

tue le footballeur Labalette

(assis par hasard à la terrasse d'un café)

et blesse un tenancier d'Ajaccio

La terrasse du « Lizeux », à l'angle de la rue Fontaine et de la rue de Douai.

FUSILLADE en pleine ru[e] cette nuit à Montmartre. Les occupants d'une puis-sante voiture américaine d[e] couleur claire ont tiré, à 1 h. 5[…] au carrefour de la rue Fontain[e] et de la rue de Douai, une rafal[e] de mitraillette sur un groupe d[e] consommateurs installés à [la] terrasse d'un café.

L'un d'eux, blessé à mort, s'e[st] écroulé en travers du trottoir. C'e[st] Christian Labalette, 23 ans, intern[a-]tional de football, une des v[e-]dettes de l'équipe de Sochaux. [Ce] règlement de comptes-éclair a f[ait] une deuxième victime : Franç[ois] Chiappe, 37 ans, tenancier de ca[ba-]ret à Ajaccio, de passage à Par[is]

Christian Labalette une des vedettes de l'équipe de Sochaux

Christian Labalette apparte[-]nait depuis six ans au Footba[ll] Club de Sochaux, et faisait par[-]tie, depuis la saison 1954-55, d[e] l'équipe première profession[-]nelle. Il avait joué 16 matche[s] officiels en 1954-55 et 21 e[n] 1955-56, puis, après son passa[ge] au Bataillon de Joinville pe[n-]dant son service militaire e[n] Algérie, 11 matches au cours [de] la saison 1956-57.

Récemment démobilisé, [il] était venu se reposer dans [sa] famille qui habite La Cou[r-]neuve.

International militaire, pu[is] international B, Labalette jou[ait] à Sochaux dans la ligne d'at[ta-]que, le plus souvent au po[ste] d'intérieur.

et que l'on surnomme à P[…]

Philippe le Dingue, de son vrai nom Idir Aït Issad, dans le box du tribunal correctionnel de la Seine. Il héritera d'un nouveau surnom, le Nerveux (*Qui ?*, avril 1951).

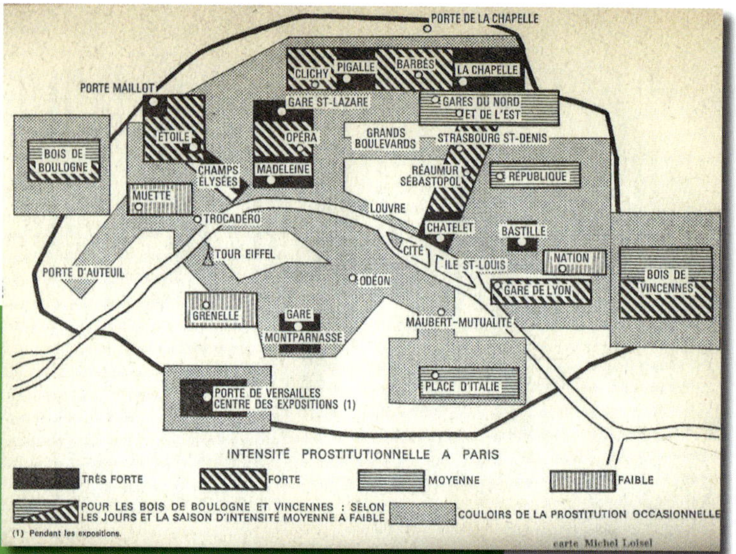

Les grandes zones de la prostitution à Paris dans les années 1960 (extrait de *Dossier prostitution*, Dominique Dallayrac, Robert Laffont, 1966, carte de Michel Loisel).

Le Parisien du 12 novembre 1980, au lendemain de la mort de Nénesse Bennacer et Michel le Libanais, abattus dans un « clandé » du 9e arrondissement de Paris, La Médina.

RÈGLEMENT DE COMPTES AVENUE TRUDAINE (IXe)

Deux truands abattus dans un restaurant

FOUAD ALLIA DIT « MICHEL LE LIBANAIS » ET MARCEL BEN NACER ONT ETE EXECUTES DE DEUX BALLES DANS LA TETE

Une nouvelle guerre des gangs ?

Une lumière qui brille à l'intérieur de établissement, défendu par une porte ermétiquement close. Et pour cause ! 'était hier matin, après la double exé- ation perpétrée à l'intérieur d'un bar- staurant, à l'enseigne de « la Me- na » 4, avenue Trudaine (IXe), où eux hommes — des « truands de Pi- alle », a-t-on appris de source poli- ère — avaient été froidement abattus à oups de revolver, quelques heures au- aravant, par des tueurs, qui sont par- enus à s'enfuir.

Des clients "connus"

Il était 2 h 30, lorsque tout s'est joué. l'intérieur de l'établissement, tenu ar un Marocain de trente-six ans, [redacted] se pressaient ne douzaine de clients, dont les futures ctimes de ce règlement de comptes, IM. Fouad Allia, connu dans la pègre us le sobriquet de « Michel le Liba- ais », quarante-deux ans, originaire de arseille et Marcel Bennacer, trente-six s, né à Paris dans le XIVe arrondisse- ent.

Trois hommes masqués

A cent lieues de se douter qu'ils al- ent finir ce soir-là leur existence, fou- oyés à bout portant, les deux clients plusieurs fois arrêtés pour des délits vers, vols et escroqueries, port d'ar- s, et soupçonnés de se livrer au oxénétisme, bien qu'ils n'eussent jamais été condamnés pour ce motif — avaient garé, auparavant, leurs luxueu- ses voitures, deux Mercedes, devant le restaurant.

Soudain, la porte livra passage à trois hommes, dont le visage était dissimulé par une cagoule. Les intrus étaient armés de revolvers de gros calibre. Ce- pendant que l'un d'eux tenait en respect les clients, le patron et ses employés, ses complices intimaient l'ordre aux deux victimes de les suivre dans les sous-sols.

Quelques instants plus tard, plusieurs détonations retentissaient. Fouad Allia et Marcel Bennacer venaient d'être froi- dement exécutés, chacun de deux balles en pleine tête.

Leur forfait commis, les tueurs dispa- rurent à bord d'une R 12 marron, conduite par un comparse, et qui avait été garée devant l'entrée du bar.

En raison de la personnalité des deux victimes, il s'agit sans doute d'un règle- ment de comptes, dont les mobiles se- ront, toutefois, difficiles à établir. Vrai- semblablement, s'agit-il là d'une sombre histoire de femme, ou encore d'un quelconque trafic dans lequel les deux hommes auraient été impliqués.

Dirigés par le commissaire principal Di Bona, les policiers de la Brigade cri- minelle ont été chargés de faire toute la lumière sur cette mystérieuse affaire.

René DELUCINGE.

• La voiture de l'un des truands est restée garée devant le restaurant.

Marcel Bennacer, dit Nénesse, un « beau mec », artisan de la guerre entre les Siciliens de la banlieue sud et les frères Zemour dans les années 1970.

Nénesse, au calme, lorsqu'il s'était mis au vert à Moretti Plage, la station balnéaire d'Alger, entre 1974 et 1975.

Rachid Buzenval avec un proche devant son bar-restaurant, le Byblos (Paris 11e), temple des jeux clandestins dans les années 1980 et jusqu'au début des années 2000.

Le même Rachid en cuisine au Byblos pour nourrir les « flambeurs » qui pouvaient rester quarante-huit heures durant sur une partie de cartes.

À deux pas de la place de la Nation, l'ex-Byblos a bien changé de nos jours.

L'arrestation de Franck Karoui, ici avec Richard Anconina dans le film *Police* de Maurice Pialat, fait la une de *France-Soir* début 1986.

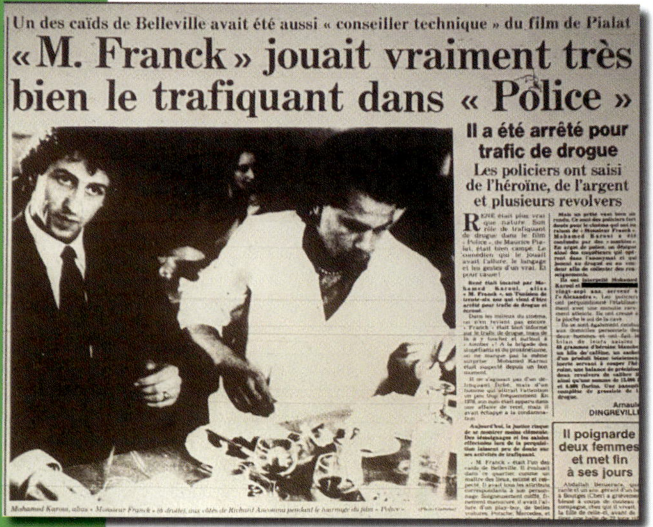

Un des caïds de Belleville avait été aussi « conseiller technique » du film de Pialat

« M. Franck » jouait vraiment très bien le trafiquant dans « Police »

Il a été arrêté pour trafic de drogue

Les policiers ont saisi de l'héroïne, de l'argent et plusieurs revolvers

Arnaud DINGREVILLE

Il poignarde deux femmes et met fin à ses jours

Retour sur les lieux du crime : le bar Alexandra, rue Lesage, à Belleville (Paris 20e). Il n'a jamais rouvert après la descente des stups en 1986.

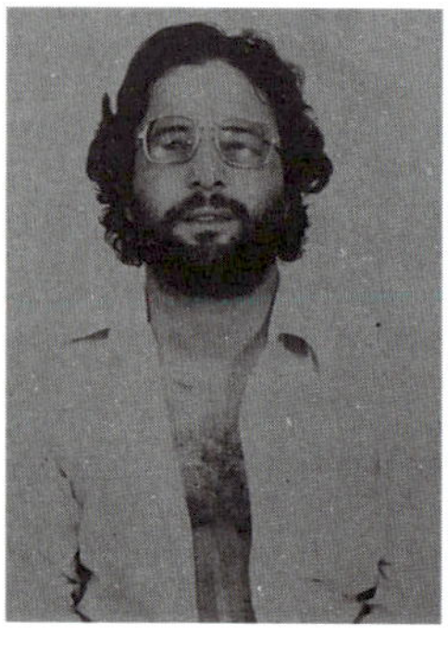

Boukhalfa Djennad, dit Djeff, une légende du milieu kabyle parisien dans sa jeunesse, puis plus tard lors de sa chute au milieu des années 1990, pour trafic d'héroïne.

Georges Berens, dit Francky ou Robert Redford, un « grand frère » pour les petits gars de Montreuil et des environs.

Titi Peltier, formateur ès braquages de la nouvelle génération venue de banlieue, aimait aussi le showbiz. Ici avec le chanteur Carlos.

Au cours du mois de Juin I983, des renseignements parvenus aux policiers de l'Office Central de Répression du Banditisme, attiraient l'attention vers une bande de malfaiteurs organisés et specialisés dans le vol à main armée dirigé contre les établisements bancaires et les bureaux de poste. Les noms avancés étaient ceux de: AMIMER, MANSOURI, BENALI, aisi que Guy PELTIER, [redacted] et [redacted]
Un dispositif de surveillance était mis en place aux alentours du domicile de Guy PELTIER où résidait en fait [redacted].
Les surveillances permettaient de démontrer que [redacted] avait des contacts avec le nommé Amimer Mohamed surnommé Momo ainsi qu'avec Benali Nordine, Benali Djamel, Lahcene Ahmed tous défavorablement connus des services de police.
Deux d'entre eux Benali Djamel et Lahcene Mohamed étaient d'ailleurs interpellés lors de la commission d'un vol à main armée le I6 Novembre I983 à la BNP de Saint MAUR
Le nommé Amimer Mohamed était également interpellé lors d'un vol à main armée à Charenton le 5 Janvier I984, son complice reussissait à s'enfuir.

Au début des années 1980, sous les yeux de l'OCRB, une nouvelle alliance se forge en banlieue est de Paris : Titi Peltier et les jeunes « beurs » du secteur

Paris, quai de Bourbon, sous le pont Louis-Philippe : c'est par cette porte d'accès aux égouts, via un local transformé de nos jours en toilettes publiques, que Titi Peltier et ses camarades sont partis à l'assaut des coffres de la Société générale de l'île Saint-Louis, durant l'été 1976. Un casse monumental.

Mohamed Amimer, surnommé l'Élégant.

Nordine Mansouri, alias la Gelée, compagnon de route de la bande de Montreuil.

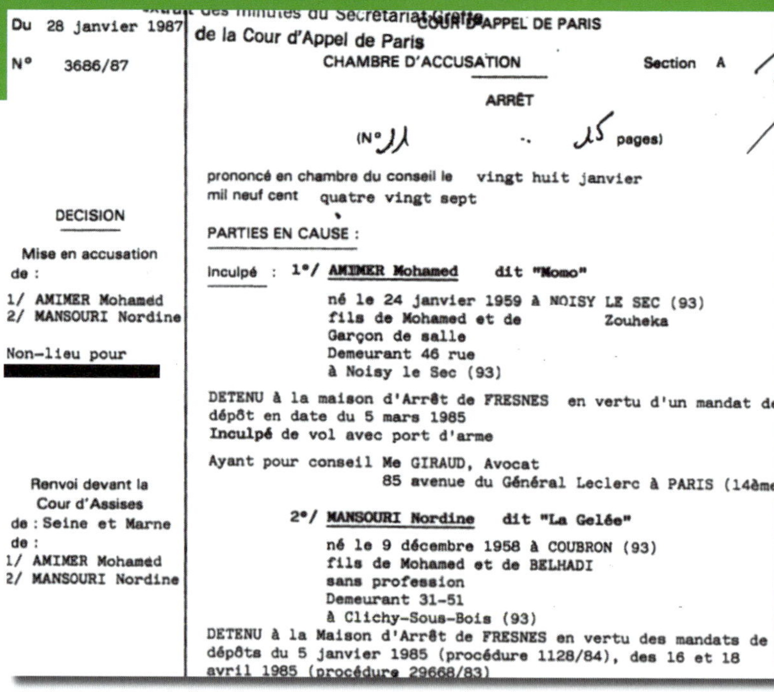

Du 28 janvier 1987

N° 3686/87

Extrait des minutes du Secrétariat-Greffe de la Cour d'Appel de Paris

COUR D'APPEL DE PARIS

CHAMBRE D'ACCUSATION Section A

ARRÊT

(N° 11 .. 15 pages)

prononcé en chambre du conseil le vingt huit janvier mil neuf cent quatre vingt sept

DECISION

Mise en accusation de :

1/ AMIMER Mohamed
2/ MANSOURI Nordine

Non-lieu pour [redacted]

Renvoi devant la Cour d'Assises de : Seine et Marne de :

1/ AMIMER Mohamed
2/ MANSOURI Nordine

PARTIES EN CAUSE :

Inculpé : 1°/ AMIMER Mohamed dit "Momo"

né le 24 janvier 1959 à NOISY LE SEC (93)
fils de Mohamed et de Zouheka
Garçon de salle
Demeurant 46 rue
à Noisy le Sec (93)

DETENU à la maison d'Arrêt de FRESNES en vertu d'un mandat de dépôt en date du 5 mars 1985
Inculpé de vol avec port d'arme

Ayant pour conseil Me GIRAUD, Avocat
85 avenue du Général Leclerc à PARIS (14ème

2°/ MANSOURI Nordine dit "La Gelée"

né le 9 décembre 1958 à COUBRON (93)
fils de Mohamed et de BELHADI
sans profession
Demeurant 31-51
à Clichy-Sous-Bois (93)

DETENU à la Maison d'Arrêt de FRESNES en vertu des mandats de dépôts du 5 janvier 1985 (procédure 1128/84), des 16 et 18 avril 1985 (procédure 29668/83)

Amimer et Mansouri multiplient les braquages de banques et de bureaux de poste, ce qui leur vaut la cour d'assises en 1987.

Nordine BENALI
né le 23 avril 1954 à GAGNY (Seine-Saint-Denis)
(incarcéré à la maison d'arrêt de NANTERRE)

Nordine Benali, dit la Puce, ami puis rival des gangsters de Montreuil.

À la fin des années 1980, le Triangle, à Andilly (95), piloté par Mohamed Amimer, devient un point de ralliement pour toute une jeunesse issue de la banlieue parisienne.

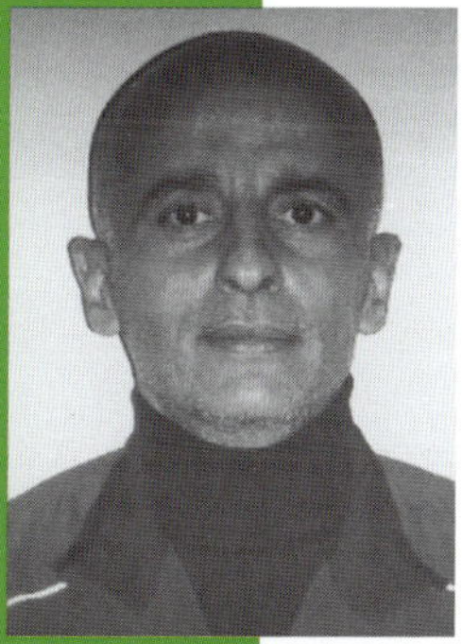

Mohamed Amimer, dans ses jeunes années et en 2010, à sa sortie de la centrale de Poissy. Figure du grand banditisme parisien dans les années 1990-2000, il a également été surnommé « la Rolls-Royce de la cavale » par les policiers lancés à ses trousses après sa spectaculaire évasion de la prison de Nîmes en août 2000.

En 2016, l'Elégant recueille un bébé tigre qui s'était retrouvé entre les mains de dealers du « 93 ».

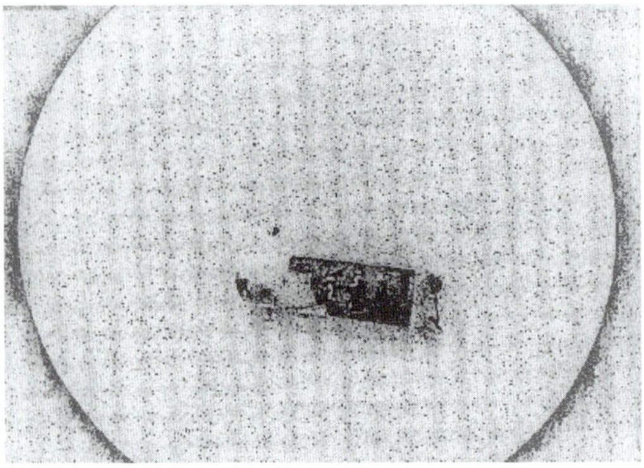

Après le braquage record de la banque Inchauspé à Paris en 1994, le mégot découvert au sous-sol avec l'ADN de Momo Amimer.

FAITS DU 18.07.1994

VICTIMES :
. **BANQUE INCHAUSPE**
22, rue Saint Augustin à Paris 2ème
. **M. O. Jacques**
, rue Boulard à Paris 14ème

-o-o-o-

J'ai l'honneur de porter à votre connaissance les informations transmises par M. le Commissaire Divisionnaire Yves Jobic Chef de la Brigade de Répression de Recherche et d'Intervention de la D.R.P.J. PARIS (Cf. rapport en date du 13.09.1999 joint au présent) concernant les auteurs du vol à main armée cité en objet.

Le 18 juillet 1994, M. O. Jacques, employé de la banque INCHAUSPE était agressé à son domicile et séquestré toute la nuit par plusieurs individus.

Rien ou presque n'échappe au commissaire Jobic et à ses précieux informateurs. La preuve !

RÉPUBLIQUE FRANÇAISE

PRÉFECTURE DE POLICE

DIRECTION
de la
POLICE JUDICIAIRE

BRIGADE de RECHERCHE et d'INTERVENTION

Réf. N° 134/99
Rts N°
Rap N°

Le 17 juin 1999

RAPPORT

Le Commissaire Divisionnaire Yves JOBIC
Chef de la BRIGADE de RECHERCHE et d'INTERVENTION

à Monsieur le DIRECTEUR de la POLICE JUDICIAIRE

<u>OBJET</u> : Informations sur un réseau de placement de machines à sous en région parisienne.

J'ai l'honneur de porter à votre connaissance un certain nombre d'informations recueillies depuis plusieurs mois par la B.R.I, à partir de sources humaines et d'interceptions de sécurité, qui font apparaître le rôle déterminant joué par 2 malfaiteurs de grande envergure dans un réseau d'exploitation de machines à sous.

En effet, 2 individus inscrits au Fichier Spécial de Répression du Banditisme, les nommés **MANSOURI Nordine** dit **« La Gelée »** et **MOHIEDDINE Ihmed**, spécialistes d'attaques à main armée et associés du clan HORNEC, ont visiblement investi une bonne partie de leur activité criminelle dans le secteur des jeux.

Ils disposeraient, selon nos renseignements, d'une centaine de machines installées dans des débits de boissons et des restaurants de la région parisienne.

Au stade actuel des investigations menées par le Service, il apparaît que leur partenaire et associé est un certain « Bibi » identifié comme étant :

VU et TRANSMIS

Le 17 juin 1999

Le Commissaire Divisionnaire

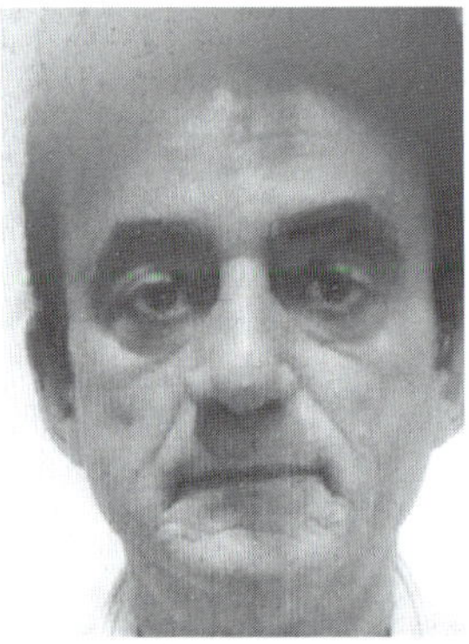

Eddy Ritz Alloun, alias Eddy les Yeux Bleus, tombé avec Momo Amimer pour le coup de la Brink's de Perpignan en mai 1994.

Souhel Hanna-Élias, dit Joël le Libanais, lieutenant félon de Francis le Belge, pris en photo par l'antigang alors qu'il se rend à un rendez-vous au sommet avec les « H », près des Champs-Élysées.

Une rare photo de Boualem Talata, dit Boubou le Fou, garde du corps de Jamel Debbouze et figure montante du banditisme à la fin des années 1990.

La Harley-Davidson de Talata, garée en face du Byblos de Rachid Buzenval, rue Guénot, où Boubou assurait la sécurité.

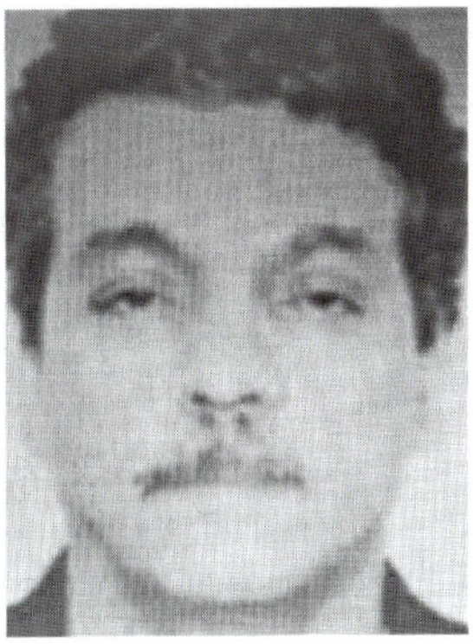

Djilali Zitouni, grand flambeur devant l'éternel, tué parce que la rumeur le désignait comme le commanditaire de l'assassinat du Belge.

Imed Mohieddine, terreur de Fontenay-sous-Bois dans ses jeunes années, ne s'est guère assagi en vieillissant. Il est actuellement incarcéré en Algérie.

Janvier 2011 : La BRB de Paris, en planque, ne perd pas une miette de la rencontre entre Mohamed Amimer (en blanc) et Imed Mohieddine, sur le parking de la maison d'arrêt de Meaux où ils sont venus rendre visite à un ami.

Ahmed Otmane : le "roi de l'évasion piégé en Espagne

Le chef de la bande de Gardanne, soupçonné de trois meurtres dans le Var et condamné à mai
eprises par défaut par des tribunaux français, était en cavale depuis le 2 août 1992. Incarcéré sous un
om à la prison de Hoorn aux Pays-Bas, il avait réussi sa sixième « belle » à bord d'un hélicoptère.

► En dernière page, l'article de Christian DAUF

Sept mois, jour pour jour après sa spectaculaire évasion de la prison de Zwaag à Hoorn,

rieur espagnol se refusait à donner toute précision sur les cir-

sachant qu'Otmane, qui dispose

Ahmed Otmane, le Ninja de Gardanne, recherché depuis vingt-sept ans après une septième évasion (*Nice-Matin*).

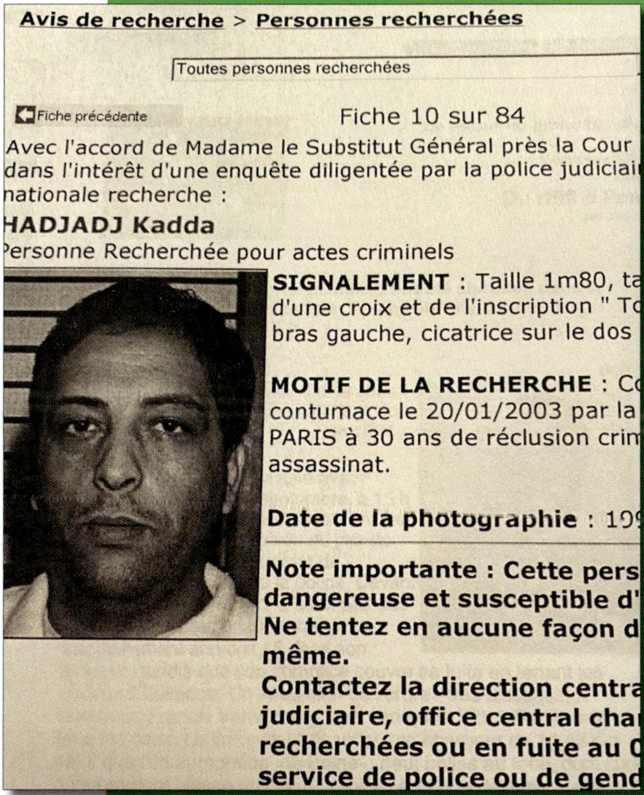

Avis de recherche > Personnes recherchées

Toutes personnes recherchées

Fiche précédente

Fiche 10 sur 84

Avec l'accord de Madame le Substitut Général près la Cour
dans l'intérêt d'une enquête diligentée par la police judiciai
nationale recherche :

HADJADJ Kadda

Personne Recherchée pour actes criminels

SIGNALEMENT : Taille 1m80, ta
d'une croix et de l'inscription " To
bras gauche, cicatrice sur le dos

MOTIF DE LA RECHERCHE : Co
contumace le 20/01/2003 par la
PARIS à 30 ans de réclusion crim
assassinat.

Date de la photographie : 19

**Note importante : Cette pers
dangereuse et susceptible d'
Ne tentez en aucune façon d
même.
Contactez la direction centra
judiciaire, office central cha
recherchées ou en fuite au 0
service de police ou de gend**

Kadda Hadjadj, dit Karim, condamné à trente ans de prison en France pour l'assassinat du « parrain » Claude Genova, et acquitté en Algérie où il s'est lancé dans les affaires.

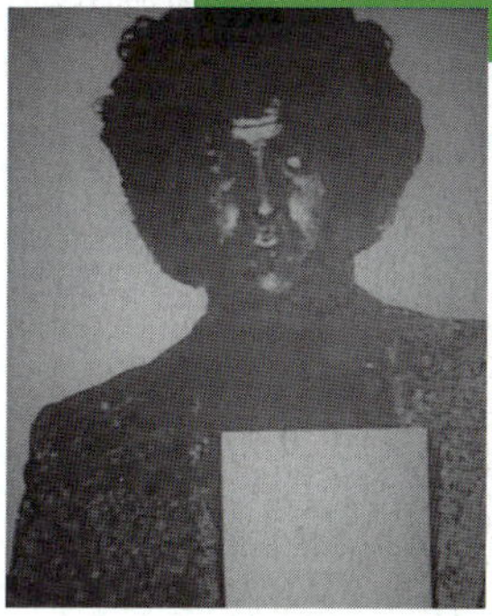

Nordine Mansouri, ici dans les années 1990. Réfugié lui aussi du côté d'Oran, il a été condamné à trente ans de prison pour un saucissonnage qui a mal tourné en Picardie.

La Peugeot 406 16 V bleu nuit de Nono le Barge, criblée de balles le 15 décembre 2003 rue de Berri (Paris 8e), dans le « triangle des Bermudes » des nuits parisiennes.

Nordine Nasri, dit Nono le Barge : « Vivre vite et mourir », ç'aurait pu être la devise de cette étoile filante du milieu parisien qui rayonnait au début des années 2000 avant d'être tué alors qu'il avait à peine 33 ans.

Mounir Benbouabdellah, fer de lance de la « bande de la Banane », à Paris, participe à une spectaculaire tentative d'évasion de la prison de Fresnes en mai 2001.

Un vif soulagement est visible sur les visages de Mohamed Amimer et Patrick Musset dans une salle des assises qui a pris des allures de réunion du show-biz. Parmi le nombreux public venu soutenir l'Élégant, on distingue le slameur Grand Corps Malade et son producteur, Jean-Rachid Kallouche, les rappeurs Lacrim, Kery James, Stomy Bugsy, l'humoriste Melha Bedia et le frère du petit prince du raï, Faudel. Quelques « noms » du grand banditisme parisien avaient aussi fait le déplacement, tels que Sophiane Hamli, Doudou Yahiaoui, Jean-Claude Pautot ou Gérard Allain dit Citron de la Dream Team[1]. Reconverti dans l'organisation de spectacles en détention, Mohamed Amimer assure avoir définitivement tourné la page de cette vie de bandit au cours de laquelle il aura aussi compris avoir traumatisé « des gens », fait « pleurer ses parents » et surtout « pas vu grandir [s]on fils ».

1. Sophiane Hamli, ancien braqueur de banques, a été abattu, au petit matin du 7 octobre 2018, avenue George-V à Paris. Surnommé Toto ou le Chat, il avait 42 ans. Douadi Yahiaoui dit Doudou, considéré comme le cerveau du double casse de la bijouterie Harry Winston, avenue Montaigne à Paris, en octobre 2007 et décembre 2008, pour un préjudice de 78,9 millions d'euros, a écopé de quinze ans de réclusion criminelle en 2015. Il a purgé sa peine. Jean-Claude Pautot, dit le Ouf, ex-braqueur et évadé de prison, arrêté en 2009 après plusieurs années de cavale, s'est reconverti dans la peinture. Gérard Allain, dit Citron, aujourd'hui âgé de 73 ans, est retombé en 2009 pour un projet d'attaque d'un bureau de poste à Bagnolet (Seine-Saint-Denis).

10

La guerre du raï

Quand le milieu maghrébin suit les mutations culturelles. Des cabarets des années 1950 aux pistes étoilées des années 1980, l'arrivée du raï, les premières boîtes de nuit, l'épopée du Triangle, du Fun Raï, et du New Raï. Plasticages et règlements de comptes.

Bordée par la forêt domaniale de Montmorency, la petite commune d'Andilly (2 000 habitants), à une quinzaine de kilomètres de Paris, en banlieue nord, tient à son anonymat et à sa quiétude relative au milieu des bois. Une tranquillité seulement troublée par les avions de Roissy et les rafales sporadiques qui s'échappent du fort de Montlignon où viennent s'entraîner, notamment, les hommes de la BRI de Paris. Difficile d'imaginer qu'au début des années 1990 le cœur de la jeunesse des « quartiers » battait ici. Un lieu dont les policiers avaient très tôt repéré l'homme fort, Mohamed Amimer, « actionnaire dans la discothèque Le Triangle à Andilly (Val-d'Oise) (gérant : famille Maali et notamment Salem Maali)[1] ». Le Grand Momo avait

1. Un autre membre de la famille, Mohamed Yazid Maali, a été mis en examen après l'attaque d'un dépôt de la Brink's à Troyes en avril 2000. Les braqueurs avaient neutralisé les accès du commissariat et de la gendarmerie locale pour faire sauter les murs du dépôt. L'opération avait échoué et une fusillade avec la police s'en était suivie. L'ADN de Yazid Maali avait été retrouvé sur une casquette, dans une voiture abandonnée par les braqueurs.

fréquenté l'ex-Tango Club devenu Safari Club, soit trois boîtes en une, dont le patron avait été tué par un malfaiteur notoire, Jacques Hyver, au début des années 1980[1]. L'endroit avait plu au voyou de Noisy-le-Sec. Avec quelques « sous de côté », il investit en 1991 dans Le Triangle. Le nom a été emprunté à une boîte célèbre d'Alger, et aussi parce qu'ils étaient trois associés. Le troisième étant Deran Lahcene, frère de Mohamed dit B et d'Ahmed, *alias* Cero[2]. Ses cinq cent cinquante mètres carrés ne vont pas tarder à attirer les fêtards venus parfois de loin. « Il n'y avait rien pour les Arabes, les Noirs et les Gitans. Je devais faire quelque chose pour ma communauté », dit Momo aujourd'hui. Sur un blog les nostalgiques, devenus quinquagénaires, ou quadras au mieux, n'ont rien oublié : « Le Triangle avec DJ Ignace fut aussi inoubliable, funk, RnB et house ; le cocktail parfait et mixé avec talent. » À Andilly, la presse spécialisée rebaptise ce nouveau lieu festif le « Bains-Douches des beurs », et laisse même entendre que depuis son ouverture la délinquance baisse « tous les week-ends »... De futures pointures du braquage, comme Antonio Ferrara de Choisy-le-Roi et Rédoine Faïd de Creil, déboulent au Triangle. Ils ne sont pas les seuls. Après chaque victoire, les joueurs de foot de l'Olympique de Noisy-le-Sec, le club de cœur d'Amimer, débarquent aussi. Un jeune Zidane vient presque les yeux fermés, à force. Le boxeur Christophe Tiozzo aussi. Yannick Noah, passé de la raquette au micro, y fait ses débuts en 1993, quand il se lance dans la chanson. « Il y avait une ambiance de retrouvailles », dit Momo. Signe des temps, le film *Raï* de Thomas Gilou, sorti en 1995, avec Samy Naceri et l'actrice porno Tabatha Cash, a été en partie tourné au Triangle. C'est Naceri qui vient trouver le gérant et Momo, car le réalisateur cherche une boîte de nuit,

Il a finalement été acquitté par les assises de l'Aube en 2004, tandis que Francky Berens, blessé par balles, était condamné à douze ans de prison. Cf. chap. « L'Élégant ».

1. Connu notamment pour avoir enlevé en 1980 le vice-président du CNPF de l'époque (l'actuel Medef), Michel Maury-Laribière.

2. Cf. chap. « L'Élégant ».

ce qui lui permettra de forcer le destin et de décrocher le premier rôle. Le Triangle est mis gratuitement à la disposition de la production, lançant par là même la carrière du jeune acteur.

C'est aussi l'époque des « Miss Beur », dont la cérémonie aurait été organisée par Momo l'Élégant et Salem Maali en juin 1994 au Palace, adresse mythique de la capitale. Un « succès de folie », se souvient un témoin. La gagnante du concours signait avec Élite. Autant d'événements qui témoignent de la montée en puissance des Oranais et des gens de l'Ouest sur la diaspora algérienne en France, longtemps dominée par les Kabyles. La légende de la musique berbère, Idir, inoubliable interprète du tube planétaire *A Vava Inouva*, s'y est même produit en concert avec Khaled. « C'est la première fois qu'Idir chantait dans une discothèque, se souvient, avec émotion, un témoin de l'époque. C'était incroyable... »

Les nostalgiques des blogs racontent encore : « Le samedi au Fun Raï et le dimanche au Triangle et j'étais très assidue », dit l'une. « C'était ceux qui se faisaient recaler du Triangle qui bougeaient au Fun Raï, affirme un autre. Mais c'est vrai qu'il n'y a plus de boîte comme celle-là, à l'ancienne, où on venait se la raconter avec les dernières Tim [Timberland], le diam's à l'oreille et la chemise Nogaret à 6 000 balles. » Michel Lévy, le grand importateur du raï en France avec, dès 1985, les deux premiers albums de Cheb Khaled et Cheb Mami, souligne en 1995 : « Le phénomène majeur de ces derniers mois est l'émergence des boîtes beurs en grande banlieue, comme le Khéops, à la limite du Val-d'Oise et des Yvelines ; Le Triangle à Andilly, ou le Fun Raï, entre Évry et Soisy. Tous les week-ends, c'est la folie. On y refuse des centaines de personnes[1]. » Mais, « ça se passe bien », pointe le producteur, car la sécurité y est « très bien assurée »... Ce qui n'est pas très surprenant au regard des exploitants. Le Fun Raï, le pendant du Triangle en banlieue sud, aurait été dans l'escarcelle des frères Hornec. Ouverte en 1994 sur près de mille mètres carrés, chemin du Halage à Évry, en

1. *Le Nouvel Observateur*.

bord de Seine donc, la discothèque de l'Essonne semble avoir été gérée plus directement par l'autre branche de la bande de Montreuil, c'est-à-dire les Hornec, avec Imed Mohieddine et Nordine Mansouri en habitués très réguliers. Le gérant, entendu par la PJ de Versailles, indiquera que le « directeur commercial » de la boîte s'appelle Omar Belhadi, *alias* Queue-de-Cheval pour sa coupe catogan, l'oncle de la Gelée[1]. Au Fun Raï, Belhadi c'est « l'homme des gens qui ont acheté les parts de l'ancien propriétaire » et c'est lui qui, à l'entrée, demande que la sécurité ne fouille pas certains « clients nord-africains » qui semblent armés, selon le gérant[2].

Autre homme de poids, Antonio Lagès, patron à 22 ans d'une boîte de nuit, le Mirage/Foxy, tout près de Creil dans l'Oise. Sans titre officiel. Pas mal pour celui qui, au départ, « fournissait les croissants dans les boîtes des Hornec », selon un flic, et volait des voitures pour Momo Amimer. Pas étonnant donc que la PJ multiplie courant 1995 les surveillances aux abords du Fun Raï. L'occasion d'y voir Mario et Marc Hornec garer leur Mercedes et leur Porsche sur le parking. « Ils avaient leur table dans la salle du bar supérieur et c'est Omar qui les plaçait », a confié à la PJ le gérant de l'époque. Un homme plutôt bavard qui a aussi précisé remettre aux frères de Montreuil les « excédents de recettes », soit 20 à 40 000 francs par semaine tout de même[3]. La Gelée et « Jo » Mohieddine semblent tout aussi à leur aise au Fun. Imed roule d'ailleurs dans une Jeep, propriété de la société qui gère l'établissement.

1. F. Ploquin et M. Mary, *Les Derniers Seigneurs de Paris*, Fayard, 2018.
2. *Ibid.*
3. *Ibid.*

Boubou, videur au Midnight Express

À la même époque, le parvis de la Défense abrite une grosse discothèque, Le Midnight Express, ou « Midnight » pour les familiers. Elle est la propriété des frères Feingold, des gens de la nuit aussi discrets qu'avisés. Ils se sont bâti un petit empire stroboscopique, qui va du Duplex (ex-Étoile Foch), avenue Foch à Paris (16e), au Metropolis (ex-Nouba) au Pondorly, en passant par le Pacha Club à Louveciennes (Yvelines), « leur navire amiral ».

À la fin des années 1980, l'affaire de la Défense a besoin d'être reboostée. Les frères Feingold viennent trouver Salem Maali pour la relancer. Les propriétaires auraient remarqué que Le Triangle marchait du feu de Dieu, attirant toute une jeunesse qui venait de loin et ne disposait pas de lieux où sortir, étant régulièrement barrée des boîtes traditionnelles. Ils font aussi leur petite enquête sur le Grand Momo. « Les mecs étaient mieux renseignés sur moi que les flics. Ils étaient protégés par le Mossad », aurait confié l'Élégant à l'un de ses proches. Ils font affaire. « Avec 0 franc, j'ai pris le Midnight Express », aurait-il encore déclaré. Rien n'est officiel. Tous les quinze jours, ils organisent un « truc spécial ». Pour l'inauguration, lui et ses amis font fort : un double concert de Cheb Khaled et Cheb Mami qui rassemble pas moins de 3 000 personnes. Khaled semble alors très proche de Momo Amimer. Un policier confirme : « Amimer l'a accompagné à sa première émission dans *Tarata*, en 1993. Khaled traînait dans des bars d'Arabes, puis Amimer qui avait ses entrées dans le monde de la nuit l'a emmené chez Albert Minski au King Club[1], ce n'était pas la même chose ! Khaled avait touché la dernière Mercedes et la lui avait laissée. Amimer se fait contrôler, les flics appellent Khaled et lui racontent qui il est. Lui, il pensait qu'Amimer était un

1. Rue de l'Échaudé, Paris 6e, le club des « people » fréquenté par Johnny Hallyday, notamment.

simple commerçant. » Le même se souvient avoir assisté, par écoutes interposées, à une intervention de Momo chez Khaled pour un différend conjugal, en pleine nuit.

Autres « people » ou futurs « people » signalés au Midnight, Jamel Debbouze et ses potes, ou Zinédine Zidane, encore lui, qui, licencié aux Girondins de Bordeaux, serait devenu un « habitué » des lieux. La Défense devient *the place to be* pour toute une jeunesse, parfois un peu agitée. C'est l'époque des « zoulous », des gangs venus des grosses cités qui descendent sur la capitale. Les Requins juniors, les Black Dragons – les « BD » –, les Mendy de Mantes-la-Jolie. Des rixes éclatent. En 1990, il y a eu un mort devant le Midnight, mais ça, c'était avant. C'est dans ce contexte que Boualem Talata, dit Boubou[1], va être amené, à la demande d'Amimer, à assurer la sécurité au Midnight, en complément. Pas nécessairement avec un contrat de travail en bonne et due forme, mais souvent de manière musclée. Il a laissé au passage des souvenirs marquants que l'on raconte encore, entre connaisseurs, sur certains blogs[2] : « Le macro (*sic*) c'était Boualem, dit le Gros de Dreux, il a couché les videurs du Pacific un par un, puis ceux du Midnight, il avait à peine 18 ans [...]. C'est le seul qui rentrait avec un pitbull !!! » Boualem Talata est le beau-frère de Mohamed Amimer. Ceci expliquant peut-être cela. Il se lancera ensuite pleinement dans le grand banditisme.

Personne ne le sait encore, mais l'époque bénie du raï et de la funk dans ces établissements un peu particuliers touche à sa fin.

1. Cf. chap. « La fin du Belge ».
2. https://mecalancienne.wordpress.com/2009/06/26/cetait-mieux-avant-le-fun-rai/

Piste sanglante au New Raï

Le 24 mai 1995, c'est la « nuit bleue » des boîtes de nuit et établissements de la « mouvance de Montreuil ». Comme en Corse, des bombes éclatent simultanément au Triangle, au Fun Raï, et un cocktail molotov est jeté à l'intérieur de la Comedia, un restaurant du Perreux tenu par la compagne d'Imed Mohieddine. Tous étaient vides à l'heure dite, fort heureusement. À Évry, l'explosion provoque un cratère d'un mètre. Au Triangle, « la bombe était placée dans une gaine de ventilation. La déflagration a détruit une partie du système d'aération, et fait un trou de plusieurs mètres carrés dans le mur en béton armé », relève *Libération*[1]. « Outre d'avoir sauté le même jour, ces deux discothèques ont d'autres points communs : célèbres en France pour la diffusion de musique raï, elles accueillent une majorité d'enfants de l'immigration maghrébine. »

Aujourd'hui, selon divers témoignages, il apparaît que cette campagne de plasticage a été menée par les tenants du « clan Genova », presque entièrement exterminé l'année précédente. Mais il reste quelques rescapés qui font de la résistance. Dont les frères Benali, Nordine et Djamel, anciens alliés des Amimer, Mansouri et autres fers de lance de l'Est parisien.

Deux adresses ont été épargnées, peut-être parce qu'elles sont situées dans Paris intra-muros ? L'Élysée Raï a été inaugurée l'été précédent, tout près de l'Arc de Triomphe. La seconde boîte, qui essuie une curieuse fusillade cette même année 1994, c'est le mythique New Raï, autre établissement sensible. Niché sur les flancs de la montagne Sainte-Geneviève, patronne de Paris, tout un symbole, le New Raï n'est qu'« une cave », comme disait Momo Amimer par rapport à son « usine » d'Andilly. Peut-être, mais l'établissement, sis 28, rue de la Montagne-Sainte-Geneviève, sur les pentes du Panthéon, fut longtemps « l'unique

1. Édition du 25 mai 1995.

discothèque orientale de la capitale[1] ». Surtout après la disparition progressive dans les années 1980 des cabarets « orientaux » qui ont fait les beaux jours de Saint-Michel, notamment. Des enseignes célèbres au sein de la communauté maghrébine, mais pas seulement, qui ont fleuri, certaines même dès la fin de la guerre 1914-1918, puis après 1945 : El Koutoubia, tenu par des Marocains rue des Écoles, le Bagdad, rue Saint-André-des-Arts, le Tam-Tam[2], rue Saint-Séverin, la Casbah rue de la Harpe, et surtout le plus célèbre peut-être, le cabaret El Djazaïr, rue de la Huchette, toujours au Quartier latin, où se croisaient flics et voyous, et même François Mitterrand qui venait en voisin. Fondé par le compositeur Mohamed Iguerbouchen, il a été repris en 1948 par le Kabyle Aziz Chadli, qui « s'occupe de toutes sortes d'affaires avec le monde arabe[3] » et notamment de trafic d'armes. Après les années fastes, un règlement de comptes avec deux morts, en 1985, va précipiter sa disparition. *Idem* pour le Salambo, au centre Beaugrenelle dans le 15e, où Cheb Khaled s'est produit lorsqu'il est arrivé à Paris depuis Oran. Ce cabaret fut aussi le cadre d'un règlement de comptes en mars 1990.

La boîte de la rue de la Montagne-Sainte-Geneviève remplace un ancien restaurant pour noctambules détenu par un homme de paille apparu dans l'affaire de Broglie[4]. Le propriétaire, décrit à l'époque comme un homme de paille, gérait une douzaine de bonnes tables parisiennes, toutes coulées méticuleusement. Le fait qu'il réside à Vitry pourrait bien avoir facilité le rapprochement avec le nouvel homme fort des lieux, Idir Idjeraoui, un voyou de la Banlieue sud. Né à Ilmaten (Petite Kabylie) en 1941, il a d'abord braqué avec les truands de la ceinture rouge avant de se lancer dans les affaires, pas forcément toujours très légales. Surnommé Kalo, c'est-à-dire « le Noir » en manouche, Idjeraoui s'est fait pincer, dans les années 1980, pour trafic de

1. Sophie Noguès, *Guide de l'Orient à Paris*, Parigramme, 1996.
2. Pour « Tunisie-Algérie-Maroc ».
3. Éric Gerdan, *Dossier A… comme Armes*, Éditions Alain Moreau, 1975.
4. Jean de Broglie, député et ancien secrétaire d'État, assassiné le 24 décembre 1976 à Paris.

drogue. Il finit revolvérisé à Thiais le 14 octobre 1993, devant le bar le Mexico. Kalo sortait de l'établissement quand il a été renversé par une voiture, puis achevé de deux balles au thorax, plus une dans un bras. Du gros calibre. Décrit à sa mort comme un « membre influent du gang de la Banlieue sud[1] », le Kabyle avait aussi été impliqué en 1987 dans l'enlèvement de la fille de la chanteuse coréenne Kimera et de l'homme d'affaires libanais Raymond Nakachian – la petite Mélodie, 5 ans – à Marbella, en Espagne[2]. C'est notamment dans son bar de la Montagne-Sainte-Geneviève que les ravisseurs se réunissaient. Parmi ces derniers, un certain Antoine Espin-Alonso, surnommé le Petit Antoine[3]. Ce membre actif de la « BS » faisait aussi partie d'une bande de racketteurs qui exerçait rue du Faubourg-Montmartre, avec Idir Idjeraoui et Henri Ritz-Alloun[4], dit Riton, le frère cadet d'Eddy les Yeux bleus[5]. Idjeraoui était un voyou respecté. « Idir, de Vitry-Ivry, il avait la boîte à Saint-Michel, se souvient Rachid Buzenval, autre personnalité kabyle de la capitale[6]. Il faisait partie des grosses pointures, mais après il s'est reconverti. C'était un type très gentil. Il venait tous les jours chez moi au Byblos. Il aimait bien un bon couscous, avec une bouteille de boulaouane ! Il m'a proposé de prendre ses affaires à Saint-Michel. Idir m'a dit : *Si tu rentres avec moi, tu me donnes pas un franc. – Si je rentre, je vais mourir, oui ! Moi je vends steak-frites, couscous, bœuf, c'est tout. Pas de boîte !* Un commerce, dès qu'il y a la came, il y a des problèmes. Et puis évidemment, c'est un voyou, ils vont prendre de l'argent dans la caisse. Dès que tu touches aux boîtes de nuit, c'est la mort ! Il y a trop d'argent. »

---

1. Dépêche AFP du 15 octobre 1993.
2. Les auteurs, des voyous de la Banlieue sud, de Marseille, Lyon et Nantes, qui demandaient une rançon de 13 millions de dollars, seront confondus et condamnés.
3. Proche notamment du braqueur Michel Lepage, il a disparu sans laisser de trace en 1994.
4. *Les Derniers Seigneurs de Paris*, *op. cit.*
5. Cf. chap. « L'Élégant ».
6. Cf. chap. « Les rois de la Flambe ».

Idir Idjeraoui ne fera pas affaire avec Rachid Buzenval mais rebaptise sa boîte le Feeling en New Raï. En 1989, un autre Kabyle entre en piste : Saïd Faïd, de Mezgoug, à Tibane (Bejaïa). Il a tout juste 30 ans et des projets plein la tête. Il fait de la politique, soutient le RCD de Saïd Sadi, organise des tournois avec d'anciens footballeurs algériens au sein de l'équipe Maghreb 2000, et accueille même « dans son restaurant du boulevard Richard-Lenoir, La Couscoussière, le directeur du quotidien *Liberté*, Saïd Fattani, menacé de mort par le Front islamique du salut[1] ».

En trois ans, le New Raï devient « l'un des lieux les plus branchés de Paris », selon une description de l'époque : « Dès minuit, le vent de sable souffle sur le New Raï [...]. La caravane des danseurs déferle sur la piste circulaire : déhanchements, trépidations jusqu'à perte de nuit, orchestrés par Mohsen le DJ dans une ambiance festive, complice, quasi familiale. Remitti, Khaled, Mami, Hasni, Kader, toutes les stars du raï hantent les lieux par musiques interposées tous les soirs sauf le lundi[2]. » Saïd Faïd fait venir aussi des artistes comme Boutaiba Seghir, pionnier du raï. « Le New Raï devient le lieu de rendez-vous d'une néo-bourgeoisie kabyle qui se frotte aux jeunes beurettes venues de banlieue et avide de raï. On y croise régulièrement les "chebs" ou l'inévitable Mahmoud Zemmouri[3], le cinéaste des *Folles Années du twist* qui possède un restaurant un peu plus haut dans la même rue », poursuit Nicolas Beau. En 1992, dans son *Guide du Paris mondial*, le magazine *Actuel* s'agace face à des gestionnaires « bêtement sélectifs à l'entrée : un jour, on entre. Un autre jour, pas. Tout dépend de l'humeur du cerbère costaud. Pas très raï comme attitude ! ». La vieille recette de Régine : créer l'envie chez les clubbers en ne les laissant pas entrer !

Saïd Faïd a de l'ambition et ne s'en cache pas. « Notre homme rêve d'être un mécène des arts, du sport et de la politique, le

1. Nicolas Beau, *Paris, capitale arabe*, *op. cit.*
2. Hors série « Algérie aujourd'hui », 1962-1992, Paris-plus, 1992.
3. Il incarnait notamment Rachid, le dealer de *Tchao Pantin*, de Claude Berri.

symbole d'une nouvelle génération de chefs d'entreprise. On le voit très actif au sein du "Club 92", sorte de cercle qui veut regrouper les chefs d'entreprise maghrébins en Europe[1]. » Derrière la façade, des mouvements sous-marins invisibles depuis la surface agitent en réalité le New Raï. Les voyous sont à l'affût. Ainsi, « Henri Ritz récupère le New Raï, au nez et à la barbe[2] » d'un certain Amar, et impose à la tête de l'établissement Djilali Sadaoui, un trentenaire originaire d'Akfadou, entre Bouzeguène et Seddouk. Il vient de la Daïra[3] de Chemini, comme Saïd Faïd.

Mais Henri Ritz-Alloun, dit Riton, ne profitera pas bien longtemps du New Raï. Né à Paris 20e, fils d'un Kabyle de Seddouk[4] et d'une mère issue du monde du cirque et parente des Hornec, il est fiché pour proxénétisme et meurtre, sans oublier l'usage de faux papiers, et puis un zeste de machines à sous clandestines. Riton est tué en décembre 1994 en sortant de chez lui à Neuilly-sur-Marne, à 40 ans. Sa disparition a d'abord été reliée par la police à un règlement de comptes suite au partage du butin de la Brink's de Perpignan[5] plus tôt dans l'année. Mais la crim' semble avoir fait fausse route en explorant cette piste. Un indic a en effet décrypté la mort prématurée de Ritz comme découlant d'un problème de parts non cédées au sein du New Raï. Selon nos informations, Riton a été tué par Djamel Benali, le petit frère de Nordine la Puce après « une embrouille » dans la boîte de la rue de la Montagne-Sainte-Geneviève dans laquelle ils étaient associés. Une affaire sur laquelle l'un prenait apparemment plus que l'autre. « Riton n'envoyait pas ce qu'il fallait à la Puce », indique un voyou parisien. Cela ne réussira pas plus aux frères Benali, de Montfermeil, qui seront exécutés tour à tour sur la Costa del Sol en 1999 et en 2001. Le New Raï porterait-il malheur ?

Pour Sadaoui tout comme pour le dynamique exploitant officiel de la discothèque, qui avait même créé une succursale du

1. *Paris, capitale arabe*, *op. cit.*
2. *Les Derniers Seigneurs de Paris*, *op. cit.*
3. Une subdivision administrative de la wilaya.
4. Comme Nénesse Bennacer, cf. chap. « Fin de partie à La Médina ».
5. Cf. chap. « L'Élégant ».

New Raï à La Réunion, les jours aussi sont comptés. « Saïd Faïd, 43 ans, animateur connu de la discothèque de musique maghrébine le New Raï, et un de ses collaborateurs ont été tués par balles dans la nuit de mardi à mercredi à Garges-lès-Gonesse (Val-d'Oise), rapporte *Libé*[1]. Ils ont été victimes de trois agresseurs cagoulés, au domicile de Djilali Sadaoui, leur ancien associé, lui-même assassiné devant la même maison le 6 janvier dernier. » Le quotidien tente une piste : « Le double assassinat de mardi soir est, selon les enquêteurs, une affaire de "suite de contrats" liée aux règlements de comptes et attentats qui touchent depuis plusieurs mois les discothèques spécialisées dans la musique raï. » Mais l'enquête s'avère déjà difficile, « en raison principalement de "l'imperméabilité" de ce milieu ». Ces différents assassinats ne seront d'ailleurs jamais élucidés. Alors pourquoi Saïd Faïd est-il mort ? À la différence d'Idir « Kalo » Idjeraoui ou « Riton » Ritz-Alloun, c'était un authentique entrepreneur ayant pignon sur rue.

« J'ai bien connu Saïd, ce n'était pas un voyou », confirme un gros truand parisien. « C'était mon pote, ils l'ont tué, raconte de son côté l'inévitable Rachid Buzenval. Au départ il avait un restaurant boulevard Voltaire, en face de mon Byblos. Un restaurant, tranquille. Lui aussi voulait faire la grenouille qui veut se faire aussi grosse que le bœuf. Un soir il se présente chez moi et me dit :

— Rachid, j'ai une affaire à te proposer, gratuite. Il y a une boîte à Saint-Michel, on va la prendre, viens !

— La boîte à Idir [Idjeraoui] ?

— Oui.

— Il me l'a déjà proposée, je l'ai refusée.

— Tu es fou ! Il y a de l'argent à faire.

— Tu vois, mon petit Byblos là, ça me suffit.

Eh bien, il est allé là-bas, il l'a prise cette boîte et il s'est fait flinguer. Avant, il a été menacé, alors il marchait avec un calibre, *wallah !* Mais lui, c'est pas un bandit, il n'a rien à voir,

1. Édition du 21 mars 1996.

c'est un businessman. » Rachid Buzenval ne sait ni ne veut en savoir plus sur la mort du gérant du New Raï. Mais selon un témoin de cette époque qui tient à garder son anonymat, Saïd Faïd aurait été une victime collatérale des règlements de comptes qui se multipliaient dans la capitale à l'époque :

« Un mec a été tué en banlieue nord. Mais un des associés de Saïd, Djilali a vu le tueur, qui était un gars de la bande de Montreuil, proche des Hornec. Djilali l'a balancé. Le mec en question a fait de la prison, mais il n'y avait pas de preuves. Quand il est sorti, il est venu mettre à l'amende Djilali… 300 millions[1] ! Il a dit : *Voilà, c'est simple, c'est toi qui nous as balancés. Soit tu payes, soit tu meurs.* Djilali a été d'accord pour payer. Il a payé une partie. Puis, il n'a plus voulu payer. Et là ça a déclenché la guerre. Ils l'ont tué, ils ont tué le comptable, ils ont tué Saïd. »

Et ils ont tué le New Raï, la poule aux œufs d'or. Du côté d'Évry, le Fun Raï, qui enregistre désormais des bagarres entre « bandes de jeunes » et vigiles, devient le Paradise, puis met la clef sous la porte.

Le temps de la splendeur est bien terminé. Cette même année 1996, la boîte de la rive gauche ferme, définitivement. C'est aujourd'hui une supérette. Pareil pour Le Triangle de Momo Amimer qui périclite quand son actionnaire se voit rattrapé par la Brink's de Perpignan, et part en prison en février 1996. Tout comme le Midnight, où l'embellie n'aura duré qu'un an et demi. La fête est finie.

1. D'anciens francs.

11

La chute du Belge

Le mystère de l'exécution du grand voyou marseillais près des Champs-Élysées en 2000, pistes et fausses pistes, « les nouveaux caïds » montrés du doigt, Boubou Talata, l'indic Zitouni, une « poussette » ourdie par les Corso-Marseillais ?

Assassinat d'un malfaiteur notoire, figure du grand banditisme[1]

La brigade criminelle a été saisie de l'enquête consécutive à l'assassinat d'un malfaiteur notoire, Francis VANVERBERGHE dit « Francis le Belge », né le 3 mars 1946 à Marseille, perpétré le 27 septembre 2000 vers 15 h 10, dans le PMU à l'enseigne « l'Artois Club » sis 8, rue d'Artois à Paris 8e. Alors qu'il se trouvait seul à une table, deux individus porteurs de casques intégraux ont fait irruption dans l'établissement et ont fait feu à plusieurs reprises sur lui à l'aide d'une arme de poing de gros calibre, avant de prendre la fuite sur une moto. « Francis le Belge » est décédé immédiatement. Un autre client a été légèrement blessé au thorax […]. Les constatations ont amené la découverte sur place de neuf étuis percutés de calibre 11,43. L'autopsie pratiquée le 28 septembre a révélé que Francis VANVERBERGHE avait

1. Note de la direction régionale de la police judiciaire de Paris.

été atteint de neuf projectiles, deux ayant été tirés dans la tête à courte distance.

Il convient de rappeler qu'en mars 2000 les époux VANVERBERGHE ont été interpellés à Paris par les policiers de la brigade de répression du proxénétisme, agissant sur commission rogatoire visant des faits de proxénétisme aggravé. Placés en détention provisoire, les mis en cause avaient été remis en liberté en juin dernier moyennant le versement d'une caution de 800 000 francs[1] *chacun.*

Francis VANVERBERGHE, figure emblématique du grand banditisme, était considéré comme l'un des parrains des milieux marseillais et parisien. Partageant son temps entre les hippodromes et les restaurants parisiens à la mode, il s'appliquait à donner l'apparence d'un homme rangé, prétendant tirer d'importants revenus de ses gains aux courses par lesquels il justifiait un train de vie élevé.

Deux flingues, un seul calibre, l'un des plus gros disponibles sur le marché pour les armes de poing, celui des tueurs du milieu. Deux motards qui entrent sans hésiter dans le course par course haut de gamme, au coin d'une rue calme. Loin du tumulte des Champs-Élysées qui ne sont pourtant qu'à trois cents mètres de là. « La troisième course à l'hippodrome de Saint-Cloud vient de commencer et la chance du dernier parrain va tourner », écrivions-nous à l'époque[2]. Le premier motard a ouvert la porte à son équipier. Il est resté en protection tandis que le second se dirigeait vers une table sur la droite. À sa vue, un quinquagénaire grisonnant assis derrière un quart Vittel s'est levé. Le Belge… Il a avancé vers ses tueurs les bras tendus, dérisoire protection face à des professionnels qui prendront le temps de lui infliger le coup de grâce, par deux fois, à bout touchant, dans la tempe. Juste avant, ils l'avaient atteint au thorax et dans le dos. Puis les motards sont repartis avec

1. Près de 122 000 euros.
2. *Le Parisien*, 28 septembre 2000.

leur grosse Honda Varadero qui s'avérera être immatriculée en « doublette ».

Ainsi s'achève la carrière d'une légende du grand banditisme. Un « personnage fascinant qu'on venait saluer dans la rue », se souvient son avocat historique. Une carrière démarrée à l'adolescence dans le quartier de la Belle-de-Mai, juste à côté de la gare Saint-Charles à Marseille[1]. Francis Vanverberghe, en costume, chaussures Smalto et montre Cartier[2] au poignet, avait sur lui 200 000 francs[3] en deux liasses de 100 000, cachées sous sa chemise, dans le dos[4]. « À ce niveau-là, ce n'est plus un règlement de comptes, c'est une élimination définitive », confiera des années plus tard un des enquêteurs de la crim', au sujet d'un « assassinat bien organisé avec des repérages ».

Le Belge venait en voisin à l'Artois Club depuis la rue Lord-Byron et son luxueux appartement. Il y rachetait des tickets gagnants au PMU. Le principe est d'une simplicité biblique : repérer le gagnant d'une course, puis racheter son ticket avec une plus-value pour le vendeur. L'astuce permet de blanchir du liquide à la provenance douteuse. « Quand nous l'avons arrêté en mars 2000, le Belge nous a sorti un gros classeur format A4 avec plein de photocopies de tickets gagnants bien rangés »,

---

1. Fils d'un Français flamand et d'une pied-noir d'origine espagnole, il avait « débuté sa carrière dès 1962 en participant à des VMA [vols à main armée], des règlements de comptes et d'importants trafics de produits stupéfiants », selon une synthèse policière. Fiché au grand banditisme depuis 1968, il était tombé en 1973 pour avoir fait commerce de l'héroïne et condamné à quatorze ans de prison. « Il était élargi le 29 juin 1984 et s'installait en région parisienne. Cette longue période d'incarcération devait certainement contrarier ses desseins, l'empêchant de devenir un "général", un grand chef de clan du milieu. Néanmoins, Francis Vanverberghe renouait rapidement avec le grand banditisme, et la mort opportune de Gaëtan Zampa, le 16 août 1984, lui permettait de reprendre en main le milieu. »

2. Xavier Monnier, *Les Nouveaux Parrains de Marseille*, Fayard, 2016.

3. 30 000 euros.

4. Cf. le chapitre « Mais qui a tué le Belge ? », dans *Antonio Ferrara, le roi de la belle*, par Brendan Kemmet et Matthieu Suc, *op. cit.*

se souvient encore un policier de la brigade de répression du proxénétisme (BRP)[1].

Un bourgeois sur les Champs

Rarement un voyou aura autant déchaîné les imaginations et les médias de son vivant. Peut-être à cause de sa belle gueule, et le fait que celui qu'on avait pu comparer jeune à Marlon Brando ne dédaignait pas les caméras. « Ce n'était pas un parrain à la Don Corleone, mais c'était en tout cas une figure du milieu. Il avait une certaine autorité », dira un enquêteur[2]. « Il roulait un peu des mécaniques, affirme un commissaire[3]. Mais il n'était plus le maître dans le Sud, c'était un juge de paix. À Paris, il promenait son chien à heure fixe, jouait au PMU trois fois par semaine juste à côté de chez lui. Il ne s'attendait pas à se faire fumer. » Selon un renseignement policier recueilli à l'époque, le Belge « se rendrait pratiquement tous les jours dans un cercle de jeux, le Bridge Club du Rond-Point, rue Jean-Mermoz, à Paris 8e, où il jouerait avec de l'argent du grand banditisme ». Il fréquentait le même salon de coiffure que Guillaume Durand, le journaliste télé, avenue George-V, et donnait souvent rendez-vous au Fouquet's. Puis il regagnait son immeuble au hall de marbre, jusqu'à son « appartement de grand standing, richement meublé » de deux-cents mètres carrés, acheté pour 3,5 millions de francs par sa compagne sept ans plus tôt, résumait la BRP dans une note en date du 27 septembre 2000, quelques heures seulement après sa mort. Loin des guerres du milieu marseillais, le Belge semblait tranquille, apaisé. « Francis était devenu un vrai humaniste », osera même Alain Sobrero, ancien directeur de cabinet de Michel Pezet au conseil général des Bouches-du-Rhône dans une interview ahu-

1. Témoignage recueilli en septembre 2020.
2. « Dix ans après, les policiers cherchent toujours les tueurs du Belge », par B. Kemmet et M. Suc, *France-Soir* du 25 septembre 2010.
3. *Antonio Ferrara, le roi de la belle*, *op. cit.*

rissante à *VSD*[1]. Une curieuse présentation pour celui qui avait été désigné comme l'un des tueurs du bar le Tanagra[2] et qui avait passé des années en prison pour trafic d'héroïne[3]. Il n'était pas armé, « n'avait pas de garde du corps et ne changeait jamais ses itinéraires », souligne la PJ parisienne en 2000, qui l'estime « sans doute fataliste[4] ». Une analyse partagée par son avocat. « Il savait pertinemment qu'il ne mourrait pas dans son lit, alors pourquoi prendre des précautions. Il vivait avec philosophie », rapporte Me Frédéric Monneret[5]. Le Belge était en sursis. Il a sans doute échappé à une première tentative la veille même. La Varadero des tueurs a été vue roulant à faible allure dans le quartier.

Qui a tué le Belge et pourquoi ? Vingt ans désormais que Francis Vanverberghe est tombé sous les balles et le mystère n'a toujours pas été élucidé. Depuis, deux thèses se sont affrontées : celles des « caïds de Montreuil », voyous émergents qu'une prétendue hégémonie du Marseillais sur les beaux quartiers parisiens aurait gêné. Et puis celle des Corso-Marseillais qui auraient liquidé un associé exilé, affaibli et devenu bien encombrant. La première piste a longtemps été défendue par la prestigieuse brigade criminelle de Paris. La seconde a, elle, été nourrie par l'ex-Office central pour la répression du banditisme (OCRB). Préfecture de Police contre ministère de l'Intérieur, une rivalité qui ne date pas d'hier. Pour tenter de déchiffrer cet assassinat, il faut reprendre la chronologie des faits. Elle est riche en indications.

1. 26 avril 2001.
2. Quatre morts le 31 mars 1973 sur le Vieux-Port à Marseille pour lesquels le Belge n'a jamais été poursuivi, faute de preuves.
3. « Durant les années 1972-1973, il se heurtait au clan de Gaëtan Zampa, afin d'assurer la domination du milieu marseillais. Cette guerre d'influences entraînait alors la mort d'une trentaine de malfaiteurs », selon une note de l'OCRB.
4. Note du 27 septembre 2000.
5. Entretien avec l'un des auteurs, Marseille, novembre 2019.

Le rendez-vous du Floridita

Dès le lendemain de la mort du Belge, une première orientation d'enquête s'affiche dans *Le Parisien* : « L'ancien voyou de la Belle-de-Mai aurait été en relation avec une bande de truands beurs endurcis de Seine-Saint-Denis dont certains membres ont été arrêtés le 13 septembre et qui s'activait justement dans le racket de bars "de charme" dans le secteur des Champs. Ces "têtes brûlées" de banlieue aux dents longues sont aussi, comme sur la Côte, des "multicartes" de la délinquance[1]. » Le conflit de générations ; un beau pitch pour le cinéma. Deux jours plus tard, le quotidien régional[2] cite une « source proche du dossier » qui s'inquiète face à la « renaissance d'un milieu à Paris »... « Et le policier de prononcer le nom de deux frères d'origine tunisienne basés dans le département de la Seine-Saint-Denis. » Ces frères « M. » qui « font peur » désignent sans équivoque Imed Mohieddine et son cadet, Karim, blessé lors de l'attaque d'un fourgon blindé trois mois plus tôt. Des deux, c'est surtout Imed qui joue dans la cour des grands voyous. Surnommé Jo l'Indien[3], il est né à Menzel Bourguiba, près de Bizerte en Tunisie le 10 janvier 1962, dans une famille algéro-tunisienne. Connus pour braquage, son frère et lui sont décrits dans *Le Parisien* comme des « anciens porte-flingues » de la famille Hornec, qui « tentent depuis plusieurs mois de prendre le contrôle des bars de nuit et clubs de jeux de la capitale, particulièrement dans le quartier des Champs-Élysées, cher à Francis Vanverberghe ». Peu après, dans un autre article paru le 1er octobre 2000, le portrait s'affine avec une nouvelle citation policière : « Ces mecs-là font peur à tout le monde. Autant le Belge avait des allures de père tranquille, autant eux sont complètement givrés. » L'auteur de l'article détaille : « Virées nocturnes agi-

1. Article signé Frédéric Vézard.
2. Où exerçaient aussi les deux auteurs.
3. Un jour de 2001, au téléphone, il s'était présenté à l'un des auteurs comme « Monsieur Jo ».

tées, grosses berlines et filles faciles ont forgé la réputation de cette redoutable bande qui “turbine” au cocktail cocaïne-whisky[1]. » Deux autres noms sont ajoutés : celui de Nordine Mansouri d'abord, la seconde partie du duo indissociable qu'il forme avec son grand ami Imed Mohieddine, et Mohamed Amimer, dit le Grand Momo ou l'Élégant, qui vient de s'évader de la maison d'arrêt de Nîmes et qui a sans doute mieux à faire qu'à traîner dans les bars « montants » des Champs-Élysées[2]. Mais après tout Mohieddine n'est-il pas alors écroué pour racket sur de tels établissements et Mansouri en fuite ?

Le conflit de générations, les truands installés contre les nouveaux venus, les « Gaulois » contre les « beurs ». C'est plausible, probable même. « Des mecs culottés, de banlieue, prêts à s'attaquer à une figure du milieu, c'était séduisant », admet aujourd'hui un flic du dossier. Voilà donc le point de départ de la rumeur des « caïds de Montreuil », particulièrement mise en avant dans *Le Parisien*. Mais pas seulement, puisque *Le Monde* aussi, quelques mois plus tard, désignera « une importante équipe de la banlieue nord qui réunit occasionnellement des membres du milieu manouche de Montreuil à des complices du milieu maghrébin ». La rumeur semble relayée par quelques « gorges profondes » du « 36, quai des Orfèvres », où l'on a en mémoire un épisode qui date d'un peu plus d'un an. Retour en arrière. Bien renseignée, la BRP a eu vent d'un rendez-vous qui doit se tenir le 8 avril 1999, au Floridita, un piano-bar d'inspiration cubaine à côté de l'Arc de Triomphe, dans la chic et un poil interlope rue de Presbourg. Une rencontre entre poids lourds : d'un côté Francis Vanverberghe et son fidèle lieutenant, Souhel Hanna-Élias, « abondamment connu des services de police ». De l'autre Imed Mohieddine et Nordine Mansouri. Le Belge a ses habitudes à cette adresse « fréquentée par une clientèle douteuse », relève la BRP dans un rapport. Il y rencontre notamment un « homosexuel ayant un garage » sur la

1. Stéphane Bouchet, « Le Belge pourrait bientôt être vengé ».
2. Cf. chap. « L'Élégant ».

Côte d'Azur, avec qui il discute « d'importation de véhicules de grosse cylindrée ».

La police est là aussi puisque le rendez-vous est « couvert » par la BRI d'Yves Jobic, en surveillance discrète. De quoi ont parlé les quatre voyous ? Difficile à dire, mais les enquêteurs ont interprété la rencontre comme une tentative de règlement d'un différend commercial. C'est d'abord à propos d'une discothèque de la rue La Fayette, Les Sixties, devenue La Casa 128, près de la gare du Nord. Imed Mohieddine s'y est en effet signalé, causant quelque grabuge[1]. En réalité, rétrospectivement, cette rencontre du Floridita pourrait bien avoir constitué un « Yalta » du crime. « Cette "conférence au sommet", selon un policier, avait sans doute pour objet la recherche d'un accord pour un partage de territoire dans le domaine des machines à sous[2]. » Un commissaire de la BRP se lance dans une analyse : « Peut-être s'agissait-il du règlement d'un litige au sujet de la société SNRJ du "gros Abdenor", proche de la mouvance Mohieddine/Mansouri[3]. Il est possible que Vanverberghe ait demandé au groupe Mohieddine/Mansouri de travailler pour lui en intimant ou rackettant pour son compte les cafetiers et les sociétés concurrentes de placement de machines à sous. »

Du My Way au Franky's

Il n'est pas impossible non plus que d'autres litiges aient été au menu des discussions. Ce même mois d'avril 1999, le My Way, un bar à hôtesses de la très chic avenue de Friedland, reçoit la visite de « six individus de type gitan, probablement du clan Hornec », selon un renseignement recueilli par la PJ. Une procédure ultérieure visant ce même bar permet de se faire une idée plus précise de son activité réelle. Lors d'une des-

1. Une procédure pour abus de confiance, vol et extorsion entre mars 1997 et janvier 1999 a été ouverte, sans suite.
2. Synthèse de la BRP.
3. C'est le beau-frère de Nordine Mansouri.

cente, les flics de la BRP « ramassent » sur place la patronne, Josiane, et Jean-Jacques, son compagnon, deux quinquas. Mais aussi une jeune Russe, Prisca, 23 ans, et Leïla, 34 ans, toutes deux « barmaids » qui reconnaîtront que les clients, après avoir déboursé 250 euros pour une bouteille de champagne, pouvaient ensuite descendre avec elles au sous-sol pour une « prestation sexuelle tarifée 200 euros ». La patronne dira qu'elle tirait de son commerce précisément 17 000 euros par mois. En un an, pas moins de 107 jeunes femmes avaient exercé dans ce « bar américain », prisé de nombreux voyous, dont certains rescapés du gang de la Banlieue sud.

Le mois d'octobre 1999 est particulièrement agité sur le front des établissements « montants » de la capitale. Le 19, au tout petit matin, Farid Sanaa, surnommé l'Écureuil, très proche des truands de la bande de Montreuil[1], succombe à sept balles de 11,43 sur la place des Ternes, alors qu'il avait passé la nuit au Japan Bar, rue Quentin-Bauchart, à deux pas des Champs. Un client, Pascal Fratellini[2], aurait été molesté alors que « deux personnalités entraient à ce moment là : X (un humoriste célèbre) et Jean Luc Delarue ». Selon un témoin des faits, « ce soir-là, il y avait aussi Imed, Cero Lahcene, Francky Berens et Tonio Lages ; une sacrée ambiance. Fratellini est au bar quand Farid Sanaa arrive et lui décoche une droite, ça se chamaille. Sanaa lui en voulait car, un jour, Fratellini l'avait sorti de L'Observatoire, la boîte qui avait remplacé, rue Caumartin, le Rockn'Roll Circus tenu par les tenants de la BS ». Pour expliquer son exécution, la PJ évoque une « rivalité interne » au « clan Mohieddine/Mansouri/Hornec ». L'Écureuil se serait opposé à plus gradé que lui et il l'aurait payé très cher. Hypothèse alternative, Sanaa, mêlé à une « affaire de faux flics » et de lingots près de la Bourse, aurait été le seul à ne pas se faire arrêter, « d'où sa possible élimination », hasarde un flic.

1. Il sera impliqué de manière posthume *via* son ADN dans le plus important braquage commis en 1994, à Paris, dans la banque Inchauspé, avec Patrick Musset et Mohamed Amimer. Cf. chap. « L'Élégant ».

2. Membre de la célèbre famille de gens du cirque et futur gérant du Hustler devenu Penthouse Club puis Whisper, rue de Berri, une boîte de strip tease.

Le même mois, le gérant du Franky's, avenue de Friedland, qui a aussi en portefeuille le Success, rue Saint-Honoré, tout près de la place Beauvau, et le sulfureux Japan Bar, a des soucis. Il se rend rue de Lutèce, alors siège de la BRP, qui l'envoie à la brigade criminelle, au 36, quai des Orfèvres un peu plus loin, dont les limiers enquêtent sur la mort de Sanaa. Le tenancier dépose une simple main courante pour signaler qu'il est « racketté par des voyous au Franky's Bar ». Il s'agirait « peut-être de Mohieddine et Mansouri », selon le gérant, qui sont venus « mettre un coup de pression » dans son établissement. Plus tard, lors d'une plainte au commissariat local, vite retirée, le gérant se montre encore plus précis : « Imed Mohieddine s'est présenté dans deux de mes établissements, le 14 et le 18 octobre 1999, accompagné de plusieurs individus, dont un certain Mansouri Nordine, dit la Gelée, et m'a demandé de lui remettre 25 000 francs par mois en contrepartie de ma tranquillité », rapporte ce brave homme[1].

La rumeur parisienne, encore elle, veut que ces « bars à tapins » appartiennent en réalité à Francis le Belge. Le Franky's, et ses salons molletonnés, est situé avenue de Friedland, à moins de dix mètres du My Way, autre propriété supposée du caïd marseillais. Il en a d'autres. Or, le 22 mars 2000, le Belge tombe pour proxénétisme. Son épouse, Lydie, et lui « tiraient d'importants revenus de la gestion d'un autre bar à hôtesse, le "First", situé rue François-Ier à Paris 8e où se prostituaient une vingtaine de jeunes femmes », selon une synthèse de la BRP[2]. Arrêté rue Lord-Byron en bas de chez lui, sans la moindre arme, par les policiers de l'antigang, il doit remonter à son domicile pour une perquisition. Au milieu de ses meubles Roméo – une institution parisienne de la décoration et de l'ameublement –, prêtés par l'enseigne du faubourg Saint-Antoine, selon un policier, le Belge craint qu'on lui « fasse un travail », en plaçant un sachet de cocaïne dans ses affaires par exemple, et montre

1. *Le Parisien*, 27 novembre 2000.
2. Datée du 27 septembre 2000.

les dents. « Il avait un regard froid, dur, pas avenant du tout, se souvient un policier. Quand je lui notifie sa garde à vue, il dit : *Moi je signe pas ça.* » Vanverberghe ne le sait pas, mais ce sera la dernière « gav » de sa longue carrière criminelle. Engoncé dans sa propre importance, il pose cette curieuse question au commissaire de la BRP : « Où est le représentant du gouvernement[1] ? »

Placé en détention provisoire, il ressort le 18 mai avec Lydie, moyennant une généreuse caution évoquée par la PJ en début de chapitre. « S'imaginant à tort ou à raison sous surveillance constante, note malicieusement un commissaire[2], Francis Vanverberghe semblait poursuivre ses activités délinquantes par le biais de "lieutenants" agissant pour son compte, lui-même se contentant de superviser, de donner son aval à la réalisation de certaines opérations, se comportant ainsi en véritable parrain. » Des lieutenants qui ne chôment pas. « En 1998, une équipe de malfaiteurs composée de "Pierre" Hanna-Élias, Mohamed dit Mickey, Karim A. et d'autres, tentait de racketter la discothèque le Times, 49, rue de Ponthieu à Paris 8e. Il aurait été surprenant que le commanditaire de l'opération ne soit pas Francis le Belge[3]. » Ce n'est pas tout : « Plus que les appareils de jeux de hasard et le proxénétisme, le domaine de prédilection de Francis Vanverberghe paraissait être le monde de la nuit, en particulier dans le secteur des Champs-Élysées où se mélangent l'argent et la "jet-set" qu'il adorait côtoyer. La rumeur de la nuit prétend qu'il était propriétaire de fait de la discothèque VIP Room, 76, avenue des Champs-Élysées, où il aurait fait réaliser d'importants travaux. La même rumeur lui attribue la propriété officieuse du restaurant branché Homero, 37, avenue de Friedland à Paris 8e, et du bar à hôtesses le Diablotin, 11, rue Troyon à Paris 17e où son "lieutenant" Hanna-Élias a été vu en 1999 s'y comportant comme s'il en était l'exploitant[4]. » Souhel

1. Témoignage recueilli par les auteurs en septembre 2020.
2. Synthèse BRP, 27 septembre 2000.
3. *Ibid.*
4. *Ibid.*

Hanna-Élias, dit Joël, *alias* aussi le Libanais, « incontournable » selon la PJ, a encore été vu « en discussion » avec un gérant et un porteur de parts de club échangiste. « La réputation de Francis Vanverberghe étant celle d'un malfaiteur implacable, peu de gens de la nuit se seraient risqués à déclarer sur procès-verbal les rumeurs dont ils se faisaient l'écho », prévient l'auteur du rapport. Et de conclure : « Signalons enfin que sa présence n'avait jamais été signalée dans ces différents établissements, pas plus qu'elle ne l'avait été au First, ce qui, *a contrario*, pourrait venir confirmer le fait que Francis le Belge était intéressé par ces établissements de nuit. » Le caïd semblait peser lourd à Paris, où il avait séjourné dans les années 1970 à Pigalle, avant de s'installer définitivement, vingt ans plus tard, rue de la Chine dans le 20e arrondissement, puis rue Lord-Byron, dans ces beaux quartiers qui l'attiraient tant. « Il contrôlait le monde de la nuit aux Champs-Élysées », selon un policier spécialisé dans le grand banditisme qui cite également le VIP Room parmi les établissements sous sa coupe[1]. Deux autres lieux branchés du début des années 2000, le Buddha Bar, rue Boissy-d'Anglas, et le Barfly, avenue George-V, n'auraient pas échappé non plus à l'intérêt débordant du « Gebel ».

Jo et la Gelée

Ce petit empire faisait-il des jaloux ? Les 25 et 30 mai 2000, au cours d'une de ses tournées de nuit, les policiers du groupe « cabarets » de la BRP croisent Imed Mohieddine fermement installé au Japan Bar. Ce n'est donc pas une surprise pour la PJ, quand, le 6 juillet suivant, le gérant du Franky's, toujours lui, « dénonçait les agissements de sept à huit individus dirigés par Imed Mohieddine » dans un autre de ses établissements, le Japan Bar. Nordine Mansouri, forcément, aurait été de la partie mais aussi un jeunot, Abdou Saber, 25 ans, de Fontenay-sous-

1. Entretien avec un des auteurs, octobre 2020.

Bois comme Mohieddine, de nationalité algérienne, représentant de la nouvelle génération. Le tenancier cette fois porte plainte. « Mohieddine Imed en compagnie de six à sept amis [...] est en effet parti en emmenant le tiroir-caisse et en omettant de régler les consommations[1] »... Ce n'est pas tout. « Le lendemain soir, certains de ces mêmes individus envahissent le Franky's Bar et avant de quitter les lieux l'un d'eux s'empare du tiroir-caisse. » Puis, le 10 juillet, le gérant du My Way, Jean-Jacques, voisin donc du Franky's, « dépose à son tour plainte après avoir été invité quelques jours auparavant à dîner à Neuilly (92) dans un restaurant de renom, le Durand-Dupont, par trois individus appartenant au milieu du grand banditisme – dont Mohieddine Imed et Mansouri Nordine – et après s'être vu réclamer au cours du repas le versement mensuel d'une somme de 25 000 francs pour prix de leur "protection" ». Les policiers notent que Mohieddine roule dans une Jaguar immatriculée MA JR 227, une plaque allemande. Ils font aussi un rapprochement avec un événement qui s'est produit l'été précédent, en août 1999, loin de l'Étoile, un attentat à la grenade dans une pizzeria de Fontenay-sous-Bois, dans le Val-de-Marne, la ville d'origine d'Imed[2]. Sans rien pouvoir prouver.

La brigade de répression du banditisme est officiellement saisie et une enquête peut être ouverte pour association de malfaiteurs. La BRB résume : « Depuis plusieurs mois, un groupe d'individus au nombre desquels certains malfaiteurs chevronnés appartenant au milieu du grand banditisme et évoluant habituellement dans le secteur de Montreuil (93) et des communes limitrophes se livrent à des manœuvres d'intimidation dans certains bars américains du 8e arrondissement en vue d'imposer leur protection rémunérée aux responsables[3]. »

« Suite aux renseignements recueillis au cours de l'enquête », la BRB laisse passer l'été et début septembre 2000, douze jours

1. Note de la direction de la police judiciaire de Paris, 15 novembre 2000.
2. Il sera aussi soupçonné de destruction de bien et extorsion à Fontenay, dans la nuit du 20 au 21 avril 2000.
3. Note de la direction de la police judiciaire de Paris, 15 novembre 2000.

seulement avant l'assassinat de la rue d'Artois, siffle la fin de la récréation en « levant » tout ce petit monde. « Jo » Mohieddine est « appréhendé », écrit la PJ, alors qu'il consomme au My Way. Mis en examen, le voilà placé sous mandat de dépôt. Quatre autres suspects sont aussi arrêtés, dont le jeune de Fontenay-sous-Bois. Manque Nordine Mansouri qui, réfugié en Algérie du côté d'Oran, finira par se livrer deux mois plus tard sur les conseils peu avisés de son avocat, Karim Achoui. Ce dernier lui avait assuré qu'il n'irait pas en prison, selon les engagements du juge d'instruction. Il n'en sera rien et la Gelée, saisi à froid, atterrira à la Santé. Malgré les protestations de Me Achoui : « Depuis dix ans, précise-t-il, mon client n'a été condamné qu'une fois, en juillet dernier, à six mois de prison avec sursis pour abus de biens sociaux et fraude fiscale. Il conservait des amis dans le milieu mais n'en faisait plus partie[1]. »

En garde à vue, Mansouri « se disant commerçant », à la tête d'une entreprise d'import-export et habitué du VIP Room, « nie toute participation » à la tentative d'extorsion dans les deux bars « montants », le Japan et le Franky's exploités par Franck R. Mais, notent les flics, « il a cependant été amené à reconnaître sa participation au dîner évoqué par M. [Jean-Jacques] ». Celui dans le restaurant chic de Neuilly. La Gelée est encore entendu le 12 décembre 2000, cette fois pour des faits autrement plus graves. « Le juge Philippe Coirre et la brigade criminelle sont, pour leur part, persuadés qu'il pourrait les aider à résoudre le retentissant assassinat de Francis Vanverberghe[2]. » Peine perdue, il dira « ne pas connaître le Belge[3] » malgré la rencontre documentée par la police au Floridita et, surtout, il a un alibi, puisqu'il se trouvait en Algérie. Cela ne l'empêchera pas de se voir attribuer un joli pedigree dont il se serait sans doute passé, dans *Le Parisien.* Selon le quotidien, Mansouri est « considéré par la police judiciaire comme le "parrain" de la redoutée bande

1. *Le Parisien*, 27 novembre 2000.
2. *Ibid.*
3. Note de la direction de la police judiciaire de Paris, 15 novembre 2000.

de Montreuil, valeur montante du grand banditisme parisien ». Ni plus, ni moins.

Mais pourquoi diable l'Indien et la Gelée s'attaqueraient-ils à un adversaire qui semble plus gros qu'eux ? Serait-ce comme l'écrit *Le Monde* un remake de cet « épisode traditionnel de l'histoire du banditisme : celui des jeunes fringants qui montent au point d'écarter les anciens maîtres du pavé[1] » ? Sauf qu'il y avait possiblement un conflit sous-jacent entre Mohieddine et le Belge. Selon une information recueillie par la BRP, très rencardée, Imed devait « être payé par le Belge pour avoir racketté d'autres placiers [de machines à sous]. N'obtenant pas son dû, Mohieddine a rackettté les bars des Champs-Élysées censés se trouver sous le contrôle de Vanverberghe ».

La réunion du Floridita, et peut-être une autre en présence des frères Hornec, aurait été une tentative de conciliation après les débuts de racket sur les bars à hôtesses, propriété de Vanverberghe. À l'issue de cette rencontre, le Belge dira : « Je leur ai tiré les oreilles »… Un enquêteur pense le contraire : « Pour les truands, c'était un aveu de faiblesse. Il s'assoit pour discuter avec des Manouches plutôt que de les éliminer. Son image s'est effritée[2]. » Un témoin de l'époque confirme : « Quand le Belge s'est fait bouger ses bars, on a compris qu'il avait perdu de sa superbe. La Gelée et Jo se foutaient de sa gueule en l'appelant le marchand de saucisses ou de frites ! Ces bars, c'était des troquets pas terribles[3] ! » Sans doute que le Belge n'a pas pris au sérieux les « jeunots » de Montreuil. « Pour lui, c'était du menu fretin, des « Arabes ». Ce n'était pas le genre de types à qui il allait clairement régler leur compte », confirme son avocat, Me Frédéric Monneret[4].

1. Édition du 18 janvier 2001.

2. « Dix ans après, les policiers cherchent toujours les tueurs du Belge », *op. cit.*

3. Témoignage recueilli par l'un des auteurs, été 2020.

4. Entretien avec l'un des auteurs, Marseille, novembre 2019.

La théorie de Brutus

« Très vite on nous a orientés vers une piste », avait confié il y a quelques années à l'un des auteurs un des membres de la crim' en charge de l'enquête[1]. Celle des machines à sous, les « baraques » qui font fureur à l'époque. Le Belge aurait été le propriétaire occulte de 1 000 à 1 500 de ces appareils clandestins, selon ses dires. Des « baraques » ultra-rentables, un bingo pouvant rapporter entre 20 000 et 30 000 francs par mois.

Le parc était géré par son fidèle lieutenant Souhel Hanna-Élias, *alias* Joël le Libanais ou parfois le Turc, né au Tchad dans une famille de commerçants orientaux installés en Afrique. Cet ancien garçon de café de 1,77 mètre, aux cheveux châtain foncé, a été inscrit en 1989, à 33 ans, au « fichier spécial de la répression du banditisme » à la demande du SRPJ de Marseille. Sa circulaire indique : « Individu tirant ses revenus de l'exploitation des machines à sous et s'adonnant au racket. Il est un des membres influents du milieu marseillais. » Un « Libanais » qui n'a pas laissé que des souvenirs impérissables aux policiers :« C'est un tueur implacable, un regard glaçant. Il fait peur[2]. » Surnommé encore le Cobra, ou plus récemment le Bouc, Hanna-Élias a commencé par un vol de cuirs et de fourrures, puis s'est mis au service de parrains marseillais, d'abord Raymond Mihière dit le Chinois puis le Belge, pour qui il tient un claque, le Bridge Club, sur le Vieux-Port, avant de « monter » dans la capitale dans le sillon de son boss.

Là-haut, sur le front des machines à sous, Hanna-Élias joue au « directeur commercial » pour une société baptisée MDL. Les frères, Belkacem, Akim et Kamel A. complètent son équipe avec un « rebeu » de la Banlieue sud, Eddie T., qui passe pour le « gars sûr » du Libanais sur le terrain. À la fin des années 1990, ce « camp des Marseillais » semble nourrir une rivalité

1. Témoignage recueilli en 2010.
2. Témoignage recueilli en septembre 2020.

avec une autre équipe dont le patron serait un « certain "Charlie", représentant de voyous corses à Paris », selon la BRP alors chargée des jeux illégaux en plus du proxénétisme. Le différend porterait sur des machines placées dans un bar de Vigneux, dans l'Essonne, considéré comme une « place extrêmement lucrative ». Cette seconde équipe aurait profité de la fragilisation du clan du Belge alors que lui et le Libanais étaient en prison. « Si c'est exact, cela jette un éclairage nouveau sur l'assassinat de Francis Vanverberghe [...] et l'hypothèse d'une "piste corse" n'est pas totalement à écarter », spécule la PJ[1]. En effet !

Jusqu'alors, le « camp des Marseillais » sillonne le terrain. Quand la BRP descend en juin 1999 dans un café du 19e arrondissement tenu par deux Kabyles, elle met la main sur deux vidéo-pokers et un bingo. Ils ont été placés par Jacky, un simple technicien d'une société-écran dont « le grand patron » vient au bar une fois par mois sur sa grosse Harley-Davidson jaune, quand ce n'est pas en BMW ou en Porsche. Ce « grand patron » se fait appeler Pierre, il s'agit en réalité de Souhel Hanna-Élias. « Il a souvent une ou deux voitures qui le suivent avec ses "gardes du corps" », note la PJ, dont un certain « Philippe, blond athlétique ». Il s'agit sans nul doute de Jean-Philippe Ottman, surnommé sobrement le SS... « Faire attention, individus dangereux susceptibles d'être armés », prévient encore une note interne au moment de préparer leurs interpellations.

Dynamique s'il en est, le Libanais tente aussi à cette époque de s'implanter dans un club échangiste tout proche d'une institution gastronomique parisienne, la Tour d'Argent, et dans un piano-bar tenu par la femme d'un chanteur de variétés, associée à des Corses, rue de Tilsitt, à côté de l'Arc de Triomphe. « En outre, des bruits parvenus à notre connaissance feraient état de pressions de la part du sieur Hanna-Élias ou de son entourage sur plusieurs bars, dits "à hôtesses", implantés dans le secteur de l'Étoile, à savoir : l'Eden Night, sis 5, rue Troyon à Paris 17e, le Diablotin, sis 11, rue Troyon à Paris 17e (le sieur Hanna-Élias

1. Note de la BRP du 13 avril 2001.

a été vu dans l'établissement en compagnie de quatre autres personnes), le Vénus, sis 26, rue Brey, à Paris 17e, l'Orange Bleue, sis 6, rue Brey à Paris 17e » , toujours selon la police[1].

Le Libanais intéresse aussi les RG[2] qui le filent à l'occasion de divers rendez-vous parisiens au Thermomètre, près de la Nation, au Petit Paris, rue de L'Échiquier près des Grands Boulevards et au Bistrot, rue du Faubourg-Poissonnière. La compagne de Joël le Turc, une Tunisienne, gère plusieurs sociétés de placement de jeux automatiques « licites ou illicites », note la BRP qui la met sous écoute durant l'été 2001. « En relation avec "Pierre" [Hanna-Élias], elle serait susceptible de nous permettre de localiser cette figure du grand banditisme qui, jusque-là, a toujours refusé de révéler son domicile et pourrait se trouver impliquée dans les derniers événements tragiques survenus, ces derniers mois, dans le milieu des machines à sous. »

Outre les Corses, une autre équipe monte dans les bingos et autres vidéo-pokers à en croire un tuyau du commissaire Yves Jobic, chef de la BRI, jamais avare d'infos pour les autres brigades du « 36 ». Le 17 juin 1999, il prend sa plus belle plume pour rédiger une note sur « un réseau de placement de machines à sous en région parisienne », une « équipe autonome » constituée d'anciens braqueurs :

« J'ai l'honneur de porter à votre connaissance un certain nombre d'informations recueillies depuis plusieurs mois par la BRI, à partir de sources humaines et d'interceptions de sécurité, qui font apparaître le rôle déterminant joué par deux malfaiteurs de grande envergure dans un réseau d'exploitation de machines à sous. En effet, deux individus inscrits au Fichier spécial de répression du banditisme, les nommés Mansouri Nordine dit la Gelée et Mohieddine, Ihmed (*sic*), spécialistes d'attaques à main

1. Note de la BRP du 18 janvier 2000. Par ailleurs, sans qu'il y ait un lien établi entre ces différents événements, le 6 septembre 2000, le gérant de l'Orange Bleue était passé à tabac dans son établissement, après la fermeture. Djafer B., 49 ans, devait décéder de ses blessures huit jours plus tard.

2. Renseignements généraux devenu DGSI en fusionnant en 2008 avec le contre-espionnage.

armée et associés du clan Hornec, ont visiblement investi une bonne partie de leur activité criminelle dans le secteur des jeux. Ils disposeraient, selon nos renseignements, d'une centaine de machines installées dans des débits de boissons et des restaurants de la région parisienne. »

Leur « partenaire et associé » serait un certain « Bibi », que la BRI a identifié comme étant Larbi Naceri, sorti de prison trois ans plus tôt après une condamnation pour braquage. C'est le frère aîné de l'acteur Samy Naceri. « D'ailleurs, pointe Jobic, Mohieddine Ihmed (*sic*) et Francis le Belge étaient invités à la première » du film *Taxi*, sorti au printemps 1998. Larbi Naceri est « assisté dans ses activités professionnelles » par Hakim Siba, frère de « BB », un autre braqueur de la banlieue est[1], et Rachid C. Cette « équipe » entretiendrait des « relations amicales avec d'autres structures centrées sur ces mêmes activités », dont celle de Souhel Hanna-Élias, mais aussi du « Gros Abdenor » et encore du propriétaire de machines répondant au prénom de « Boualem », un « individu extrêmement méfiant » qui serait le « beau-frère » d'un braqueur de poids, Mohamed Amimer, compagnon de route de la Gelée et Imed. Il s'agit sans aucun doute de Boualem Talata croisé au Midnight Express au précédent chapitre, mais Jobic ne dispose pas de son patronyme. Tout cela tendrait à démontrer que « les braqueurs de haut niveau ont diversifié leur activité dans le commerce rentable des machines à sous », si l'on en croit encore le même Jobic.

Et ces nouveaux venus tournent, voire empiètent, sur les territoires d'équipes déjà constituées. D'où l'ouverture de négociations, comme au Floridita. « Il y a eu un rendez-vous avec le Belge parce que tout le monde se battait pour une place de machine à sous qui rapportait 15 000 euros par semaine, assure un ex-proche du milieu parisien. Il y avait Le Gros Abdenor qui avait des machines et qui sortait le nom de “Momo Ami-

1. Benamar Siba, de son vrai nom, un ancien braqueur, condamné pour « saucissonnage » en 2012, après une tentative de reconversion dans le one-man-show.

mer" dès qu'on lui cherchait des poux dans la tête et faisait croire qu'il avait son soutien. » À ce rendez-vous, « le Belge n'a pas bronché », confirme la même source.

Et il en est probablement mort. Le Libanais « a dit partout qu'il vengerait l'exécution du Belge. Il ne l'a jamais fait », indique un commissaire[1]. Pire, « le lendemain de la mort du Belge, on l'a vu en terrasse... Si tu es en danger tu ne fais pas ça », commente le flic bien rencardé. « On sait qui a trahi, c'est Hanna-Élias », ajoute Me Monneret. D'où la « théorie de Brutus ». Au final, le Libanais n'aurait que peu profité de l'élimination du parrain exilé à Paris et semble avoir été laminé par les Corso-Marseillais. Le 29 juillet 2011, Souhel Hanna-Élias est abattu de quatre balles de 11,43 dans un cybercafé proche de la place de la Castellane dans la cité phocéenne. Il avait 55 ans. La rumeur du milieu veut que ce soit un ancien ami du Belge qui se soit chargé de venger ce dernier, à retardement. Le Libanais avait, bien entendu, été auditionné par la crim' après l'exécution du Belge. Mais ce n'était pas la piste privilégiée par les enquêteurs.

L'hypothèse Talata

Dès le lendemain de l'assassinat de Francis Vanverberghe, un « tubard », un renseignement, tombe à la brigade de répression du banditisme (BRB) de Paris qui le transmet aussitôt à la brigade criminelle : le tueur serait un certain « Boubou ». Et comme l'info a aussi été rapportée par la PJ de Versailles, elle prend une certaine consistance. « Boubou », pour Boualem, celui dont le commissaire Jobic n'avait pas obtenu le patronyme. Philippe Boualem Talata, pour l'état civil, *alias* Boubou, ou le Fou, a vu le jour le 30 septembre 1968 à Dreux en Eure-et-Loir dans une famille de harkis, originaire de l'Oued Berd, dans les montagnes de Petite Kabylie. Boxeur amateur de bon niveau,

1. *France-Soir*, *op. cit.*

courageux, intrépide même, il ne craint personne et ne tarde pas à s'imposer dans la capitale, d'abord dans le milieu des videurs de boîtes de nuit et la protection rapprochée. En peu de temps, Boubou s'est même taillé une réputation d'enfer. Il aurait ainsi rossé un célèbre rappeur dans sa propre ville du Sud parisien. Talata apparaîtrait brièvement dans un clip de Joey Starr. Des sites internet bruissent de ses exploits à la sortie des discothèques vers le début des années 1990 : au Midnight, le Midnight Express de la Défense[1], dont il aurait « couché » les portiers, ou au Pacha Club de Louveciennes, dans les Yvelines. Boubou avait un physique impressionnant avec ses épaules de déménageur. Élément inconnu de la police : il avait aussi en la personne de Momo Amimer un beau-frère influent dans le milieu de la nuit ainsi que dans la voyoucratie, ce qui peut aider à ouvrir des portes et à se faire une réputation.

Le jeune homme s'est attaché les faveurs de Jamel Debbouze, le presque voisin de Trappes, en empruntant la N12 vers Paris, un autre adepte du Midnight, pour qui il finit par jouer les gardes du corps. Quelques mois plus tôt, Boubou est au cœur d'une sombre affaire qui défraie la chronique *people*, sans que son nom soit jamais prononcé. Janvier 2000, Jamel Debbouze quitte en 4×4 Mercedes une soirée raï à Bercy quand il fait l'objet d'un contrôle routier. L'affaire dégénère et le comique au bagout légendaire se retrouve menotté et blessé au sol, puis hospitalisé à Saint-Antoine. C'est là qu'un ancien champion de kick-boxing, Khalil El Quandili, se voit empêché par la force de pénétrer dans la chambre de l'humoriste. Il est frappé et mordu au visage par l'entourage de Jamel au cours d'une scène confuse, durant laquelle Boualem Talata n'aurait pas été le moins actif. Parallèlement à cette activité de *bodyguard*, le jeune homme joue des muscles dans des parties de cartes clandestines.

« Boualem, il était gentil, très gentil même », rapporte pourtant Rachid Buzenval qui l'emploiera comme videur dans son

1. Cf. chap. « L'Élégant » et « La guerre du raï ».

« tapis » clandestin, le Byblos, près de la place de la Nation[1]. « Il était bien, Boualem, poursuit-il. Il avait ses affaires, son business. Il avait beau être jeune, il connaissait beaucoup de gens et il avait du monde avec lui, des Blacks de Dreux. Un jour, il leur a fait fermer un club de jeux près de la République tenu par des Juifs. Je ne sais pas pourquoi. Ils ont eu une embrouille. Boualem a passé un appel sur son portable. Juste après tu as quinze Blacks qui sont arrivés. À moto, en BMW, tout ça. »

Un truand influent se souvient de Boubou, l'intrépide : « Il avait une toute petite voix qui tranchait avec son physique : c'était un vrai bagarreur. Il avait pris des machines à sous à des Corses. Ils avaient dit : *Le petit, il a manqué, on va le convoquer*. Boubou arrive dans leur bar, il baisse le rideau et il les défonce. Après il les sort et récupère leurs machines. Boualem, il tapait des gros mecs, plus gros que lui[2]. »

Talata dépanne aussi une nouvelle connaissance, Antonio Lagès, dit Tonio le Portugais, boulanger devenu braqueur, et proche du clan Hornec, dont Farouk Achoui, le cousin de l'avocat. Boubou assurera ainsi la sécurité d'un club de Nogent-sur-Oise, en Picardie, baptisé le Foxy, pour le compte de Lagès. Une discothèque qui voit passer le gratin des braqueurs de fourgons blindés de la période, depuis Montreuil. Mais le météorite Talata n'aura pas le temps d'atteindre le firmament du milieu. Son ascension se brise net le 19 novembre 2000 dans sa bonne ville de Dreux, moins de deux mois après l'assassinat du Belge. Le gros bras est tué dans des circonstances on ne peut plus étranges. Une balle dans la tête, tirée par-derrière. Boubou venait participer avec ses frères à une soirée mortuaire après un accident de voiture tragique qui avait coûté la vie à une connaissance. C'était dans le quartier des Rochelles, celui qui a accueilli la communauté harkie à Dreux dans les années 1960. Un de ses amis, Mourad Meddour, est gravement blessé.

1. Témoignage recueilli en juillet 2020.
2. Témoignage recueilli en janvier 2021.

La scène de crime a été malmenée par les premiers intervenants, c'est un euphémisme. Les flics locaux ont hypothéqué les suites de l'enquête avant que la PJ de Versailles n'arrive. Les constatations n'ont eu lieu que le lendemain matin, ce qui n'empêchera pas que des douilles soient découvertes encore plus tard, par des particuliers. Les perquisitions chez les suspects, pourtant arrêtés, ont été lancées « encore plus tard, au milieu de l'après-midi ». Un massacre ! L'arme du crime n'a jamais été retrouvée.

La disparition de la comète Talata affecte Jamel Debbouze et toute une série de relations dans le monde de la nuit, comme un nommé « Saïd Beau Gosse », qui ne s'en « remet pas », selon des « infos » glissées à la BRP. Sa mort, elle aussi, reste assez mystérieuse. « D'après l'histoire qu'on m'a racontée, il s'est fait tuer parce qu'il a fait du "rif[1]" à ses cousins, c'est ce qu'on m'a dit en tout cas, rapporte Rachid Buzenval. Ils lui ont prêté de l'argent et il n'a pas voulu les rembourser. Il les a menacés. Il paraît qu'il leur a brûlé leur pavillon. Je crois que c'est à cause de ça qu'il s'est fait tuer. Si ce n'est pas ça, c'est la suite de Francis le Belge. Mais je vais te dire, les policiers quand ils voient que c'est que des voyous, ils s'en foutent. Voyous contre voyous, eux ils sont tranquilles. » Une dette de 200 000 francs serait notamment à l'origine du différend. Entendu par la police, Jamel Debbouze parle d'un « contrat » sur Talata, exécuté par un certain « Farid, venu de Paris pour l'abattre[2] ». Rien n'a corroboré cela.

Il y a un détail qui intrigue pourtant Rachid Buzenval. « Boualem a touché de l'argent juste après la mort du Belge. Il a flambé », confie l'ancien roi des tapis clandestins. Autre curiosité, deux « Marseillais » sont venus voir Talata au Byblos, peu avant l'assassinat du Belge. « Ils m'ont fait descendre le rideau de fer mais pas en entier, juste un quart, se souvient Rachid. La crim' s'est trompée d'ailleurs en me disant que j'avais descendu

1. De la bagarre, en argot.
2. Extrait de son audition citée dans *L'Écho républicain*.

le rideau en entier. Je leur ai dit : *Vous avez un mauvais indic !* Ensuite, avec Boualem, ils sont allés parler au sous-sol et je ne sais pas ce qu'ils se sont dit. » On ne le saura sans doute jamais.

« Dix ans après, on ne sait pas si sa mort est liée à celle du Belge », nous confiait un policier de la crim' en 2010 donc. Depuis, la justice a tranché mais sans se presser. Douze ans après les faits, à l'automne 2012, devant la cour d'assises d'Eure-et-Loir siégeant à Chartres, trois frères Djenane, cousins de Boubou, sont poursuivis et un seul condamné à dix ans de prison pour un assassinat dont les racines semblent purement locales. Talata a été abattu « comme un chien », selon l'avocate générale[1]. Un contrat dont l'exécutant serait mort avant de pouvoir être questionné. La défense plaidait l'innocence de cette fratrie connue pour stups et dénonçait « une procédure catastrophique ». Les frères Djenane ont reconnu des tensions récurrentes avec Boubou. « Il m'avait volé une voiture », a dit l'un d'entre eux, « extirpé de force [...] alors qu'il était arrêté à un feu rouge[2] ». Les Djenane reconnaissent des provocations mutuelles et des échanges de coups de feu, mais nient tout lien avec la mort de leur ennemi.

Les avocats de la famille de Talata ont tenté de donner de lui une image autre que celle du caïd fauché en pleine ascension. Me Philippe Louis préfère retenir « la personnalité de celui qui a fait venir Diam's [à Dreux] et des vedettes appréciées par les gamins ». Me Philippe Van Der Meulen évoque « le rôle social de Boualem Talata ». « Il était dynamique, rayonnant, sympathique, c'était un champion, il devenait une figure[3] », estime le pénaliste. Il était aussi un jeune père de famille.

Ce qui est certain en revanche, c'est que Boualem Talata formait un duo des plus ambitieux avec un autre nouveau venu dans le milieu parisien, Djilali Zitouni.

---

1. *Ibid.*
2. *Ibid.*
3. *Ibid.*

Le petit Djil

« Une grenouille qui se voyait plus grosse que le bœuf », nous a confié un flic à propos de ce Zitouni qui, dès l'automne 2000, se voit désigner à la brigade criminelle comme le « commanditaire » de l'assassinat du Belge et l'employeur de Talata dans cette sanglante besogne. C'est que les deux hommes marchent ensemble et rien ne semble pouvoir les arrêter. « Zitouni et Talata étaient associés dans le placement des machines à sous dans différents bars de la capitale et de la région parisienne », écrit la PJ dans une note du 14 août 2001. Les policiers ne semblent pas savoir que le premier envoie le second « tout casser » dans les établissements qu'ils convoitent, selon l'un de ses proches[1]. Sans jamais apparaître dans les statuts, Zitouni et un associé sont aux manettes d'une série de sociétés : Auber Jeu, Nord Sud Service Électronique, Amar Matic et Bernard Électronique devenue Denis Jeux. « En outre, Zitouni aurait des intérêts dans la société Magic Games » d'un Corse, Michel T., selon la BRP.

La montée en puissance du duo Zitouni-Talata a-t-elle déclenché une guerre de territoire avec le Belge ? « Un différend aurait opposé les deux hommes à propos du contrôle des machines à sous ; le Belge aurait accusé Djilali Zitouni d'avoir profité de son incarcération momentanée, au printemps 2000, pour empiéter sur son territoire, et aurait menacé de mort ce rival trop vorace. Pour se protéger, ce dernier aurait alors cherché à prendre les devants », rapporte *Le Monde* qui, une fois n'est pas coutume, se passionne pour ces charclages entre truands[2].

Tout comme *Libération* qui évoque la séduisante « piste Zitouni-Talata » : « Aux yeux des enquêteurs, Talata, qui

1. Propos recueillis par l'un des auteurs au mois de janvier 2021.
2. « Djilali Zitouni, ex-rival de Francis "le Belge", a été assassiné près de Paris », 26 juillet 2001.

“monte, monte dans le milieu”, a tout à fait “le profil de l’emploi, l’envergure pour buter le Belge[1]” ».

Pourtant, Djilali Zitouni n’était pas un voyou endurci par la prison, et certainement pas un tueur. « Djilali, il aime les voyous, mais ce n’est pas un voyou, non. C’est un flambeur, c’est un grand parieur sur les chevaux, c’est tout, et un très bon joueur de rami », tempère Rachid Buzenval qui l’a bien connu. « Il n’avait pas l’envergure pour tuer le Belge. Il s’est fait monter la tête à un moment, renchérit un ancien policier des jeux. Il s’est cru tout permis, mais il n’a pas été bien malin. » Fine moustache, paupières tombantes, cet amateur de belles voitures et de cigares ne semble pas vouloir se contenter des bars de banlieue et des parties de cartes enfumées en sous-sol. Né en 1955 à Chlef, à mi-chemin entre Alger et Oran, Zitouni gère lui-même un bistrot un peu miteux rue Cavé, en pleine Goutte-d’Or, au nom de son frère Abdelkader. Et outre son commerce florissant et sous prête-noms de machines à sous, c’est un joueur dans l’âme. Alors forcément, lui aussi fréquente le Byblos de Rachid Buzenval. Un lieu au centre des intérêts de la brigade criminelle puisque Antonio Lagès, lié à Talata, et tué au fusil de chasse sur une contre-allée de l’avenue George-V, le 23 octobre 2000, était, la veille de sa mort, venu au Byblos où il avait discuté avec Zitouni.

« Djilali avait un café à Barbès, se souvient Rachid Buzenval. Il essayait de faire du jeu mais il ne travaillait pas très bien. Il y avait des problèmes, pas assez d’argent. Le seul à cette époque qui avait une bonne clientèle et beaucoup d’argent [au jeu], c’est moi… alors ils viennent tous me voir. Il m’a envoyé quelqu’un. J’ai dit : *Non, non, je veux pas de sa couverture.* Puis Djilali est venu en personne ici au Cantal [l’autre bar de Rachid]. Je lui ai dit : *Ta couverture je n’en veux pas, parce qu’elle n’est pas valable. Moi je joue sans couverture, c’est clair ? On m’arrête, on me ferme…* Djilali, il avait un com-

1 Par Patricia Tourancheau, « Deux morts après le meurtre du Belge, toujours la brume », 27 juillet 2001.

mandant de police dans la poche. C'est lui qui le couvrait. Moi je ne prends pas d'associés, mais au jeu, la couverture, c'est obligé ! Donc finalement j'ai pris Djilali. C'est lui qui couvre [la partie], et Boualem [Talata] qui fait la sécurité. Et en même temps, eux, ils jouent. Et ça a marché. Il n'y a jamais eu une bagarre au Byblos. Pas une seule ! »

Fort de ce succès, Zitouni s'intéresse ensuite au cabaret Le Mirage, rebaptisé le Beyrouth, une belle adresse au 128, rue La Boétie, à l'entrée de la galerie Point Show, face au Monoprix des Champs-Élysées. La BRP y signale d'ailleurs sa présence en juin 2000 aux côtés de figures du monde des nuits parisiennes, dont l'un avait investi dans la péniche *Abou Daoud*, amarrée en contrebas de l'avenue de New-York, dans le 16e, face à la tour Eiffel, visée à l'époque par une enquête pour proxénétisme. À ses côtés, Zitouni aurait, selon la BRP, pris des parts au Beyrouth. D'une manière occulte, forcément. D'après sa compagne, entendue par la crim', il aurait investi 1,4 million de francs dans le cabaret qui l'aurait embauché comme « physionomiste »… Puis il y aurait eu un « différend » avec le gérant, « et selon ce que sa concubine a expliqué aux policiers, il aurait rencontré le Belge », à ce sujet, trois jours avant la mort du Marseillais[1]. Puis, Zitouni annoncera qu'il retire ses billes du Beyrouth, mais les enquêteurs notent qu'il « s'y rendra encore souvent ». Rachid Buzenval se souvient bien de cet épisode : « Avec Boualem [Talata], Djilali voulait prendre le Beyrouth, sur les Champs, c'est vrai. Djilali a essayé de manger avec Francis le Belge. Il m'a demandé de venir avec lui. Moi, manger avec Francis le Belge ? Non, jamais de la vie ! Je lui ai dit : *T'es fou ! Je ne veux même pas connaître vos histoires !* Finalement, ils ne l'ont pas pris, le Beyrouth. Ils sont morts tous les deux [Talata et Zitouni]. Ils ont essayé de faire la grenouille qui veut se faire aussi grosse que le bœuf. Et ils ont explosé[2]. » Toujours

1. Jacques Follorou et Vincent Nouzille, *Les Parrains corses*, Fayard 2004.
2. Témoignage recueilli en juillet 2020.

cette même fable de La Fontaine au moment d'évoquer Djilali Zitouni.

Un tuyau jamais confirmé judiciairement est encore parvenu à la crim' : « Le Belge aurait autorisé » Zitouni « à prendre des parts » dans le Beyrouth. Mais le Marseillais, incarcéré au printemps 2000, « aurait demandé à Zitouni de régler les arriérés en même temps que l'argent qu'il lui avait prêté pour investir dans l'établissement ». « Le petit Djil » aurait « refusé de lui donner le moindre centime, avant d'inciter son "homme de main", Philippe Talata dit Boualem, à fumer le Belge pour résoudre le problème[1] ». Là encore ce ne sont que des spéculations.

Très sollicité, le flambeur dira début 2001 avoir été approché par un émissaire des frères Hornec alors qu'il se trouvait au Byblos. Cet émissaire qui se prénommait « Farouk » proposait sa « protection » sur la partie de cartes[2]. Zitouni, qui pourtant en cherchait une depuis la mort de Talata, refuse. Il en aurait fait de même quelques mois plus tard avec Mario Hornec en personne. L'Algérien semble tenir à son indépendance.

« Zitouni n'était pas un individu dangereux », insistera un patron des nuits orientales parisiennes devant la PJ qui enquête sur l'assassinat du Belge. Un crime qui continue de faire les manchettes des journaux : « L'enquête sur l'assassinat du Belge sera longue », titre, à raison, *Le Parisien* en octobre 2000, puis « Règlements de comptes entre Marseillais et banlieusards », en avril 2001. Les flics ont la pression et tapent tous azimuts. Il fallait s'y attendre, Rachid Buzenval va voir son nom apparaître dans la procédure du Belge, par le biais de Talata et Zitouni. « Les gens de la crim' m'ont montré un album photo. Je leur ai dit : *je les connais tous ! Je ne connais pas leurs noms, mais oui, je les ai déjà vus. Eh oui, ils venaient chez moi. Au Byblos*[3] *!* Ils m'ont aussi demandé si Boualem faisait de la moto. Si Djilali

1. *Les Derniers Seigneurs de Paris*, *op. cit.*

2. La BRP écrit qu'il s'agit « probablement » de Farouk Achoui, cousin de l'avocat Karim Achoui.

3. Témoignage recueilli en 2008 et confirmé en 2020. Cf. chap. « Les rois de la flambe ».

en faisait. Djilali de la moto (*rires*) !! Djilali, la seule chose sur laquelle il savait monter, c'est sur un bourrin ! »

Zitouni ne semble pas complètement mécontent de se voir attribuer la paternité de la fusillade de l'Artois Club. « Il n'a pas démenti la rumeur sur le Belge. Car cela lui donnait une certaine aura », rapporte un flic parisien. Mais l'été 2001 commence très mal pour Djilali le flambeur. Le 21 juin, il est arrêté et entendu sous le régime de la garde à vue par la crim'. Longuement cuisiné sur la mort de Francis le Belge, il est retenu pendant quarante-huit heures au 36, quai des Orfèvres. Mais le mal est fait. L'épisode a sans doute signé son arrêt de mort.

Le 25 juillet 2001 à 2 h 05 du matin, Zitouni roule dans sa Mercedes noire de location immatriculée 75, non loin de la mairie de Gennevilliers. Il a passé une partie de la nuit à jouer aux cartes à la pizzeria d'Abderrahmane « le Boucher », rue Alexandre-Dumas, dans le 20e. Sauf qu'il est parti « prématurément » parce qu'il ne se sentait pas bien. « Le soir de sa mort, j'avais laissé ma voiture à ma copine. J'ai demandé à Djilali de me ramener », glisse Rachid Buzenval deux décennies plus tard, avec rétrospectivement un léger stress. Après avoir déposé son associé dans les jeux, Zitouni est quasiment arrivé chez lui, un pavillon anonyme dans une petite rue adjacente à la rue Louis-Calmel. Il doit patienter à un feu rouge, entre deux barres d'habitation. C'est à ce moment qu'une voiture se porte à sa hauteur. Les balles fusent. Aussitôt, Djilali Zitouni s'affaisse, le pied enfoncé sur l'embrayage. La Mercedes parcourt une centaine de mètres avant d'être stoppée par le rebord d'un trottoir. Le moteur tourne encore quand les secours arrivent. Mais il est trop tard pour Zitouni qui expire une demi-heure plus tard.

Deux tireurs, en pleine nuit, qui ont fait feu au moins quinze fois sur lui, au calibre 9 et 7,65. Ils ont transpercé le pare-brise et la vitre avant gauche. C'est tout ce que l'on sait d'eux. Les projectiles ont traversé le corps de gauche à droite, et de l'avant vers l'arrière. Un « règlement de comptes dans la plus pure tradition », écrira *Le Monde*[1]. « Le petit Djil » a été touché à la tête, au cou, au ventre. Criblé de balles. Le médecin légiste relève treize impacts sur son corps, « constituant un tir groupé entre la partie gauche du thorax et la tête ». Six balles en plomb, blindées, seront retirées de son corps.

Les télégrammes tombent dans la nuit à l'état-major du « 36 ». Lapidaires. « Le mort est un homme de 45 ans environ qui semble d'origine maghrébine », signale le premier compte rendu de la PJ. Il n'y a pas vraiment de témoins, juste des voisins qui ont entendu les balles qui crépitaient. Les tueurs seraient repartis dans une voiture, peut-être de couleur blanche et « sale », « modèle ancien », selon un rare témoignage. La nouvelle électrise la police parisienne. « Homicide par arme à feu d'un malfaiteur notoire »... « La victime, identifiée comme étant le nommé Djilali Zitouni, 45 ans, sans emploi, défavorablement connu des services de police pour infraction à la législation sur les jeux, jeux d'argent sur la voie publique, tenue illégale de maison de jeux. » Quelques heures seulement après la mort du flambeur, la PJ recueille déjà le témoignage d'un informateur : « Djilali semblait inquiet depuis sa convocation à la brigade criminelle. En effet, il pensait que le milieu du banditisme avait à son encontre une opinion défavorable, le prenant pour un indicateur des services de police[2]. » Un policier du « 36 » abonde : « Il est sorti de garde à vue avec une pancarte sur le dos : *J'ai tué le Belge et les flics ne m'ont pas accroché.* » Le pire, selon une source policière de l'époque, c'est que « la brigade criminelle n'est plus du tout persuadée que Zitouni ait pu être le commanditaire de l'assassinat de Francis Vanverberghe[3] ». Un sentiment que semble partager un « fin connaisseur du milieu parisien » cité dans *Le Parisien*[4] : « Si effectivement Zitouni était à l'origine du meurtre du Belge, il

1. Daté du 26 juillet 2001.
2. Note du 25 juillet 2001.
3. Documentation personnelle.
4. 26 juillet 2001, « Après le meurtre du "Belge", l'hécatombe continue », Stéphane Albouy et Guillaume Doyen.

était étonnamment calme. » Et le quotidien de pointer qu'il « n'a jamais changé ses habitudes depuis la disparition de l'ancien parrain. Chaque nuit, après avoir participé à ses parties de cartes quotidiennes, il empruntait le même chemin pour rentrer chez lui à Gennevilliers. Signe de la tranquillité relative dans laquelle il vivait, il n'était pas armé le jour de son arrestation par la crim', pas plus que lorsqu'il a été exécuté ». Décidément, il y a quelque chose qui cloche.

Un autre renseignement de la BRP est porté à la connaissance de la crim'. Djilali Zitouni aurait fait les frais de mauvais comptes en défaveur de la famille de feu Boualem Talata, son bras armé. Le placier en machines à sous n'ayant, selon une source, pas redistribué la part des dividendes revenant à son ex-associé. Cette thèse ne sera étayée par rien. Le jour suivant sa fin tragique, Zitouni aurait dû avoir rendez-vous avec Jacques Haddad, ami de « Boubou » Talata et proche du clan Hornec, au Before[1], un bar de Saint-Maur, dans le 94. La crim' l'apprend en « faisant parler » une carte de visite retrouvée sur le corps de Zitouni, celle du gérant du Before. Plus tard, la BRP fera une descente dans ce même bar et découvrira un bingo et un vidéo-poker, propriété de la société Denis Jeux du défunt. En réalité, avec cette descente, il s'agissait de « faire pression » sur le gérant portugais pour qu'il s'ouvre à la crim'. Là encore, la manœuvre ne permettra pas de débusquer les assassins de Zitouni.

L'Algérien aurait été éliminé par le clan du Belge. C'est ce que tend à démontrer la découverte d'une cache dans un garage de Puteaux en novembre 2001 : des armes de poing, quatre pistolets-mitrailleurs Uzi, un gyrophare, de fausses cartes de police, des brassards assortis, des plaques d'immatriculation bidon. Le box a été loué au nom de Stéphane Cherki, ancien voyou qui se trouve être l'employeur de « Madame le Belge », Lydie Fleury, avec son entreprise « Tir Groupé » – ça ne s'invente pas ! Surtout, ce sont deux neveux du Belge, Jean-Louis

1. Établissement qui sera détruit par un incendie volontaire en juin 2002.

Marrochino et William Chineau, qui se pointent dans la souricière mise en place par la PJ[1]. Or une expertise balistique relie un pistolet automatique à l'exécution de Zitouni[2]. « Les proches du Belge savaient pertinemment que Zitouni n'était pas le commanditaire, affirme un enquêteur[3]. Mais comme la rumeur publique le désignait, ils ont expliqué qu'ils ne pouvaient pas rester sans rien faire... » Pas plus que pour le Belge, jamais personne n'a été condamné, ni même mis en examen, pour l'assassinat de Djilali Zitouni[4]. Ce dernier aurait fait les frais de la rumeur du milieu, mais peut-être pas seulement. « À qui profite sa mort ? Pour Souhel Hanna-Élias, le lieutenant, ça permettait de mettre un terme à l'enquête sur l'assassinat du Belge et donc l'exonérer », estime un ancien de la PJ de Paris de cette époque qui n'a jamais cru à la piste Zitouni. Une chose est sûre, « après la mort de Zitouni, les parties de poker sont parties en vrille[5] », témoigne un gros voyou de la capitale, qui fréquentait le flambeur.

Un indic incontrôlable

C'est que « Djil », comme l'appelle cet ancien de la BRP, n'était pas tout à fait un justiciable comme les autres. Il était devenu un informateur privilégié de la brigade de répression du proxénétisme (BRP), l'ex-Mondaine. La collaboration a commencé quatre ans plus tôt, après l'arrestation de Zitouni pour une affaire de partie de cartes clandestines déjà. « C'est un petit,

1. Marrochino sera abattu près de Marseille en octobre 2002 alors qu'il circulait à moto avec un autre neveu du Belge, le footballeur François Vanverberghe.
2. *Le Journal du Dimanche*, 8 juin 2003.
3. Témoignage recueilli en septembre 2020.
4. Le 16 mai 2006, William Chineau a simplement été condamné à un an de prison pour recel, détention d'armes, usage de fausse plaque et association de malfaiteurs en vue de la commission d'un crime par le tribunal correctionnel de Nanterre.
5. Propos recueillis par l'un des auteurs en septembre 2019.

c'est un margoulin. C'est pas un tueur. Au départ, il a deux ou trois machines à sous, raconte un flic. Il se fait arrêter et on lui fait croire qu'il ressort grâce à nous. Le truc classique. » Zitouni permet tout de même de réaliser des affaires importantes, puisque la BRP va pouvoir, grâce à ses « tuyaux », faire tomber Souhel Hanna-Élias en juin 1999. Oui, dans ce même bar kabyle du 19e avec Jacky le placier. Ainsi, selon une note de la PJ, de « nombreuses affaires de jeux [sont] réalisées grâce à lui ». Mais il y a une contrepartie. « Il nous donne des bars avec des machines à sous, des réseaux. On les dégringole. Mais lui qu'est-ce qu'il fait ensuite ? Il met ses propres machines à la place... », s'agace ce fonctionnaire même vingt ans après. Fort de ses relations avec la PJ, le flambeur de Barbès se sent pousser des ailes et, fin 1999, extorque 35 000 francs par mois à un autre placier, Eddie, membre de l'équipe du Belge à la tête de la société Explorer Games. Moyennant quoi, Zitouni lui assure une « prétendue protection policière du groupe jeux de la BRP[1] ». Pas si cher finalement pour « s'assurer la bienveillance » des policiers. Le dénommé [Eddie], par l'intermédiaire d'un autre joueur de cartes, obtient un rendez-vous avec le tout-puissant Zitouni, dans la pizzeria du 19e, tenue par Abderrahmane « le Boucher ». « Djil » affirme que sur l'enveloppe, 15 000 francs seront remis au chef du groupe jeux de la BRP. En liquide bien sûr. C'est faux mais, pour « asseoir sa crédibilité », Zitouni n'hésite pas à organiser un rendez-vous avec ce policier dans un bar de la place du Châtelet, tout près du siège de la BRP[2]. En fait, le placier-flambeur présente Eddie comme un potentiel informateur à son « agent traitant ». Du coup, Eddie, un temps associé avec Michel Ardouin figure du milieu parisien[3], « fort du "soutien" du groupe jeux », pense-t-il, crée une société de jeux automatiques avec à sa tête Ali, un gérant de paille. « Sur les conseils "avisés" du nommé Zitouni,

1. Rapport interne de la BRP du 24 avril 2001.
2. *Ibid.*
3. « Porte-Avions » chutera en mars 2003 lors d'une opération de la BRP sur des machines à sous.

Eddie entamait des démarches régulières auprès des douanes afin d'obtenir des vignettes fiscales pour ses machines qu'il déclarait sur les lieux mêmes de leur installation sans chercher à les cacher », écrit, incrédule, l'officier de la BRP[1]. Et lorsque le chef de groupe de la brigade change, Zitouni rassure Eddie en lui disant qu'il « n'avait rien à craindre tant qu'il s'acquitterait de sa "redevance" mensuelle ». L'arnaque continue ! Lorsque Zitouni rencontre son nouvel « officier traitant », il parle de Eddie « en termes élogieux » et donne même sa carte de visite. Quant à lui-même il se décrit comme le gérant d'une société tout à fait licite, associé à un « pépère tranquille » d'une soixantaine d'années, un Corse « très gentil ». Bref, Djilali Zitouni enfume les flics. Il joue sur tous les tableaux. Quand la BRP dégringole des baraques dans deux bars du 17e, L'Embuscade et Le Papagaio en novembre 2000, Zitouni donne des infos sur la boîte qui a fourni les machines à sous et « sur la nature de la partie de cartes » qui se déroulait au premier étage d'un des établissements. Mais juste après, il revient y placer ses propres appareils, avec sa société Magic Games… Cela commence à faire beaucoup pour un même « tonton », qui plus est soupçonné d'être le commanditaire de l'assassinat du Belge. Les rendez-vous avec son officier traitant ont désormais lieu à la brasserie Les Deux Palais, en face du palais de justice, et à vingt mètres du siège de la BRP. L'antigang est là en protection, au cas où, et tout se passe sous le « contrôle », de la brigade criminelle. De plus, Zitouni ne donne plus que des miettes en guise d'infos. La BRP pense alors que l'Algérien empoche « de nombreuses et considérables sommes d'argent de placiers désireux de continuer leur commerce de "machines à sous" en toute quiétude ». Les placiers défileraient à son bar de la rue Cavé, dans la Goutte-d'Or, tous les 10 du mois, avec leurs enveloppes à la main. Djilali ne faisant finalement que reprendre la vieille technique du légendaire Bistoquet qui se faisait payer une « couverture » imaginaire pour les parties de

1. Rapport interne de la BRP du 24 avril 2001.

cartes clandestines[1]. C'en est trop pour la PJ. « L'attitude de cet informateur qui a pris une envergure telle qu'il apparaît, aux yeux des placiers de machines à sous (et des cafetiers), comme tout-puissant au niveau du groupe des jeux pour leur assurer l'impunité, se révèle d'autant plus dangereuse et pernicieuse qu'elle rejaillit sur la crédibilité d'un groupe intègre et l'honorabilité de ses deux chefs de groupe successifs[2] », écrit l'officier, une femme, visiblement désemparée. La preuve en est, quand des policiers du commissariat d'Ermont dans le Val-d'Oise font une descente sur commission rogatoire dans un bar du 20e pour des machines appartenant à un assoc' de Zitouni, ils ne préviennent pas la BRP, car jugée pas suffisamment « fiable » à leurs yeux. Peut-être craignent-ils surtout une « intervention intempestive » pour sauver la mise de l'indic.

Pour la fonctionnaire, il « semble souhaitable de faire cesser toute collaboration avec cet informateur ». Il y a même urgence, car les policiers du 95, « sous couvert » de leur commission rogatoire, « tentent d'établir notre corruption », s'inquiète la policière. Ce Zitouni est en train de devenir une patate chaude, une source empoisonnée.

La BRP a été informée par la brigade criminelle dès novembre 2000 que Zitouni était dans le collimateur depuis la mort du Belge, mais il est « demandé de poursuivre les contacts avec lui, pour faciliter l'enquête ». Cela ne dure qu'un temps, jusqu'au printemps 2001. Au regard de l'avancée de ses investigations sur l'assassinat du parrain marseillais, qui, on l'a vu, se polarisent sur le « milieu maghrébin » de la capitale, la brigade criminelle de Frédéric Péchenard suggère à ses homologues du proxénétisme de « mettre un terme » à la collaboration avec Zitouni. Son arrestation, annonce la crim', est imminente. Le 11 mai 2001, le chef de la BRP, Daniel Rigourd, et son adjoint, Patrick Yvars, notifient à « Djil », comme ils l'appellent, qu'il n'est plus un informateur de leur service après quatre années de collaboration mouvementées.

1. Cf. chap. « Les rois de la flambe ».
2. Rapport interne de la BRP du 24 avril 2001.

« Il m'avait dit qu'il n'avait rien à voir avec cet assassinat et qu'on voulait lui faire porter le chapeau. Mais il ne se montrait pas du tout inquiet, car il disait que l'équipe du Belge était trop forte pour se tromper et qu'ils viseraient dans le mille pour se venger[1] », avait déposé un assoc' de Zitouni. Reste que la mort de l'ambitieux cafetier vient ajouter un peu plus de confusion dans les esprits. « Une guerre des gangs et des caïds, confuse et semée de cadavres, fait rage dans le milieu parisien, sans doute destinée à s'assurer le contrôle des établissements de nuit et des machines à sous », écrit l'AFP au lendemain de la disparition du placier. Un homme qui serait « peut-être mort de sa réputation ».

Une « poussette » de la Brise

Bien plus tard, les hommes de la crim' reconnaîtront s'être fourvoyés, tant avec Zitouni qu'avec les caïds Mansouri et Mohieddine et leurs alliés Hornec. « Les pistes parisiennes, notamment la piste Hornec, avaient dès le début empêché les enquêteurs de s'intéresser aux autres pistes éventuelles[2]. »

Quelles sont-elles, ces autres pistes ? Celle de la « poussette » ? C'est ainsi qu'on appelle dans le milieu le fait d'inciter quelqu'un à faire quelque chose, sans soi-même apparaître et sans que la personne qui exécute cette « poussette » connaisse nécessairement tous les enjeux derrière la manœuvre. « Jo et Mansouri qui mettaient le bordel dans les bars à michetons, ils l'ont peut-être fait à la demande[3] », s'interroge aujourd'hui encore un policier, grand spécialiste de la haute pègre en France. « Le Belge aurait dû les convoquer. Lui il s'assoit à table avec eux, il négocie avec eux… Il disait aux Marseillais en bas : *Je les mets au pas, j'ai plein de soldats avec moi* »,

1. Xavier Monnier, *Les Nouveaux Parrains de Marseille*, *op. cit.*
2. Rapport d'enquête de la brigade criminelle cité par Xavier Monnier.
3. Entretien avec un des auteurs, octobre 2020.

poursuit notre interlocuteur. Le bazar dans les bars du Belge pourrait donc avoir été une longue mise en condition d'un parrain qui n'en avait plus que le nom. Autre question, les membres de la bande de Montreuil ont-ils été manipulés pour cela ? Il semble que « Jo » et la Gelée auraient été approchés par un truand corse, José Menconi, qui voulait provoquer un incident avec la légende méridionale. Surnommé de nos jours Ciro, comme Ciro Di Marzio, le nom d'un des principaux personnages de la série *Gomorra* sur la mafia à Naples, Menconi aurait, après la mort du Belge, fréquenté de très près le VIP, la boîte des Champs. « Le VIP du Belge a été repris par Menconi[1] », affirme aujourd'hui un policier spécialisé, sans prendre de gants.

« Les Corso-Marseillais voulaient savoir qui le Belge avait avec lui à Paris, quelle était sa capacité de réaction[2]. » C'est pour cela que Menconi avait aussi dans ses années parisiennes noué des relations avec l'équipe du Belge, et particulièrement avec l'un de ses neveux, Jean-Louis Marrochino, au point même de passer pour un « proche ». Une manœuvre ? « Menconi a noyauté l'équipe de l'intérieur. Et quand il rendait compte aux Corso-Marseillais, il disait que contrairement à ce que le Belge prétendait, ce dernier n'était pas fort du tout à Paris[3] », confie le flic spécialisé. Au tournant des années 2000, José Menconi vit dans la capitale et ses environs, partageant très probablement une planque du 13e arrondissement avec le braqueur Antonio Ferrara, qui le considère comme un ami[4]. Planque où seront retrouvés plusieurs articles de presse sur la mort du Belge. Simple coïncidence ? Dans un rapport rendu en 2005, un commissaire de l'OCRB écrit : « Menconi, historiquement proche de la "Brise de Mer" et notamment du clan Mariani[5], était en

1. *Ibid.*

2. « Dix ans après, les policiers cherchent toujours les tueurs du Belge », *France-Soir* du 25 septembre 2010, *op. cit.*

3. Entretien, *op. cit.*, octobre 2020.

4. *Antonio Ferrara, le roi de la belle*, *op. cit.*

5. Francis et Jacques Mariani, membres de la Brise de Mer.

région parisienne depuis son évasion de 1998. [...] il fréquentait beaucoup de proches de Francis Vanverberghe, dont Marrochino, Chineau et Cherki. Par ailleurs et nonobstant certains *a priori*, Menconi connaissait quelques malfaiteurs parisiens, tels que Imed Mohieddine et Nordine Mansouri. Une théorie peut alors laisser à penser que ces derniers, plus ou moins actionnés par Menconi, avaient piqué au vif le Belge en s'attaquant à certains établissements notoirement sous son contrôle. Faute de réponse violente de sa part et au contraire suite à une tentative de compromission avec ces malfaiteurs parisiens, certains ont pu penser que Francis Vanverberghe avait perdu de son autorité. Le 27 septembre 2000, Francis Vanverberghe était exécuté avec une audace et une violence rappelant ceux d'autres règlements de comptes survenus dans le sud de la France. »

Dans un rapport parallèle, les policiers des défunts renseignements généraux (RG) ont acquis la même conviction : « La reprise en main des lieux à exploiter aurait été facilitée par le fait que les lieutenants de Francis le Belge avaient intégré dans leur sein un individu qui allait d'abord s'informer des structures de leurs implantations avant d'éliminer ou de faire éliminer les hôtes[1]. » Les RG donnent le même nom : José Menconi. « Il y aurait eu une entente entre une partie des "Bastiais" de la "Brise de Mer" (Francis et Jacques Mariani), les Corses de Marseille[2] (frères Barresi) et l'Italo-Marseillais Roland Cassone, pour prendre la succession de ses affaires. » Notamment à Aix-en-Provence, un terrain particulièrement labouré par le Belge. « Roland Cassone et les frères Barresi ne se seraient pas opposés à ces arrangements afin de ne pas porter préjudice à cette entente et continuer à profiter de la situation », affirment encore les policiers de l'antibanditisme. Une analyse attrayante, mais qui n'est pas étayée et ne suffit pas à désigner des coupables, pas plus Menconi que les autres. Elle a en outre la faiblesse de ne pas tenir compte du fait que les Mariani père

1. Note des renseignements datée de 2003, citée par Xavier Monnier.
2. En réalité d'origine sicilienne.

et fils étaient très proches du Belge, Jacques, le rejeton, étant d'ailleurs présent lors de son enterrement le 17 octobre 2000 au cimetière du Canet à Marseille, où le corps du caïd a finalement été rapatrié. Autre homme de poids dans le Sud, Jacky Imbert avait pris place aussi dans la foule lors de la cérémonie. Mais pas Roland Cassone, présenté comme le véritable patron dans la cité phocéenne. « Il ne vient jamais aux enterrements », indique un voyou qui le connaît bien. De toute façon, Cassone, dans la seule interview qu'il ait jamais donnée, se montre plutôt indifférent au Belge : « Je l'ai croisé en prison, il y a très longtemps. Je n'ai jamais eu aucune relation avec lui, même si j'ai pu le rencontrer par la suite[1]. » Si on lit entre les lignes, on pourrait même déceler une certaine hostilité. Hostilité confirmée par un ancien voyou très au fait des particularismes marseillais. « C'était dans les années 1970. Le Belge tournait dans un coupé Studebaker autour de l'Artistic Bar, cours Joseph-Thierry, dans le haut de la Canebière. Au bout d'un moment, Roland est sorti et lui a demandé fermement ce qu'il faisait là. Le Belge a bredouillé qu'il avait des putes juste à côté, qu'on pouvait les essayer. Roland lui a dit de dégager et qu'il ne voulait plus le voir devant le bar. Le Belge ne faisait pas le poids », conclut ce vétéran.

Mais de là à le faire tuer… « Il se dit aujourd'hui que la mort du Belge a été décidée entre Corses et Marseillais. Personne ne s'y est opposé », rapporte un commissaire. Pourquoi le caïd a-t-il été liquidé ? « Le Belge a été tué, car il n'a pas voulu partager le fruit d'une extorsion sur un casino de la Côte d'Azur[2] », croit savoir ce flic parisien. Il s'agit en fait de trois établissements du groupe Partouche, à Aix, Carry-le-Rouet près de Marseille et Juan-les-Pins, qui au mois de mars 2000 puis dans la nuit du 2 au 3 mai 2000 ont été la cible de poseurs de bombes. Des attentats qui n'ont jamais été revendiqués. Le groupe Partouche

1. François Rouge, entretiens avec Ian Hamel, *Banquier. Un suisse dans le grand banditisme*, La Manufacture de livres, 2015.

2. Témoignage recueilli par l'un des auteurs, déjà cité dans *Les Parrains du foot*, Robert Laffont, 2018.

aurait payé, affirme notre flic. Mais le Belge, qui « n'était pas partageur », pourrait avoir « embourbé » les bénéfices de l'extorsion des casinotiers et les Corso-Marseillais n'auraient que peu apprécié. C'est en tout cas la thèse de la direction centrale de la PJ. « Cette thèse du casino, je l'ai entendue, indique Me Monneret, l'avocat du Belge. Elle est plausible. »

En 2005 donc, l'OCRB est appelé à la rescousse par le juge d'instruction qui s'évertue à élucider la mort du Belge, tant la piste parisienne semble virer à la chimère. L'enquête lorgne désormais vers le Sud. Résolument. Les limiers de l'office antibanditisme, dans une synthèse relative à « l'assassinat de Francis Vanverberghe », *alias* le Belge, le 27 septembre 2000 à Paris[1], font l'analyse suivante :

> « Depuis quelques années, la rumeur publique paraît considérer comme une vérité le fait que les grands malfaiteurs marseillais alliés aux criminels bastiais, dont l'organisation est communément appelée "la Brise de Mer", aient décidé de ramener et de maintenir un certain ordre dans leurs relations et en particulier s'agissant du contrôle du marché des machines à sous. Ainsi rassemblés sous l'autorité de Bernard Barresi et de Roland Cassone, ces malfaiteurs marseillais, proches de Richard Casanova, membre influent de la "Brise de Mer", eurent dit-on l'idée de profiter de la manne que représentent les machines à sous en évitant toutes tueries épidermiques. Cette association criminelle, surnommée "le club des 21", devait débuter en éliminant le clan Toci[2], héritier de Zampa, longtemps en guerre avec les Marseillais, dont Francis Vanverberghe.
>
> [...]
>
> Son absence répétée (après son interpellation pour proxénétisme, interpellé le 22 mars 2000, remis en liberté sous

1. Document dévoilé dans le livre *Antonio Ferrara, le roi de la belle*, *op. cit.*
2. Jean Toci, demi-frère de Gaëtan Zampa, assassiné en mai 1997.

contrôle judiciaire le 16 mai) fut doublée d'une trop grande ambition, or s'il est incontestable que Francis Vanverberghe ait marqué le grand banditisme de son empreinte, il semble ne pas être parvenu à s'imposer comme l'un de ses grands chefs, ceux dont l'influence et la présence n'ont cessé de grandir durant ces dernières décennies et qui purent avoir en fin de compte intérêt à l'éliminer. L'assassinat de Francis Vanverberghe ne serait alors pas la conséquence d'un conflit avec des malfaiteurs parisiens sans plus d'envergure, mais plutôt l'aboutissement d'une série de règlements de comptes déclenchée par la volonté de reprise en main du milieu méridional, et notamment du marché des machines à sous, par des malfaiteurs marseillais ou corses aussi déterminés que discrets.

[...]

En définitive, plus rien ne semblait s'opposer à la suprématie de cette nouvelle équipe marseillaise-bastiaise, sinon Francis Vanverberghe. Éloigné de la cité phocéenne, le Belge n'avait par ailleurs jamais été vraiment proche des Corses, lesquels nourrissaient même quelques inimitiés à son encontre, dues à des accords passés au sujet du marché des machines à sous, à l'occasion desquels Francis Vanverberghe n'avait peut-être pas su partager.

Francis Vanverberghe comptait sûrement sur une arrière-garde marseillaise, dont il surestimait la loyauté. Mais si la décision d'éliminer le Belge a pu être prise dans le Sud, la logique aurait été d'apprécier avant tout sa véritable force sur Paris. C'est à ce stade que des individus tels que Menconi Joseph pouvaient avoir de l'importance. [...] »

Et si Boualem Talata et Djilali Zitouni ne chevauchaient pas la Honda Varadero rue d'Artois, qui était-ce ? « Ce sont des Corses qui ont fait le coup, jamais la Brise n'aurait délégué un flingage aussi important à quelqu'un d'autre, c'est impossible[1] », affirme un vieux routier de PJ qui a roulé sa bosse tant

1. Témoignage recueilli en octobre 2020.

dans le Sud qu'à Paris. On évoque « le bras armé de la Brise de Mer ». Les mêmes qui vont éliminer un par un les proches de Vanverberghe dans les Bouches-du-Rhône les années suivantes, dont deux de ses neveux. Démonstration implacable : suite à cela, l'empire du Belge va *grosso modo* tomber dans des mains corses, tant à Aix qu'à Paris. Il reste que personne n'a jamais été condamné pour l'assassinat du caïd marseillais et les preuves ont toujours manqué pour incriminer les uns et les autres.

Montreuil-sur-Mer

En fait, rien n'est si simple dans ce monde où les alliances de circonstances sont légion. Opposer les « Gitans et Arabes » aux Corses n'a pas de sens. Les gens de Montreuil ont leur entrée au sein de la Brise de Mer. Des liens anciens ont été noués, vingt ans plus tôt[1]. « Tu n'achètes pas des villas aux Issambres sans connaître du monde », décrypte un policier qui a retrouvé, non sans surprise, dans ce secteur privilégié de Roquebrune un des caïds de Montreuil, né dans la banlieue sud d'Alger. Un de ses amis dispose, lui, d'une villa dans un autre quartier. La petite ville côtière du Var, entre Saint-Tropez et Fréjus, à l'abri du massif des Maures, jouit à la fois de vues panoramiques sur la baie et d'un habitat relativement préservé du béton. Ce qui a fait d'elle un littoral fort prisé, et discret, sur la Côte d'Azur.

Il n'est pas inintéressant de noter que, le 3 août 2001, des braqueurs cagoulés et « puissamment » armés attaquaient un fourgon blindé à Sainte-Maxime, la ville voisine de Roquebrune. Chanceux ou doué, le conducteur du transport de fonds parvenait à échapper au guet-apens. Les véhicules du commando, retrouvés brûlés sur différentes communes alentour, avaient tous été volés en région parisienne. Six mois plus tard, c'est le coup de filet : des proches du gang de

1. Cf. chap. « L'Élégant ».

Montreuil comme Abdou Saber T. déjà croisé dans les bars du Belge, et Mohamed K. sont « sautés » avant de recouvrer la liberté, faute de charges suffisantes. Plus compliquée la situation de Mohamed Denfer, dit Simon, de Tourcoing, et Imed Mohieddine alors recherché par un juge d'instruction parisien pour association de malfaiteurs, vols en bande organisée et tentative d'extorsion de fonds. Dernier nom intéressant, celui de Noël Giudicelli, 46 ans, un Cannois originaire de Haute-Corse, et présenté comme étant un relais de la Brise de Mer du côté de la Croisette. Son frère a d'ailleurs été inquiété à une époque dans une autre affaire de fourgon blindé, à Marseille, proche aussi de Jean Francisci, membre de la fratrie corse qui tenait les plus gros cercles de jeux à Paris dès les années 1950. Giudicelli gérait pour sa part à une époque le bar Le Félix, à Cannes, et La Chunga, une adresse très connue où l'on vient manger et danser. En novembre 2001, les policiers assistent à un rendez-vous entre Giudicelli, Mario Hornec et Mohamed Denfer. De quoi pouvaient-ils bien parler ? Mystère et boule de gomme. Mais rien de tout cela n'a fait avancer l'enquête sur la mort du Belge, une affaire impossible. Las, en 2007, la brigade criminelle a « retourné » le dossier au juge d'instruction. « C'est une histoire nébuleuse et qui reste nébuleuse », nous confiait alors un limier de la crim', dépité. La volumineuse procédure – un « dossier énorme », disait-on au 36, quai des Orfèvres – a été clôturée par un non-lieu le 18 décembre 2013. Au grand dam de la veuve du Belge qui a longtemps reproché aux policiers de ne pas faire le maximum[1]. Chose plutôt rare chez les proches de voyous, elle semblait souhaiter que tout cela aboutisse judiciairement.

L'enquête sur ce crime si médiatique a sans doute, par moments, touché du doigt la vérité. Ainsi, pour le dernier juge d'instruction chargé de l'affaire, Patrick Gachon, « les raisons de cet assassinat allaient sans doute au-delà de la seule problé-

1. Témoignage recueilli auprès d'un enquêteur en 2010.

matique des machines à sous, vecteurs visibles de la puissance humaine, financière d'un groupe mafieux[1] ».

Malgré leurs déboires et les suspicions, ni Imed Mohieddine, ni Nordine Mansouri, ni les frères Hornec n'ont déserté le secteur convoité des Champs-Élysées[2]. Pour preuve, le 30 décembre 2003, « l'Indien » de Menzel Bourguiba est arrêté avenue Hoche à 8 h 30 du matin, quelques minutes après des dégradations dans un bar de nuit, Le Suspens, avenue de Friedland, avec un « lieutenant », Hassan G. « Il a embouti volontairement avec son véhicule la façade », se souvient un policier. Il se voit aussi reprocher des menaces de mort. Quelques années plus tôt, le Suspens avait une autre enseigne, celle du My Way, et appartenait à Francis le Belge.

1. Xavier Monnier, *Les Nouveaux Parrains de Marseille*, *op. cit.*
2. Jugement ou non-lieu sur les affaires d'extorsion ?

12

L'amicale des fugitifs

Dans la région d'Oran, des voyous recherchés en France coulent des jours tranquilles, à la tête de commerces florissants et à l'abri des foudres de la justice : Momo, le recordman absolu de la cavale avec trente-quatre ans au compteur, Kadda dit Karim, l'homme d'affaires avisé, Otmane « le Ninja » de Gardanne, « la Gelée » ou « Monsieur Jo » de la banlieue est parisienne.

À ma droite, Mohamed Bekkouche, trente-quatre ans de cavale. À ma gauche, Ahmed Otmane, depuis vingt-sept ans dans la nature. Voici les deux champions « indisputés » de la fugue, les poids lourds de la belle, les rois de l'esquive. Songez que la cavale d'un Rédoine Faïd n'a duré que quelques mois, celle d'Yvan Colonna quatre ans, et celle d'un autre Corse, le truand Richard Casanova, quinze ans, ce qui semblait déjà énorme. Le mafieux américain James « Whitey » Bulger, traqué par le FBI, n'a pas fait beaucoup mieux : quinze ans… En France, la trace de Mohamed Bekkouche s'est perdue il y a bien longtemps, sur les marches d'un hôpital parisien, en septembre 1986. Surnommé Momo, il est le frère aîné d'Ahmed Bekkouche, *alias* Robert, considéré par la police comme le cerveau du retentissant casse de la Banque de France de Saint-Nazaire en 1986[1]. L'aîné des

1. Butin : 88 millions de francs, soit 13,4 millions d'euros. Pour cela, Ahmed Bekkouche a été condamné en 1992 à onze ans de prison par les assises de Paris.

Bekkouche, originaire de Mers el-Kébir, dans l'ancien département d'Oran en Algérie, où il a vu le jour en 1953, est une légende vivante du grand banditisme. Pour ceux qui s'en souviennent encore. Il a grandi à Argenteuil, dans le Val-d'Oise. Loin de la « dalle » et des grands ensembles mais côté Sartrouville dans la zone pavillonnaire. Ça ne l'empêche pas de verser dans la délinquance avec comme conséquence un passage en prison à Riom, en Auvergne, au milieu des années 1970. À une époque, il se dit photographe et fait beaucoup de sport. Selon la légende, il fréquente Mesrine. Un peu plus tard, Momo Bekkouche s'illustre lors d'un cambriolage à Rouen. Profession casseur. Selon un ancien voyou qui a eu à le connaître, Momo Bekkouche aura été un des tout premiers braqueurs-cambrioleurs à la mode postiches dans les années 1970. Affublé avec quelques amis de perruques et fausses moustaches, il entrait dans les banques, menaçait tout le monde puis descendait dans les sous-sols pour casser un maximum de coffres de particuliers en moins de temps possible. Une nouvelle technique qui fait fureur et qui a été attribuée aux Postiches de Belleville, bien que plusieurs gangs opéraient de la sorte en France. Notamment des Corses tendance Brise de Mer, mais aussi une équipe de la Banlieue sud parisienne, avec un certain Bébert Z. en tête. Si les braqueurs de Belleville se sont attribué la paternité de cette technique, d'autres leur disputent l'invention. C'est le cas de Momo Bekkouche. À l'occasion, il manie les armes, comme lors de cette virée malheureuse à Carvin dans le Pas-de-Calais, à côté de Lens, un jour de juin 1983. Une mauvaise idée dès le départ. Un jour Mohamed vient trouver son petit frère Ahmed et lui dit[1] :

« Passe-moi les outils ! [Comprendre des armes…]

— T'es sûr, tu veux monter au braquo sans repérage ?

— Passe-moi les outils, je te dis !

— Tu vas prendre quinze ans, je te préviens. »

Le frère avait raison. « S'ensuit le braquage pourri avec Dubreucq dans le Nord », conclut notre source. Ses compa-

1. Selon le récit fait à un témoin que nous avons pu interroger.

gnons d'infortune se nomment Slomo Atias, 24 ans, et Didier Dubreucq, dit Yeux bleus, fils d'un maçon algérien. Le même Dubreucq qui sera mis en examen pour le culotté vol à main armée au préjudice de la star de téléréalité américaine, Kim Kardashian, dans un hôtel de luxe parisien en septembre 2016[1]. À l'époque de Bekkouche, Dubreucq n'a que 28 ans, mais c'est déjà un voyou endurci. Plombier de profession, ce natif du 20e arrondissement de Paris a depuis longtemps troqué la clef anglaise pour le calibre, avec la bande de Montreuil, dont son grand ami Eddy Ritz-Alloun, cousin des frères Hornec, et plongé dans diverses activités délictuelles[2].

Dubreucq, Atias et Bekkouche l'aîné sont partis à l'assaut du bureau de poste à Carvin, après un repas au restaurant. Bekkouche, casqué, entre en premier. Après avoir molesté des postiers, dans un coffre, ils prennent à peine 60 000 francs sous la menace, mais l'affaire tourne mal et débouche sur une prise d'otages et une fusillade. À la sortie de la poste, les condés sont là. Les braqueurs tirent. Un policier est blessé, sans trop de gravité. Une course-poursuite s'engage suivie d'une nouvelle fusillade. Les braqueurs zigzaguent en Golf GTI et sur une moto, une Kawasaki sur laquelle est juchée Bekkouche, avant de chuter. La Golf finit contre un mur, avec un occupant coincé dedans : Didier Dubreucq, qui est blessé. Atias et Bekkouche sont arrêtés dans la foulée. Dans la Golf, en guise « d'outils », une carabine semi-automatique réplique de M16 transformée en pistolet-mitrailleur, une grenade quadrillée, deux pistolets Herstal et un Colt[3]. Direction la prison. Mais Momo Bekkouche dispose d'une fausse identité, celle de « M'hamed Belamri », de trois ans son cadet, et c'est sous ce nom qu'il est incar-

1. À l'heure où nous écrivons ces lignes, le parquet de Paris a requis le renvoi devant les assises. Dans l'attente de son éventuel jugement, il est présumé innocent.

2. En 2003, à Bobigny, il a été condamné à huit ans de prison après la saisie de 804 kilos de cocaïne dans un pavillon de Noisy-le-Sec en 1999, avec un chimiste colombien et la complicité d'un authentique prince saoudien.

3. Dépêche AFP du 6 novembre 1985.

céré dans le Pas-de-Calais. Quatre jours avant le braquage, il se faisait appeler « Momo » lorsqu'il draguait deux nanas avec Dubreucq du côté d'Arras. Mais suite à son accident de moto, il dit ne plus se souvenir de rien. Les experts psy qui le visitent en prison notent sa « grande réticence » à se livrer mais pointent son « intelligence supérieure à la moyenne ». À l'ombre, il n'a qu'une idée en tête, se faire la malle. C'est bien ce qui manque de se passer en septembre 1983. Momo est incarcéré à la maison d'arrêt de Béthune dans l'attente de son procès. « Quand Mohamed Bekkouche se fait serrer, il demande à son frère Ahmed de venir le chercher, nous a confié un enquêteur qui a longtemps travaillé sur la fratrie Bekkouche. Ahmed monte une équipe et dans la nuit du 24 au 25 septembre ils franchissent un mur avec une échelle. Ensuite Mohamed les guide à l'aide d'une lampe torche. Ahmed arrive devant sa fenêtre, cellule 104, et allume un chalumeau et là, y'a deux grosses détonations à cause du chalumeau défectueux. Les gardiens donnent l'alerte. S'ensuit un échange entre les deux frangins. Ahmed dit : *T'as vu, là je ne suis pas sûr de ressortir avec tes plans pourris, ils vont peut-être me mettre dans la cellule à côté de la tienne !* »

Ahmed réussit tout de même à s'enfuir. Il laisse à son frère un pistolet Herstal GP 35 9 mm, un chargeur avec 13 cartouches et un paquet de lames de scie[1]. Huit jours plus tard, Mohamed tente le coup tout seul, mais les lames tombent dans la cour en contrebas. Il demande alors à un codétenu de cacher l'arme. Elle se retrouve dans la cellule d'un troisième homme. Quand les lames perdues sont découvertes lors d'une ronde, c'est la fouille générale à la maison d'arrêt de Béthune et le Herstal est découvert. Dans sa cellule Bekkouche a dissimulé une lame de couteau affûtée et une poignet de porte en porcelaine… Mais la fausse identité de Belamri tient bon, au point même de se retrouver des années plus tard dans un livre consacré au grand banditisme…

Bekkouche, Dubreucq et Atias sont réunis dans le box des assises de Saint-Omer en novembre 1985 et se voient infliger

1. Frédéric Ploquin, *Ils se sont fait la belle*, Fayard, 2007.

des peines allant de dix à quinze ans de prison. Bekkouche et « Yeux Bleus » écopent des plus lourdes peines. Mais l'aîné des frères d'Argenteuil n'est toujours pas résolu à rester derrière les barreaux.

Du coup, Mohamed *alias* Belamri est atteint d'une bien mystérieuse douleur pendant près de trois ans. Il a mal à un genou. Mauvaise chute ? Coup ? Le détenu souffre le martyre. « Il a fait semblant d'avoir mal comme ça pendant des mois pour être transféré à l'hôpital », glisse un témoin de l'époque qui a bien connu les deux frères d'Argenteuil. Ahmed, le cadet, sait que les mesures de sécurité en milieu hospitalier sont bien moindres qu'en prison. Profiter d'une « extraction médicale », voilà un grand classique de l'évasion ! Début septembre 1986, Momo Bekkouche obtient son transfert à l'hôpital de la Pitié-Salpêtrière, dans le 13e arrondissement de Paris, pour se faire opérer du genou au service de chirurgie orthopédique et traumatologique, dirigé par l'éminent professeur Saillant. Un expert en la matière, notamment pour les ruptures des ligaments croisés. Le professeur a ainsi été médecin officiel de l'équipe de France aux Jeux olympiques de Los Angeles, en 1984. Et c'est lui qui, des années plus tard, opérera par deux fois le footballeur star brésilien Ronaldo et sauvera son genou droit. Mohamed « Belamri » Bekkouche est entre de bonnes mains… Il arrive à la Pitié le 9 septembre 1986 au matin. Le prisonnier est accompagné par trois policiers au pavillon Cordier, et monte dans les étages jusqu'au service de traumatologie. Quand ils voient débouler un faux policier suivi d'hommes grimés, les gardes-détenus pensent que c'est la relève… « des collègues qui font les cons ». Mais l'un de ces derniers brandit un fusil à canon scié. Un policier tente de saisir son arme. Un canon pointé sur son nez suffit à le rappeler à l'ordre : « Bouge pas ! » Il y a là cinq complices lourdement armés, et sans doute deux autres à l'extérieur. Bekkouche est libre. La PJ relèvera un détail un peu curieux : le malade est parti avec son radio-transistor. Comme si cet objet dérisoire devait le suivre dans sa fuite. Trois décennies plus tard, une source policière fournit une explication : « En fait dans la radio il y avait un émetteur-récepteur qui lui a permis de communiquer avec ses complices à l'extérieur ! »

L'aîné des Bekkouche a filé à l'anglaise. On ne l'a plus revu depuis. C'est très probablement le recordman de la plus longue cavale. Tellement longue que plus personne ne le recherche. Mieux, les faits sont prescrits depuis longtemps ! De quoi provoquer ce commentaire admiratif d'un collègue en banditisme : « Ahmed qui a tout organisé et arraché son frère, lui il a deux cerveaux. C'est le plus fort de tous. Mais Mohamed qui a passé une partie de sa vie sous l'identité d'un autre, c'est Keyser Söze[1] ! »

Nous avons retrouvé M'hamed Belamri, le vrai, quelque part en Normandie. Aujourd'hui il en rirait presque, mais l'usurpation d'identité dont il a été victime lui a créé bien des tracas à une époque, et sans doute coûté une carrière dans… la gendarmerie. Mohamed Bekkouche était le compagnon de sa sœur. Ils ont vécu quelques années ensemble, ont eu un enfant, mais assez vite, Momo a pris la tangente. Avec le livret de famille de son beauf. Au fil de la carrière délinquante de l'aîné des Bekkouche, le véritable M'hamed Belamri a dû à chaque fois prouver que les vols et les braquages, ce n'était pas lui. « Dans notre malheur, on a eu une chance, c'est que lors d'un vol à Rouen un gendarme a dit que je ne ressemblais pas à la personne qu'il avait vue, témoigne M'hamed Belamri[2]. Moi, je jouais au foot au même moment et j'ai pu fournir la feuille de match, mais on a dit que j'avais pu faire la route dans l'après-midi… » Il a dû aller au tribunal à Douai puis à Paris, à chaque fois pour prouver qu'il n'était pas l'homme que la justice recherchait. Et a été bien avisé aussi un jour de refuser de signer un papier apporté chez lui par des gendarmes, le condamnant à dix-huit mois de prison… « Ils nous ont dit que ce n'était pas grave, que ce serait amnistié, c'était juste avant l'élection de Mitterrand. Tu parles ! » s'indigne, avec son épouse, ce retraité de chez

1. Du nom d'un des personnages du film *Usual Suspects*, de Bryan Singer (1995), incarné par Kevin Spacey. Un cerveau criminel, dont personne ne connaît la réelle identité, ni le visage.

2. Entretien avec l'un des auteurs, décembre 2020.

Renault Trucks. Et quand Bekkouche s'est évadé de la Pitié, les flics ont aussitôt rappliqué en Normandie voir s'il n'avait pas pu trouver refuge… à l'adresse du véritable M'hamed Belamri. « Ils sont venus à mon travail, se souvient le vrai Belamri. On m'a fait entrer dans une pièce. Les policiers avaient leurs armes à la main… L'un d'eux m'a regardé et a dit : *Non, c'est pas lui…* Puis ils sont allés chez ma sœur, avec des tireurs d'élite disposés sur les toits ! » Bien des années plus tard, Mohamed Bekkouche a téléphoné à son ex-beauf et son épouse. Ils lui ont raccroché au nez.

Où s'est-il réfugié ? « Quand Mohamed s'arrache, il va se poser en Algérie », raconte un voyou de sa génération. Et il y est resté. De nos jours, Mohamed Bekkouche ne semble pas très inquiet par d'éventuelles recherches le visant depuis la France. Il dispose d'un compte sur le site « Copains d'avant » et a même indiqué la ville où il vit actuellement : Oran. Comme son frère, Ahmed, dit Robert, expulsé de France après sa condamnation dans l'affaire du braquage de la Banque de France de Saint-Nazaire. Dans la grande ville de l'Ouest algérien, selon une source policière, il se serait reconverti dans l'hôtellerie. Mohamed Bekkouche n'a plus refait parler de lui.

Le Ninja de Provence, perdu de vue depuis… 1993

« 1,70 mètre, tatouage d'une pensée sur le bras droit et cicatrice sur le ventre. » Voilà à peu près tout ce que les flics ont à se mettre sous la dent depuis des années. Un maigre signalement. La liste de ses évasions est impressionnante, et si le titre de « roi de la belle » peut parfois paraître galvaudé, il s'applique plutôt bien à Ahmed Otmane, natif de Gardanne dans les Bouches-du-Rhône.

Jugez-en :

— Courant 1984 : première évasion à 23 ans, à la suite d'une permission lorsqu'il ne regagne pas la prison de Loos, dans le Nord. Il est repris le 31 août 1984.

— 1985, le 5 mars : deuxième évasion, cette fois du palais de justice de Marseille, grâce à une grenade planquée sous un banc, alors qu'il doit comparaître devant un juge d'instruction.

— Mars 1987 : arrêté à Aubagne dans un hôpital où il a été admis après avoir été blessé lors d'une fusillade pour « arracher » son frère jumeau, Hadj, du commissariat de Sanary (Var). Plusieurs de ses tentatives de belle échouent ensuite aux Baumettes de Marseille, à Avignon et Toulon.

— 16 juillet 1989 : troisième évasion, depuis le quartier d'isolement des Baumettes, à l'ancienne… en sciant les barreaux de sa cellule ! Repris à Fréjus dix jours après alors qu'il s'apprête à monter sur une planche à voile.

— Décembre 1989 : quatrième évasion, collective cette fois, de la maison d'arrêt de Mende en Lozère grâce à un pistolet en carton brandi par un codétenu. Otmane est arrêté le 11 juillet 1990, à l'aéroport de Barcelone.

— Avril 1991 : cinquième évasion de la grande prison franquiste de Madrid, Carabanchel, en se servant, en guise d'échelle, d'un espalier de gymnastique pris dans une salle de sport. Il est arrêté aux Pays-Bas début 1992 et incarcéré sous une fausse identité (lui aussi), pour braquage et escroquerie.

— 1992, le 2 août : sixième évasion, cette fois par hélicoptère, de la prison de Zwaag aux Pays-Bas, sans doute grâce à l'aide de son cousin Djamel Meghoufel, lui-même évadé des Baumettes lors d'une fuite héliportée. Repris le 2 mars 1993 en Espagne.

— 10 décembre 1993 : septième et dernière évasion lors d'un transfert entre les prisons espagnoles d'Alicante et Valence. La faute à une porte du fourgon cellulaire non verrouillée… Trop facile pour un spécialiste comme lui.

Otmane disparaît pour de bon.

Pire, la PJ française n'a été informée de cette dernière évasion que six mois après. Bien trop tard pour tenter quoi que ce soit. En 1997, le caïd gardannais a été condamné *in absentia* à vingt ans de prison aux assises d'Aix-en-Provence pour vol à main armée.

Mais la liste de ses activités supposées est bien plus longue. Le « Mesrine du Sud-Est[1] », quand il ne braquait pas un peu partout, a pris le « contrôle de deux bars à Gardanne, un piano-bar à Aix-en-Provence, une boîte de nuit dans les Alpes-de-Haute-Provence, un bar à Marseille gérés par des prête-noms[2] ». Amateur de gros calibres, il ferait aussi dans le racket, le trafic de stups – héroïne et coke –, les machines à sous et se voit également soupçonné de meurtres sur des vigiles et un gendarme dans le Var dans les années 1980. On lui connaît aussi des connexions avec le redoutable milieu italo-grenoblois. Un peu oublié après le dernier épisode espagnol, le Ninja revient dans les gazettes à la faveur de l'année 2003, un cru exceptionnel avec les cavales d'Antonio Ferrara (évadé de Fresnes), José Menconi (Borgo) et du trio Alboréo-Valero-Franck Perletto (Luynes), qui mobilisent massivement l'OCRB. Du coup, la direction centrale de la police judiciaire (DCPJ) décide de créer un service dédié aux fugitifs[3]. Il sera baptisé « Office central des personnes recherchées ou en fuite », ou OCPRF[4]. À cette occasion, *Le Figaro* publie les portraits d'une demi-douzaine de ces fugitifs parmi les plus recherchés. Ahmed Otmane y figure en bonne place. Dix-sept ans plus tard, tous ont été repris ou sont morts[5]. Tous sauf un : le Ninja de Gardanne.

« C'est quelqu'un qui calcule, qui organise, même s'il peut aussi se montrer très violent. À l'époque, de nombreux braqueurs dilapident leur argent en bagnoles, alcool et femmes. Mais pas lui. Cet argent, il l'investit pour couvrir sa cavale. Il commence à acheter des bars, il reste toujours dans sa zone. Et, il est très malin, il y installe des machines à sous car c'est très lucratif. Ça va vraiment être le socle de départ de son business », a dit de lui

1. Bruno Aubry, *Parrains du siècle*, Express Roularta Éditions, 2011.
2. *Nice-Matin* du 4 mars 1993.
3. Et peut-être pourquoi pas affaiblir en même temps le commissaire Hervé Lafranque qui multiplie les succès avec l'OCRB ?
4. Devenu en 2006 la brigade nationale de recherche des fugitifs (BNRF), intégrée au sein de l'Office central de lutte contre le crime organisé (OCLCO).
5. Robert Puddu, Michel Gouailhardou, Franck Couchellou, Umberto De Capite, etc.

encore récemment Jean-Michel Mimran, ancien chef de la crim' de Marseille, dans *Le Figaro*[1]. Il l'a rencontré fort jeune, et a gardé le souvenir d'un « garçon très poli », « relativement tranquille », « mais dès que vous le poussiez un peu dans ses retranchements, vous sentiez le jeune délinquant de 24 ans, très froid au-delà de son masque, très déterminé. Il était d'autant plus tranquille qu'il s'évadera rapidement ensuite ». Membre d'une famille de onze enfants, installée à Gardanne, une petite ville industrielle de 20 000 habitants au sud d'Aix-en-Provence, tout entière tournée vers la mine, et la production d'alumine. Gardanne n'est pas bien loin de l'étang de Berre, la zone qui agite tous les voyous du secteur. Le Gardannais a été entendu une première fois par la PJ de Marseille à l'automne 1984 pour braquage. Avec lui deux voyous qui se spécialiseront dans les attaques de fourgons blindés, Michel Acariès, dit Michou, cousin des célèbres boxeurs, et Azzedine Dif. Otmane, écrit alors la PJ, « fait partie d'une équipe de malfaiteurs spécialisés dans les vols à main armée de magasins de grande distribution et d'établissements bancaires sur le département des Bouches-du-Rhône entre juin et septembre 1984 ». Notamment dans les quartiers nord de Marseille.

Certains le croient mort. *Que nenni !* À la rentrée 2004, la PJ, et plus exactement l'OCRB, localise « Mabrouk » – le « chanceux » en arabe – du côté de l'Espagne, mais ne parvient pas à cerner de lieu très précis pour envoyer les Espagnols sur sa trace. Malgré le temps qui passe et l'échec des recherches entreprises, quelques policiers gardent un œil sur lui. Épisodiquement. Au début des années 2010, dans un bureau de la rue des Trois-Fontanot à Nanterre, le siège des offices centraux de la DCPJ, une photo de « Mabrouk » trône au mur du bureau d'un commissaire de l'OCLCO. Aux visiteurs qui s'en étonnent, il répond : « Celui-là, je ne perds pas l'espoir de le faire un jour… »

L'espoir fait vivre ! En 2017, un autre flic apprend un peu par hasard qu'Otmane est aux États-Unis. Mais peut-être est-ce un

1. Paru le 28 août 2020, dans le cadre d'une série estivale sur les évasions.

leurre ? Comment l'évadé a-t-il pu tromper un des pays où il est le plus difficile d'entrer, notamment avec la mise en place des passeports biométriques et des contrôles systématiques ? « Tu veux disparaître, tu peux, analyse un flic spécialisé. Tu obtiens un vrai-faux numéro de Sécu par exemple, et tu recommences ta vie ailleurs. Les voyous, ce qui les fout dedans, c'est qu'ils ne rompent pas avec leur milieu. Otmane, lui, il a rompu les liens. » Un ancien « PJiste » marseillais nous dit la difficulté de travailler sur Ahmed Otmane. « Avec son jumeau Hadj, c'est presque impossible de les différencier. » Le fugitif pousserait-il la provocation à voyager sous l'identité de ce frère ? Rien ne le prouve. Ces derniers temps, l'enfant de Gardanne a « refleuri » au pays de ses parents, en Algérie. Il aurait notamment été signalé dans la région d'Oran, le havre des évadés. À moins que ce ne soit son frère ? Une autre question se pose : y a-t-il prescription autour de ses affaires, du moins en France ? Pas si sûr.

Dans leur catégorie, Bekkouche et Otmane ne sont pas les seuls à avoir mis la mer Méditerranée entre eux et la justice française et retrouvé, ce faisant, la terre de leurs ancêtres.

Karim Hadjadj, flingage et patronat

La corniche d'Oran, qui s'étend sur des kilomètres vers Aïn El Turk en passant par Mers el-Kébir, fait partie des balades favorites des Oranais. Il faut quitter la deuxième ville d'Algérie, puis rouler vers l'ouest pendant une dizaine de kilomètres pour voir défiler les plages de sable fin qui s'étendent presque à l'infini : Cap Falcon, les Andalouses, Coralès. Sur le chemin, en retrait de la plage de « Trouville », le cabaret « Casino club » à Aïn El Turk, sur la baie des Aiguades, propose un triptyque attirant : « hôtel-restaurant-piscine ». Il s'agit de l'ancien casino de Paradis Plage au lieu-dit Bouisseville, un site très populaire sous l'Algérie française. À côté de la plage où les baigneurs se pressaient aux beaux jours, le Paradis Plage a reçu des chanteurs des yéyés comme Richard Anthony ou

Lucky Blondo en tournée, puis bien plus tard Cheb Khaled encore débutant. La façade de l'époque coloniale n'a pas changé ou si peu. Le majestueux frontispice est toujours là et a même été repeint il y a peu. L'ancien temple du jeu est désormais la propriété de Kadda Hadjadj, un vieux client de la brigade criminelle de Paris. Si les tables de baccara ou de roulette ont disparu, le casino de la Corniche reste une adresse « fameuse » selon la presse locale, confirmant une info d'un Algérien de Paris : « Il a des cabarets magnifiques à Oran aujourd'hui. » Autre son de cloche chez un policier français[1] : « Il dirige une entreprise de BTP et un hôtel avec une trentaine d'employés. » Hadjadj a investi un secteur porteur en Algérie, l'immobilier, où il exerce des activités de promoteur, dûment inscrit au registre du commerce. Mais avant cela, le sexagénaire a connu une existence plutôt agitée. Natif de Khenchala, au sud de Constantine, dans les Aurès, en décembre 1956, il s'est retrouvé en France dès l'âge de 1 an. Depuis, personne ne l'appelle plus Kadda. C'est « Karim » pour tout le monde. Un beau gaillard de 1,80 mètre, qui présente une cicatrice au dos de la main droite et des tatouages sur le bras gauche : un cœur surmonté d'une croix et l'inscription « Tony Montana », comme le personnage de *Scarface* au cinéma. Sans doute davantage celui incarné par Al Pacino chez Brian De Palma que par Paul Muni dans les années 1930. Un fantasme absolu pour beaucoup de voyous. *Scarface* incarne le petit gars parti de rien devenu roi de la came à Miami, vautré dans l'opulence et la coke. En France, Hadjadj a été quatre fois condamné : vol, association de malfaiteurs et port d'arme prohibée. Il n'est pas le seul des Hadjadj à être « connu » de leurs services, comme disent les policiers. Kadda a pour cousin Abdel le Blond, complice et proche de Momo Amimer sur l'affaire de la Brink's de Perpignan en 1994[2]. Un autre cousin, Taleb Hadjadj, a défrayé la chronique dans les années 1970, en participant à l'une des

1. Témoignage recueilli en octobre 2018.
2. Cf. chap. « L'Élégant ».

premières prises d'otages lors d'un braquage, en l'occurrence celui du CIC de l'avenue de Breteuil, à Paris, derrière les Invalides[1].

La vie de Kadda/Karim Hadjadj a basculé le 22 août 1994 après l'assassinat de Claude Genova, « parrain » autoproclamé et très craint de la capitale, plombé au fusil de chasse en plein boulevard Gouvion-Saint-Cyr devant l'hôtel Concorde-Lafayette[2] dans l'Ouest parisien huppé. L'établissement a accueilli quantité de rendez-vous d'affaires parfois un peu particulières. Genova, dit le Gros, basé à Montreuil et Montlhéry[3], a alors 43 ans et « donne » dans toutes sortes d'activités prohibées qui vont du proxénétisme, notamment *via* des studios rue Saint-Denis, au racket en passant par le trafic de voitures volées. Un multicarte du crime qui a voulu reprendre les patins de Titi Peltier[4], dont il a été proche dans les dernières années. Genova s'est cru autorisé à prendre des parts sur les gros coups réalisés par d'autres en région parisienne. C'est ainsi qu'il aurait ordonné la séquestration de Nordine Mansouri, *alias* la Gelée, partenaire en crime des frères Hornec, surtout Mario, d'Imed Mohieddine et de Momo Amimer, son alter ego. À cette occasion, le Gros utilise une technique d'interrogatoire inventée par Titi Peltier : le coup de perceuse dans le genou… Il commet un autre impair en faisant tuer Michel Thiry, vieux complice de Peltier, fin 1993[5]. Or Thiry était considéré comme « très proche » des frères Hornec, voire comme leur formateur. Forcément, la fra-

1. Il sera ensuite un des porte-étendards de la lutte contre les quartiers de haute sécurité en prison, les QHS, aux côtés de Roger Knobelspiess, avant de se suicider à la centrale de Clairvaux en 1980.

2. Actuel Hyatt Regency Paris Étoile.

3. Il y dispose d'un pavillon qui sera racheté en 1998 par Belaïd Saker, dit « Daddy », membre actif de la bande de Montreuil, déjà condamné pour association de malfaiteurs en marge de l'attaque d'un fourgon blindé et mis en examen plus récemment pour l'attaque de deux camions remplis de bijoux sur l'autoroute A6 à Avallon en 2017.

4. Cf. chap. « L'Élégant ».

5. Ils auraient participé ensemble au vol du camion de pièces de 10 francs de la Banque de France, en 1977, à la gare de Bercy.

trie manouche s'est montrée fort affectée par sa disparition. Un premier assassinat qui semble avoir donné le coup d'envoi d'une terrible guerre des gangs dans l'Est parisien. Pour certains à cette époque, il devient urgent de supprimer Genova, d'autant que le caïd débloque sérieusement. « Il entendait des voix, il avait des hallucinations[1] », confie un avocat qui a eu à le visiter en prison, à Bois-d'Arcy.

Alors qu'il bénéficie d'une permission de sortie de la centrale de Saint-Maur, dans l'Indre, le détenu Claude Genova est appelé pour trancher, en bon juge de paix, un différend entre deux clans, à la suite d'une fusillade dans un bar qui a fait trois morts, à Colombes[2]. Le rendez-vous doit avoir lieu au bar panoramique de l'hôtel Concorde Lafayette. Sauf que tous les protagonistes ne viennent pas et le Gros tombe dans un véritable guet-apens, emmené « en belle », comme on le dit dans le milieu par un proche. Sachant que les pièges les plus efficaces sont ceux où des familiers mettent en confiance la victime, sans savoir qu'ils participent eux-mêmes à une embuscade… Ce fut le cas par exemple du receleur « J3 » avec Titi Peltier[3]. Alors que le Gros repart, il est pris pour cible par un duo d'encagoulés surgi d'une voiture. Un « pompe » dans les mains du premier, une arme de poing pour le second, ils abattent Genova, le « finissant » à bout portant en pleine tête. La brigade criminelle estimera qu'il y avait Hadjadj parmi les complices des tueurs. Il faisait en effet figure de garde du corps pour le « parrain », avec un certain Jean-Dominique Poletti, lui-même « refroidi » peu après. Tous deux ont d'ailleurs partagé un téléphone portable avec un frère Hornec, selon les découvertes de la crim'[4]. Ils ont escorté Genova depuis la maison centrale de Saint-Maur dans l'Indre, jusqu'à Paris.

1. Témoignage recueilli par l'un des auteurs en 2017.

2. Les frères gitans Demestre d'un côté et Fayçal Marrefi, dit « Féfé le Brochet », un proche de Genova de l'autre. Des années plus tôt, les Demestre avaient tenté de racketter le beau-frère de Nénesse Bennacer (cf. chap. « Fin de partie à La Médina ») et ce dernier s'était interposé.

3. Cf. chap. « L'Élégant ».

4. *Les Derniers Seigneurs de Paris*, *op. cit.*

Kadda Hadjadj est entendu au « 36 » mais ne craque pas. Puis il disparaît. Non sans appeler les policiers pour leur annoncer qu'il s'est « mis au vert » et qu'il n'entend pas revenir à Paris pour témoigner dans l'enquête Genova, par crainte de lui-même calancher prématurément[1]. Hadjadj est loin, installé à Oran depuis la fin 1995, « pour blanchir l'argent gagné à la suite du meurtre du caïd parisien, en l'investissant dans l'immobilier et des installations touristiques, dont le fameux hôtel-cabaret Le Casino », dixit la presse algérienne[2] qui n'hésite pas à faire remarquer, sans la moindre preuve, que l'établissement a été acheté pour 800 000 francs[3], soit la somme qui a disparu du coffre de la voiture de Genova. Plus tard, la thèse du « blanchiment dans l'hôtellerie et l'immobilier en Algérie[4] » sera soutenue par le représentant du ministère public algérien.

Mais des échos reviennent régulièrement aux oreilles de la PJ. Comme ses vantardises « devant un militaire algérien, d'avoir éliminé un "très gros voyou parisien" », porte Maillot[5]. Du coup, Hadjadj passe aux yeux de la crim' comme le « personnage central de l'élimination de Claude Genova », avec Poletti[6]. « Véritables organisateurs du guet-apens, il n'est pas interdit de penser que les deux compères puissent être également les tueurs de Genova. Leur légendaire appât du gain, leur professionnalisme dans ce domaine ne pouvaient laisser place à autrui dans cette opération », estimera un enquêteur dans un rapport au sujet du duo Hadjadj-Poletti.

L'avocat des proches de Genova, Me Serge Rep, partie civile, estime pour sa part que « le traitement dont il [Hadjadj] a bénéficié est assez surprenant », alors qu'il y avait des « éléments probants » à lui reprocher. De quoi conforter la thèse qu'il serait « un informateur » de service de police. « Ça ne m'éton-

1. *Ibid.*
2. Article du quotidien *Horizons* en date du 21 septembre 2011.
3. *La Voix de l'Oranie*, 1er juin 2010.
4. *Le Financier*, 1er juin 2010.
5. *Les Derniers Seigneurs de Paris*, *op. cit.*
6. *Ibid.*

nerait pas[1] », ajoute l'avocat. Après une instruction traînant en longueur, la justice décide, en décembre 2000, que Kadda Hadjadj doit être jugé pour ce crime. Le 20 janvier 2003, la cour d'assises de Paris le condamne à trente ans de prison, en son absence.

Un drôle de gars ce Karim, pas forcément apprécié de tous. Il a, dans ses années parisiennes, la réputation, réelle ou pas, d'être un peu trop proche de la BRI de Paris, la fameuse « anti-gang », selon un de ses condisciples. « Stéphane Ley[2] m'avait mis en garde. Je me suis toujours méfié de lui, je ne le sentais pas », lâche un rescapé des guerres parisiennes. Lui serait plutôt un free-lance. « Karim a fait des contrats pour 500 000 francs. C'était un tueur[3] », affirme un fin connaisseur du milieu algérien. Mais pas que. Hadjadj avait eu une « embrouille, avec un certain Mir, un Juif qui tenait un cercle de jeu dans le 9e arrondissement. Karim voulait lui prendre des sous. Mir est donc venu le voir avec Francis le Belge. On s'est dit que ça allait mal tourner. Finalement, pas du tout. Karim a bossé pour eux ! Il faisait la sécurité dans le cercle[4] ». Amateur de Jaguar, Hadjadj avait aussi au milieu des années 1990 des projets immobiliers importants du côté de Saint-Tropez[5]. Il les réalisera en Oranie.

Sorti des radars depuis l'automne 1995, « Karim » Hadjadj faisait partie des « tronches » que le ministère de l'Intérieur français a affichées sur son site internet pendant quelque temps à partir de 2006. Avec cet avertissement : « Cette personne est dangereuse et susceptible d'être armée. Ne tentez en aucune façon de l'interpeller vous-même. » Au cas où certains en auraient eu l'idée.

---

1. Entretien avec l'un des auteurs, janvier 2021.
2. Un gros braqueur spécialisé dans les centre-forts de la Brink's.
3. Kadda Hadjadj a été soupçonné d'avoir, avec Poletti, mis fin aux jours de Yves Scheiff, dit « Jacky le Bordelais », un proche du clan Hornec dont le corps troué de balles a été découvert dans une malle cadenassée dans la Marne, à hauteur de Nogent en 1990. Il n'a jamais été condamné dans cette affaire, ni pour les dix autres assassinats dont il s'est vanté.
4. Témoignage recueilli en août 2020.
5. *Les Derniers Seigneurs de Paris*, *op. cit.*

Pendant ce temps, la reconversion joue à fond pour le fugitif. Hadjadj est même élu vice-président de l'ONPE (Organisation nationale du patronat et des entrepreneurs), la plus ancienne fédération patronale d'Algérie, avant d'en démissionner « en raison de son emploi du temps chargé[1] ». Surtout, il ne va pas tarder à être « rattrapé par son passé[2] », comme l'écrit la presse. C'est d'abord une descente de police à son casino en 2001, « qui a donné lieu à une procédure de fermeture de cet établissement jugé en infraction, ainsi qu'à une poursuite pénale contre lui », notent les journaux. Puis, Kadda est arrêté en novembre 2008 par la PJ d'Oran alors qu'il circule en 4×4 BMW. Alger a en effet été saisi par les autorités judiciaires françaises pour exécuter le mandat d'arrêt décerné par la cour d'appel de Paris, le 1er avril 2005, et relayé par Interpol, après sa condamnation à la peine de trente ans. Un terrible revers pour celui qui était « présenté en début des années 2000 comme l'un des investisseurs émergents dans le créneau hôtelier et touristique dans l'Ouest algérien ». La chance a tourné, à moins que les protections dont il avait pu jouir jusqu'alors n'aient plus été opérantes ? Plus dure sera la chute, pour celui qui « pensait alors avoir enterré à jamais son passé troublé et troublant ». Mais comme c'est un ressortissant algérien, il ne peut être extradé et il y aura donc un nouveau procès, en Algérie. Le voilà qui comparaît détenu devant le tribunal criminel d'Oran, en mai 2010, pour l'assassinat de « l'ancien parrain de la mafia française » Genova. Après un « réquisitoire acerbe », le procureur général requiert vingt ans de réclusion contre Hadjadj, qui se montre combatif. « Veste de laine noire, pantalon de tergal bleu foncé, Kadda, 54 ans, se défend plutôt bien à la barre. Entouré de ses quatre avocats. » Dont un fameux pénaliste local, par ailleurs conseil du consulat général de France à Oran. « Certes j'ai trempé dans quelques petits larcins et fus condamné alors que je me trouvais

1. *El Watan*, 21 juin 2006.

2. *Le Financier* du 1er juin 2010. Les citations suivantes sont tirées du même article.

en France, mais de là à tuer, non[1] », insiste l'ancien homme de main. « Dans leurs plaidoiries, les avocats de l'accusé ont fait feu de tout code, évoquant notamment des points de droit relatifs à la procédure de jugement de leur mandant algérien, en vertu d'une clause de l'accord judiciaire entre l'Algérie et la France, et ce, pour des faits commis ailleurs dans l'autre pays, la France. La défense a également mis l'accent sur le dossier incomplet envoyé par la France, soulignant que plusieurs documents-clés manquent, comme les PV d'instruction, ou sont "superficiels et incohérents", tels les rapports de l'expertise médico-légale et de l'expertise balistique[2]. »

Haddadj a été acquitté « en vertu du dispositif de l'extinction de peine (dix ans)[3] » et libéré, mais le procureur d'Oran a fait appel. Un nouveau procès devait se tenir, en septembre 2011. Il ne semble pas avoir eu lieu[4]. Circulez, il n'y a plus rien à voir !

Airbnb à l'oranaise

« Oran, Oran tu régresses / Des êtres de valeur t'ont quitté », chantait Ahmed Wahby autour de l'exil. Côté voyous, l'heure serait plutôt au retour dans l'ouest algérien. À 62 ans, Nordine Mansouri, *alias* la Gelée, « individu très défavorablement connu, notamment pour des faits de vols aggravés, vols à main armée, association de malfaiteurs, extorsion en bande organisée », selon la justice française, vit bien. Là, il est installé bourgeoisement : une belle villa, qu'il propose à la location saisonnière sur le Airbnb local. Joli parcours pour ce fils de cantonnier immigré, connu de la police française depuis 1969… et un vol à la tire commis à 10 ans, sur la commune de Livry-Gargan, dans le département de la Seine-Saint-Denis qui venait d'être créé. C'est dans ce même 93 qu'il a continué ses classes de malfrat,

1. *La Voix de l'Oranie*, 2 juin 2010.
2. *Le Financier*, *op. cit.*
3. *El Moudjahid*, 9 novembre 2011.
4. Interrogé, l'avocat oranais de Kadda Hadjadj ne nous a pas répondu.

jusqu'à encombrer les fichiers de police. Mansouri, Nordine, « 1,80 mètre, yeux noirs, chevelure épaisse, cheveux frisés », écrira un fonctionnaire sur sa fiche signalétique.

Mais, en Algérie, il ne bouge plus une oreille, selon les échos qui reviennent depuis l'autre rive de la Méditerranée, toujours dans le secteur d'Oran, la zone de prédilection des anciens de la voyoucratie parisienne. Mieux, d'après des informations vérifiées auprès de plusieurs sources, l'ancien bandit du 93 vit avec une proche du président Abdelmadjid Tebboune, successeur d'Abdelaziz Bouteflika à la tête de la République algérienne démocratique et populaire. « Ils ont vingt ans d'écart. C'est elle qui l'a remis dans le droit chemin. Ils sont ensemble depuis au moins six ans[1] », souffle un interlocuteur. Des relations potentiellement embarrassantes pour le chef d'État déjà fragilisé depuis que l'un de ses fils, Khaled, a été mis en cause après la saisie dans le port d'Oran de 700 kilos de cocaïne en mai 2018. Ce dernier est en effet proche de Kamel Chikhi, promoteur immobilier, surnommé le Boucher, principal suspect dans cette importation massive de drogue[2]. Emprisonné en juin 2018 pour trafic d'influence, abus de fonction, perception de cadeaux indus et corruption dans un dossier immobilier aux côtés du Boucher, Khaled Tebboune a finalement été relaxé par la justice algérienne en février 2020. Le parquet avait requis deux ans de prison à son encontre.

Quant à la Gelée, selon une connaissance, « il n'est pas prêt à remettre les pieds en France. Ici, il a trente ans au-dessus de la tête ». En effet, le 30 novembre 2018, la cour d'assises de l'Aisne a condamné à une lourde peine de réclusion criminelle le vétéran du milieu, rattrapé par une vieille affaire, vingt-six ans plus tôt, quasiment jour pour jour.

Le 29 novembre 1992, en tout début de soirée, Hector Leclercq, expert en assurances reconnu dans le monde de l'im-

1. Témoignage recueilli par l'un des auteurs en novembre 2020.
2. Un scandale qui a valu au chef d'État algérien de se voir affubler du surnom de « Président Cocaïne ».

mobilier, et son épouse Jacqueline rentrent chez eux dans leur très confortable maison de ville. Un quartier privilégié de Saint-Quentin, dans l'Aisne, une belle façade sur rue et, derrière des hauts murs qui protègent des regards, un parc luxuriant partagé entre plusieurs propriétés. Une demi-heure plus tard, les époux entendent un bruit de verre brisé dans la cuisine. Hector Leclercq se lève de son fauteuil. Une vitre a volé en éclats. La porte arrière de la maison s'ouvre. Derrière, des silhouettes gantées et encagoulées. Hector Leclercq se retrouve nez à nez avec cinq hommes. Le retraité crie. Il est trop tard. Les intrus l'encerclent puis l'obligent à les suivre alors qu'ils « retournent » la maison. Giflée, Mme Leclercq est forcée à s'asseoir dans les escaliers, surveillée de près par un des inconnus qui l'interroge : « Où sont les lingots ? On sait par des voisins que vous en avez chez vous. » Elle répond par la négative. Plus tard, alors que la fouille des lieux se révèle infructueuse, le malfaiteur demande sa profession à Jacqueline Leclercq. Quand elle répond « experte en assurances », le voyou échange un « regard d'étonnement » avec un complice. Puis Jacqueline Leclercq est accompagnée dans le salon où elle retrouve son mari ficelé à un fauteuil. Elle est bâillonnée à l'aide d'un drap, tandis que les malfrats placent un sac en plastique sur la tête d'Hector Leclercq qui reçoit au passage des coups dans le ventre. Les supplications de son épouse qui signale qu'il est cardiaque n'y changent rien. La maison est fouillée « de fond en comble », avec, sur l'ordre d'un des agresseurs, une attention particulière pour la cave et le grenier. En vain. Avant de repartir, Mme Leclercq entend un des inconnus dire : « On s'est trompés de maison… » Les saucissonneurs prennent la fuite à bord de la Volvo du couple. Elle sera retrouvée une dizaine de jours plus tard, embourbée dans un sentier de la Somme. Après avoir perdu connaissance, Hector Leclercq ne pourra être réanimé. Il avait 67 ans. Plus tard, le médecin légiste notera des hématomes au niveau de la tête et du thorax ainsi que des côtes cassées. Grand fumeur, l'expert est mort des suites d'une insuffisance respiratoire et cardiaque qui a entraîné un œdème pulmonaire. Un « état de santé général déficient », dira la justice. Fragile, peut-être, mais l'agression a précipité sa disparition. C'est la consternation à Saint-Quentin, peu habitué à ce type de délinquance et où la famille Leclercq est bien connue. Ensuite l'enquête va s'enliser peu à peu. Le juge d'instruction change et un autre rend un non-lieu en 1996. Les pistes locales n'ont rien donné, pas plus que les rapprochements avec des agressions à domicile similaires dans le reste de la France. À une autre époque, le dossier aurait rejoint la pile des affaires jamais élucidées, les *cold cases*. Mais dix ans plus tard, à deux mois seulement de la prescription, le fils des époux Leclercq recueille une information sur l'identité d'un homme qui aurait fait partie des malfaiteurs. L'enquête est rouverte. Placé en garde à vue, un Saint-Quentinois nie mais éprouve en même temps un « sentiment de culpabilité » vis-à-vis des Leclercq. Son propre père, industriel du Nord, ayant eu des lingots d'or à domicile. D'où l'hypothèse, encore une fois, d'une méprise.

Mégot(s) baladeur(s)

C'était aussi compter sans les progrès de la science. Les policiers se rendent au greffe du tribunal, sur les traces des pièces à convictions collectées en 1992 chez les Leclercq. Dans une des caves où l'un des malfaiteurs à la recherche de l'introuvable coffre était descendu, un mégot avait été écrasé au sol, « partiellement fumé ». Et ramassé par les enquêteurs de l'époque. La marque en était presque effacée. Peut-être une Peter Stuyvesant ? Le mégot passe dans les mains d'experts qui en extraient un ADN. Et le 7 août 2007, bingo ! Le fichier national des empreintes génétiques recrache un nom : Nordine Mansouri. Quinze ans après, le 15 mai 2008, la Gelée part en garde à vue. Il nie tout. En plus, à l'époque, il ne fumait que des gitanes sans filtre, selon ses dires. Devant les évidences scientifiques, il avance des explications. Deux possibilités, selon lui : c'est bien une cigarette qu'il a fumée, mais après avoir jeté le mégot dans la rue, ce dernier aurait ensuite voyagé jusque dans l'Aisne sous la semelle d'un malfaiteur. À moins que ce ne soit un complot ourdi par ses ennemis historiques, Claude Genova et Éric Pasquet, qui étaient encore de ce monde en 1992. Ceux-ci auraient ramassé un de ses mégots « dans un bar ou dans une discothèque ». Des ennemis « tous morts d'une balle dans la tête », précise la Gelée. Tous sauf un, Karim Hadjadj, devenu depuis son voisin dans la région d'Oran. Mansouri dira plus tard au juge que le transport de mégots compromettants sur les lieux d'un crime était une méthode habituelle de ces fameux ennemis. Des personnages résolus qui n'avaient pas hésité à le « torturer pendant une semaine dans une cave en lui trouant notamment les genoux à l'aide d'une perceuse[1] »... La Gelée ne précise cependant pas qu'il aurait été « serré sur le périphérique par trois voitures » puis emmené dans un « gourbi » par l'équipe Genova pour y être rançonné[2]. Les auteurs de cette « descente à la cave » semblent l'avoir payé très cher. Le Petit Riquet, Éric Pasquet pour l'état civil, fidèle lieutenant de Genova, sera tué en mai 1994 de cinq décharges de fusil de chasse en pleine tête, rue de la Roquette à Paris, près de la Bastille, alors qu'il circulait en voiture avec le boxeur Christophe Tiozzo. Deux autres participants à ce travail à la chignole, Joël Guignon et Faycal Marrefi, vont succomber à leur tour à des indigestions de pruneaux. « Si ces crimes n'avaient pas pu être tous élucidés, il apparaissait que des suspicions s'étaient à l'époque orientées vers le clan des frères Hornec auquel Nordine Mansouri était réputé appartenir[3]. » Le juge d'instruction de Laon, Édouard Levrault, a pu constater que les genoux de la Gelée présentaient effectivement des « lésions » compatibles avec les sévices décrits. Un fameux épisode de la guerre entre Genova et les voyous de Montreuil, qui fait partie de la légende du milieu parisien. Nordine Man-

1. Ordonnance de mise en accusation de Nordine Mansouri devant la cour d'assises de Laon en date du 11 juillet 2012.
2. *Les Derniers Seigneurs de Paris*, *op. cit.*
3. Ordonnance de mise en accusation de Nordine Mansouri, *op. cit.*

souri n'a sans doute pas dit qu'il a eu la vie sauve parce qu'il était le beau-frère de Nordine Benali, dit la Puce.

Au juge d'instruction qui lui fait remarquer que les analyses d'ADN étaient balbutiantes en 1992, la Gelée signale qu'un « ami » a été condamné pour avoir fumé une clope du côté de la Brink's de Perpignan en 1994. Il s'agit de son vieux complice, Mohamed Amimer[1]. Mais les magistrats répondent que le « scénario » mis en avant par la Gelée pour expliquer la présence de son ADN sur le mégot retrouvé chez les Leclercq n'est « pas recevable ». Les recherches génétiques sur ces scellés n'étaient pas une « méthode communément mise en œuvre[2] » et, « en l'absence de fichier des empreintes génétiques » à l'époque, il eût fallu que la Gelée soit « balancé », ce qui n'a pas été le cas. « Dans la mesure où il est établi que cette méthode était totalement novatrice pour les services d'enquête, elle était encore manifestement inconnue des délinquants, y compris de ceux faisant partie du grand banditisme et pour lequel leurs activités les conduisaient à se tenir régulièrement informés des progrès des méthodes scientifiques permettant d'élucider les affaires judiciaires. » Le magistrat en veut pour preuve l'affaire de la Brink's de Perpignan, évoquée par la Gelée pour sa défense. Il en fait une démonstration assez implacable : dans le Sud, les « malfaiteurs minutieusement organisés » ont fait preuve d'un grand professionnalisme « tant dans la préparation que l'exécution de leur casse », écrit-il. Du coup, « il apparaît difficile de penser [que] certains d'entre eux, sans pour autant avoir été pressés par le temps, et au mépris de la plus élémentaire des vigilances concernant les techniques scientifiques alors soi-disant en vigueur à l'époque, aient malencontreusement laissé des mégots de cigarettes fumées dans le cendrier des personnes qu'elles séquestraient ». En clair, si les casseurs de la banlieue est ne faisaient guère attention à leur mégot en 1994 à Perpi-

1. Cf. chap. « L'Élégant ».

2. En France, la première comparaison criminelle en matière d'ADN remonte au mois d'août 1996, avec l'affaire Caroline Dickinson, une jeune Anglaise tuée et violée à Pleine-Fougères (Ille-et-Vilaine).

gnan, il n'y a pas de raison qu'ils aient été plus précautionneux deux ans plus tôt à Saint-Quentin. Enfin, « ces ennemis de l'époque semblaient recourir à des méthodes beaucoup plus radicales et expéditives pour se débarrasser d'un rival ». Comme utiliser une perceuse ou un fusil de chasse… Le clan Genova se serait montré sacrément visionnaire en anticipant la création d'un fichier des empreintes génétiques. Comment d'ailleurs ces ennemis auraient-ils pu prédire les suites de l'enquête sur la mort d'Hector Leclercq, qui n'ont été, pour la justice, qu'un « enchaînement de circonstances fortuites » ? Et puis l'accusation fait voler en éclats l'autre élément de défense de Mansouri qui consiste à dire que le mégot a pu être transporté jusqu'au lieu du crime sous une semelle. Une hypothèse « fantaisiste » que les magistrats démontent avec un raisonnement que n'aurait pas renié Sherlock Holmes ou l'inspecteur Columbo : « Si une personne avait marché avec un tel objet sous le pied, cette cigarette aurait nécessairement dû se disloquer, partiellement voire entièrement, et le tabac aurait dû se répandre au sol bien avant de se retrouver dans la cave. Ensuite les malfaiteurs ayant marché dans la boue et étant passés par-dessus des murs et des grillages avant d'atteindre la propriété des Leclercq, ce mégot aurait dû être retrouvé dans un état de dégradation bien avancé, ce qui n'a pas été le cas, comme en atteste la photo prise dans la cave ainsi que la mention qu'il était sale, ce qui peut correspondre à l'état du sol d'une cave mais nullement à des traces de boue recouvrant ce mégot. » Pour preuve, un autre mégot fraîchement fumé avait été trouvé à l'extérieur de la maison (mais sans trace ADN), et il était lui couvert de boue.

Les avocats de Mansouri demandent alors l'annulation de la première expertise ADN, mettant en doute « l'authenticité et l'intégrité du scellé ». Et si l'histoire se répétait ? La Gelée et les mégots, c'est une vieille affaire. Gros fumeur, Mansouri a été mis en examen en 2002 puis renvoyé devant les assises, pour un braquage d'un dépôt de fonds à Villepinte, en Seine-Saint-Denis. Six ans plus tôt, le 23 décembre 1996, au soir, une demi-douzaine de cagoulés avaient fait irruption sur le quai de déchargement de centre-fort de la société Ardial[1], surprenant des convoyeurs affairés à décharger un fourgon blindé. Ils les avaient désarmés et pris en otages, puis en passant par les toilettes ils avaient pu atteindre... la salle des coffres. Le commando était reparti avec la coquette somme de 24,6 millions de francs (plus de 3,6 millions d'euros). Ses membres étaient entrés le plus facilement du monde dans les lieux en creusant un trou avec une barre à mine depuis un entrepôt mitoyen et inoccupé. Là, plusieurs mégots étaient découverts, dont un correspondant à une gitane, devenu le « scellé numéro 3 », amené à faire couler beaucoup d'encre. Mais il faut attendre le 12 janvier 2001 et un « renseignement anonyme » qui arrive opportunément aux oreilles d'un policier de la brigade de répression du banditisme de Paris. Il désigne nommément la Gelée et quelques proches comme ayant fait partie de l'équipe de maçons-braqueurs de Villepinte[2]. Nordine Mansouri est arrêté, placé en garde à vue et son ADN est « pompé » pour comparaison. Et ça « matche », comme disent les policiers, en empruntant l'expression aux Anglo-Saxons.

Déjà à cette époque, la Gelée nie bien sûr, parle de « coup monté » et de « personne malveillante » qui lui aurait pris un mégot pour le compromettre. Toujours les mêmes noms : Genova et Pasquet[3]. S'il reconnaissait avoir appartenu au grand banditisme, il se disait retiré des voitures « depuis 1990 »... En plus, « il estimait improbable d'avoir commis une erreur de débutant comme celle de laisser un mégot de cigarette sur les lieux d'un vol avec arme », selon le juge d'instruction Olivier Geron, pour qui l'explication sur la bande rivale revêtait « un caractère romanesque ». Visiblement contrarié, la Gelée collabore peu, et c'est un euphémisme, à l'instruction judiciaire.

1. Anciennement Sécuripost, filiale de La Poste, l'entreprise est devenue Ardial en 1993, puis après des rachats successifs Valiance, Securitas et enfin de nos jours Loomis, groupe suédois.

2. Dont les frères Marc et Mario Hornec qui seront mis hors de cause par l'ADN.

3. *Le Parisien*, 26 juin 2004.

Il refuse de se soumettre à l'interrogatoire de CV, à toutes les questions du juge sur son parcours, mais aussi à l'expertise psychiatrique et à l'enquête de personnalité.

Sauf que le procès ne va pas exactement se passer comme prévu. L'accusé a mobilisé des avocats brillants, Philippe Dehapiot, un des meilleurs spécialistes de la procédure, et Éric Dupond-Moretti, le virulent plaideur que l'on connaît, sans oublier Philippe Sarda. En 2004, Mansouri est acquitté. Les scellés auraient été mélangés. Le scellé numéro 3, qui était celui de la gitane consumée, contient désormais un bout de cigarillo. « Il y a eu un appel du parquet général après l'acquittement, se souvient Me Dehapiot[1]. Mais avant le deuxième procès, le président Getti a demandé une contre-expertise puis a prévenu le procureur général de Paris que l'affaire ne tenait absolument pas. » Sur le mégot, ce n'est pas l'ADN de la Gelée qui est apparu cette fois, mais celui d'un inconnu... L'accusation a préféré se désister et ainsi éviter un nouveau camouflet.

Remis en liberté, Nordine la Gelée prend sa revanche en affichant sa bobine sur la « der » du quotidien *Libération* sous le titre accrocheur : « Le roi du non-lieu blanchi de A à Z par un test d'ADN[2]. » Une pleine page où le truand répond à tout ou presque, même à la lancinante question sur l'origine de son surnom : « J'étais gros dans ma jeunesse, on m'appelait le Veau, ça se dit la Gelée en arabe. » En « costume noir impeccable, chemise blanche et souliers cirés », il crie à « l'erreur judiciaire » et même à la manipulation : « La police m'a fait un travail. J'ai fumé en garde à vue en 2000 quand ils m'ont interrogé sur l'assassinat du Belge. Est-ce que les flics ont pris un de mes mégots dans le cendrier pour le déposer dans les pièces à conviction de l'attaque d'Ardial ? » Patricia Tourancheau, l'auteure de l'article, se souvient que Mansouri n'avait pas apprécié la description qu'elle avait faite de sa manière à lui de régler les consommations dans le pub où ils

1. Entretien, 9 novembre 2020.
2. Édition du 18 mai 2005.

s'étaient rencontrés. « Il m'a dit : *Le papelard est bien, mais t'exagères avec les billets*. J'avais décrit les liasses qu'il avait sorties de sa poche au moment de payer, alors qu'il disait qu'il était à la rue[1]... » L'article fait un tabac. « Le commercial de *Libé* vient me voir et me dit qu'il n'y a plus de numéros dans le 93 et dans certains quartiers de Paris. La Gelée avait fait la razzia dans les kiosques. Il m'a dit : *T'as vu* Libé*, ça s'arrache ! J'envoie des mecs en acheter par paquets de 10 ou 15 !* » Mansouri se décrivait alors comme « ex-voyou » devenu commercial pour « vendre des lignes téléphoniques ». Il n'en avait cependant pas fini avec la justice. Le 15 février 2006, la juge Corinne Goetzmann « délivrait un mandat de dépôt à l'encontre de l'intéressé dans le cadre d'une affaire d'extorsion de fonds en bande organisée et participation à une association de malfaiteurs, en l'espèce, au préjudice de commerçants parisiens[2] ». Des victimes appartenant à la communauté juive, rançonnées par Mansouri en compagnie de son grand ami Imed Mohieddine et de quelques représentants du clan Hornec.

Dans l'intervalle, cet amateur de BMW 320i a continué à fréquenter le secteur des Champs-Élysées, où il jouit d'une terrible réputation, à en croire ces deux proxénètes :

« Y a un problème, j'appelle les frères Hornec, c'est mes potos [...] ou j'appelle juste mon pote, tu sais que Jean Roch s'y était pris à l'époque (*sic*) où il était encore au VIP à Paris, sur les Champs, comment il s'appelle Rachid, non pas Rachid euh... putain, un mec super respecté à Paris, un Rebeu. Il est arrivé, il lui a mis une gifle devant tout le monde, euh... Comment il s'appelle ?

— C'est Nordine la Gelée qui a fait ça[3]. »

Mais comme dit l'adage, on ne prête qu'aux riches.

Les policiers n'en sauront guère plus sur la Gelée et la malheureuse affaire de Saint-Quentin dans l'Aisne. Le voyou qui

1. Entretien avec l'un des auteurs, novembre 2020.

2. Pour cela, Nordine Mansouri a été condamné le 30 avril 2009 à cinq ans d'emprisonnement par le tribunal correctionnel de Paris.

3. Écoute judiciaire du 5 octobre 2009, dans le cadre du dossier « Zahia/Zaman Café », entre deux protagonistes de l'affaire.

téléphone depuis sa cellule de la prison de Villepinte refuse d'en parler dès que son épouse l'évoque. « C'est une affaire bancale, bidon : Saint-Quentin, c'est Mansouri saison 2, ironise aujourd'hui Me Dehapiot. À Villepinte, le mégot rétrécissait au fil des ans, et à Saint-Quentin, c'était le filtre qui augmentait de taille, passant de deux à quatre centimètres entre les expertises ! Ils ont même réalisé une contre-expertise avant la mise en examen de mon client, c'est dire si l'ADN n'est pas la reine des preuves. »

Son pourvoi en cassation est rejeté le 12 mai 2009, ce qui n'empêche pas la cour d'appel de remettre la Gelée en liberté deux semaines plus tard. Virtuellement, puisqu'il purge encore sa peine pour extorsion. Il obtient finalement une mesure de semi-liberté et quitte le centre de Villejuif en juillet 2011. En Picardie, il n'y a pas le feu au lac semble-t-il, puisque le procès ne débute qu'en octobre 2014, devant la cour d'assises de Laon. Mais le jour dit, la Gelée opte pour la politique de la chaise vide. Sans doute inquiet des qualifications de « vol précédé, accompagné ou suivi de violences ayant entraîné la mort en récidive » qui le visent. Après deux précédents passages devant les assises pour « VAM » en 1981 et 1987[1], il sait qu'il risque perpèt'. Le procès est renvoyé et « audiencé » en novembre 2018, mais Mansouri ne viendra pas plus. « L'accusé fantôme », comme l'appelle la presse picarde, est donc jugé en son absence, sans surprise puisque celui qui a « bénéficié d'une étonnante mise en liberté » dans ce dossier « bafoue son contrôle judiciaire et se joue de la police ». Malgré une interdiction de quitter le territoire français, il « vivrait au chaud en Algérie ». La présidente de la cour d'assises dispose même d'informations des plus précises : « Il vivrait dans une station balnéaire en Algérie à vingt kilomètres d'Oran. Muni de faux papiers, il serait revenu plusieurs fois en France en passant par l'Espagne[2]. » Selon nos informations, Nordine Mansouri

1. Cf. chap. « L'Élégant ».
2. *Le Courrier picard,* 30 novembre 2018.

vivrait effectivement de nos jours du côté d'Aïn El Turk, la station balnéaire d'Oran, comme Kadda Hadjadj, et, à une époque Momo Amimer, quand il s'était mis en « congé longue durée » de l'administration pénitentiaire française après sa spectaculaire évasion de la prison de Nîmes en août 2000[1]. Selon des sources concordantes, Nordine Mansouri est bien revenu en France dans le quartier qu'il affectionne tant. Et il a eu très chaud. Il a été vu lors d'une soirée dans le quartier des Champs-Élysées. La police, avertie, est accourue ventre à terre, mais le fugitif s'était déjà envolé.

« Le mégot est l'unique preuve et c'est la preuve. Je suis convaincue de sa culpabilité, dira l'avocate générale Laure Camus dans son réquisitoire. Au vu de son profil, de son indifférence et de son mépris. » Elle demande spécifiquement le maintien du mandat d'arrêt visant la Gelée. « La condamnation pourrait relancer les recherches, conclut la presse. Une interpellation et une extradition aboutiraient à un nouveau jugement en France qui reste suspendu aux relations difficiles avec l'Algérie[2]. » En effet. La coopération judiciaire apparaît plutôt délicate. Longtemps, les autorités d'Alger ont fait la sourde oreille aux demandes françaises, laissant les justiciables recherchés par Paris dans une relative tranquillité, pourvu qu'ils ne se fassent pas remarquer. Cela a commencé à changer il y a une dizaine d'années, notamment avec l'affaire Genova/Hadjadj. Mais l'Algérie, qui, comme la France, n'extrade pas ses ressortissants, a choisi de les juger elle-même. Il en a été ainsi d'un frère du braqueur Rédoine Faïd, impliqué dans le meurtre d'une policière municipale à Villiers-sur-Marne en 2010[3]. Pour Nordine Mansouri, cela semble plus compliqué…

---

1. Cf. chap. « L'Elégant ».
2. *Ibid.*
3. Fisal Faïd a été condamné à vingt ans de prison en appel, en 2016, après avoir été acquitté en première instance.

Les ennuis de Monsieur Jo

Un de ses amis a eu moins de chance. Le 12 janvier 2014, à 11 heures du matin, des coups de feu claquent au 44, rue de Ponthieu, derrière les Champs-Élysées, la rue des boîtes un peu louches et des bars à hôtesses. Chez Fred, « bar à champagne, cocktails, lounge et tapas », accueille derrière ses vitres opaques un « after » qui traîne en longueur et qui a dégénéré. Les secours relèvent quatre blessés, dont certains graves : Fatia, Zakarias, Massi et Nono, le petit frère de Boukhalfa Djennad, dit Djeff[1], un homme bien connu des noctambules pour travailler lui-même dans des boîtes de nuit de la capitale. Nono est touché par quatre projectiles, au niveau du cou, du thorax et du ventre. Il va s'en sortir. Un petit miracle. Le tireur est en fuite, bien qu'identifié sans trop de difficultés. « Rapidement, le nom d'Imed Mohieddine était revenu aux oreilles des enquêteurs du 1er district de police judiciaire (DPJ) et de la brigade criminelle, cosaisis dans cette affaire[2]. » Mais « Jo l'Indien » de Fontenay-sous-Bois est introuvable.

Celui qu'on surnomme aussi Tonton ou plus simplement Memed est le plus jeune de la bande constituée par les frères Hornec, Nordine Mansouri, Mohamed Amimer et quelques autres. Peut-être aussi l'un des plus remuants. Qui pourrait croire que ce garçon de 1,80 mètre, de « corpulence mince », selon sa fiche de police, qui dans sa jeunesse portait d'abondants cheveux bouclés sur un visage fin et angélique, s'est mué en terreur des beaux quartiers ? Celui qui déclare une profession de « chef de chantier » ou d'assez vague « vendeur » a derrière lui un « CV criminel » particulièrement fourni. C'est d'abord des outrages à dépositaire de l'autorité publique en 1980, puis une conduite sans permis, une rébellion et l'acquisition d'une

1. Cf. chap. « La filière kabyle ».
2. Un caïd du milieu parisien en fuite interpellé en Algérie, *Le Point.fr*, 15 novembre 2017.

arme à Vincennes. À cette époque, un « copain de quartier[1] » fait partie de la même petite bande de Fontenay-sous-Bois, qui compte aussi dans ses rangs les frères Naceri, Bibi et surtout Samy, le futur acteur. « Imed, c'était un gentleman, raconte David[2], un Monsieur. C'était quelqu'un qui avait du respect et qui était très respecté, un charmant garçon. Il était gentil, franchement. Et discret alors que Samy Naceri portait des Rolex et roulait en grosses voitures, lui était en jeans, basket, parfois en mocassins à clochettes. Il s'habillait très simple, mais était toujours bien sapé. » Imed et Samy ont seulement six mois d'écart. Les deux copains de Fontenay vont garder des liens presque fusionnels. Ainsi, des années plus tard, quand l'équipe de *Taxi 2* reçoit en direct le M6 Award du meilleur film français en novembre 2000, l'acteur salue sa mère, puis deux copains : « Je voudrais dire à Jo et à Nordine que je suis avec eux[3] », lance-t-il. Mohieddine et Mansouri sont alors au placard après des soupçons d'extorsion dans des bars de Francis le Belge[4].

La famille Mohieddine, à moitié tunisienne de Menzel Bourguiba, près de Bizerte, et algérienne d'Annaba, où est né le frère cadet d'Imed, s'est installée en banlieue est de Paris, entre le bois de Vincennes et Montreuil. Longtemps, elle loge à la Redoute, une des tours qui a donné le nom à un quartier de Fontenay-sous-Bois. Imed a aussi deux grands frères. L'aîné était « tranquille », se souvient David. Puis il y avait Hafid, « qui se battait avec tout le monde ». Au début des années 1980, Hafid est mort tragiquement, « brûlé dans une voiture, derrière la tour Jean-Macé, un règlement de comptes avec des Turcs d'après ce qu'on a dit ». Vient ensuite le petit frère, Karim, de deux ans le cadet d'Imed qui, plus tard, prendra la relève à

1. Témoignage recueilli en juin 2019.
2. Le prénom a été changé.
3. *L'Express* du 14 juin 2001.
4. Une procédure pour « association de malfaiteurs, extorsion de fonds et vol au tiroir-caisse » en date du 6 juillet 2000 à Paris qui n'a finalement rien donné.

Fontenay[1]. Pour l'heure, c'est « Jo l'Indien », le roi du quartier. Avec ses potes, il fréquente le Tacot Club, un bar sur le chemin du centre-ville. Là, « il rince tout le monde et paye la bouffe au Flunch », le week-end. « On prenait une frite, une boisson et on restait trois ou quatre heures, raconte David. Lui il partait souvent sur Paris. Imed allait en boîte mais ce n'était pas un fêtard. Il fumait la cigarette mais pas le shit. Il conduisait sans permis. » Déjà. Une jeunesse de banlieue presque classique.

À l'époque, les potes d'Imed s'appellent Marcel, un Gitan ; Philippe, « Bébel », un Kabyle qui était avec une Gitane ; et François qui était très proche de lui et avec qui il a « braqué ». Il avait aussi un « très bon pote » qui s'appelait Omar, dont la femme était coiffeuse. Sans oublier Faouzi B., qui, plus tard, passera pour un « gros bras » des frères Hornec[2]. « De cette génération, les trois quarts sont en prison ou morts du sida », déplore David. Quelques-uns heureusement s'en sortiront et deviendront kinés ou commerçants. Parmi tous, affirme David, « c'était Samy Naceri le plus chaud, le plus teigneux ; bien plus qu'Imed. Lui, il n'avait pas froid aux yeux. Un jour, il y a eu un problème au Gévaudan, un bar dans la cité. Des Gitans de Montreuil ont bousculé le père de Naceri qui devait boire un café là-bas. Alors Samy est venu, à cinq ou six motos. Il y avait sûrement Imed dans le tas. Ils ont fracassé les mecs ». Quand il ne faisait pas le coup de poing à Fontenay, Samy Naceri « traînait aux Halles, à Paris ».

Jeune homme, Imed « belle-gueule » plaît et séduit. Il « sort » même avec la femme d'un flic de Vincennes, « une belle femme » plus âgée de dix ans. Dans ce milieu où l'on n'a rien ou pas grand-chose, le braquage apparaît comme une suite logique. Les premiers sont basiques. « Quand Imed était à court

1. En juin 2000, il sera blessé par balles lors du braquage de convoyeurs de fonds.

2. Par jugement du 30 avril 2009, le tribunal correctionnel de Paris l'a condamné à cinq mois d'emprisonnement pour recel de biens provenant d'une extorsion, aux côtés d'Imed Mohieddine, Nordine Mansouri et Medhi Hornec.

d'argent, il allait à Auchan, volait une paire de bas marron et faisait des trous dedans avec une cigarette, pour respirer, raconte son ancien copain de quartier. Après, il allait chercher un pistolet planqué dans un buisson. À l'époque il n'y avait que des pistolets d'alarme, jamais de vraies armes. Puis il braquait la banque du quartier, la Caisse d'Épargne. Et il allait en boîte… » Mais la chance tourne à force de la provoquer. « Il s'est fait attraper quand avec son pote Marcel il a fait un coup au supermarché à Montreuil. Imed a braqué le personnel. » *Le Parisien*[1] a rapporté les faits sous le titre « Hold-up raté à Montreuil-sous-Bois : un gangster ceinturé par deux convoyeurs. » Mohieddine et son complice, donc, arrivent dans le magasin à 19 heures, dissimulés sous des cagoules, « pour tenter un raid fructueux », le « hold-up de leur vie » (*sic*). Ils dérobent la recette dans les caisses, soit 2 400 francs[2], puis demandent à se faire ouvrir les coffres. Les employés refusent. Alors que Mohieddine et son complice ressortent, deux convoyeurs de la Brink's se pointent. Imed est ceinturé. Il n'avait qu'un pistolet d'alarme, effectivement. Celui qui est présenté comme « sans profession » par *Le Parisien* est conduit à la 8e BT, la brigade territoriale compétente sur une partie de la Seine-Saint-Denis, puis déféré. Sans jamais « donner » le complice qui l'a pourtant lâché. « Marcel devait attendre Imed avec la moto, se souvient David. Il était censé le prévenir et il s'est barré ! Après ça, plus personne lui parlait dans le quartier et il est allé vivre ailleurs. » La famille Mohieddine ne va pas tarder à suivre. « Ils ont eu des problèmes avec la municipalité et ils se sont fait virer, raconte David. Hafid, le grand frère, était toujours là quand il y avait une connerie, un incendie, une moto volée. Même s'il n'avait rien fait. Ils ont été expulsés de la Redoute. »

Après son braquage raté de la supérette de Montreuil qui va entraîner un premier passage en prison, Imed passe à la vitesse supérieure. En 1987, la police lui attribue un enlèvement doublé de séquestration lors d'une affaire de « faux policiers ». Des

1. Édition du 11 novembre 1980.
2. 365 euros…

« menaces » et plusieurs ports prohibés d'armes à Paris suivent. Le 16 mars 1990 il est mis en cause dans une association de malfaiteurs à Paris, dans le 10e arrondissement. Ensuite, ce sera vol, recel, blanchiment, usage de faux papiers sur la Côte d'Azur, ce qui lui vaut des ennuis de la part de la PJ de Nice et du commissariat de Fréjus, dans le Var, une région qu'il semble apprécier.

Dans le « civil », le 21 février 1999, il fait partie des invités au baptême du fils d'Antonio Lagès[1], avec son ami la Gelée, mais aussi Karim Achoui, l'avocat, et le cousin de ce dernier, Farouk, plus deux cadors du gang de la Banlieue sud dont Serge Lepage. Certains ayant été suspectés d'avoir attaqué ensemble un fourgon blindé à Chennevières dans le Val-de-Marne la même année. Après quelques nuits agitées à Paris, les ennuis recommencent en août 2001[2]. « Monsieur Jo » et ses amis se voient reprocher un autre braquage de « tirelire », à Sainte-Maxime dans le Var, non loin de sa résidence d'été. Mais les flics ne pourront rien établir. Plus tard, quand la justice le condamne à cinq ans ferme, pour extorsion en bande organisée avec Nordine Mansouri en 2009, elle note : « Il a déjà été condamné à huit reprises et présente des problèmes récurrents d'addictions. » Preuve en est cette série de contrôles au volant : le 18 janvier 1999 à 3 h 30, rue Jean-Macé, dans le quartier sensible des Larris à Fontenay-sous-Bois. Conduite en état d'ivresse. Ou le 3 mai 2000, sur le cours de Vincennes, pour la même raison. Puis lors d'un délit de fuite le 15 avril 2006, sur l'autoroute A4, à hauteur de Lagny, à 4 h 30 du matin. Cette nuit-là, il refuse de se soumettre aux examens « tendant à établir l'état alcoolique ». Les policiers relèvent aussi une conduite sans permis et un séjour irrégulier en France. Rebelote, le 27 octobre 2012, à 0 h 40, cette fois avenue Ledru-Rollin au Perreux, dans le 94, toujours pour conduite sans permis et en état d'ivresse. Il refuse de nouveau de se soumettre aux examens.

1. Cf. chap. « La chute du Belge ».
2. *Ibid.*

Clubs de strip-tease

Lui qui n'était pas forcément le plus fêtard dans sa jeunesse a rattrapé le temps perdu par la suite, en écumant bars, boîtes et restaurants. Imed Mohieddine s'est imposé au fil des années en spécialiste du racket. Un ancien flic du Val-de-Marne se souvient comment il a dû, au début des années 2000, intervenir dans une brasserie « jeune » de la porte de Vincennes, côté Saint-Mandé. C'était au Petit Bougnat, propriété d'une influente famille auvergnate bien connue dans la restauration et au-delà, *via* de solides amitiés politiques. « Imed y est venu seul d'abord, faire le racket. Puis trente mecs sont venus. Il y a eu du grabuge. Des types qui se battent, cassent la devanture. Ensuite on a proposé au patron d'assurer la sécurité », raconte un flic. Mais Imed a fait une erreur, car il méconnaît visiblement les connexions du père du patron. La PJ de Créteil est appelée à la rescousse. « On a mis en place un appel police pour dissuader les racketteurs, se souvient le policier. Dès qu'ils arrivaient, on venait faire des contrôles. » Le message est passé. Au bout de quelques-uns de ces désagréments, Imed et ses amis ont abandonné la partie. Ça ne l'a pas dissuadé d'essayer ailleurs. Depuis très longtemps, « Memed » fréquente assidûment le secteur des Champs-Élysées comme on l'a vu[1]. Les bars à hôtesses, bien sûr, mais aussi de nouveaux établissements qui ont fait leur apparition en 2002 dans le quartier : les boîtes à strip-tease « chics ». Un policier se souvient de leur rencontre[2] :

« Un jour, les Guetta m'appellent car ils avaient un problème au Pink[3] avec Imed et la Gelée. Ils me disent :

— Ils viennent à cinq ou six, prennent une table et des bouteilles et, à la fin, ils disent au serveur : *C'est pour ton cul !*

1. Cf. « La chute du Belge ».
2. Témoignage recueilli par l'un des auteurs en septembre 2020.
3. Le Pink Paradise, rue de Ponthieu, alors géré par David et Cathy Guetta.

Je suis donc allé discuter avec eux au Hustler. Je me mets dans un coin, Imed me voit et vient vers moi. Il me dit :

— Toi, tu es de la Mondaine.

On était obligés d'être toujours en costard-cravate. Moi, je lui réponds :

— Toi, tu es Imed.

On commence à discuter avec lui et la Gelée. Un groupe hostile se forme autour de nous avec un petit excité qui n'arrêtait pas de gesticuler et de dire :

— Parle pas avec lui, c'est un enfoiré de flic !

Serge Lepage le chope par le col et lui dit :

— Laisse-les discuter !

Je dis à Mohieddine qu'il ne fallait plus faire ça chez les Guetta. Il me répond :

— OK, mais fais-moi plaisir, j'ai une copine qui tapine en haut des Champs et elle n'arrête pas de se faire verbaliser. Elle bosse pour nourrir son gosse, c'est même pas ma copine. Fais en sorte que ça se calme.

J'ai passé le message pour qu'on arrête de l'emmerder elle. Après, je le recroise et il m'embrasse en me disant :

— Tu as tenu parole !

Mais il fallait savoir garder ses distances avec ces gens-là. » Et réciproquement.

Contrarié dans ses projets, Imed Mohieddine n'en est pas moins resté attaché au quartier des Champs et particulièrement autour du T formé par les rues de Berri et de Ponthieu. La zone concentre quantité de boîtes de nuit, bars à hôtesses, comme le célèbre Chez Tata tenue par feu Christine Zidane, une figure des nuits parisiennes, et *afters* douteux comme Chez Fred où a eu lieu une fusillade en janvier 2014 pour laquelle le voyou de Fontenay a été mis en cause[1]. Pourquoi ces coups de feu sur Nono Djennad, frère d'un homme qui a longtemps pesé dans le milieu algérien de la capitale ? « Il n'y avait pas de contentieux particulier entre eux, détaille une autre source policière

1. Cf. chap. « La filière kabyle ».

bien informée. C'était un *after* avec des défoncés. Mohieddine n'avait pas dormi pendant une semaine. Il était avec des filles, sous coke, faisandé par la came. Dans le bar, il défouraille et flingue Nono. Pour rien[1]. » Un autre flic parisien détient une version un peu différente : « Imed était rôti, plein de coke. Il est là avec un pote yougo. Ils veulent mettre à l'amende le patron du bar. Ils prennent à partie Nono qui leur dit que le patron est un mec bien. Le ton monte. Or le Yougo a offert un calibre à Imed deux jours avant… Et ça tire ! C'est un truc de fou. Nono court dans la rue et arrive à se réfugier dans un autre bar. Une complice est ensuite venue en voiture exfiltrer Imed et son ami. » La nature exacte des relations entre Mohieddine et les frères Djennad n'est pas connue. Y avait-il un conflit préexistant ? « Djeff n'était pas là, sinon il l'aurait tué Memed [Mohieddine], observe un voyou algérien de Paris. Personne ne peut avoir une embrouille avec Djeff. C'est simple, t'as une embrouille avec lui, t'es mort ! »

Après presque quatre ans de cavale, Imed Mohieddine finit par se faire arrêter en novembre 2017 à la frontière algéro-tunisienne. Il rentrait de Tunisie, mais semble avoir sous-évalué les foudres de la justice française et le mandat d'arrêt international délivré à son encontre par un juge d'instruction parisien. Placé en détention à la maison d'arrêt d'El-Kala, tout près de la frontière tunisienne, « Memed » est finalement jugé en Algérie. Il écope d'abord de treize ans de prison. La peine est finalement allégée en appel, à cinq ans, en 2020. Des sources informées évoquent une éventuelle intervention auprès d'un juge local. Mais la justice française pourrait bien ne pas en rester là et demander l'extradition de « Monsieur Jo ». Affaire à suivre…

1. Témoignage recueilli en juin 2020.

13

Sur la route de Nono le Barge

Il avait la réputation de n'avoir peur de rien, ni de personne. Au point que certains le qualifiaient de « danger public ». Nordine Nasri dit Nono le Barge, grandi dans les bidonvilles de Nanterre, s'est taillé une solide réputation au sein du milieu parisien au début des années 2000. Avant de croiser plus fou que lui.

La quiétude est de mise sur la plage San Francisco à Fuengirola en ce 5 mars 2002. L'effervescence de l'été est encore loin. L'étendue de sable qui vient se perdre dans les eaux cristallines de la Méditerranée, à un peu plus de trente kilomètres au sud de Malaga en Espagne, voit arriver ses premiers touristes, avides de farniente et de soleil. Mais, pour certains, l'heure n'est pas à la détente. Vers 15 h 40, les quatre occupants d'une Mercedes coupé grise décapotable, immatriculée à Paris, circulent tranquillement Plaza Hispanidad, bordée par de hauts palmiers qui viennent ombrager les balcons des immeubles environnants. Le conducteur de la berline allemande ne semble pas voir se profiler, dans son rétroviseur, la ligne d'une Fiat Doblo blanche qui se rapproche à vive allure. L'occupant de ce véhicule de location vient couper la route du coupé de la marque à l'étoile d'argent. Puis, soudain, cinq détonations éclatent. Le conducteur de la Mercedes est touché au bras gauche. Sans demander son reste, le tireur remonte dans sa voiture et prend la fuite. C'est la panique Plaza Hispanidad. Une jeune femme, témoin de la scène, est en proie à une crise d'hystérie. L'homme pris pour cible est aussitôt conduit par l'un de ses passagers dans un centre de secours tout proche avant d'être évacué vers l'hôpital de Malaga. À son arrivée, il présente une carte d'identité, supportant sa photo, au nom d'un ressortissant français, né en juin 1982 dans le 11e arrondissement à Paris. Au regard de la gravité des faits, ses empreintes digitales sont prélevées et immédiatement envoyées au fichier national à Écully (Rhône). Quelques heures plus tard, les policiers espagnols apprennent que celui qui vient d'être touché de plusieurs balles de calibre 9 mm n'est pas celui qu'il prétend être. Ses empreintes correspondent à celles d'un certain Samir Benbouabdellah, dit Casimir ou Kaz, 19 ans, originaire de la cité de la Banane dans le 20e arrondissement à Paris[1]. Informés de cette découverte, deux officiers de liaison français à Malaga adressent une télécopie aux policiers de l'Office central pour la répression du banditisme (OCRB) qui le recherchent dans le cadre de la tentative d'évasion de son frère, Mounir, de la prison de Fresnes (Val-de-Marne), en mai 2001[2]. « En l'état actuel de l'enquête, l'intéressé n'a naturellement fourni aucune explication sur cet incident, n'a donné aucune indication sur la Mercedes qu'il conduisait, ni sur les personnes qui l'accompagnaient, semblent regretter les deux policiers français, détachés sur la Costa del Sol. Toutefois et pour donner une coloration à l'affaire, nos collègues nous signalent qu'à son arrivée à l'hôpital, les médecins ont trouvé sur lui un bout de plaquette de résine de cannabis. » Dans une formulation pour le moins surprenante, les deux officiers concluent leur rapport, sur celui qui a été pris pour cible à plus de mille huit cents kilomètres de son quartier de la Banane, de la manière suivante : « Un mandat d'arrêt international assorti d'une demande d'extradition serait particulièrement bien indiqué afin que celui-ci ne puisse quitter l'hôpital à l'issue de sa

1. Cf. chap. « La saga de la Banane ».
2. Dans cette affaire de tentative d'évasion, Samir Benbouabdellah n'a fait l'objet d'aucune poursuite judiciaire.

convalescence qui pourrait être rapide (vu la capacité de récupération de ce type de voyous) (*sic*). »

De leur côté, les enquêteurs espagnols retrouvent, au lendemain de cette tentative de meurtre, la Fiat du tireur. L'utilitaire italien a été abandonné sur le parking de l'aéroport de Malaga. À l'intérieur, aucune arme. Mais des traces de sang sur le pare-brise font l'objet d'un prélèvement avant de partir pour analyse. Le nom du loueur de ce véhicule est rapidement connu : Aïssa Terriche, né à Argenteuil (Val-d'Oise) en mars 1968. À nouveau alertés, les policiers français, en fouillant dans leur documentation criminelle, comprennent que Samir Benbouabdellah a probablement croisé la route d'un sérieux « client » : Nordine Nasri, *alias* Nono ou Nordo le Barge. Considéré comme une figure du grand banditisme francilien, ce natif de Nanterre (Hauts-de-Seine) utilise six ou sept fausses identités, dont Aïssa Terriche. « Lui, il flinguait tout le monde sur des deals » affirme, aujourd'hui, un haut gradé de la PJ parisienne à l'évocation du parcours de cet homme aux cinquante-sept occurrences au STIC (système de traitement des infractions constatées)[1]. Un fichier aux allures de bottin pour le Barge sur lequel figuraient notamment des faits de vols, violences volontaires, incendie, infraction à la législation sur les stupéfiants et les armes, vol à main armée, usage de faux documents administratifs et atteinte volontaire à la vie.

Dans un rapport d'enquête, rédigé en mars 2008, les policiers de la crim' se veulent un peu plus précis en indiquant que Nordo était, selon la formule consacrée, « très défavorablement connu des services de police et de justice pour avoir été impliqué, entre août 1980 et juillet 2003, dans une quarantaine de dossiers, essentiellement comme auteur ». Dont une première arrestation, alors qu'il n'a pas encore fêté ses 10 ans, pour un vol simple

1. Un fichier largement controversé, car une même personne pouvait y figurer comme auteur, victime ou simple témoin, pour des affaires toujours en cours ou amnistiées. Ce fichier a été remplacé en 2011 par celui du traitement des antécédents judiciaires (TAJ), qui regroupe les informations des services de police et de gendarmerie.

à Colombes. « L'essentiel de son activité reposait notamment sur le trafic de drogue, haschisch et cocaïne, entre la France et l'Espagne, prétendent les mêmes enquêteurs du 36, quai des Orfèvres. Il était proche d'un certain Jean-Claude Pautot, un braqueur parisien[1], de Hamid Hakkar, voyou de la banlieue parisienne, spécialisé dans le trafic de drogue, et du braqueur Antonio Ferrara. » Il a aussi été écrit dans la presse que Nono le Barge pouvait avoir endossé le rôle de « lieutenant » pour le compte d'un autre clan tenu par des frères, celui des Hornec, des manouches sédentarisés à Montreuil (Seine-Saint-Denis), et présentés depuis de nombreuses années comme les parrains du milieu parisien. De quoi asseoir une solide réputation au sein de la pègre parisienne. « Ce n'était pas un mec que tu apprivoisais en deux jours, relate un de ses proches. Il avait une personnalité ambivalente. Quand il t'aimait, il t'aimait à 200 % et, s'il te détestait, c'était pareil. Quand il t'appréciait, il exprimait ses sentiments de manière exacerbée. C'était du bois brut. Ce n'était pas un ange. Il avait su se faire respecter et était très apprécié des frères Hakkar de Pablo-Picasso à Nanterre. C'était un mec qui s'était imposé par la force et c'était un bagarreur de folie. Un jour, il s'était embrouillé avec des types en voiture. Ils étaient cinq et lui tout seul. Il les avait séchés. Ça lui avait valu quelques ennuis avec la justice. Il était costaud et s'entretenait physiquement même s'il consommait aussi pas mal de drogue. C'était tout ça à la fois Nono le Barge ! » L'homme qui en imposait autant était souvent accompagné de ses deux fidèles pitbulls, Pattaya et Ghetto, qu'il considérait comme ses propres enfants. Un automobiliste avec lequel il avait eu un accident avait d'ailleurs fait la connaissance d'un de ses « rejetons » à quatre pattes. Le 13 mars 1998, dans une ruelle longeant l'hôpital Lariboisière à Paris, peu après 1 heure du matin, Nono le Barge s'était emparé d'une barre de fer avant de froisser la tôle de la voiture d'un imprudent conducteur venue croiser sa route. Ce dernier ne s'était pas laissé faire avant de voir Pattaya fondre sur lui pour le mordre sérieu-

1. Cf. chap. « L'Élégant ».

sement. Interpellé dans la foulée, Nordine Nasri avait été placé en garde à vue tandis que son canidé aux puissantes mâchoires avait pris la direction de la fourrière.

L'ancien juge d'instruction de Créteil, Jean-Paul Albert, qui a instruit le dossier d'évasion de Ferrara de la prison de Fresnes, en mars 2003, a notamment souligné dans son ordonnance de mise en accusation devant la cour d'assises dans cette affaire que « le nom de Nordine Nasri dit Nono le Barge ayant été cité par plusieurs mis en examen, faisait partie d'une équipe composée des nommés Fabrice Hornec, Jacques Haddad et Djamel Mansri impliqués dans des faits de séquestration avec armes et vol en bande organisée commis à Bréviandes (Aube) le 8 mai 2002[1], dans un vol à main armée à Fontainebleau en juin 2002[2] et dans l'attaque d'un centre-fort à Beauvais le 5 juillet 2002[3]. Il ressortait des surveillances téléphoniques diligentées sur commission rogatoire d'un juge d'instruction de Troyes que Nordine Nasri était en contact téléphonique, en mars et avril 2003, avec Djamel Mansri, incarcéré à la maison d'arrêt de la Santé dans le cadre d'une affaire de trafic de stupéfiants, poursuit le même magistrat. Les conversations avaient trait notamment à

1. Plusieurs inconnus armés avaient fait irruption dans la demeure d'un riche couple de collectionneurs d'art avant de séquestrer et de frapper les occupants des lieux, afin de leur voler de précieuses œuvres, signées Buffet, Cézanne, Dufy et Picasso. Près de 260 toiles avaient été récupérées en novembre 2003 et une partie de ce gang de saucissonneurs avait été démantelée.

2. Trois braqueurs, encagoulés et munis d'armes de guerre, avaient fait irruption, le 8 juin 2002, dans une salle d'exposition de l'Hôtel des ventes aux enchères de Fontainebleau (Seine-et-Marne), avant de rafler pour 800 000 euros de bijoux. Une fusillade avait éclaté entre les malfrats et la police, lancée à leur poursuite, mais sans faire de blessés. Dans cette affaire, Jacques Haddad a été condamné à huit ans de prison. Fabrice Hornec et Djamel Mansri n'ont pas été poursuivis.

3. Un commando de huit malfaiteurs était parvenu à s'emparer de 9 millions d'euros entreposés dans un centre-fort d'une société de transport de fonds après avoir fait sauter un mur d'enceinte à coups d'explosifs. Dans ce dossier, Fabrice Hornec, Jacques Haddad et Djamel Mansri n'ont fait l'objet d'aucune poursuite.

leurs connaissances communes et, par la suite, il était évoqué un projet d'évasion par hélicoptère et usage d'explosif. En outre, des surveillances physiques et techniques étaient exercées sur Nordine Nasri dans le cadre de la commission rogatoire, délivrée le 11 mars 2003 par un juge d'instruction à Évry, étant soupçonné d'être impliqué dans l'attaque d'un fourgon blindé le 25 février 2003 sur l'autoroute A6 à Savigny-sur-Orge[1]. Les contacts de Nasri ne permettaient pas de faire des liens avec les mis en cause dans l'affaire de l'évasion de Fresnes en date du 12 mars 2003 ».

Mais revenons à Fuengirola et à cette tentative de meurtre sur Samir Benbouabdellah. Selon plusieurs sources policières, cette action criminelle serait la conséquence d'une bagarre survenue dans une boîte de nuit de Malaga au printemps 2002, entre plusieurs membres de l'équipe de la Banane et Nono le Barge, de dix ans leur aîné. Ce dernier n'aurait pas apprécié que ces cadets lui manquent de respect, avant de le leur faire savoir de manière virile. Mais Nono se serait ensuite retrouvé en difficulté face à ses opposants. L'origine de cet échange musclé n'aurait jamais été clairement éclaircie. Il n'en reste pas moins que Nordine Nasri est suspecté d'avoir ensuite tiré sur son opposant d'un soir pour laver l'affront subi. Interrogé sur cet épisode, le 7 décembre 2004, dans les locaux de la brigade criminelle, le benjamin des « Benbou », titulaire d'un BEP électrotechnique avant d'entrer dans la vie active à l'âge de 16 ans, a certifié n'avoir jamais été pris pour cible par Nordine Nasri.

« Je n'ai pas fait l'objet d'une tentative d'homicide volontaire perpétrée par un certain Terriche Aïssa, en fait, selon votre enquête, Nasri Nordine. Mais j'ai effectivement fait l'objet

1. Un fourgon blindé avait été pris en tenaille, au petit matin, en pleine voie de circulation par trois poids lourds conduits par des braqueurs. Ces derniers avaient ensuite placé une charge explosive sur le blindage du camion. Mais leur dispositif artisanal, constitué d'une antenne parabolique lestée d'un extincteur, n'avait pas atteint son but. De nombreux coups de feu avaient ensuite été échangés entre les braqueurs bredouilles et les forces de l'ordre.

d'une tentative de meurtre en mars 2002 en Espagne à l'issue de laquelle j'ai été hospitalisé puis incarcéré, car j'avais des faux papiers [...]. Toute cette histoire est liée à une nana. La nuit précédente, j'avais levé la copine de celui qui m'a tiré dessus. Nous étions dans une boîte de Fuengirola. Je l'ai emmenée chez moi et, en début d'après-midi alors que nous allions à la plage, j'ai rencontré un type qui m'a dit que j'avais pris sa femme puis a sorti une arme et a tiré sur moi. J'ai été blessé au bras gauche par deux projectiles.

— Que savez-vous sur votre agresseur ? Pouvez-vous nous le décrire ? questionne le commandant de la crim', chargé de son audition.

— Je ne sais rien de lui. Je ne l'avais jamais rencontré. Il ne ressemble pas du tout au nommé Nasri Nordine dont vous m'avez présenté le cliché photographique. Il s'agissait d'un Espagnol âgé d'environ 25 à 30 ans. Il était de corpulence trapue et devait mesurer aux alentours de 1,70 mètre. Ses cheveux étaient bruns frisés et mi-longs. Je ne l'ai pas revu depuis et je n'en ai plus entendu parler [...]. Lorsque j'ai été victime de cette tentative, je ne me trouvais pas dans une voiture. Je sortais avec la fille en question d'un bar, nous marchions en direction de la plage lorsque cet individu a voulu m'abattre. »

Pour la victime, Nono le Barge, issu d'une fratrie de six frères et cinq sœurs, grandie au milieu des bidonvilles de Nanterre (Hauts-de-Seine), à la fin des années 1960, n'a rien à voir avec les tirs d'arme à feu qui auraient pu lui coûter la vie. Les enquêteurs, eux, portent un tout autre regard sur cette affaire, persuadés que ce ponte du banditisme parisien, à la personnalité « exubérante et extravertie mais aussi très attachante », selon son avocat de toujours, Me Joseph Cohen-Sabban, aurait décidé, coûte que coûte, de se venger. Un nouveau meurtre va venir étayer leur hypothèse.

Porte-clefs à la James Bond

Retour à Paris, dans le 19e arrondissement, trois semaines après le coup de chaud andalou. Le 28 mars 2002, vers 23 h 45, avenue Jean-Jaurès, en face de la Grande Halle de la Villette et à deux pas de la porte de Pantin. Un client du café de l'Horloge s'apprête à quitter les lieux, seul, lorsqu'il entend un puissant coup de feu retentir dans l'établissement. Deux autres suivent. L'un l'atteint au cou. L'auteur des tirs, visage encagoulé, fusil à pompe à canon scié entre les mains, fait demi-tour avant de s'engouffrer dans l'habitacle d'une BMW 735 grise dans laquelle l'attendent deux complices. Le trio prend la fuite tandis que la victime se vide de son sang. Grièvement blessé par une cartouche de calibre 12 – « de type Brenneke, munition réservée à la chasse au gros gibier », stipulent dans leur rapport les enquêteurs de la 2e DPJ, chargé des investigations –, l'homme visé décédera quelques heures après son admission à l'hôpital parisien de la Pitié-Salpêtrière. Les policiers relèvent le nom de la victime sur sa carte d'identité : Morad Ghouali, né le 23 juillet 1970 à Toul (Meurthe-et-Moselle). Dès le lendemain, une jeune femme se présente au siège de la 2e DPJ. Elle assure être la petite amie de la victime depuis « neuf mois ». Mais les policiers tiquent sur cette venue spontanée et sur le fait qu'elle certifie ne rien connaître de la vie de celui qu'elle présente comme son compagnon : ni adresse, ni ami, ni connaissance, ni même le modèle de sa voiture ! Pas la moindre info qui pourrait les mettre sur un début de piste. Et ce n'est pas la seule à vouloir savoir ce qu'il s'est passé dans ce café. La 2e DPJ reçoit, dans le même trait de temps, plusieurs appels de personnes qui tentent, après avoir donné des patronymes fantaisistes, de glaner des informations. Quelques jours après ce meurtre, un homme pousse la porte du service enquêteur. Il se dit être le père de la victime et indique avoir été informé par des « rumeurs » que son fils, dont il n'avait plus de nouvelles depuis plusieurs mois, a été abattu dans ce café du 19e arrondissement. Mais le nom de ce dernier ne correspond pas à celui de l'homme tué dans ce commerce de l'avenue Jean-Jaurès. Le père insiste, puis identifie formellement son fils, Ali Lebsir, 26 ans, né à Boudjellil dans la wilaya de Béjaia en Algérie, comme étant la victime de cette décharge de Brenneke. Aîné d'une fratrie de six enfants, arrivé en France à l'âge de 8 ans, « Alilou » ou « Ali 70 » avait « plus ou moins coupé les ponts avec sa famille à partir de 1999, année au cours de laquelle il avait été emprisonné pour une affaire de bagarre », confie son père aux enquêteurs de la PJ parisienne. Le jeune homme, ex-serveur et sans domicile connu, était aussi et surtout sous le coup de deux mandats d'arrêt. En conclusion de leur rapport, les policiers soulignent que Alilou était « un ancien jeune délinquant de la cité dite de la Banane (Paris 20e) ayant manifestement franchi un cap en 1998/1999 puisqu'il était recherché par deux magistrats-instructeurs dans deux affaires distinctes de meurtres. Le mode de vie qu'il paraissait mener (fausse identité, argent liquide, hôtels, absence de toute base identifiable…) laisse à penser qu'Ali Lebsir s'était complètement engagé sur la voie d'une délinquance lourde au sein de laquelle il aura été confronté, dans la soirée du 28 mars 2002, à des individus appartenant au même monde que lui ». En résumé, Alilou, décrit comme un grand ami de Yassine Cheambi, un des membres historiques de la Banane[1], aurait été victime d'un règlement de comptes. Son meurtrier ne sera jamais identifié. En revanche, le nom d'un suspect est revenu avec insistance aux oreilles des enquêteurs : celui de Nordine Nasri. « Plusieurs informations anonymes ont été portées à la connaissance des services de police à propos de l'implication de Nono le Barge dans l'assassinat d'Ali Lebsir, témoigne un commissaire de police, affecté pendant de nombreuses années à la DRPJ Paris. Lebsir aurait été présent dans cette fameuse boîte de nuit espagnole dans laquelle Nasri aurait été rossé par plusieurs membres de l'équipe de la Banane. Après avoir tenté de tuer Samir Benbouabdellah, le Barge aurait poursuivi sa vendetta en s'en pre-

1. Cf. chap. « La saga de la Banane ».

nant à Ali Lebsir. Il se dit aussi qu'un certain David Mouelle, surnommé Vovo, Gorille ou Daoud[1], autre membre important de l'équipe de la Banane, aurait été pris pour cible, quelque temps plus tard, alors qu'il se trouvait poursuivi sur le périphérique parisien par un homme à moto. » Avant que Nordine Nasri ne tombe sous les balles de ses ennemis.

Paris, avenue de la Grande-Armée, 24 juillet 2003. Il est un peu plus de minuit lorsque Nono le Barge se dirige, seul et à pied, vers la porte Maillot, toute proche. Un homme qui semble faire le guet, à proximité du restaurant à l'enseigne La Terrasse, s'extirpe précipitamment d'une cabine téléphonique avant de brandir un pistolet de gros calibre en direction de celui que les policiers décrivent comme un caïd de la pègre parisienne. L'inconnu fait feu à plusieurs reprises. Atteint par six projectiles, notamment à une main, au bras, au niveau de l'aisselle et de l'aine, Nono le Barge trouve tout de même la force de poursuivre son agresseur et de se battre avec lui. « C'est tout simplement hallucinant qu'il ait pu se relever après avoir été blessé par six balles de 11,43 ! s'étonne encore aujourd'hui un policier qui a eu à travailler sur cette affaire. Rien qu'avec l'impact des balles, vous êtes plaqué au sol. Et il ne portait pas de gilet pare-balles. » Selon le récit que le malfrat à la peau dure en fera, plus tard, devant la police, au cours de cette empoignade, une deuxième arme de calibre 7,65 mm aurait glissé des poches du tireur. Il s'en serait alors emparé avant de faire feu sur lui et de le blesser à son tour au genou et à une cheville. Nono le Barge trouvera encore les ressources pour menacer le conducteur d'une voiture et lui intimer l'ordre de le conduire à l'hôpital américain de Neuilly-sur-Seine tout proche. Une adresse sans doute plus discrète que les urgences de l'AP-HP. Prévenue de la soudaine arrivée de ce patient pas comme les autres, une patrouille de la brigade anticriminalité (BAC) locale est « accueillie » avec des bisous, mimés avec les lèvres, adressés par celui qui se voit prodiguer les premiers soins. Nono porte sur lui une fausse

1. *Ibid.*

carte d'identité ainsi qu'un bien curieux porte-clef qui s'avère être, en réalité, un mini-pistolet chargé de deux balles de calibre 6,35 mm ! Placé en garde à vue, le truculent voyou explique cette agression par une tentative de racket dont il prétend être la cible depuis peu, avant de botter en touche. Mais il aurait ensuite, hors procès-verbal, fait d'étonnantes confidences sur le mobile de cette tentative de meurtre. Nordine Nasri se serait épanché sur son contentieux avec l'équipe de la Banane et, en particulier, Samir Benbouabdellah, qui lui aurait envoyé, selon ses déclarations, « un de ses hommes pour lui régler son compte ». Également placé en garde à vue, l'auteur présumé des coups de feu, Karim Charbi, *alias* Flex, 23 ans, ne donne même pas l'heure aux enquêteurs. Mais ses liens avec la Banane seront clairement établis par la brigade criminelle[1].

Ceux qui en voulaient autant à cet amateur de belles sapes, largement influencé par les standards de la culture hip-hop américaine, producteur de rap à ses heures perdues[2], vont parvenir à leurs fins. Cinq mois après cette tentative d'assassinat, Nono va tomber dans un guet-apens dont il ne réchappera pas. Quand les premiers secours arrivent à l'intersection de la rue de Berri et du boulevard Haussmann dans le 8e arrondissement, ce 15 décembre 2003, peu après 2 heures du matin, il est déjà trop tard. Le corps criblé de balles, Nordine Nasri, 33 ans, étoile filante du grand banditisme francilien, s'est effondré sur le volant d'une Peugeot 406 16v bleu nuit. Cette fois-ci, ses tueurs sont venus à deux et plus « lourdement » armés que la première fois. Un certain Abdallah B., dit Abdel, ami, confident et, depuis peu, garde du corps improvisé du Barge, se trouvait à ses côtés quand les balles ont commencé à siffler. Touché lui aussi à plusieurs reprises, il a réussi à s'extraire par une fenêtre de la

1. Pour cette tentative d'assassinat, Karim Charbi a été condamné à douze ans de réclusion criminelle par la cour d'assises de Paris en 2005. Après avoir fait appel, il a été rejugé en novembre 2007 par la cour d'assises de Seine-Saint-Denis et a écopé de la même peine.

2. Le rappeur Rohff évoquera son amitié avec « Nordo » dans un de ses morceaux intitulé *Regretté* en 2005.

Peugeot avant de se cacher sous une voiture en attendant la fuite des tueurs. Les spécialistes de la police scientifique déterminent assez rapidement que l'arme utilisée par les meurtriers, juchés sur une Yamaha Fazer, casques intégraux sur la tête, est un pistolet-mitrailleur HK MP5 de manufacture brésilienne, chargé avec des munitions de calibre 9 mm Luger. L'autopsie du corps de la victime révèle qu'elle a été atteinte par dix balles. Mais les médecins légistes ont également extrait d'autres projectiles, plus « anciens » : l'un de calibre 11,43 dans la cage thoracique – vestige de la première tentative de meurtre essuyée au mois de juillet –, et le second, de calibre 9 mm, dans le haut du dos, dont la provenance est restée un mystère. Nono le Barge vivait donc avec des balles de gros calibre fichées dans le corps.

Sur sa dépouille, les médecins relèvent aussi de « nombreuses cicatrices un peu partout », témoignages indélébiles de sa propension à faire le coup de poing, et ses trois tatouages : un serpent dans la gueule d'un tigre sur l'épaule droite, des barbelés dessinés autour de l'avant-bras gauche, surmontés d'un symbole égyptien, l'œil oujdat, censé porter bonheur et celui du *Aum* indien, sur l'aine gauche, qui incarne, selon les religions hindouiste et bouddhiste, le commencement et la naissance, la continuation et la vie, la fin et la mort ou bien encore la profondeur, le savoir, et l'unité entre le corps et l'esprit... De quoi ajouter un côté « mystique » au personnage du Barge et à sa légende.

Les premières auditions établissent que les tueurs ont suivi, tous feux éteints, leurs cibles, alors qu'elles venaient de regagner leur véhicule après avoir passé une partie de la soirée dans les sous-sols du Larry Flynt's Hustler Club, une boîte à strip-tease très prisée, à deux pas des Champs-Élysées, pour y jouer au billard. « J'ai entendu une moto accélérer. Je me suis retourné complètement, et j'ai vu la moto arriver par ma droite, se remémore, une semaine après les faits, Abdallah B. sur son lit d'hôpital de la Pitié-Salpêtrière. J'ai dit à Nono : *Attention, Nordine, accélère !* Car c'était vraiment bizarre [...]. J'ai vu le passager de la moto, avec un blouson clair, qui tenait un pistolet-mitrailleur. Le canon était court, noir, avec un chargeur. Il a lâché une rafale, que j'ai prise dans le bras. Je suis tombé sur le côté de Nordine, et le type a continué à tirer. J'ai cru que je n'avais plus de bras. » Une Peugeot 607 aux vitres teintées s'est également mise en travers du chemin de la 406 de Nono le Barge afin de l'immobiliser et de l'empêcher de s'extirper de ce traquenard. Elle ne sera jamais retrouvée.

Ultime dîner avec Judas

Les policiers de la crim' s'attachent à reconstituer les dernières heures de cette tête brûlée qui semblait, à en croire ses proches, vouloir donner une nouvelle orientation à sa vie, avant qu'il ne la perde, rue de Berri, au carrefour du triangle des Bermudes des nuits parisiennes, très fréquenté, notamment par la voyoucratie francilienne.

Quelques heures avant son décès brutal, le Barge, 1,79 mètre pour 78 kilos – « un gars affûté, sec comme une trique » dit de lui un de ses proches –, était allé faire un footing dans le parc de Nanterre avant de s'arrêter aux pieds des tours Aillaud, plus connues sous le nom de tours Nuages en raison de leur forme et des peintures caractéristiques qui ornent leur façade, dans le quartier Pablo-Picasso. Puis il avait emmené son jeune fils au cirque Jean-Richard qui se produisait dans la ville-préfecture des Hauts-de-Seine. Blouson de cuir, pull et jeans Hugo Boss, un seul gant de cuir à la main droite à la Michael Jackson, et une iconique Audemars Piguet Royal Oak Offshore au poignet, Nono le Barge, accompagné de celui qui lui fait office de garde du corps, s'était ensuite rendu, vers 20 h 30, dans un café-piano-bar, Les Cascades, dans le quartier des Champs-Élysées, pour y retrouver plusieurs connaissances. Nordine y consomme un jus d'orange et « semble soucieux de ne pas pouvoir partager plus de temps avec son fils », expliquera plus tard Abdallah B. devant les enquêteurs de la crim'. Les deux compères s'attablent ensuite dans une brasserie très cotée de la plus belle avenue du monde, L'Alsace, pour y dîner avec quatre potes de Nanterre. Deux autres convives viennent les rejoindre et se placent en bout de table pour juste « commander un plat chaud ». La suite, c'est Abdallah B. qui la raconte :

« Au bout de quinze minutes, alors qu'ils commençaient à manger leur plat, l'un des deux types qui a un cheveu sur la langue et qui n'avait pas dit un mot à table, contrairement à son pote, a reçu un appel téléphonique sur un petit portable genre Panasonic. Le type a dû parler une minute et sa tête a changé, comme si le diable l'avait appelé. Il a raccroché en disant qu'il fallait qu'il parte, qu'il devait emmener quelqu'un à l'hôpital. On lui a tous demandé si on pouvait l'accompagner. Il a dit non et est parti rapidement avec son pote, sans finir son plat.

— Pouvez-vous nous donner les signalements de ces deux individus ? relance le capitaine Bruno D., en poste à la crim', qui interroge Abdallah B.

— Ces deux types, je ne les avais jamais vus et ils semblaient potes avec Nono, sinon ils ne seraient jamais venus à sa table. Celui qui a reçu l'appel est un rebeu de 25-30 ans, 1,72 mètre, un peu boudiné, cheveux courts noirs, des bonnes joues et surtout un cheveu sur la langue quand il parle. »

Ils ne reverront plus ces deux hommes de la soirée et ces derniers ne seront jamais identifiés. Tout comme les quatre autres participants à cet ultime souper, digne de la Cène, mais version grand banditisme. Persuadés que celui ou ceux qui ont donné des indications aux tueurs étaient présents autour de cette table, tel l'apôtre Judas trahissant Jésus, les policiers de la brigade criminelle ne sont pas parvenus à mettre un nom sur les six convives qui accompagnaient Nono le Barge, une poignée d'heures avant son exécution.

Une hypothèse partagée par l'un de ses grands frères. Qui va même aller encore plus loin. « Depuis la tentative de meurtre sur Nono le 24 juillet 2003, je n'arrêtais pas de dire à Nono de ne pas sortir sur Paris, d'être discret, de rester caché [...], raconte-t-il lors de son audition par la brigade criminelle, un mois après la mort de son cadet. Ce que je peux vous dire, c'est que Nono a relâché son attention depuis qu'il était avec Abdel. Il avait confiance en lui et Abdel était un peu son garde du corps. Nono se sentait en sécurité avec Abdel et c'est pourquoi il n'était plus aussi méfiant. Je suis à peu près certain que, parmi les types qu'il a vus ce soir-là, il y avait ses tueurs. » Son frère soutient aussi que Nono voulait donner un autre sens à son existence. « Nono a un passé de délinquant, il a fait dans la came, tout comme moi. Mais l'un comme l'autre, on a fait du trou et on en avait marre. On avait notre famille et l'on ne voulait vivre que pour notre famille [...]. Tous les deux, on voulait décrocher [...]. On avait prévu de partir au bled pour ramasser les dattes et se faire oublier sur Paris [...]. Nono m'avait dit aussi de ne surtout plus me mêler de ses affaires, de rester tranquille. Si moi, je suis resté peinard, lui, il s'est senti invincible et sortait tout le temps sur Paris. »

En cette fin d'année 2003, le Barge, qui ne savait pas bien lire ni écrire, semble vraiment fatigué par une existence qu'il a menée à un train d'enfer. Signe de son envie d'autre chose, il avait fait constater par un médecin légiste les blessures subies après l'épisode de l'avenue de la Grande-Armée. Une façon de « collaborer » avec l'appareil judiciaire, pour le moins inhabituelle chez lui. Un changement radical d'attitude même, qualifié de « revirement » par un proche, chez un garçon dont les choix l'avaient amené, très jeune, sur les chemins de la délinquance. « Depuis que mon frère s'était fait tirer dessus au mois de juillet de l'année dernière, il avait complètement changé, livre un autre membre de sa famille, à l'été 2004, à la juge parisienne, Corinne Goetzmann, chargée d'instruire le dossier d'assassinat du Barge. Il ne sortait plus le soir, il ne buvait plus d'alcool, il allait à la mosquée faire la prière et il avait fait le ramadan. On le voyait beaucoup et il restait en famille [...]. C'était quelqu'un de fondamentalement gentil, il n'oubliait jamais un anniversaire. Il adorait les enfants et surtout les bébés [...]. Il voulait un deuxième enfant. » « Pour la naissance de mon dernier fils, il m'avait fait une drôle de surprise, témoigne son avocat, Me Joseph Cohen-Sabban. Il avait littéralement rempli mon bureau de jouets et de peluches. Il y avait notamment un énorme nounours, je m'en souviens encore ! Avant de repartir, il m'avait glissé le ticket de caisse pour me faire comprendre que tous ces cadeaux n'avaient pas été volés. »

Entendu à plusieurs reprises par la crim', Abdel soutiendra que Nono, au printemps 2003, s'était confié à lui. Le Barge lui aurait avoué avoir des « problèmes avec des jeunes de la cité dite de la Banane ». Le même Nasri – qui se trouvait sous contrôle judiciaire avec interdiction de se rendre dans le 20e arrondissement au moment de son assassinat – aurait poursuivi son récit auprès de son confident, en précisant qu'il aurait eu, « au cours de vacances en Espagne, des embrouilles » avec des jeunes de la Banane dans une boîte de nuit. Ces derniers auraient voulu ensuite le tuer. « C'était une histoire à la con avec des petits jeunes, deux ou trois, et c'était des tenaces, qui ne voulaient pas en rester là. Les mots et les actes avaient été très loin entre eux, ils avaient essayé de le tuer et cela continuait. Nono avait été les voir pour régler le problème, et ils lui avaient cassé la gueule. Il avait pris une sacrée rouste là-bas. Il ne citait aucun nom ou prénom [...]. Nono m'a dit que le problème ne s'arrangeait pas, et il était très méfiant. Il se renseignait beaucoup sur les gens. Ces derniers temps, il en avait assez. Il disait qu'il n'avait plus de vie, qu'il ne voyait pas son gosse [...]. Il ne méritait pas ça, il ne pensait qu'à son fils », a également relaté la victime collatérale du meurtre de Nono le Barge. Les enquêteurs ont ensuite eu confirmation de ses déclarations auprès de proches de Nordine Nasri. Une piste que les limiers du 36, quai des Orfèvres pensent avoir étayée en cernant les liens entre le Barge et la Banane. « L'équipe d'un certain Ahmed Fedoul, *alias* Nono le Barge, [qui] travaillait en étroite collaboration avec la bande de Samir Benbouabdellah, dont un certain Blondin faisait partie[1] », écrivent les policiers de la crim', toujours dans leur rapport en mars 2008. Avant de prétendre : « Il était dit qu'il [Nordine

1. Cf. chap. « La saga de la Banane ».

Nasri] était le logisticien de la bande, s'occupant notamment de l'approvisionnement en véhicules servant, en convoi, à ramener la drogue d'Espagne en France. »

Questionnés par la police, plusieurs membres de l'équipe de la Banane, soumis à des prélèvements ADN qui n'ont rien donné, ont réfuté leur implication dans le meurtre de Nono le Barge. Et notamment Samir Benbouabdellah, comme vu précédemment. Présenté comme étant un des lieutenants des « Benbou » qui pouvait en vouloir à Nono, « Blondin » a été entendu comme témoin, un peu plus d'un an après l'assassinat du Barge. Il a affirmé qu'« [il] ne le connaissai[t] pas ». « Je n'étais pas en guerre contre lui, a-t-il assuré. Par ailleurs, je n'ai jamais été le lieutenant des Benbouabdellah. Je n'ai jamais été en relation avec Mounir. Si j'avais été son lieutenant, c'est moi qui aurais tiré sur Nasri en juillet, avenue de la Grande-Armée et non pas Charbi. »

« À ce jour, l'enquête n'a pas permis d'étayer nos soupçons à l'encontre de la famille Benbouabdellah, bien que nous puissions penser que nous sommes proches de la vérité. L'identité des tueurs n'a, quant à elle, pas pu être établie », concluent les hommes de la brigade criminelle. L'instruction sur l'assassinat de Nordine Nasri a finalement fait l'objet d'un non-lieu en septembre 2008. Mais de nouveaux éléments apparus ces derniers mois auraient permis de rouvrir ce dossier, repris par un juge d'instruction de la juridiction interrégionale spécialisée (Jirs) de Paris.

14

La saga de la Banane

C'était pas triste, c'était la street,
c'était La Squale sur Rue Duris
Bienvenue à la Banane, ici ça tire, ça t'pète ton crâne
Ici ça vend d'la came, ici tout petit j'étais armé
T'as même des grands qui d'viennent camés
C'est pas l'vingt heures, gros c'est réel
C'est bien le XXe, c'est bien la haine
C'est bien la Squale tah la Banane

Bienvenue à la Banane, Moha La Squale

Mars 2018, ancien palais de justice de Paris, cour d'assises, rez-de-chaussée du plateau correctionnel. Une rumeur parcourt l'assistance. On chuchote, l'air incrédule, dans les rangs du public, venu assister au procès de six accusés, jugés pour un assassinat. Dans la salle numéro 3, les regards se figent lorsqu'apparaît, sur les écrans vidéo disposés dans le prétoire, le visage d'un homme à l'allure « d'un fauve en cage ». Samir Benbouabdellah, 35 ans, n'est pas là pour répondre d'un crime. La visioconférence organisée depuis son lieu de détention est destinée à entendre les paroles d'un frère pour un frère pour lequel il s'est constitué partie civile. Les accusés – dont un est jugé en son absence, faute d'avoir jamais pu être interpellé – sont poursuivis pour l'assassinat de Zoheir Benbouabdellah, l'aîné d'une fratrie de quatre garçons, dont la simple évocation du nom saisit l'échine des plus endurcis. Une fratrie très soudée, « comme les deux doigts d'une main », selon un proche. « De simples faits de petite délinquance, les frères ont rapidement versé dans la criminalité organisée, passant de vols, recels et autres atteintes aux biens, aux atteintes aux personnes, enlèvements, séquestrations, actes de torture et de barbarie jusqu'aux homicides, le tout sur fond de trafic de stupéfiants », conclut dans un rapport, datant de septembre 2013, un officier de police judiciaire en poste à la fameuse brigade criminelle, sise alors 36, quai des Orfèvres, sur « l'environnement familial » de celui qui se faisait surnommer « Zozo ». Les trois premiers frères sont nés en Algérie au carrefour des années 1970. Le benjamin a vu le jour à Paris, après l'installation de la famille, en 1980, dans un quartier adossé au cimetière du Père-Lachaise, avenue Gambetta, et délimité par les rues des Panoyaux et Sorbier ainsi que par le boulevard de Ménilmontant dans le 20e arrondissement. C'est au cœur du quartier des Amandiers que Zoheir, Mounir, Samir et Yassine-Hanine Benbouabdellah ont grandi dans un modeste F4. Entourés d'inséparables potes, avec lesquels ils forment la « bande de la Banane », l'autre nom de leur cité. Un sobriquet hérité, selon les versions, de la forme oblongue de deux immeubles qui se font face, enclavés entre les rues des Amandiers, Duris et de Tlemcen. Pour d'autres, cette appellation d'origine incontrôlée ferait aussi référence à la propension de certains riverains de ce quartier à « mettre des bananes » (comprendre arnaquer).

En ces premiers jours du mois de mars 2018, alors que la température peine à franchir la barre des 10 °C, Samir Benbouabdellah, surnommé « Casimir » ou « Kaz », n'est pas là pour réchauffer l'atmosphère. Un témoin, qui a assisté à ce procès, relate la scène suivante : « Lorsqu'on le voit apparaître en visio, c'est une image très brute, presque violente ; il a un côté très animal, comme un lion en cage ; et en substance, il laisse entendre que tout se réglera en temps voulu. S'ensuit un silence étourdissant dans la salle. » Un autre témoin se remémore le moment où « Samir s'est exprimé de manière elliptique sur le fait que tout cela se réglerait un jour. Le président de la cour d'assises l'a repris pour essayer de saisir le sens précis de sa réflexion mais il n'est pas allé plus avant ». Une nouvelle rumeur parcourt l'auditoire et se répand dans la salle des pas perdus, toute proche. Il faut dire que ce procès s'est déroulé dans un climat de tension exacerbée. Les amis d'hier sont devenus les ennemis d'aujourd'hui, nourris d'une haine recuite où la mort s'est invitée trop souvent.

Comme en ce 10 juin 2013, vers 22 heures, où le Cheval d'Or, un café de la rue des Panoyaux, a laissé retomber sa crinière et baissé en partie son rideau de fer afin de permettre à quelques habitués de s'adonner à une partie de poker Texas Hold'em. Cinq potes se retrouvent autour de Zoheir Benbouabdellah. On commande un thé, un Orangina ou bien encore un Coca. Personne ne paye. On règle en partant. Au bout d'une demi-heure, les cartes sont redistribuées. Mais celui qui les tient en main n'a pas le temps de finir son tour de table : dans son dos, le déclic caractéristique d'un chien que l'on arme se fait déjà entendre. Le même homme voit se profiler le canon « d'une arme qui devait faire au moins une cinquantaine de centimètres ». « Cette arme était noire et brillante, il s'agissait d'un fusil à pompe » détaille ce client qui se souvient avoir ensuite entendu « deux détonations », peut-être « une troisième », mais sans en être certains, car déjà largement assourdi par les deux premières. « Complètement apeuré », ce fidèle des lieux, qui a plongé au sol après la première décharge, se relève avant de prendre la fuite par une porte dérobée. Derrière lui, Zoheir Benbouabdellah, 38 ans, a été mortellement touché à trois reprises par des projectiles de calibre 12. Le même témoin tente d'escalader un grillage qui borde un terrain de football mais s'aperçoit qu'il tient encore ses cartes de poker entre ses mains… L'air hagard, son tee-shirt maculé de sang, il se réfugie à son domicile tout proche, puis décide de ressortir pour prévenir la compagne de la victime.

Le seul « blond » de la bande

Entendu quelques semaines plus tard par la brigade criminelle, ce témoin, aux premières loges, voit son « profil » passé au crible par les enquêteurs. Dans leur fichier, l'homme qui se présente dans leur bureau, sous les sous-pentes du « 36 », accumule les surnoms : « Blondin », « Kiki », « Chameau », « Requin » et encore « Kifun ». Né le 22 octobre 1979 dans le 20e arrondissement, c'est le seul blond de la bande de la Banane. Une particularité qui n'a pas manqué d'attirer l'attention des policiers du secteur. Ce plombier de formation, au regard d'un bleu pénétrant, a aussi rapidement capté l'intérêt de services de police en prise avec le grand banditisme. Dans une note du mois de janvier 2004 à destination de feu l'OCTRIS, l'office antistups, deux officiers de liaison français en poste à Malaga, sur la Costa del Sol espagnole, alertent leurs collègues de Nanterre (Hauts-de-Seine) sur les « activités », de l'autre côté des Pyrénées, de ressortissants français, issus de la région parisienne. Dans ce document, Blondin, alors âgé de 24 ans, est dépeint comme « un homme de confiance » du clan Benbouabdellah, désigné plus communément sous le diminutif de « Benbou ». Les deux fonctionnaires, détachés en Espagne, rappellent également que « Blondin » a, par le passé, fourni un alibi à Yassine-Hanine Benbouabdellah, surnommé Poub pour « Poubelle » ou Poup, comme le bruit d'une détonation –, alors que ce dernier était suspecté d'avoir tiré plusieurs balles de calibre 9 mm dans les jambes d'un client d'un Etap Hôtel, en février 2001, à deux pas de la porte d'Aubervilliers (Seine-Saint-Denis)[1]. À l'époque, Blondin avait produit, devant les enquêteurs du service départemental de police judiciaire (SDPJ) du 93, un contrat de location

1. Yassine-Hanine Benbouadellah a été condamné dans cette affaire de « violence aggravée par deux circonstances suivie d'incapacité supérieure à huit jours », le 10 juin 2003, par le tribunal correctionnel de Bobigny, à la peine de quatre ans et sept mois d'emprisonnement. Il a été incarcéré du 20 avril 2001 au 28 juin 2005.

d'un appartement à Marbella dans lequel il prétendait s'être trouvé aux côtés du troisième frère Benbou au moment des violences commises à Aubervilliers. Un alibi qui s'était littéralement effondré après vérification auprès du propriétaire dudit logement… Le même avait aussi été extrait de sa cellule de la Santé, en 2005, pour être entendu dans le cadre de l'enquête sur l'évasion du braqueur Antonio Ferrara de la prison de Fresnes (Val-de-Marne) en mars 2003. Au cours de cette même année 2003, la présence de « Blondin » est encore signalée par les enquêteurs espagnols de la PJ de Fuengirola sur leur territoire. Accrochés aux basques d'équipes parisiennes venues s'approvisionner en shit, les policiers ibériques pensent « loger » Blondin, au mois d'août 2003, dans une villa de Marbella, dont la seule location mensuelle s'élève à 11 000 euros. Une habitation dans laquelle un certain Nordine Nasri, dit Nono le Barge[1], figure du grand banditisme francilien, aurait également séjourné au cours du même été. « Blondin » aurait été aperçu, une dernière fois, début octobre 2003, sur la Costa del Sol avant de disparaître au volant d'une BMW M3, immatriculée dans l'Essonne. La puissante berline sera ensuite flashée à 207 kilomètres-heure par les gendarmes de Chartres (Eure-et-Loir) puis abandonnée par ses occupants qui auront, quand même, laissé derrière eux un pistolet automatique 11,43. Mais aucune trace de « Blondin ». Pour autant, les policiers espagnols et français n'en démordent pas : ce jeune garçon, grandi au cœur de la cité de la Banane a, pour eux, déjà le profil du « délinquant chevronné ». Le 17 janvier 2004, dans la commune de Mijas, à quelques kilomètres au nord des plages de la si fréquentée Fuengirola, les forces de l'ordre locales mettent la main sur 2,3 tonnes de haschisch, entreposées dans une discrète villa. Une impressionnante quantité de cannabis, parfaitement conditionnée, et qui ne demande plus qu'à être remontée vers la France. Les convoyeurs de cette précieuse marchandise, au nombre de cinq ou six, sont parvenus à passer entre les mailles de ce coup de filet, baptisé « Opera-

1. Voir le chapitre « Sur la route du Barge ».

ción Coloso » (opération colosse). Une saisie, certes importante, mais « sèche », comme on le dit dans le jargon policier lorsque personne n'est interpellé, et qui laisse les limiers de la PJ espagnole sur leur faim. Pour eux, c'est tout simplement l'équipe supervisée par « Blondin » qui viendrait de leur filer entre les doigts. Des premiers éléments recueillis, cette drogue proviendrait d'un dépôt dévalisé quelques jours plus tôt. Le gardien des lieux se serait laissé abuser par des trafiquants prétendant être venus acheter 200 kilos de produit, avant d'être séquestré et de voir son stock pillé. Une Peugeot coupé 406 vert bouteille et une Citroën Xantia grise sont récupérées dans cette même villa, puis désossées. Les techniciens de la police scientifique relèvent dans ce logement, qui a servi de base de relais, près de cent dix « traces papillaires », envoyées aussitôt pour comparaison au fichier automatisé des empreintes digitales (FAED) à Écully (Rhône). Celles d'un certain Yassine Cheambi, alias « le Ziente (le Tunisien) », « Yass la Banane » ou bien encore « Yass du 19e », qualifié de « membre historique de la bande de la Banane », sont identifiées. Compagnon de la première heure des « Benbou », ses relations avec la fratrie des Amandiers vont largement se dégrader. Comme on le verra plus tard.

Cinq jours ont passé lorsque les mêmes policiers forcent les portes d'une autre habitation, toujours implantée à Mijas, haut-lieu touristique en Andalousie. Là, c'est tout un convoi de voitures, parmi lesquelles figurent une Volvo S80, une Mercedes CLK 220, deux Volkswagen modèles Golf V6 et Passat W8, bourrées jusqu'à la garde d'1,4 tonne de résine de cannabis, qui leur tend les bras. Huit suspects, surpris au chant du coq, en font de même pour se voir passer les menottes, avant d'être conduits en garde à vue. La perquisition des lieux permet encore de saisir un pistolet-mitrailleur de marque Agram, un Colt 1911 calibre 45 ACP et un pistolet automatique CZ calibre 9 mm. Parmi les interpellés, certains sont déjà connus pour infraction à la législation sur les stupéfiants ; d'autres sont décrits comme ayant le « profil » de braqueurs. Mais l'un d'entre eux retient particulièrement leur attention : Nordine B., 27 ans. « Tombé » quelques mois plus tôt pour avoir été contrôlé au volant d'une voiture volée, sous une fausse identité, et trouvé en possession d'une arme à Malaga, il aurait vu sa caution réglée par un certain « Blondin », toujours selon les policiers espagnols[1]. En forçant les portes de cette seconde villa, ces derniers avaient juste eu le temps d'apercevoir les silhouettes de deux inconnus prenant la fuite dans une rutilante Audi S3 rouge, plaquée en Allemagne. Ils ne seront jamais identifiés.

Mais en ce 4 juillet 2013, lorsque Blondin se pose dans le bureau exigu d'un brigadier-chef de la crim', ces affaires « espagnoles » sont déjà loin derrière lui. D'emblée, « Blondin » affirme s'être « calmé depuis l'année 2007[2] » et ne plus fréquenter les frères Yassine et Samir « Benbou » depuis « cinq ou dix ans ». « Après les tirs, j'ai entendu : “À terre, fils de pute !” Il s'agissait d'une voix d'homme, sans accent. Ce n'est pas une voix qui me semble familière », confie-t-il après avoir assisté à l'assassinat de Zozo, qu'il connaissait depuis qu'il est « tout jeune ». « C'était un grand du quartier [...] Nous étions amis [...] On se rencontrait autrement au Cheval d'Or, au bar La Mère Lachaise, situé sur le boulevard Ménilmontant. » Un lieu très fréquenté par d'autres membres de l'équipe de la Banane. « Il était respecté parce qu'il avait un bon fond », poursuit-il en évoquant la personnalité de son ami, avant d'avancer une hypothèse quant au mobile de son meurtre : « C'était peut-être une représaille par rapport à une affaire d'homicide pour laquelle Zoheir était lié, cette affaire remonte à l'année 1996. Je crois qu'il avait fait huit ans de prison, et son frère Mounir avait également été écroué par rapport à cette affaire. Je ne vois pas de lien plus récent qui

1. À notre connaissance, Blondin n'a jamais été poursuivi pour ces deux dossiers de trafic de stupéfiants en Espagne. Il avait été interpellé, le 18 novembre 2007, à proximité d'une boîte de nuit à Malaga en raison d'une fiche de recherche délivrée par la PJ de Fuengirola en lien avec la saisie des 2,3 tonnes en janvier 2004 à Mijas. Présenté à un juge d'instruction espagnol, il avait été remis en liberté.

2. Déclarations issues d'un procès-verbal de déposition de Blondin devant la brigade criminelle de la DRPJ Paris dans le cadre de l'instruction de l'assassinat de Zoheir Benbouabdellah.

pourrait expliquer cette action. » L'affaire à laquelle fait référence Blondin s'est, en réalité, déroulée un an plus tard.

La mort au bout du mauvais chemin

Le 11 septembre 1997, vers 23 heures, six jeunes garçons, juchés sur trois scooters, roulent rue des Panoyaux. Arrivés à l'angle de la rue des Amandiers, une Renault Clio rouge, avec un homme monté sur le capot, surgit pour leur barrer la route. Le freinage, si brusque, propulse dans les airs l'intrépide passager extérieur, qui se révélera être Yassine Cheambi, alias « le Ziente ». Quatre des six jeunes parviennent à prendre la fuite. Les deux derniers sont acculés par les occupants de la Clio. L'un d'eux fait feu à trois reprises avec un fusil, chargé de chevrotine, dans leur direction. Touchées dans le bas du dos, les deux victimes, âgées de 17 ans, tentent de trouver refuge dans un commerce tout proche. Manuel Ribeiro, domicilié dans les Hauts-de-Seine, atteint de cinq impacts, décède quelques instants plus tard. Son compagnon d'infortune, qui a réussi à s'abriter dans un bar, rue de la Bidassoa, voit arriver vers lui l'un des protagonistes. Ce dernier lui demande s'il est capable d'identifier l'auteur des coups de feu. L'adolescent assure que non, avant de reconnaître, plus tard devant la police, formellement Mounir Benbouabdellah, surnommé « Blond », alors âgé de 21 ans. L'enquête établira que Manuel Ribeiro et son ami ont été victimes d'une terrible méprise. Un peu plus tôt au cours de cette soirée sanglante, Mounir Chérifi, 20 ans, désigné, lui, comme un des meneurs de la bande de la Banane, aurait reçu un appel « menaçant » d'une bande rivale : celle de Barbès. Son mystérieux interlocuteur lui formule que « les comptes allaient être réglés très rapidement » entre eux. Perdus dans le dédale des rues du 20e arrondissement, à la recherche d'une station-service, qu'ils ne trouveront jamais, Manuel Ribeiro et ses amis ont croisé la route de l'équipe de la Banane, qui les aurait pris pour leurs ennemis de Barbès… La mort de ce jeune garçon va entraîner une scission au sein de la cité des Amandiers. Zoheir Benbouabdellah, qui se trouvait au volant de la Clio rouge le soir du meurtre, et son frère Mounir sont renvoyés devant une cour d'assises en compagnie de Mounir Chérifi. « Blond » a toujours assuré qu'il ne savait pas que le fusil à pompe à canon scié qu'il avait entre les mains, en cette tragique soirée du 11 septembre 1997, était chargé avec de la chevrotine. Cette arme, selon ses dires, était habituellement dotée de projectiles gomme-cogne, en caoutchouc. Soupçonnés, un temps, d'avoir pris part à ces faits, Yassine-Hanine Benbouabdellah et Yassine Cheambi, ont finalement bénéficié d'un non-lieu.

Le 8 décembre 2000, Mounir Benbouabdellah entend les jurés de la cour d'assises de Paris le condamner à quinze ans de réclusion criminelle, tandis que son frère aîné, Zoheir, écope de huit ans. Mounir Chérifi, dit « Petit Mounir », voit sa peine fixée à dix ans de prison[1]. À l'époque, le père de la fratrie Benbouabdellah a déjà regagné son Algérie natale. Arrivé en France à la fin des années 1970 – où il aurait exercé comme instituteur selon les déclarations de son fils Mounir – pour travailler dans une pizzeria, il rassemblera sa famille quelques années plus tard dans la cité des Amandiers. En 1990, il se met à son compte en tant que chauffeur-livreur du côté d'Orly (Val-de-Marne), avant d'être interpellé puis incarcéré à Nanclares de la Oca, au sud de Bilbao, dans le Pays basque espagnol, en 1996, pour « trafic de stupéfiants et contrebande ». Une histoire paternelle qui pourrait avoir, si ce n'est façonné, à tout le moins influencé la vie de ses quatre fils. « Mounir a eu une jeunesse où la violence semble avoir été omniprésente, confie un témoin qui l'a approché. Il a aussi versé assez jeune dans le trafic de stupéfiants[2]. Aujourd'hui, il porte un regard lucide et posé sur sa vie. »

1. Mounir Chérifi, après avoir fait appel de sa condamnation, a été rejugé par la cour d'assises du Val-de-Marne en février 2002 et a finalement écopé de quinze ans de réclusion criminelle.

2. Le 11 septembre 1998, le tribunal correctionnel de Paris a prononcé à son encontre une peine de trois ans d'emprisonnement, notamment pour « transport, détention, offre ou cession et acquisition non autorisée de stupéfiants ».

Devant l'expert-psychiatre, chargé d'une enquête de personnalité, alors qu'il est en détention provisoire dans l'attente de son procès pour le meurtre de Manuel Ribeiro, Mounir Benbouabdellah décrit « une bonne entente familiale », se dit avoir été « bon en classe jusqu'au CM2 », avant de commencer à « s'absenter et à fumer régulièrement du cannabis ». Exclu de son collège pour mauvais comportement en classe de 5e, il multiplie ensuite les vols et les violences. Son intégration successive dans deux centres de formation pour apprentis (CFA) connaît la même issue. À l'âge de 16 ans, il est placé dans « une institution spéciale d'éducation surveillée » pour y suivre des cours de cuisine. Mais, là encore, son cursus est écourté après une violente agression sur un professeur, avec une pierre. L'expertise psychologique, à laquelle il s'est soumis avant son procès, révèle « un niveau d'intelligence supérieur à la moyenne[1] ». Des facultés dont il se servira en détention, à en croire un article publié dans le journal *Libération*, en date du 14 novembre 2012. « Blond » y est présenté sous un jour nouveau : en prison, il aurait obtenu un CAP de sculpture sur bois, un bac pro de sculpture sur pierre, un diplôme en informatique, un brevet d'éducateur sportif et suivi une deuxième année de licence de philosophie. Sur ce point, l'un des auteurs s'est vu confier par une source qui a eu affaire à la fratrie qu'un codétenu de Mounir l'aurait initié à Nietzsche.

Quand les jurés de la cour d'assises de Paris le jugent coupable du meurtre du jeune Manuel Ribeiro, « Blond » est déjà détenu depuis trois ans. Mais il envisage son avenir ailleurs que derrière des barreaux.

1. Éléments de personnalité issus du réquisitoire définitif du mois de juillet 1999 du parquet de Paris dans le cadre de l'affaire du meurtre de Manuel Ribeiro.

Quand la fête des Mères vire à la prise d'otages

Le commissaire Yvars vient de terminer son déjeuner avec son épouse et leurs enfants dans le jardin de leur pavillon de banlieue. Le temps est au beau fixe. Le mercure affiche 24 °C. Les fils ont déjà présenté leurs cadeaux à leur maman en ce dimanche 27 mai 2001, jour de fête des Mères. Le commissaire Patrick Yvars, numéro deux à la brigade de répression du proxénétisme (BRP), au sein de la direction régionale de la police judiciaire (DRPJ) de Paris, ne le sait pas encore mais la journée s'annonce longue. Très longue même. Il est de permanence en ce dernier week-end de mai. Au début de l'après-midi, il reçoit un appel de l'état-major de la PJ-PP. « On me demande de me rendre au centre pénitentiaire de Fresnes où des détenus auraient tenté de s'évader par hélicoptère, avant de prendre des surveillants en otage. Au départ, tout est très confus », se remémore, près de vingt ans après les faits, le commissaire Yvars, aujourd'hui à la retraite[1]. « Sur le parking de la prison, c'est le chaos, il y a des voitures qui vont et viennent, des gens qui courent dans tous les sens, c'est une scène de guerre… Une fois à l'intérieur, je fais le point de la situation avec le chef d'établissement et le procureur de la République de Créteil, Michel Barrau, puis je rends compte à ma direction. Un surveillant a été grièvement blessé après avoir essuyé plusieurs tirs d'arme de guerre alors qu'il se trouvait dans un mirador de la prison. Plusieurs inconnus, montés dans un hélicoptère, ont tenté de récupérer deux détenus en leur lançant en échelle de corde, avant de tirer en direction du surveillant. » Mais la corde lancée par les occupants de l'hélicoptère resté en vol stationnaire au-dessus du filin anti-intrusion aérienne était trop courte. Les complices des deux candidats à la belle ont finalement fait demi-tour après leur avoir jeté un sac renfermant des gilets pare-balles, un fusil d'assaut kalachnikov, des chargeurs et un revolver 38

1. Entretien avec les auteurs au mois de septembre 2020.

Smith & Wesson. Ces derniers parviennent à prendre en otages trois surveillants et fixent un ultimatum aux forces de l'ordre : si à 16 h 30, une voiture n'est pas mise à leur disposition devant l'entrée de la prison, ils les abattront. « Il me fallait gagner du temps pour permettre au RAID de prendre position, poursuit le commissaire Yvars. J'ai un des deux détenus au téléphone, c'est Christophe Khider ». Cet homme de 30 ans – condamné à trente ans de réclusion criminelle après un braquage au cours duquel un automobiliste avait été tué en 1995 dans le 20e arrondissement – est déterminé. Incarcéré depuis 1995, il n'a de cesse de dénoncer les conditions « inhumaines » de détention dans les prisons françaises et notamment à Fresnes où il compare les cellules à des « vespasiennes ». À ses côtés, Mounir Benbouabdellah vient de fêter ses 25 ans et purge sa peine pour le meurtre commis en septembre 1997 dans son quartier de la Banane. « C'est un flot ininterrompu de paroles dans le téléphone, son débit est saccadé. J'essaye d'humaniser les choses pour, encore une fois, gagner du temps, poursuit Patrick Yvars. Puis je décide d'aller à leur contact car Khider réclame une clef pour pouvoir ouvrir une porte grillagée derrière laquelle il est bloqué. L'idée est de faire libérer au moins un otage. Khider m'a donné sa parole que si je viens, je repartirai avec un surveillant. » Gilet pare-balles sur les épaules, sans arme, le trouillomètre à zéro, il est 16 h 30 lorsque le commissaire Yvars s'avance dans l'immense couloir central du Grand quartier de Fresnes, entrecoupé à espaces réguliers par des grilles à ouverture électrique, et qui dessert les trois divisions dans lesquelles sont incarcérés les détenus. « L'atmosphère change brutalement. Au brouhaha de l'entrée succède un grand silence dans un couloir central totalement désert, note le commissaire Yvars dans son procès-verbal de compte rendu. Nous marchons droit devant nous jusqu'à une seconde grille qui s'ouvre et se referme derrière nous […] Nous appelons Christophe Khider pour qu'il nous indique l'endroit où il se trouve. Une voix nous répond, et un bras s'agite au travers d'une petite porte grillagée […] Christophe Khider est grand, athlétique, le teint mat, le crâne rasé. Il a revêtu un gilet pare-balles bleu marine. Il est armé d'un PM de type kalachnikov sans crosse […] Un chargeur de kalachnikov dépasse de l'une de ses poches du gilet. Il n'exprime aucune haine, mais toujours cette froide détermination. Il esquisse un rapide sourire à notre vue. »

Quelques minutes plus tôt, on frôlait encore la mutinerie dans les coursives de la vieille prison val-de-marnaise. Près de deux cent trente détenus se trouvaient dans les cours de promenade au moment où Christophe Khider et Mounir Benbouabdellah ont décidé de passer à l'action. De retour en cellule, ils galvanisent les preneurs d'otages en scandant des : « Tuez-les ! Tuez-les ! » Après avoir raté leur coup avec l'hélicoptère, les deux hommes n'ont pas de plan B. Ils vont et viennent dans la partie de la prison où ils se sont retranchés. « On rigole. Il y a une euphorie du moment. On est en détention mais quelque part, on est libres », dira Christophe Khider, lors de son procès, en mars 2007, devant la cour d'assises de Créteil pour cette tentative d'évasion.

Après avoir pris contact avec l'aîné des insurgés, le commissaire Yvars a à peine le temps de faire quelques pas, que déjà il voit surgir en hurlant, arme au poing, un Mounir Benbouabdellah déchaîné, qui s'est glissé par une fenêtre adjacente. « Il me saute dessus, me ceinture et on tombe au sol tous les deux. Il me colle le canon de son arme sur la tempe, je me mets à compter dans ma tête, je pense que je suis mort, mais il ne tire pas…, relate, non sans émotion, près de vingt ans plus tard, Patrick Yvars. Il était très agité. Il était comme fou. Ils m'ont ensuite conduit dans une salle de repos des surveillants où il y avait un petit coin cuisine. On était assis sur le sol, dos au mur. J'ai commencé à discuter avec Khider pour lui rappeler qu'il m'avait donné sa parole de repartir avec un otage. Benbouabdellah ne voulait pas me laisser partir, il disait que comme j'étais commissaire, j'avais plus de “valeur” que les surveillants. Mais c'est Khider qui menait les choses, c'était lui le chef. » D'intenses palabres s'engagent ensuite entre les deux preneurs d'otages. Khider finit par avoir le dessus et laisse le commissaire Yvars prendre un des surveillants avec lui, en signe de bonne volonté, avant de sortir de cet « enfer ». « Je n'en mène pas large, la marche vers la liberté est interminable. Je sens que Mounir Benbouabdellah est imprévisible. Je suis avec le surveillant et nous avançons avec les bras en l'air pour qu'il n'y ait pas d'équivoque avec le RAID qui a enfin pris position et dont on a aperçu les silhouettes en tenue d'intervention noire de l'autre côté du couloir central. Passée la dernière grille vers la liberté, on nous saisit sans ménagement afin de vérifier qu'il n'y a rien de dangereux sur nous. Je me dis que j'en ai au moins sauvé un, mais on est toujours dans l'angoisse de ce qui peut se passer pour les autres. Encore aujourd'hui, quand j'en parle, je me demande si quelque part je ne suis pas mort là-bas ; que celui qui vous parle n'est pas moi. Il en restera toujours quelque chose… » Au milieu de ce qui s'apparente plus à une vaste débandade qu'à une opération-commando millimétrée, Mounir Benbouabdellah parviendra encore à se glisser au-dessus de la cellule de crise mise en place à la va-vite afin d'espionner les autorités en pleine réflexion. « Ils connaissaient par cœur cette prison et ils avaient eu tout le temps de préparer leur affaire, souligne Patrick Yvars. On ne sait pas par où Mounir est passé pour venir écouter ce qui se disait dans cette cellule. Mais ça, on ne l'a su qu'après. » Sans issue, éprouvés et encerclés par l'unité d'élite de la police, les deux détenus voient leur détermination s'étioler au fil des heures qui s'égrènent. Mounir est le premier à déposer les armes. « Il avait très peur en se rendant de se faire tirer dessus. Il disait qu'il allait se faire tirer comme un lapin », a témoigné un des acteurs de cette prise d'otages au cours du procès des deux anciens codétenus à Créteil. Au bout de vingt d'heures d'angoisse et après avoir menacé de mettre fin à ses jours, Christophe Khider revient à la raison et se livre à son tour. Entre-temps, l'hélicoptère utilisé par leurs complices a été retrouvé, avec sa pilote menottée à l'intérieur, posé au beau milieu d'un terrain de foot à L'Haÿ-les-Roses (Val-de-Marne). Des traces de sang sont visibles sur un siège à l'arrière. Le commissaire Yves Jobic, à l'époque patron de la brigade d'intervention et de recherche (BRI) de la PJ de Paris, rédige un rapport d'information et désigne un certain Pascal Arène comme étant « l'organisateur de cette tentative d'évasion ». Ce grand amateur de boxe, éducateur sportif comptait, à l'époque, parmi les proches de la mère de Christophe Khider. Interpellé puis placé en détention provisoire pendant dix-huit mois, il bénéficiera finalement d'un non-lieu. Tout comme Samir Benbouabdellah, le benjamin de la fratrie, un temps suspecté, puis lavé de tout soupçon. En revanche, Cyril Khider, cadet de Christophe a, lui, reconnu avoir participé à cette tentative d'évasion. De son côté, guère découragé par cet échec, Mounir « Blond » Benbouabdellah tentera encore de recouvrer le chemin de la liberté, mais, cette fois-ci, par ses propres moyens, en s'attaquant aux barreaux de sa cellule en 2002 alors qu'il est détenu à Bois-d'Arcy (Yvelines). Une nouvelle tentative d'évasion qui ne rencontrera pas plus de succès que celle de Fresnes…

Le 19 mars 2007, en fin de soirée, à l'issue de douze heures de délibéré, la cour d'assises du Val-de-Marne prononce son verdict : Christophe Khider est condamné à quinze ans de prison, son frère Cyril écope de dix ans. Entre les deux, Mounir Benbouabdellah voit s'ajouter treize années de détention à son casier judiciaire, déjà bien chargé. Son avocat de l'époque, Me Bernard Ripert, défenseur historique du groupe terroriste d'extrême gauche Action directe, a rappelé, au cours de sa plaidoirie, que les accusés n'étaient pas venus « mendier (la) clémence » des jurés. Interrogé lors du même procès sur son quotidien derrière les barreaux, Mounir Benbouabdellah avait répliqué que le « seul mécanisme que j'y ai trouvé, c'est une infernale machine à reproduire de la violence ».

L'émergence du narcobanditisme

Tous fichés au grand banditisme[1], les frères « Benbou » incarnent, pour les policiers et les magistrats qui ont eu affaire à eux, cette nouvelle génération de voyous, issue de cités sensibles, avec le trafic de drogue pour principale activité, et désignée sous le vocable de « néobanditisme » ou « narcobanditisme ». Dans une note de la direction centrale de la police judiciaire, du mois d'octobre 2016, il est précisé que les frères Benbouabdellah « avaient rapidement gravi les échelons de la délinquance classique en se spécialisant au fil des années dans le trafic international de résine de cannabis depuis le Maghreb ». « En cela, la lecture de leurs antécédents judiciaires les faisait clairement apparaître comme l'archétype du nouveau visage du grand banditisme apparu au début des années 2000 qui avait pris la suite de structures plus classiques comme l'étaient celles surnommées la "Dream Team" ou la "Banlieue sud"[2]. Ainsi ces nouvelles entités criminelles surnommées "le Milieu des cités" étaient issues des quartiers sensibles de la capitale et de sa banlieue. Ces équipes rassemblaient le plus souvent des jeunes gens, originaires du Maghreb ou d'Afrique subsaharienne, qui conservaient des attaches solides dans leur pays d'origine. Cette caractéristique "sociologique" allait parallèlement faciliter la spécialisation de ces individus dans le trafic international de drogue dont ils allaient devenir des acteurs de premier plan ».

Les différents services d'enquête qui ont eu à se pencher sur la fratrie « Benbou », – désignée parfois sous le vocable de « Mafia kabyle » par policiers et magistrats –, se sont toujours cassé les dents pour établir leur implication dans un quelconque trafic de drogue d'ampleur internationale. Un constat qu'un avo-

1. Selon un rapport en date du 29 octobre 2016 de la direction régionale de la police judiciaire (DRPJ) de Versailles (Yvelines).

2. Deux équipes de malfaiteurs chevronnés, spécialisés dans les attaques de banques et de fourgons blindés, qui se sont illustrées, tour à tour, dans les années 1970 jusqu'au début des années 2000.

cat, qui a eu à les défendre, résume par un trait d'esprit : « on ne prête qu'aux riches ! » Les policiers ont longtemps tourné autour de ce qu'ils considèrent comme leur base arrière : l'Espagne et en particulier la périphérie de Malaga, dans le sud du pays, devenue au cours des dernières décennies un Eldorado pour de nombreux malfaiteurs français et internationaux. Mais, là encore, sans parvenir à les coincer.

Chargés comme un porte-avions

À la fin de l'année 2007, plusieurs membres de l'équipe de la Banane semblent en mauvaise posture. Un « renseignement confidentiel émanant d'une source digne de confiance » met les policiers de la BREC (brigade régionale d'enquête et de coordination)[1] –, de la PJ de Versailles (Yvelines) en ébullition : une équipe de malfaiteurs chevronnés et lourdement armés utiliserait un box souterrain, rue Manin, dans le 19e arrondissement. Le « rens' » est aussitôt transmis à l'Office central de lutte contre le crime organisé (OCLCO), basé à Nanterre. De minutieuses surveillances sont mises en place par ces spécialistes de la lutte contre le grand banditisme autour du box parisien qui renfermerait un arsenal constitué d'armes de guerre et d'explosifs. Les occupants de véhicules volés ou loués sont observés en train d'aller et venir devant le parking suspect. Les noms de plusieurs membres de l'équipe de la Banane, dont celui de Yassine-Hanine Benbouabdellah, apparaissent rapidement sur les tablettes des enquêteurs. Un proche de l'un d'entre eux aurait loué une des voitures aperçues à proximité des boxes de la rue Manin. Car, après vérifications, l'équipe de malfaiteurs soupçonnée de se servir de ce lieu comme base arrière pour y entreposer son matériel, occuperait, non pas un, mais deux emplacements de parking clos par de lourds rideaux métalliques et dont les côtés ajourés ont été obstrués avec du carton. La présence d'un autre

1. Rebaptisée depuis brigade de recherche et d'intervention (BRI).

membre de la Banane est aussi avérée au volant d'une Citroën C5, – vue à la sortie de ce fameux parking de la rue Manin –, après avoir été flashée dans le département des Landes, à la mi-novembre 2007 en direction de l'Espagne. L'identité d'un certain Éric Vidal, dit Rico ou le Corse, qui a croisé la route de Mounir Benbouabdellah en détention, a aussi servi à la location d'une Golf localisée devant l'un des boxes « conspiratifs ». Un personnage qui connaîtra une fin brutale, dont nous reparlerons un peu plus tard.

Après de longues heures de surveillance, les policiers vont soudainement déchanter : plus personne ne se présente aux abords de ces boxes, passé le 14 novembre 2007. Ces derniers auraient été « mis en sommeil » par leurs utilisateurs, selon un nouveau renseignement anonyme parvenu à l'OCLCO. Une perquisition des lieux est ordonnée à la mi-décembre et se révèle particulièrement fructueuse. Dans les boxes numérotés 396 et 405 au numéro 119 de la rue Manin, les enquêteurs mettent la main sur deux fusils d'assaut, dont un AK-47, l'autre nom de la kalachnikov, deux pistolets-mitrailleurs, trois grenades, trois armes de poing de gros calibre, des silencieux et des gilets pare-balles ainsi que de nombreuses munitions. De quoi conforter une énième information recueillie par l'office qui laissait entendre que les propriétaires de ce « matériel » s'apprêtaient à monter au braquage de fourgons blindés ou à s'en prendre à des « dabistes », comme sont surnommés les employés de sociétés de transport de fonds, chargés d'approvisionner les distributeurs automatiques de billets (DAB) en liquidités. Les membres de l'équipe de la Banane, identifiés comme ayant un lien avec ces boxes, n'ont été entendus que trois ans plus tard par un juge d'instruction parisien avant d'être mis en examen, puis de bénéficier d'un non-lieu, faute d'éléments probants. Mais avant cela, un nouvel épisode sanglant va attirer l'attention de la police sur la Banane.

Le Gorille ne répond plus

Au moment même où l'information sur l'existence de ces inquiétants boxes remonte aux oreilles des enquêteurs de l'OCLCO, leurs collègues de la police judiciaire de Versailles sont saisis d'un meurtre dans le Val-d'Oise. Le « profil » de la victime, connue pour trafic de stupéfiants, conduit les policiers de la brigade criminelle à privilégier la piste d'un basique règlement de comptes. En poussant leurs investigations, ils découvrent qu'elle est, elle aussi, en lien avec le quartier de la Banane. Le lundi 29 octobre 2007, vers 6 h 20, un agent d'entretien qui débute sa journée tombe sur le corps sans vie d'un homme au pied d'un immeuble du quartier du Moulinard à Osny. Au moment de son meurtre, il portait sur lui une arme de poing mais n'a pas pu s'en servir contre son ou ses agresseurs. L'autopsie révèle que la victime a été abattue de deux balles de 7,65 mm en pleine tête et d'une troisième dans le bras droit. David Mouelle, né au Gabon, 27 ans, alias Vovo, Daoud ou Gorille[1], ancien de la Banane, ami d'enfance de Yassine-Hanine Benbouabdellah[2], avait récemment emménagé chez sa mère, après sa libération, en avril 2007, du centre de détention d'Uzerche (Corrèze). Ce jeune père, réputé pour son côté « bagarreur », – « son truc, c'était la violence, c'était un homme de main qu'on paye pour un boulot et basta » selon un de ses anciens codétenus[3] –, avait purgé une peine de cinq ans dans une affaire de drogue. Un bien drôle de dossier dans lequel le surnommé Blondin, était également apparu. L'affaire remonte au 10 septembre 2002. Alertés par les services autoroutiers pour un accident, des gendarmes interviennent sur l'A63, dans le sens

1. Cf. chap. « Sur la route du Barge ».

2. Extrait d'un rapport d'enquête de la PJ de Versailles, en date du 15 novembre 2012, sur le meurtre de David Mouelle.

3. Extrait d'un procès-verbal d'audition datant du 5 novembre 2007 dans le cadre de l'enquête sur l'assassinat de David Mouelle par la direction régionale de la police judiciaire (DRPJ) de Versailles.

sud-nord, à hauteur de la commune de Saint-Vincent-de-Paul (Landes). Pour une raison ignorée, les occupants d'une Lancia Kappa, immatriculée à Paris, se sont retrouvés dans le décor. Mais à leur arrivée, les pandores trouvent un véhicule vide. Enfin presque. La fouille de l'habitacle permet la découverte d'un pistolet-mitrailleur et de ses deux chargeurs vides, de deux gilets pare-balles de la Brink's, d'un chargeur d'arme de poing approvisionné de dix cartouches de 9 mm et d'une cagoule. Les empreintes de Blondin y sont retrouvées. Ce « proche » de membres de la Banane est interpellé, quelques semaines plus tard, alors qu'il tente de se faire oublier dans un hôtel de Romainville (Seine-Saint-Denis) par les policiers de l'Office central pour la répression du banditisme et la brigade des stups de la PJ de Bordeaux. Identifié comme le conducteur de cette puissante Lancia, David « Gorille » Mouelle est, à son tour, arrêté à Saint-Maur-des-Fossés (Val-de-Marne). Entre-temps, une fouille plus poussée de la berline italienne a abouti à la saisie de 110 kilos de résine de cannabis, dissimulés dans des caches aménagées. « Gorille » endosse l'entière paternité de cette importation de haschisch. Il confiera s'être tout simplement « endormi au volant » et avoir perdu le contrôle de sa Lancia sur l'A63... Avant d'être conduit en détention[1].

Père d'un petit garçon, David Mouelle avait passé sa dernière soirée dans l'appartement de sa mère à Osny, à regarder, avec son fils, *Harry Potter et le prisonnier d'Azkaban* diffusé sur France 2. Vers 22 h 50, il était monté dans sa Citroën C2 noire pour rejoindre son ancien quartier du 20e arrondissement. Plusieurs de ses amis se souviennent l'avoir croisé. « Je l'ai vu le soir de sa mort, reconnaît Yassine Cheambi, interrogé en novembre 2010, sur ses liens avec la victime [...] Je ne me souviens plus très bien, mais je crois que je l'ai retrouvé à notre point de chute habituel la sandwicherie Chez Charlie, rue des

1. Dans ce dossier, Blondin a écopé de deux ans de prison pour « non-justification de ressources » et a été incarcéré à la maison d'arrêt de la Santé à Paris entre les mois de mars 2005 et août 2006.

Panoyaux [...] J'ai appris sa mort le lendemain alors que je me trouvais dans une chicha du secteur. Je ne me souviens plus qui m'a prévenu. J'ai organisé ses obsèques avec sa famille ».

Un autre ami de « Gorille » avec lequel il était tombé dans l'affaire des stups de l'autoroute A63 a été interrogé quelques semaines après son assassinat. Ce témoin a alors livré d'étonnantes révélations et mis les enquêteurs sur la piste de proches de Nordine Nasri, alias Nono le Barge, un caïd du milieu parisien, abattu près des Champs-Élysées en décembre 2003[1].

« David m'avait dit s'être fait tirer dessus alors qu'il était en fourgon sur le périphérique. Il avait remarqué une Clio qui le suivait dans les bouchons, au niveau de la porte d'Aubervilliers, il avait fait signe au conducteur en lui demandant ce qu'il lui voulait. La voiture était passée, puis au niveau de la porte de Bagnolet, un homme à moto était arrivé à sa hauteur, il avait donné un coup de volant par peur et cet homme lui avait tiré dessus, sans même toucher le fourgon. Pour David, il s'agissait de ce même Nordine Nasri. David voulait-il se venger de Nasri ? demande le brigadier-major Patrice A., chargé de son audition, à la PJ de Versailles.

— David voulait faire quelque chose, mais il n'avait pas d'infos sur ce gars. »

L'examen de la scène de crime, largement délavée par d'épouvantables conditions climatiques, n'a abouti à aucun prélèvement génétique réellement exploitable. Au cours de leurs investigations, les limiers de la PJ de Versailles ont aussi recueilli des informations sur une violente dispute qui aurait opposé « Gorille » à Zoheir Benbouabdellah, l'aîné de la fratrie, une dizaine de jours avant son meurtre. Lors de ce face-à-face, David Mouelle aurait même menacé son adversaire avec une arme de poing.

Auditionné, Poub aurait indiqué que « Gorille » était connu de tous les membres de sa famille et qu'en aucun cas ils n'auraient pu lui faire de mal. Les investigations menées par la PJ de

1. Voir le chapitre « Sur la route du Barge ».

Versailles n'ont pas abouti et un non-lieu a été délivré dans cette affaire d'assassinat de David Mouelle, « affilié à la bande de la Banane ». Mais l'exécution d'un autre proche de l'équipe du quartier des Amandiers va, lui, marquer un peu plus les esprits.

L'assassinat d'un ami d'enfance

Il disait avoir changé complètement de vie. Ne plus vouloir donner dans la « came ». Avoir rencontré la religion. Vouloir trouver une épouse. Osman Chamsan, originaire de la place des Fêtes dans le 19e arrondissement, 31 ans, sorti de prison en mars 2008 après avoir écopé d'une peine six ans, notamment pour trafic de drogue[1], n'aura pas le temps de mettre en œuvre ses bonnes résolutions. À peine sept mois plus tard, son corps, criblé de balles, est découvert dans une voiture stationnée rue Jobbé-Duval dans le 15e arrondissement. Nous sommes le jeudi 23 octobre 2008. Il est 4 h 30 du matin. Des policiers en patrouille au niveau du numéro 4 de cette artère, bordée de proprets immeubles en brique rouges, voient leur attention attirée par la vitre avant gauche brisée d'une Renault Clio. En se rapprochant, les fonctionnaires aperçoivent aussitôt la silhouette d'un homme penchée sur le siège passager, la tête souillée de sang. Osman Chamsan, dit Smano, a été tué de quatre projectiles de 9 mm Parabellum, tirés au niveau de la tête et de la poitrine. Sur lui, un faux permis de conduire au nom d'un certain Kamel Ben Salem, 420 euros en liquide et un calepin noirci de numéros de téléphone. Un lien est rapidement fait entre la découverte de la victime et l'incendie d'une Citroën

1. Osman Chamsan avait été condamné le 5 avril 2006 par le tribunal correctionnel de Bobigny à six ans de prison pour usage de faux documents administratifs, contrebande de marchandise prohibée, participation à une association de malfaiteurs, trafic de stupéfiants, détention d'un dépôt d'armes et de munitions. Il avait également écopé, le 19 octobre 2005, de dix-huit mois d'emprisonnement pour trafic de stupéfiants par le tribunal de Versailles.

Berlingo, deux heures plus tôt, dans une ruelle discrète, passage de Dantzig, distante d'à peine cinq cents mètres, à deux pas du parc Georges-Brassens, toujours dans le 15e arrondissement. L'exploitation par la brigade criminelle, chargé de ce nouveau dossier de meurtre, des enregistrements des caméras de vidéosurveillance d'un site de France Télécom, tout proche, permet d'observer qu'Osman Chamsan était bien suivi par le ou les occupants de ce Berlingo au moment de s'engager, à 2 h 16, rue Jobbé-Duval. Trois douilles sont récupérées à proximité immédiate des lieux des faits, une quatrième ogive dans l'habitacle de la Clio, ainsi qu'un « objet rappelant fortement un talon de chargeur d'arme à feu », notent encore dans leurs constatations les enquêteurs de la crim'. Un élément qui fera l'objet d'expertises et contre-expertises, comme on le verra plus tard. En attendant, les policiers perquisitionnent le modeste appartement de Smano, employé comme coursier, dans un immeuble situé non loin de l'endroit où son cadavre a été retrouvé. Ces derniers comprennent que les résolutions affichées par la victime, à sa sortie de prison auprès de ses proches, n'ont pas encore été suivies d'effet. Un peu moins de 100 grammes de résine de cannabis, cachés dans les enceintes d'une chaîne hi-fi et quatre liasses de billets, glissées dans la doublure d'un blouson, pour un total de 4 000 euros sont saisis. L'enquête de voisinage ne donne pas grand-chose. Hormis un riverain qui se souvient avoir entendu « quatre ou cinq détonations, entre 2 heures et 2 h 20 » puis une portière de voiture claquer. Avant que le conducteur ne démarre en trombe en faisant crisser ses pneus sur l'asphalte. Smano avait passé ses dernières heures avec Yassine Cheambi, alias « le Ziente » ou « Yass la Banane ». Les deux s'étaient retrouvés dans un bar de la rue Myrha, à Barbès, où ils avaient partagé « un casse-croûte » comme le dira plus tard Yassine Cheambi. « Il était venu me rejoindre vers minuit trente [...] et nous nous sommes séparés juste avant la fermeture du bar vers 1 h 50. Il a quitté les lieux tout seul à bord d'une Renault Clio noire. Il m'a dit qu'il rentrait chez lui », décrit encore son ami, qui le dépeint comme « quelqu'un de simple mais de têtu ». « Il était assez borné [...] Depuis sa sortie de prison, il y a six ou huit mois, il avait changé en bien, il voulait se marier, il cherchait une femme pieuse [...] Il était plutôt solitaire, et faisait beaucoup la prière. »

Au bout de plusieurs mois d'enquête, quelques hypothèses se dessinent. L'une d'entre elles conduit encore vers l'omniprésent Nono le Barge[1]. En avril 2005, Smano avait été entendu par la crim' alors que son nom avait été cité comme possible meurtrier de ce membre du grand banditisme parisien, abattu en décembre 2003. Une autre piste évoque un problème lié à un supposé trafic de drogue au cours duquel Osman Chamsan aurait floué un autre trafiquant aux Pays-Bas. L'un de ses frères avouera ainsi : « comme tout le monde dans le milieu, il avait carotté un dealer, cela remonte à quelques années. Il avait pris 1,5 kilo de coke à un mec. Ça s'était passé en Hollande. » Avant d'ajouter : « mais je suis sûr que ça n'a rien à voir avec le meurtre d'Osman ». Un « différend commercial » encore lié à un trafic de stupéfiants aurait également opposé Smano, associé à Yassine Cheambi à la famille Benbouabdellah. Plusieurs membres de la famille de Smano n'hésitent pas à désigner le cadet des Benbou comme étant lié à son meurtre. À commencer par la mère de la victime.

« Je suis certaine que Yassine Benbouabdellah est mêlé à l'assassinat de mon fils », clame-t-elle devant le juge d'instruction Gérard Caddeo. Son fils qui s'était, selon elle, inscrit dans une école coranique depuis sa sortie de prison et devait débuter bientôt ses cours aurait été pris pour cible, non pas pour un litige autour d'une transaction de stups, mais pour avoir entretenu une relation avec la compagne de Poub alors que celui-ci était en détention. « Je suis bouleversée par la mort de mon fils et terrorisée à l'idée de rentrer chez moi, j'ai très peur », souffle-t-elle encore devant le magistrat-instructeur. « Des jeunes que je connais mais dont je ne peux pas vous dire le nom avaient entendu parler que mon frère avait été

1. Cf. chap. « Sur la route du Barge ».

assassiné par le 20e. En fait lorsque j'évoque le 20e, je veux parler de la famille Benbouabdellah, témoigne l'un des frères d'Osman, devant la brigade criminelle. Le 20e est un peu le territoire des frères Benbouabdellah, et il m'a été rapporté que mon frère Osman avait eu un différend avec Yassine Benbouabdellah par rapport à une fille avec laquelle Osman aurait eu une aventure. »

Outre ces accusations, particulièrement graves mais qui restent à étayer, les enquêteurs de la crim' sont surtout parvenus à isoler, des mois plus tard, l'empreinte génétique de Poub sur le fameux morceau de plastique, qui correspond bien au talon d'un chargeur d'arme de poing, retrouvé sur la scène de crime. Activement recherché, le principal suspect est interpellé au mois de décembre 2009. En garde à vue, il réfute tout lien avec l'assassinat de celui qu'il définit comme « un ami d'enfance » et avec lequel il a « fait les quatre cents coups », « bu », « bien rigolé » et « fait des bêtises ». Sur la relation qu'aurait entretenue son ami avec sa compagne, Yassine-Hanine Benbouabdellah dit l'avoir appris au cours de sa garde à vue dans les locaux de la brigade criminelle. Donc après le meurtre de Smano et « avoir été choqué ».

Au moment des faits, il certifie s'être trouvé en Espagne et avoir travaillé pour une société d'import-export de fruits et légumes. Malgré ses dénégations, il est mis en examen, puis placé en détention provisoire. Sur la présence de son ADN sur ce talon de chargeur, Poub a une simple explication : il a lui-même remis un pistolet de calibre 7,65 mm, chargé de sept projectiles, à Smano à la mi-août ou mi-septembre 2008. « Il m'a dit qu'il avait des problèmes […] Toute sa famille le sait et pourrait vous le dire, il avait des contentieux avec des gens », précise même celui qui est désigné comme le tueur présumé de Smano au cours de l'instruction de cette affaire.

Les trois frères de Poub ont aussi été interrogés par la brigade criminelle sur leurs relations avec la victime. À commencer par Mounir :

« C'était un ami qui me rendait visite en prison. En fait, il m'a rendu visite jusqu'en 2002, date de ma mise en examen dans une tentative d'évasion (à Bois-d'Arcy), détaille Mounir. La juge voulait l'entendre, il ne s'est pas présenté, donc elle lui a mis un mandat de recherche ce qui fait qu'il ne pouvait plus venir me voir. Je l'ai connu tout petit en Algérie. Nous étions du même bled, Alger. On se voyait, on se retrouvait à la plage. Personnellement, je suis monté à Paris avec mes parents en 1980. Je le connais depuis l'âge de 12 ou 13 ans, lors des vacances que j'allais passer en Algérie. C'était un véritable ami, je connaissais sa famille, il connaissait la mienne, je dormais chez lui, il dormait chez moi. Osman avait un an d'écart avec moi. Outre ses visites, il m'écrivait beaucoup. J'ai passé six ans à l'isolement, de 2001 à 2007, il m'a toujours écrit. C'était quelqu'un de bien. On est allé en vacances ensemble, au ski et en Hollande aussi. J'ai eu beaucoup de peine lorsque j'ai appris sa mort. Surpris, je ne l'ai pas été. Vous savez, lorsque j'étais dehors, j'ai tiré sur des mecs en compagnie d'Osman, et on s'est fait tirer dessus aussi. Alors on n'est jamais vraiment surpris. Avec la vie qu'on mène… À l'époque, buter quelqu'un, ce n'était rien du tout. J'ai pris conscience de tout ça depuis quelque temps seulement.

— Que savez-vous de notre enquête en cours ? demande l'enquêteur de la crim' qui procède à son audition.

— Je suis au courant par plusieurs personnes de ma famille de la mise en examen et de l'incarcération de Yassine dans le meurtre d'Osman. Moi, j'ai répondu à ces gens que ce n'était pas possible. Osman était mon ami, mon frère ne peut pas faire ça dans mon dos.

— Seriez-vous allé aux obsèques si vous aviez été libre ?

— Peut-être. Ce qui est sûr, c'est que j'aurais fait comme avec un ami, comme avec un frère. Mais vous savez, où j'ai grandi, les gens vont aux mariages et rarement aux obsèques. »

Le même estime que son cadet n'a pas pu s'en prendre à Osman pour une affaire de cœur : « Tuer pour ça, ce n'est pas possible. »

Pour Zoheir Benbouabdellah, l'aîné de la fratrie, Osman Chamsan l'avait soutenu à sa sortie de prison, alors qu'il venait de purger sa peine dans l'affaire du meurtre du jeune Manuel Ribeiro.

« Je le connais depuis que je suis tout petit, nous demeurions dans les mêmes quartiers [...] Même lorsque je suis sorti du placard, c'est l'un des seuls qui m'a toujours tendu la main. Nous avions de très bons amis en commun, relate-t-il devant les policiers de la crim'.

— Lesquels ?

— Des amis, de très bons amis, vous voulez en venir où ?

— Qu'est-ce qui vous rapprochait tous les deux ?

— Rien de spécial, c'est mon pote.

— Mais encore ?

— C'est tout.

— Faisiez-vous des “affaires” ensemble ?

— Quelles affaires ? On faisait du sport ensemble, c'est tout.

— Quelle était la fréquence de vos rencontres ?

— Nous nous rencontrions de temps en temps et surtout le week-end pour jouer au foot.

— Quand l'avez-vous rencontré pour la dernière fois ?

— Je l'ai rencontré pour la dernière fois, la veille de sa mort. Il était passé me voir dans le 20e, boulevard Ménilmontant où je me trouvais. [...] Il ne m'a rien confié de particulier qui pourrait expliquer sa mort. J'ai d'ailleurs lu le dossier avec mon avocat, et vu les questions posées aux diverses personnes, à mon avis, vous êtes un peu dans le flou.

— Quelles relations entreteniez-vous avec Yassine Cheambi ?

— C'était un ami d'enfance, aujourd'hui, on ne se voit plus.

— Notre enquête nous a permis d'apprendre qu'un litige commercial opposait la famille Benbouabdellah à Yassine Cheambi, proche d'Osman Chamsan. Qu'avez-vous à déclarer sur ce point ?

— Fantasme policier ! », tempête Zoheir Benbouabdellah en guise de conclusion.

Pour le benjamin, Samir Benbouabdellah, Smano était plus une connaissance qu'un pote.

« On se connaît depuis tout jeune, on était voisins. Moi plutôt Gambetta, lui un peu plus haut sur le 19e, à deux kilomètres maximum. Il était un peu plus vieux que moi, c'était plutôt la génération entre Mounir et Hanine. […] On s'est également retrouvé en vacances, en Algérie, durant l'été 2008. Nos deux familles sont originaires d'Alger, pas du même quartier, mais on s'est vus là-bas.

— À quand remonte la dernière fois où vous l'avez rencontré ?

— Durant un match de foot au bled, en juillet ou en août. On jouait entre potes, on a fait plusieurs matchs, on a joué comme partenaires, comme adversaires… des petits tournois. J'ai dû rester entre vingt et vingt-cinq jours au bled, quartier Hussein Dey à Alger.

— Où étiez-vous le 23 octobre 2008 ?

— Je ne sais plus. Je pense que j'étais en France, mais je ne peux pas dire où avec certitude. Il m'arrive de voyager en France, sans pour autant me poser dans une ville en particulier. […] j'aime visiter les paysages, aller voir des filles à travers la France… Je crois que c'est clair, je ne sais pas où j'étais. »

Au mois de janvier 2011, le juge Caddeo, qui poursuit son instruction, réinterroge Yassine-Hanine Benbouabdellah :

« Pouvez-vous nous dire si M. Chamsan avait des raisons d'être en conflit, d'avoir des histoires ?

— Et je pourrais vous citer plein d'histoires : celle du Grand Café à Opéra, à 5 heures du matin, M. Chamsan s'est embrouillé avec deux personnes du 93, il a fait feu sur elles avec du 38 Spécial, l'une est demeurée handicapée à vie, un gars de Pantin, ses frères étaient en prison, quand ils sont sortis, il serait normal qu'ils se vengent.

— Comment savez-vous que M. Chamsan est impliqué dans cette histoire ?

— Vous savez, c'est mon entourage, M. Chamsan était mon ami, sa mère et son père connaissent très bien cette histoire et ses frères aussi et ce n'est pas la seule histoire. Il était mêlé aussi à des escroqueries de coke, il attachait des gens et leur a pris de la coke. Je suis certain à 500 % qu'entre le moment de sa sortie et sa mort, il a été impliqué dans une histoire d'escroquerie en volant plusieurs kilos de cocaïne.

— Comment en êtes-vous certain ?

— C'est mon entourage, je vous ai dit que j'avais fait les quatre cents coups avec Osman [...]. »

Avant de clamer, une nouvelle fois, son innocence, au mois de novembre de la même année, toujours devant le magistrat-instructeur : « Plein de pistes n'ont pas été vérifiées à propos d'Osman. La France entière avait des histoires avec lui. »

À l'issue de leurs investigations, les enquêteurs de la brigade criminelle rendent un rapport de synthèse qui laisse peu de doute quant à l'implication de Poub, – qui a fréquenté les bancs de l'école élémentaire Tlemcen (20e) avant d'obtenir son BEPC au sein du collège Voltaire (11e), puis de s'orienter vers un CAP de boulanger-pâtissier qu'il ne décrochera pas –, dans l'assassinat de son « ami d'enfance ». « L'ensemble des éléments recueillis, à ce jour, dans le cadre de la présente enquête, ont permis d'établir le rôle joué par Hanine Benbouabdellah dans le meurtre d'Osman Chamsan, entament-ils. La présence de son profil génétique sur le talon de chargeur, saisi sur la scène de crime, n'offre aucun doute quant à sa participation aux faits. Son passé délictueux, le différend engendré par la relation de la victime avec son ancienne compagne, explique le ressentiment d'Hanine Benbouabdellah à l'encontre d'Osman Chamsan. Son ADN retrouvé sur un élément déterminant, découvert sur la scène de crime, est une preuve incontournable de sa participation aux faits. »

Un avis policier, très tranché, que le juge d'instruction est loin de partager. Le 28 février 2013, ce dernier rend une ordonnance de non-lieu en faveur de Poub, ainsi motivée : « Au-delà des déclarations des uns et des autres, soit qu'ils soient proches du mis en examen, soit qu'ils soient proches de la victime, et qui ne font que rapporter des rumeurs ou construire des hypothèses, il convient de raisonner sur les éléments matériels du dossier, seuls éléments à notre sens pouvant emporter conviction. » Le juge Caddeo évoque ensuite les quatre expertises en armes et balistiques réalisées dont une précision se dégage : le fameux talon de chargeur découvert sur les lieux du crime provient d'une arme de calibre 7,65 mm ou 9 mm court. Ce qui ne correspond pas au calibre des balles – du 9 mm Parabellum – ayant servi lors de l'exécution d'Osman Chamsan. Le juge estime aussi que l'ADN de Poub retrouvé sur ce talon d'arme ne permet pas d'affirmer qu'il se trouvait bien sur la scène de crime au moment des faits.

Troublant parcours que celui de cette pièce, qui ne sera jamais réellement reconstituée, mais dont l'origine a pu être retracée. Un chargeur démuni de talon sera retrouvé le 8 novembre 2009, un peu plus d'un an après le meurtre de Smano, lors de la perquisition d'un pavillon décrépi, situé au Déluge, une petite commune de l'Oise. Dans ce logement, lieu de séquestration d'un homme enlevé devant son domicile de Villemomble (Seine-Saint-Denis) – des faits pour lesquels Samir et Yassine-Hanine Benbouabdellah ont été condamnés en 2011[1] –, les enquêteurs de la brigade criminelle avaient mis la main sur de nombreuses armes, silencieux, munitions et chargeurs. Le talon de chargeur retrouvé sur la scène de crime de Smano a été « formellement rattaché au chargeur retrouvé en novembre 2009 [...] Ce talon de chargeur provient d'une arme de calibre 7,65 mm Manurhin », assurent les juges de la chambre de l'instruction de la cour d'appel de Paris, qui ont finalement infirmé, en octobre 2014, le non-lieu rendu par le juge Caddeo et décidé du renvoi de Yassine-Hanine Benbouabdellah devant une cour d'assises pour l'assassinat d'Osman Chamsan.

Deux ans plus tard, le cadet des Benbou, qui a été remis en liberté entre-temps, n'assiste pas à son procès et est condamné à 23 ans de réclusion criminelle. Arrêté au mois de juillet 2017, il a été rejugé en juin 2019 et acquitté par les jurés de la cour

1. Le 19 mai 2011, les deux frères ont été jugés par la 13e chambre correctionnelle du tribunal de grande instance de Bobigny et ont écopé de six ans de prison dans cette affaire d'enlèvement et de séquestration.

d'assises de Paris. Bien décidée à ne pas en rester là, la justice a fait appel de cet acquittement et Poub, incarcéré après avoir été mis en examen pour le meurtre d'Essma Cheambi, la sœur de Yassine Cheambi, en septembre 2016 à Pantin (Seine-Saint-Denis) – nous y reviendrons –, a été rejugé par la cour d'assises de Melun au début du mois de décembre 2020. Avant d'être finalement, à nouveau, acquitté alors qu'un certain nombre de « manquements » dans l'enquête sur le meurtre de Smano ont été mis en exergue, au fil de ce second procès, par les avocats de Poub, Mes Hugues Vigier et Frédéric Trovato.

Printemps sanglant

Cela fait maintenant plus de dix ans que les enquêteurs du « 36 » s'échinent, avec plus ou moins de succès, sur l'équipe de la Banane et son noyau dur constitué autour de la fratrie Benbouabdellah. Lorsqu'ils sont saisis d'une nouvelle affaire de meurtre au printemps 2009. Direction la banlieue est. La nuit est déjà bien entamée en ce 30 juin 2009 lorsque le téléphone de permanence du parquet de Créteil (Val-de-Marne) se met à sonner. Les yeux embués par un lourd sommeil, le magistrat de « perm' » griffonne trois phrases sur un bout de papier après avoir été sorti de son lit par un appel de la police locale. Après avoir raccroché, le parquetier compose le numéro de l'état-major de la DRPJ de Paris afin de charger la brigade criminelle des suites de l'enquête qui vient de débuter face au numéro 19 de la rue de la Varenne à Saint-Maur-des-Fossés. Là même où, vers 1 h 45, un homme de type « caucasien », âgé d'une trentaine d'années, a été pris pour cible par un tireur encagoulé et muni d'un Glock. À leur arrivée, la victime est en « arrêt cardio-respiratoire ». Elle est allongée à côté d'une Hyundai, modèle 130. Près d'une de ses mains, les policiers de la crim' récupèrent un pistolet semi-automatique Smith & Wesson, calibre 9 mm, dûment garni. Les secours tentent de panser les nombreuses blessures par balles relevées sur son corps. Mais il est déjà trop tard. L'autopsie révèle la présence de « onze plaies par arme à feu » et cinq projectiles de gros calibre sont extraits de sa dépouille. Éric Vidal, 37 ans, né à Maisons-Laffitte (Yvelines), a été victime de ce qui s'apparente à un règlement de comptes. Les premières auditions laissent entendre que cet homme, « connu des services de police et de la justice pour trafic de stupéfiants », a été poursuivi depuis l'entrée de son domicile, situé à trois cents mètres des lieux où son corps a été découvert, à côté de sa berline coréenne, par un inconnu de « grande taille » et probablement « encagoulé ». Ce dernier, selon les quelques témoins des faits, aurait achevé sa victime de quatre balles tirées à courte distance avant de quitter les lieux. Dans sa fuite, le tueur a perdu son arme, est revenu sur ses pas pour la récupérer, avant de prendre le volant d'une Audi TT et de disparaître. Il n'a jamais été identifié. Éric Vidal possédait, au moment de son meurtre, cinq téléphones portables et un permis de conduire, supportant sa photo, mais paraphé au nom d'un certain Samir Kasic, né en Bosnie. Entendu au cours de cette enquête, le vrai Samir Kasic, assurera avoir perdu son permis, avant d'avouer l'avoir remis à un proche de Zoheir Benbouabdellah. Un premier lien est tissé avec la Banane. Ce ne sera pas le dernier. Surnommé le Corse ou bien encore Rico, Éric Vidal et plusieurs membres de la Banane, dont Yassine-Hanine Benbouabdellah, étaient apparus au fil des investigations menées sur les boxes « conspiratifs » de la rue Manin à la fin de l'année 2007, comme nous l'avons vu précédemment. Rico avait surtout partagé le quotidien de Mounir Benbouabdellah, alors détenu à Fresnes. « Je le considérais comme un ami, un frère, comme Osman, dira Blond lors de son audition, en février 2010, par les enquêteurs de la crim' après le meurtre de Smano, alors qu'il est détenu à la centrale de Moulins-Yzeure (Allier). Éric, je l'ai surtout connu en prison, même si on s'est croisés à l'extérieur. On était dans la même cellule à Fresnes. Je l'estimais beaucoup. Je ne crois pas qu'il connaissait Osman. S'il l'a connu, c'est après notre incarcération commune [...] J'ai été très triste lorsque j'ai appris la mort d'Éric et Osman, deux frères. Je n'ai aucun lien avec le monde extérieur, ici, et le monde du business. Je ne sais rien des causes de leur mort. »

Selon un témoin anonyme, entendu en février 2010 par la brigade criminelle, Vidal était « apparu dans le 20e arrondissement de Paris, dans le quartier des Rigoles en 2007. Je crois qu'il venait de sortir du placard où il avait été avec Mounir Benbouabdellah. Mounir a mis Éric en connexion avec son frère Yassine dit Hanine dit Poub. Éric était déjà dans le business de la came, mais je ne sais pas dans quel secteur de la capitale. En fait, personne ne le connaissait, il a débarqué, mis en place. Seul, il n'aurait pas pu s'installer et travailler dans le 20e. Les Benbouabdellah voulaient profiter de ses propres connexions et se sont servis de lui. Vidal, qu'on appelait le Corse, gérait comme il voulait son trafic. Il organisait tout. Je n'en sais pas plus sur son trafic. Je sais juste qu'il s'est fait une réputation de gros voyou qui a fait que les petits du quartier étaient admiratifs, style il était toujours calibré, il avait une attitude de mec chaud. Il y a eu aussi un mec qui voulait barber Vidal dans le business de came. Rapidement, ce mec a été affranchi du fait qu'il était un protégé des Benbouabdellah. C'est comme ça qu'il s'est fait une réputation. Mais les grands n'étaient pas dupes. Vidal n'impressionnait que les petits ». Des allégations qui n'ont pas pu être étayées. Hormis, l'implication présumée de Vidal dans le business des stups. Qui va prendre corps par le truchement d'une importante saisie à son domicile.

Le 2 juillet 2009, en début d'après-midi, les policiers du 36 sont de retour à Saint-Maur-des-Fossés, rue du Pont-de-Créteil. Les limiers de la crim' ont été « tuyautés » par leurs « collègues » de la brigade des stupéfiants sur l'adresse d'un proche d'Éric Vidal. Ils ont appris, par la même occasion, que ce dernier était « un informateur régulier » des stups. Un tonton qui leur aurait permis – toujours selon un renseignement anonyme – de faire tomber deux équipes de trafiquants à Argenteuil (Val-d'Oise) et dans le 20e. Arrivés devant l'immeuble de ce proche de Rico, les enquêteurs apprennent par la gardienne que son appartement est en train d'être cambriolé. Après avoir investi les lieux, ils interpellent un certain Thierry H., dit la Fouine, qui se présente comme l'un des amis de feu Éric Vidal. Il prétend être là pour « récupérer des affaires personnelles » du défunt afin de les remettre à sa famille. En fouillant ce logement, qui se révélera être, en réalité, celui d'Éric Vidal, les enquêteurs de le crim' mettent la main sur 1,3 kilo de cocaïne, 1,1 kilo de produit de coupe, 13 kilos de cannabis, 16 balles de calibre 9 mm, un pare-soleil « Police » ainsi que trois balances de précision ! Placée en garde à vue, la Fouine confie avoir vu Rico quelques heures avant son assassinat. Les deux compères, accompagnés de deux autres amis, ont dîné au Dalou, un restaurant proche de la place de la Nation à Paris, à deux pas des colonnes du Trône qui représentent Philippe-Auguste et Saint-Louis. À l'issue, Thierry H. avait conduit Éric Vidal, cité des Fougères dans le 20e, pour un rendez-vous auquel il dit ne pas avoir assisté. Puis Rico avait rejoint son domicile val-de-marnais à proximité duquel il sera finalement abattu.

Les enquêteurs découvrent ensuite que cet indic des stups possédait une seconde adresse à Saint-Denis. Mais lorsqu'ils investissent ce logement, le « ménage » a été fait : l'appartement a été vidé, pour « être rapidement reloué », indique l'agent immobilier qui gère le bien et qui a été informé du décès brutal de son locataire. Plusieurs mois plus tard, l'ADN de Rico est isolé sur un des chargeurs, saisis dans un pavillon de l'Oise, qui a servi de lieu de séquestration d'un homme en novembre 2009. Une affaire qui a valu une lourde condamnation à Yassine-Hanine et Samir Benbouabdellah, comme on l'a vu. La fouille du véhicule, une puissante BMW, dans laquelle le benjamin des « Benbou » a été interpellé en février 2010, dans le cadre de ce dossier de séquestration, permet la découverte d'un papier manuscrit supportant des annotations en lien avec l'assassinat de Vidal et l'identification de son dernier interlocuteur, surnommé Bask ou la Tortue. Interrogé, ce dernier s'est dit totalement étranger au meurtre de Rico, alors que l'empreinte de sa main a été relevée sur la Hyundai de la victime. Bask a affirmé l'avoir quelquefois croisé dans la cité des Fougères. Mais rien de plus. Les analyses balistiques ont permis d'établir que les balles utilisées lors de son assassinat et celles chargées dans son Smith & Wesson, retrouvé près de son corps, provenaient d'un même lot. De quoi faire dire à un enquêteur que « l'auteur et/ou le commanditaire de l'assassinat d'Éric Vidal, le connaissait probablement ».

Un autre élément de taille va permettre de tisser un lien avec un précédent meurtre commis à peine deux mois plus tôt : celui d'un certain Tidiane Nianghane, alias Titi, abattu le 4 mai 2009, vers 21 h 50, rue Anatole-France au Pré-Saint-Gervais (Seine-Saint-Denis) par deux hommes, vêtus de noir, gantés et casqués, juchés sur un puissant T-Max. Sur la scène du crime de ce jeune homme affilié, selon la police, à « l'équipe de la place des Fêtes » dans le 19e, six douilles de calibre 9 mm ont été ramassées, puis placées sous scellés. Les membres d'une équipe que les habitants de ce secteur du 19e ont pris l'habitude de désigner sous le vocable de « mecs de la place ». Après analyse, ces étuis percutés se sont révélés similaires, et d'origine « militaire », à ceux saisis au domicile d'Éric Vidal, après sa mort. En explorant le passé judiciaire de Tidiane Nianghane – décrit par une connaissance comme « un mec gentil, plaisant, sans prise de tête » –, les enquêteurs ont aussi constaté qu'il avait été incarcéré au même étage que la Fouine dans la prison de Bapaume (Pas-de-Calais) en 2007. Entendu, le frère de Titi a relaté être venu demander des explications à Éric Vidal sur la rumeur d'un différend qu'il aurait eu avec la victime. Ce dernier lui aurait répondu avoir vu Titi, le jour de son assassinat, avec lequel il entretenait des « rapports cordiaux ». Vidal et ses « allures de fonctionnaire de police », comme le décrira un témoin, s'apprêtait à partir en vacances à Punta Cana en République dominicaine avant d'être abattu. Malgré d'importants moyens déployés, la crim' n'est pas parvenue à remonter la piste des auteurs de cet homicide, ni celle des meurtriers de Tidiane Nianghane. Les deux affaires ont fait l'objet d'un non-lieu en mars 2014 et mars 2016.

Mais, de nouveaux éléments, apparus récemment, auraient permis de relancer les investigations sur la mort de Rico et celle de Titi, à l'été 2019.

Le meurtre d'une sœur

Le 16 mars 2004, lorsque le commandant Jean-Claude R., en poste à la brigade criminelle, entame son procès-verbal de « mise en observation du nommé Cheambi Yassine », il ne se doute pas qu'il n'est qu'au début d'une longue liste de rapports. Dans ce premier PV, l'officier relève que celui qui se fait surnommer « Yass la Banane » ou « le Zient » est un « membre de la bande de la Banane ». « Il était considéré comme étant le bras droit d'Ali Lebsir qui selon la rumeur aurait été abattu par Nasri Nordine[1] », écrit-il. Dans une seconde note, le même commandant pointe encore que « faisant suite à la mise en observation du nommé Cheambi Yassine, mentionnons avoir été avisés par l'état-major de notre direction de l'identification formelle de l'intéressé comme étant l'un des auteurs de l'agression perpétrée le 6 mai 2004 […] par plusieurs individus […], 39, rue Duris à Paris 20e. » Dans cette affaire, Yass la Banane, aîné d'une famille de six enfants, dont le père a travaillé pendant trente ans comme « ouvrier spécialisé » pour la firme Fiat en France, après avoir quitté sa Tunisie natale en 1957, est soupçonné, en compagnie de plusieurs complices, d'avoir molesté, menotté et bâillonné le résident d'un immeuble devenu trop gênant à leur goût. La victime avait pris la « mauvaise habitude » de prévenir régulièrement la police de la présence de dealers dans le hall de son bâtiment. Traumatisé par l'agression subie, ce riverain de la rue Duris s'était réfugié en Algérie[2]. Une autre affaire de violences, plus ancienne, a valu au même

1. Cf. chap. « Sur la route du Barge ».
2. Yassine Cheambi a écopé, le 9 décembre 2009, devant la chambre des appels correctionnels de Paris, de trois ans d'emprisonnement pour violence en réunion suivie d'une ITT supérieure à huit jours.

membre « historique » de la Banane une condamnation devant la cour d'assises de Paris. Le 25 mars 1998, vers 22 heures, rue Ramponeau dans le 20e, une altercation éclate entre plusieurs individus pour une prétendue histoire de tôle froissée sur une voiture. Yassine Cheambi, alors âgé de 22 ans, tombe sur un adversaire coriace qui lui assène deux coups de poing au visage avant de le faire chuter au sol. La clavicule déboîtée, il profère des menaces avant de quitter les lieux. Deux jours plus tard, toujours dans la même rue, celui qui avait eu le dessus sur Yass la Banane se retrouve littéralement encerclé par une « trentaine de jeunes », armés pour certains de battes de base-ball. Parvenue à s'extirper d'une voiture dans laquelle elle se trouvait, avec trois autres connaissances, la victime est plaquée au sol, puis frappée « d'un coup de couteau dans la poitrine, tandis que deux autres individus faisaient feu à plusieurs reprises dans sa direction, à bout portant, au niveau des jambes ». Avant de perdre connaissance, elle aura le temps de glisser le nom de l'un de ses agresseurs à l'oreille du médecin qui s'affaire : Yassine Cheambi. La meute d'agresseurs, dont l'un d'entre eux porte une cagoule et le bras en écharpe, prend la fuite en scandant des : « La Banane ! La Banane[1] ! » Malgré ses constantes dénégations, se disant totalement étranger à ces faits, Yass la Banane, les yeux clairs et le regard perçant, est finalement condamné, en décembre 2004, à six ans de prison. Quelques mois plus tôt, il avait été auditionné par la brigade criminelle dans le cadre de l'assassinat de Nordine Nasri.

« Connaissiez-vous les victimes et étiez-vous au courant des faits sur lesquels nous enquêtons ?

— Je les connaissais de nom c'est tout. Quant à l'affaire, j'étais au courant comme beaucoup de gens sur Paris 18e et 20e. J'ai été au courant deux ou trois jours après.

1. Extrait de l'arrêt de renvoi devant la cour d'assises de Paris de Yassine Cheambi et trois co-accusés, prononcé le 9 novembre 2000 en chambre du conseil.

— Nous vous présentons les clichés de ces deux personnes. Êtes-vous sûr de ne les avoir jamais vues ?

— Sûr et certain.

— Vous dites ne pas connaître Nasri Nordine. Connaissiez-vous un nommé Ali Lebsir dit Alilou ?

— Je le connaissais depuis l'enfance. C'était un copain.

— Vous n'ignorez pas que la rumeur a désigné Nasri Nordine comme exécuteur de Lebsir. Vous étiez pour votre part un ami, un quasi-frère d'Alilou. Cette rumeur vous semble-t-elle fondée ?

— Effectivement, cette rumeur a beaucoup circulé ; pour ma part, je pense qu'elle est fondée. Je ne sais rien sur les modalités de cette exécution, ni si c'est Nasri qui a agi en personne.

— Vous êtes un ancien de la Banane où vous avez notamment fréquenté les frères Benbouabdellah. Avec lesquels avez-vous gardé le contact à ce jour ?

— Je n'ai gardé de lien avec aucun des membres de la fratrie Benbouabdellah ; suite à une affaire de 96 dans laquelle j'avais beaucoup pris par rapport à mon rôle, Zoheir Benbouabdellah m'avait chargé. Je n'avais pas apprécié. Depuis, j'ai donc gardé mes distances avec toute la fratrie. »

La fratrie des Amandiers avec laquelle il a grandi et gravi les échelons de la voyoucratie lui serait devenue hostile. Hormis les explications de Yass la Banane – qui a mis un terme à sa scolarité à 16 ans, alors qu'il était inscrit en BEP électrotechnique –, l'origine de cette scission demeure incertaine. La rumeur voudrait qu'il se soit rapproché de Mounir Chérifi, condamné avec Mounir Benbouabdellah pour le meurtre du jeune Manuel Ribeiro en 1997. Le même Chérifi, ancien copain d'école des Benbou, serait aussi devenu leur ennemi. Une autre hypothèse est avancée par des policiers qui ont longtemps travaillé sur l'équipe de la Banane. « Au cours d'une de ses auditions à la brigade criminelle, Yassine Cheambi aurait appris qu'un projet criminel le visant était en préparation et que les frères Benbouabdellah en auraient été les commanditaires, confie un haut gradé de la police judiciaire. Et puis deux assassinats sont venus sceller la haine entre les ex-amis d'enfance. »

Comme on l'a vu précédemment, Zoheir, l'aîné des Benbou, a été abattu dans un café du 20e, en juin 2013. Un crime pour lequel Yassine Cheambi a été condamné, en première instance, à vingt-cinq ans de réclusion criminelle en mars 2018 par la cour d'assises de Paris[1]. Rejugé en appel, en février 2020, devant la cour d'assises d'Évry (Essonne), Yass la Banane, grand amateur de judo qu'il a pratiqué à haute dose dans sa jeunesse, a été acquitté pour l'assassinat de Zoheir Benbouabdellah et a écopé de huit ans de prison pour « association de malfaiteurs ». « La brigade criminelle a essayé de faire la démonstration que cet assassinat était le match retour du match retour du match retour d'autres meurtres, relève Me Archibald Celeyron, l'un des avocats de Yassine Cheambi, aux côtés de Me Éric Dupond-Moretti. Tout cela n'était pas très clair ». Au premier jour de ce procès en appel à Évry, Samir Benbouabdellah était présent sur le banc des parties civiles. Juste en face de Yassine Cheambi. L'échange de regards entre les deux hommes aurait été d'une rare intensité, selon un témoin de la scène. Yass la Banane se serait également retrouvé voisin de cellule de Yassine-Hanine Benbouabdellah dans les sous-sols de l'ancien palais de justice de Paris, sur l'île de la Cité, juste avant son déménagement vers les Batignolles. Le premier attendait d'être conduit devant la cour d'assises de Paris. Le second était convoqué par un juge d'instruction de la Jirs dans le cadre de l'assassinat d'Essma Cheambi, la sœur de Yassine. Seuls les deux hommes et les murs des geôles du dépôt du tribunal savent ce qu'il s'est dit ce jour-là… Dans le cabinet du magistrat-instructeur, Poub s'était vu, à nouveau, interrogé sur le meurtre de la sœur de Yass la Banane, aujourd'hui âgé de 45 ans.

---

1. Cinq co-accusés ont été renvoyés, avec Yassine Cheambi, devant la cour d'assises de Paris en mars 2018. Deux ont été acquittés. Deux autres ont écopé de six et quinze ans de prison. Le cinquième, en fuite, a été condamné à vingt ans de réclusion criminelle.

Essma, âgée de 34 ans, a été abattue, le 23 septembre 2016, vers 22 heures, à l'angle des rues Méhul et de Candale à Pantin (Seine-Saint-Denis), alors qu'elle se trouvait au volant de sa voiture, arrêtée à un feu tricolore. Son assassin, au guidon d'un scooter de grosse cylindrée, s'était porté à sa hauteur avant de faire feu à plusieurs reprises, à travers la vitre de son véhicule. Six douilles ont été retrouvées sur la scène de crime. Sur l'une d'entre elles, l'empreinte génétique de Yassine-Hanine Benbouabdellah a été identifiée. Pour les enquêteurs, ce nouveau meurtre, rarissime car il concerne une femme, signe la vengeance du clan Benbou, en réponse à l'assassinat de leur aîné, Zoheir. Pisté par plusieurs services de PJ, Poub est localisé, le 31 octobre 2016, dans une petite commune près de Gand en Belgique. Les policiers locaux tentent de l'interpeller mais Yassine-Hanine Benbouabdellah parvient à leur fausser compagnie, après un échange de tirs. Une passante, âgée de 72 ans, sera blessée par une balle perdue. Il sera finalement arrêté, le 15 juillet 2017, sans heurt, à la terrasse d'un café de Montreuil (Seine-Saint-Denis) par les hommes de la brigade de recherche et d'intervention (BRI) de la PJ de Versailles. Au cours de sa cavale, il est suspecté d'avoir séjourné dans plusieurs appartements, dont un rue de Charonne dans le 11e arrondissement à Paris, mais aussi à Rosny-sous-Bois (Seine-Saint-Denis) – sa dernière planque –, La Ciotat, Marseille, Aix-en-Provence, Toulon et Barcelone en Espagne. Les enquêteurs versaillais ont aussi établi que Poub était parvenu à se soustraire à une autre tentative d'interpellation, le 30 mars 2017, à Nanterre (Hauts-de-Seine). Repéré par des policiers de la BAC au volant d'une voiture volée, le cadet des Benbou avait encore réussi à échapper à ses poursuivants, après avoir été blessé à une main par le tir d'un policier. Il s'était ensuite fait soigner, en toute discrétion, avant son arrestation à Montreuil. Pour pouvoir passer inaperçu, le même aurait également eu recours à des postiches.

Poub nie toute implication dans le meurtre d'Essma Cheambi, dont l'instruction est toujours en cours.

Un autre membre de la famille de Yass la Banane aurait échappé à une tentative de meurtre en juin 2016 à Paris, avant de se réfugier en Tunisie. Yassine Cheambi aurait, lui-même, essuyé les tirs de ses ennemis avant d'en réchapper selon une écoute téléphonique, de novembre 2016, retranscrite par la PJ de Versailles. Un homme, décrit comme proche de la fratrie des Amandiers, alors en prison, s'entretient avec une connaissance, également détenue. Le premier explique au second que Yassine Cheambi a été pris pour cible, place de la République, par plusieurs inconnus, armés d'un fusil à pompe. « Au moment où il est passé, ils se mettent à, boum, boum, ils tirent deux coups. Le premier, il explose tout là, il explose les vitres, il explose tout dans la voiture, le deuxième, ça explose le…, t'as vu le coudoir (*sic*), le truc où tu mets la tête. Juste une qui rentre dans sa tête à deux centimètres, ma gueule », relate, dans un récit glaçant, cet homme qui semble bien informé. Yass la Banane niera avoir été ainsi pris pour cible. Aucune trace de cette tentative de meurtre n'a été retrouvée dans les archives de la police parisienne. Un autre projet criminel aurait été envisagé alors que Cheambi, surnommé encore « Bicham », son nom en verlan, par ses ennemis, était détenu à la maison d'arrêt de Bois-d'Arcy (Yvelines).

Une balle fichée dans le crâne

Après avoir passé dix-sept ans de sa vie derrière les barreaux, entre 1997 et 2014, Mounir Benbouabdellah, aujourd'hui âgé de 44 ans, a, de nouveau, été mis en examen pour des faits « d'enlèvement », « séquestration », « tentative d'assassinat », « vol » et « association de malfaiteurs » en septembre 2017 avant d'être réincarcéré[1]. La justice le soupçonne, cette fois-ci, de s'en être pris à un membre de « l'équipe de la place des Fêtes », un certain Ciabou T. Ce dernier était notamment en

1. « Un caïd de la cité parisienne des Amandiers interpellé », *Le Point*, 13 septembre 2017.

relation avec Tidiane Nianghane, abattu en mai 2009 au Pré-Saint-Gervais. Des lunettes de soleil juchées en permanence sur le nez, après avoir eu un grave problème au niveau des yeux, au cours de son enfance, Ciabou T. avait été découvert, à demi inconscient, dans la nuit du 17 au 18 avril 2015, dans un chemin au bord d'une autoroute à Breda aux Pays-Bas. Victime quelques heures plus tôt d'un enlèvement à Bruxelles en Belgique, il avait ensuite été enfermé dans le coffre de sa Mercedes Classe A avant de se faire tirer dessus au niveau de la tête et du cou par son ravisseur. Ce dernier l'avait ensuite dépouillé de sa veste en cuir, griffée Balmain et de sa rutilante Audemars-Piguet Royal Oak Offshore modèle Grand Prix, avant de le laisser pour mort. Secouru par un automobiliste, Ciabou T. passera ensuite plusieurs semaines à l'hôpital avant de recouvrer ses moyens. Mais la balle qui s'est figée dans sa boîte crânienne n'a pas pu être extraite et il vit désormais avec. Un vrai miraculé ! Quelques jours avant son enlèvement, Ciabou T. avait bouclé sa réservation pour un vol à destination de Las Vegas aux États-Unis où il devait assister, le 2 mai 2015, à l'un des championnats du monde de boxe les plus excitants de la décennie : Floyd Mayweather-Manny Pacquiao.

Sa voiture est retrouvée, un mois après son agression, dans un porte-container sur le port d'Anvers en Belgique, en partance pour l'Afrique. Une découverte express, facilitée par le traçage de la balise qui avait été discrètement posée sur son véhicule par les policiers antistups de l'OCRTIS, chargés de « filocher » Ciabou T. depuis plusieurs semaines.

L'inspection de la berline allemande permet d'isoler l'ADN de Karim Y. alias Kiki, domicilié dans le 13e arrondissement à Paris, présenté comme « proche d'une équipe de malfaiteurs de haut vol originaire du 20e arrondissement de Paris, les frères Benbouabdellah », comme le résume la brigade de répression du banditisme (BRB) de la PJ de Versailles, dans un rapport du mois de septembre 2017. Kiki va, à son tour, se retrouver dans la ligne de mire de ses adversaires. Le 24 janvier 2016, à Schaerbeek, commune voisine de Bruxelles, ce jeune Parisien est percuté par les occupants d'une voiture, puis est atteint par plusieurs tirs d'arme à feu au thorax. Une hallucinante scène va suivre : manifestement pris de remords, l'un de ses agresseurs va l'aider à se redresser avant de le laisser aller... Recueilli par un riverain, Kiki est hospitalisé dans un état sérieux, puis remis sur pied. C'est le deuxième miraculé de cette histoire. Ciabou T. ne tardera pas à être mis en examen pour cette tentative d'assassinat, en guise de « match retour » au guet-apens qui a failli lui être fatal.

Les policiers vont finir par remonter la piste de Mounir Benbouabdellah. « Trahi » par la précieuse montre arrachée au poignet d'un Ciabou T., grièvement blessé. L'un des proches de « Blond » se serait retrouvé en possession de la si convoitée Audemars-Piguet, finalement revendue en Suisse. Interrogé sur la provenance de cette toquante, Mounir Benbouabdellah a assuré qu'il l'avait acquise auprès d'un certain Sophiane Hamli, alias Soso, ex-braqueur et figure du milieu parisien. Mais ce dernier ne pourra jamais confirmer la version de « Blond ». Son corps a été criblé de balles, un matin d'octobre 2018, dans une contre-allée de l'avenue George-V, près des Champs-Élysées[1]. Sollicités sur les nouveaux ennuis judiciaires de leur client, ses avocats Mes Delphine Boesel et Emmanuel Marsigny n'ont pas « souhaité réagir ».

Le 12 mars 2021, Mounir Benbouabdellah, visage émacié, cheveux courts, regard clair, surmonté de lunettes, est apparu sur l'écran de visioconférence de la chambre de l'instruction de la cour d'appel de Paris. « Blond » est venu plaider sa cause alors que le parquet de Paris s'oppose à sa remise en liberté dans le dossier de la tentative d'assassinat sur la personne de Ciabou T. Dans cette affaire, la juge d'instruction a estimé que sa détention provisoire avait assez duré. Pour l'accusation, il ne fait pas de doute qu'il est impliqué dans ces faits « commis dans le cadre de règlements de comptes successifs ». « La personnalité de Mounir Benbouabdellah montre qu'il est ancré

1. Voir le chapitre « L'Élégant ».

dans la criminalité organisée, argumente l'avocat général. Par ailleurs, il a été arrêté au moment où il préparait une cavale en Suisse. » Avec des mots choisis, « Blond », qui se déclare « artisan d'art », rappelle qu'il est « détenu à l'isolement total 23 heures par jour » dans sa cellule. « Je ne suis pas impliqué dans ces faits-là. Avoir été en possession de cette montre ne fait pas de moi l'auteur de cette tentative d'assassinat. Je suis pressé d'aller au procès. » Les juges de la chambre de l'instruction ont décidé de son maintien en détention.

Épilogue

L'emprise de la bande de la Banane et, plus généralement, de ces équipes, issues des cités, a marqué un tournant notable dans le paysage du milieu traditionnel. « Souhel Hanna-Elias, le lieutenant de Francis le Belge, estimait que le problème dans les cités était de savoir qui était qui », analyse un haut fonctionnaire, en poste à la PJ et qui le débriefait régulièrement. Ce fidèle du Belge avait pris l'habitude de dire : « Dans les quartiers, on a besoin de gens pour faire les intermédiaires. Tu vas dans les cités, tu ne sais pas qui tarter ; c'est comme donner une claque dans un essaim d'abeilles. On ne sait pas qui est le chef ! » Et le même de poursuivre : « Avec le shit, les mecs des cités se sont dits : "Pourquoi se faire chier avec les vieux voyous ? On a des cousins au bled." Aujourd'hui ils n'en ont rien à branler des vieux. »

Toujours selon ce haut gradé, les jeunes caïds des quartiers « sont montés en puissance en s'appuyant sur la came. Avec les bénéfices, ils ont acheté des armes et des commerces, puis ils se sont mis au racket ». Signe de ce changement d'époque : le braquage, autrefois catégorie « reine » dans le milieu, n'est devenu au fil du temps qu'un « moyen » pour financer l'achat de drogue… Et les gangsters à l'ancienne ont disparu, petit à petit. « À Lyon, il n'y a plus de banditisme traditionnel, à Lille non plus, affirme notre flic. Là, les mecs des cités n'ont plus personne en face d'eux. »

À Marseille, les anciens font de la résistance et, pour ne pas céder trop de terrain, composent avec les jeunes issus des quartiers. L'actualité récente en témoigne. Juin 2019. Restaurant La Villa Rocca, rue François Rocca (8e). Plusieurs hommes attablés conversent à mots couverts. L'établissement, très apprécié du tout-Marseille pour ses succulentes pizzas – on y croise notamment le maire de la ville pour encore quelques jours, Jean-Claude Gaudin –, est aussi très surveillé par les enquêteurs de la brigade criminelle de la PJ marseillaise dans le cadre d'une affaire d'« extorsions en bande organisée » et « association de malfaiteurs en vue de la préparation et de la commission de crimes en bande organisée ». Convaincus qu'il sert de lieu de rencontre entre l'une des dernières figures du milieu traditionnel dans la cité phocéenne, Michel Campanella, alias « Canari », 58 ans, et la nouvelle génération, issue du narcobanditisme des cités, les policiers sont même allés jusqu'à « sonoriser » les lieux. Les limiers de la PJ y ont dissimulé un discret dispositif d'écoute afin de capter les conversations du « parrain » et de ses séides présumés dans son « fief », tenu officiellement par sa compagne.

Plusieurs membres de la bande dit de « la Capelette », du nom d'un quartier du 10e arrondissement, qui rassemble des jeunes issus de la troisième génération de l'immigration, sont épiés dans leurs conversations avec Michel Campanella. Présenté comme le leader de cette bande « montante », qui inquiète de plus en plus les policiers locaux, Yohan A., 28 ans, d'origine pied-noir algérien par son père et maghrébine par sa mère, officiellement salarié dans une brasserie, ne se départ jamais d'une sacoche qu'il porte en bandoulière. De quoi susciter de savoureux commentaires lors d'un déjeuner avec Michel Campanella, qui distille ses conseils d'ancien.

« Toujours avec la sacoche autour du cou, il a peur qu'on lui vole ? »

— Y a rien ! Y a 20 euros. [Rires.]

— Tu dors avec la sacoche ?

— Pas loin. [Rires.]

— Mais la sacoche en travers comme ça, fais attention des fois. Le contrôle, surtout avec le scooter. Ils aiment pas [*ndlr : les policiers*]. Dès qu'ils voient les sacoches en travers… »

Pour les enquêteurs, le jeune de la Capelette conserve probablement une arme à feu dans sa fameuse sacoche.

« Il vaut mieux le mettre sur toi le truc.

— Mais ça se voit !

— Hé gros, tu prends toujours un petit gilet fin et tu le prends sur toi, gros. Moi, tu me prends chargé, maintenant c'est 5 ans. »

« Canari » poursuit sur le ton de l'humour et chambre avec appétit son interlocuteur.

« Il mange, après il envoie la main dans la sacoche, il nous finit. [Rires.]

— Jamais de la vie ! Non, non, non, là tu peux aller dormir… »

Un an après cet échange croquignolet, Michel Campanella, employé comme commercial dans une société de sécurité, certains de ses proches et plusieurs membres présumés de la bande de « la Capelette » sont tombés dans les filets de la direction interrégionale de la police judiciaire (DIPJ) de Marseille. À l'issue d'une enquête de deux ans, baptisée « Fort Boyard », ce poids lourd du grand banditisme marseillais et ses principaux comparses présumés ont été mis en examen, puis placés en détention provisoire.

Sur ces « relations » avec le narcobanditisme des cités, Michel Campanella assure n'avoir « jamais fait dans la came, ni le proxénétisme ». « Je ne ferai jamais ça de ma vie », a-t-il soutenu devant les enquêteurs de la PJ au cours de sa garde à vue à l'Évêché. De fait, il n'a jamais été condamné pour cela. Et même si un autre visiteur de La Villa Rocca, un Lyonnais, Jamel L., a été interpellé avec près de 40 kilos de cocaïne, quelques jours après leur rencontre.

Voir Campanella composer avec ces « jeunots » en dit long sur l'évolution du milieu. N'a-t-il pas longtemps été associé avec Bernard Barresi, créateur dans les années 1990, selon la police, du « Club des 21 » ? Une « union sacrée » qui regroupait les principaux voyous corso-marseillais pour contrer la montée en puissance des équipes de Maghrébins. Et, lors d'une précédente arrestation en 2010, on lui prête ces mots en off aux policiers : « Vous ne vous rendez pas compte de ce que vous faites. En nous arrêtant, vous laissez le champ libre aux mecs des cités, et avec eux vous n'aurez plus aucun contrôle. »

Remerciements

Sophie Charnavel, Pauline Bonvalet, Céline Poiteaux et les Éditions Robert Laffont,

Mathieu Fabiani, Jean-Louis Fiamenghi, Meziane et Salah Boudraa, Georges Moréas, Grégory Peytavin, Fabrice Tassel (qui sans le savoir a déclenché ce livre en acceptant un article sur les jeux clandestins dans le magazine *GQ*), Matthieu Suc, Patricia Tourancheau, Rahim Bellem.

Mais aussi Fodil, Jean-Paul, Jean-François, Kader et ses amis de l'ex-Cantal, Mohamed, Hocine, Jean-Louis, Alain, Patrick, Mouloud, Victor, Sylvia, Florian,

Le personnel de la BNF-François Mitterrand,

Ainsi que celles et ceux qui ont accepté de se confier à nous sous couvert d'anonymat.

Bibliographie

François Abjean, *Pickpockets !*, Acropole, 1990
Lucien Aimé-Blanc, *L'Indic et le Commissaire*, Plon, 2006
Hocine Aït-Ahmed, *L'Affaire Mécili*, La Découverte, 1989
Jean-Marc Ancian, *La Police des polices*, Balland, 1988
Michel Ardouin, *Une vie de voyou*, avec la collaboration de Jérôme Pierrat, Fayard, 2005
Michel Ardouin, *Dernières nouvelles du milieu*, La Manufacture de livres, 2013
Nicole Attia, *Jo Attia mon père*, Gallimard, 1974
Bruno Aubry, *Parrains du siècle*, Express Roularta Éditions, 2011
Nicolas Beau, *Paris, capitale arabe*, Le Seuil 1995
André Bellaïche, *Ma vie sans postiche*, First Édition, 2007
Gérard Billy, *La Police dans la peau*, Payot, 2009
Catherine Breillat, *Police*, Albin Michel, 1985
Jean-Paul Brunet, *Police contre FLN*, Flammarion, 1999
Omar Charif, *Quai du Belge*, L'Écailler du Sud, 2001
Louis Chevalier, *Les Ruines de Subure, Montmartre de 1939 aux années 1980*, Robert Laffont, 1985
Louis Chevalier, *Montmartre du plaisir et du crime*, Robert Laffont, 1980
Jean-Paul Cruse, *Les Combines des voleurs et comment s'en défendre*, Éditions du Rocher, 1997

Dominique Dallayrac, *Dossier prostitution*, Robert Laffont, 1966

Jacques Derogy et Jean-Marie Pontaut, *Investigation passion*, Fayard, 1993

Jean-Louis Fiamenghi, *Dans le secret de l'action*, Mareuil Édition, 2016

Jacques Follorou et Vincent Nouzille, *Les Parrains corses*, Fayard, 2004

Mathieu Grégoire, Brendan Kemmet, Stéphane Sellami, *Les Parrains du foot*, Robert Laffont, 2018

Ali Haroun, *La 7e Wilaya – La guerre du FLN en France 1954-1962*, Le Seuil, 2019

André Héléna, *Descente à Pigalle*, e-dite, 1958 (sous le nom d'André Vexin), réédition, 2002

Brendan Kemmet et Matthieu Suc, *Antonio Ferrara, le roi de la belle*, Le cherche midi, 2008 & 2012

Roger Le Taillanter, *Commissaire Jobic*, Éditions de Fallois, 1991

Roger Le Taillanter, *Les Derniers Seigneurs de la pègre*, Julliard, 1986

Roger Le Taillanter, *Ma vie de flic*, Plon, 1995

Michel Lepage, *Banlieue Sud*, Grasset, 2011

Roger May, Nik Sanders, *Armes lourdes et filles légères*, Milieu du Monde, 1958

Jacques Mesrine, *L'Instinct de mort, le chien rouge*, 1977, réédition 2006

Xavier Monnier, *Les Nouveaux Parrains de Marseille*, Fayard, 2016

Michel Naudy, *Un crime d'États – L'affaire Mécili*, Albin Michel, 1993

Jérôme Pierrat, *Gangs de Paris*, Parigramme, 2007

Frédéric Ploquin et Michel Mary, *Les Derniers Seigneurs de Paris*, Fayard, 2018

Franck Renaud, *Le Nouveau Milieu*, Fayard, 1992

Philippe Roizès & Anne-Claire Préfol, *Mesrine, fragments d'un mythe*, Flammarion, 2009

Daniel Saint-Hamont, Alexandre Arcady, *Le Grand Pardon*, Fayard, 1982

James Sarazin, *Dossier M... comme Milieu*, Alain Moreau, 1977

Todd Shepard, *Mâle décolonisation, l'homme arabe et la France de l'indépendance algérienne à la révolution iranienne*, Payot & Rivages, 2017

Mohamed Sifaoui, *Histoire secrète de l'Algérie indépendante : l'État DRS*, Nouveau Monde Éditions, 2012

Patricia Tourancheau, *Les Postiches*, Fayard, 2004

Jean-Pierre Van Geirt, *Parole de flics, la brigade des stups*, Édition N° 1, 1996

Robert-André Vivien, *Solution au problème de la prostitution*, Éditions S.L.E.L., 1960

Véronique Willemin, *La Mondaine, histoire et archives de la police des mœurs*, Hoëbeke, 2009

Presse

France-Soir, *Le Parisien*, *Le Monde*, *Libération*, *L'Express*, *Paris Match*, *Le Point*, *VSD*.

Les sites Gallica et Retronews de la BNF.

Thèse

Marion Abssi, « Le nationalisme algérien et ses diverses expressions dans l'immigration en France métropolitaine entre 1945 et 1965 », université de Liège et université de Lorraine, 2012, consultable à l'adresse suivante : https://orbi.uliege.be//bitstream/2268/136310/1/Thèse.pdf

Index

C

D

E

F

Table

Composition et mise en pages
Nord Compo à Villeneuve-d'Ascq

MIXTE
Papier issu de
sources responsables
FSC® C003309
FSC
www.fsc.org

L'Éditeur de cet ouvrage s'engage
pour la préservation de son environnement
et utilise du papier issu de forêts gérées de manière responsable.

Cet ouvrage a été achevé d'imprimer en avril 2021
sur les presses de Normandie Roto Impression s.a.s.
61250 Lonrai
N° d'édition : 61495/01 – N° d'impression : 2101537

Imprimé en France